欧洲之父 查理大帝

UN PADRE DELL' EUROPA

CARLO MAGNO

〔意〕亚历桑德罗·巴尔贝罗 Alessandro Barbero 著

赵象察 译

民主与建设出版社
·北京·

后浪出

目　录

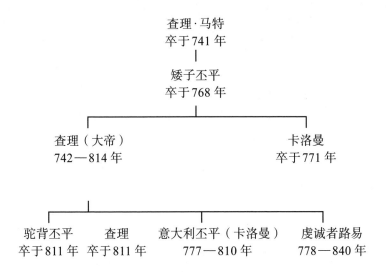

查理·马特
卒于 741 年

矮子丕平
卒于 768 年

查理（大帝）
742—814 年

卡洛曼
卒于 771 年

驼背丕平
卒于 811 年

查理
卒于 811 年

意大利丕平（卡洛曼）
777—810 年

虔诚者路易
778—840 年

加洛林王朝男性统治者

加洛林帝国（本书地图系原书所附地图）

前　言

帕德伯恩，公元799年夏

　　公元799年8月，法兰克国王查理率军在帕德伯恩（Paderborn）扎营，这里是刚被征服的萨克森地区的核心地带。营地里熙熙攘攘的是砖瓦匠和木匠。由卫队护送的货运马车，沿着泥泞的小道，日夜不息地将砖石和泥灰运到此地。还有一些建材由驳船从水路运抵。查理国王正在这片森林与沼泽之地建设一座新城。在这片异教徒刚刚皈依的土地上，此城将成为基督徒的桥头堡。城中的殿宇和教堂可与在亚琛的相媲美。但此时查理国王无暇思考城市的建设计划，甚至连他的军事计划也暂时搁置一边。他正焦急地等待自己的儿子查理归来。小查理此时奉命远赴易北河，与定居河畔地区的斯拉夫部族谈判。更让人始料不及的是，教宗利奥三世此时突然驾临帕德伯恩。在教宗驾临之前，关于罗马城暴动的消息就已经传来。传闻说教宗被暴动者囚禁，并被挖去双眼、割掉舌头，而教宗随后在上帝奇迹般的眷顾之下逃脱了。[1]

　　然而教宗到来之时，他的样子有些出人意料，因为他的眼睛和舌头显然还在原位。利奥三世解释说，是上帝的奇迹让它们长了回来。出于礼貌，在场的听众都表示深信不疑。查理国王却很难相信这位丑闻缠身的教宗。在教宗继位之时，查理就曾向他写过一封不合常规的信，劝诫教宗要谨言慎行，勿使他人议论。[2] 不过利奥三世毕竟是教宗，世人皆知法兰克国王是西方教会的忠实保护者，国王还是要竭尽所能地维护教宗应有的声望。只要没有充足的证据证实有关教宗的流言，查理就有义务去平息罗马的暴动，并在举世瞩目之下恢复教宗的权威，尽管查理并不愿这么做。

就在帕德伯恩的这个炎热又多尘的夏季，这场教宗与国王之间的会谈提出并充实了一个振奋人心的想法：当查理兵临罗马之时，永恒之城的民众会像历史上拥立奥古斯都和君士坦丁一样，拥立查理为皇帝。这样，法兰克人的国王将登基为罗马皇帝，跟君士坦丁堡的"巴西琉斯"（basileus）平起平坐。而且没有人能反对他干涉永恒之城——实际上是整个教会——的事务。可能这个计划已经在亚琛的宫廷，以及当时位于拉特兰圣若望大殿及教堂的教廷中流传了一些时日。799 年夏季的帕德伯恩会谈十分微妙，并没有留下书面记录，但可以推定，直到这次会谈，这个计划才得到认真讨论。

当时有一位被史学家反复提及的匿名诗人（一般认为他是宫廷里的一位学者），创作了一首拉丁文六步格短诗，这首诗的抄本题为"查理大帝与利奥教宗"（Karolus Magnus et Leo Papa）。[3]这首诗文采斐然，然而较之文学价值，我们更关注这位匿名诗人的政治倾向。在当时的记述中，教宗明确宣称他必须抗击自己的敌人，而查理是世上唯一有能力恢复教会威严的君主。因此，更确切地说，需要让整个西欧的基督徒认识到查理是他们的领袖，而他仅有的国王头衔是不足以正名的。这位诗人显然参与了帕德伯恩的密谋，他意识到法兰克人的国王将登基为罗马皇帝，他会在亚琛施行统治，犹如第二罗马。他高呼查理为"欧洲之父"。

　　这时欧洲大陆的各民族意识到，他们从民族主义这套意识形态的死结中找到了出路，这出路就是一个统一的、超越民族观念的欧洲。这一愿景由这位帕德伯恩的诗人出人意料地呈现了出来。总之，是查理大帝首创了一个欧洲的单一政治架构，这个架构以莱茵河和北海诸港为贸易中心，从汉堡延伸到贝内文托，从维也纳延伸到巴塞罗那。与以地中海为中心、其中东地区最为文明富庶的罗马帝国截然不同。引用近百年来的伟大史学家们的话说，"当罗马帝国衰亡之时，欧洲出现了"（马克·布洛赫语）；"查理曼[①]的帝国，第一次塑造了我们所说的欧洲"（吕西安·费弗尔语）。[4]

　　当然，每一代史家都会构筑自己的历史图景。查理帝国与欧洲实体诞生之间的关系，在史学界也并不总是共识。大约二三十年前，在意大利波莱托举办了一场研讨会，早期中世纪史方面的重要专家参会。研讨会的主题提出了一个问题："欧洲的诞生与加洛林帝国：仍需证明的联系。"研讨会上的观点有很大分歧，其中一些观点是截然相反的，但总体而言，将查理大帝视为欧洲之父这一观点显得有些陈旧，或者说最起码不像前一代学者布洛赫、费弗尔之时那样无可辩驳。[5]

　　现在，历史的钟摆又摆向了另外一边，这一观点再次得到了广泛支持。这得益于研究领域尤其是经济史领域的一次真正的变革。直到几年前，关于查理大帝军事成就的研究还几乎占据着学界的全部视野，而查理大帝所推动的文化复兴事业只是被视为表

---

① 　Charlemagne 是拉丁词 Carolus Magnus 的法文转写，词缀 -magne（曼）即 magnus（大）。为了全书行文统一，除了书名和法文语境等仍从定例外，"查理曼"统作"查理大帝"。（本书脚注均为译者注，下同）

面浮华，在这表面之下，实质是倒退的社会和停滞的经济。现在，各种各样的线索指引我们去发现这样一个事实——加洛林时代奠定了人口与经济恢复的基础，公元1000年左右恢复的结果清晰地显现出来。也正是在这个基础上，现代欧洲才以一种充满生机的状态诞生。不仅是2000年新世纪每个欧洲人表面洋溢的那种热情，更是现代学术研究领域的成果，使我们有信心再次使用十二个世纪前那位匿名诗人所称，称呼查理大帝为"欧洲之父"。

第 1 章

法兰克人的传统

法兰克人在高卢的定居情况

欧洲人的观念中，对查理大帝的身份最根深蒂固的印象，是公元800年的圣诞节上午，他在圣彼得教堂被授予的皇帝头衔。实际上，他只在自己人生的最后十四年拥有这一头衔。之前的三十二年，他一直是法兰克人的国王，甚至在他获得皇帝头衔后，他依然保留着这一称号。显而易见，皇帝与国王是截然不同的头衔，并且皇帝头衔并不排斥查理于768年9月从自己的父亲"矮子"不平那里继承的王权。在查理死后多年，长诗《罗兰之歌》（*Chanson de Roland*）的作者称他为"查理国王，我们伟大的皇帝"（Carles li reis, nostre emperere magnes），作者显然清楚意识到了这两个共存的身份。[1]

在8世纪末这个时期，成为"法兰克人的国王"意味着什么？早在查理率军小规模越过莱茵河并定居在日耳曼地区之前的三四个世纪，法兰克人就在日耳曼诸民族之中居于重要的地位了。他们最初是西罗马帝国的盟友，后来成了当地的统治者。严格来说，他们不是一个民族，而是来自莱茵河流域的布鲁克特里人（Bructerii）、卡图利人（Cattuarii）、卡马维人（Camavi）组成的部落联盟，他们说着同样的日耳曼语族方言，拥有相同的宗教崇拜仪式，跟随着同一个军事领导集团。因此他们最终接受了"法兰克人"这个集体称呼，不过这个称呼最初只构成了极其微弱的身份认同。"法兰克人"的原意是"勇者"，稍后的意思是"自由民"。

5世纪，基督教主教、罗马古典诗人西多尼乌斯·阿波利纳里斯（Sidonius Apollinaris）描述过他在高卢所了解的法兰克人。他在文中塑造了法兰克人的具体形象，这个形象对于地中海地区的读者来说充满了异域风情。他在文中毫不掩饰自己对这些蛮族勇士的钦佩：

> 他们的红头发从头顶垂下，他们且剃光脖颈后的头发。他们灰蓝色的眼睛清澈透明。他们不留须，用梳子把窄胡髭卷曲起来。他们偏爱的娱乐是向靶子投掷战斧，转动盾牌，反复投掷并收回长矛。他们从儿时起就对战事有着强烈的热情。如果在战事中寡不敌众或者处于不利地形，他们将拼死奋战，毫无畏惧。[2]

西多尼乌斯最后写道："他们甚至似乎能驯服怪兽。"这些法兰克蛮族勇士是否真的驯服了怪兽不得而知，但他们在西罗马帝国末期控制了高卢。在日益衰落的西欧，这一地区的人口数量和繁荣程度都远超西班牙和意大利。他们立刻表明决不让他人染指此地：先前定居于高卢南部——今普罗旺斯和朗格多克的西哥特人，被他们击败并被驱赶到比利牛斯山以南；定居在罗讷河谷的勃艮第人，不得不承认法兰克王的权威，向其臣服。拜占庭的将军们，以及后来的伦巴第诸王也想方设法，提防着这些新的高卢统治者越过阿尔卑斯山入侵意大利，但十分困难。

这些罗马人，或者说有着凯尔特或意大利血统的说拉丁语的罗马-高卢人，在承认法兰克王的权威后，就可在高卢诸省定居。事实上，他们中不仅有农民和奴隶，也包括富裕的土地所有者、显贵家族和天主教士。无论从哪方面说，法兰克人都没有定居在高卢全境，并取代生活在这里的数百万罗马人，他们的人口不到20万，其中还包括老弱妇孺。那些身形魁梧的战士大多和他们的家族定居在高卢北部的莱茵河、默兹河、摩泽尔河沿岸。只在这一区域，他们的人口超过罗马人。实际上，直到今天，罗曼语族和日耳曼语族的语言分界线仍在这一区域。

与出产啤酒、肉类、黄油的高卢北部不同，在出产葡萄酒、谷物、橄榄油的南方，法兰克人自身的特点就不太明显。这里的罗马-高卢人更容易同化这些征服者，并用自己的文化习俗和语言影响后者，促进了现代法国的诞生。在法兰克诸王最爱流连的巴黎附近，是罗曼语而不是日耳曼方言占据主导地位。在几乎没有法兰克人的卢瓦尔河以南地区，这里的罗马-高卢人在臣服于北部的蛮族国王并纳税之后，依旧继续他们过去的生活。

法兰克人的王权

墨洛温王朝

高卢的法兰克王国实际上是诸多小国组成的。法兰克诸部族短暂地尊无情而有力的克洛维为王，他带领诸部族皈依了基督教。但这种统一没有持续太久。法兰克人的习俗是让所有的儿子平分王国的继承权，这使得法兰克诸国分合不定。最东部的王国位于摩泽尔河和莱茵河之间，这里法兰克人占绝对多数，使用原始的日耳曼语，被称为"东部王国"，也被称为"奥斯特拉西亚"或"奥地利"。他们凭借其地理优势统治着南日耳曼的诸多部族，将图林根人、阿勒曼尼人、巴伐利亚人的诸多公爵领纳入法兰克人的势力范围。

在更远的西部，在广阔的阿登森林（覆盖了现代比利时的一部分）之外，巴黎、奥尔良、苏瓦松等国合并成了一个统一的王国，这里以罗曼语为主要语言，以卢瓦尔河为南部边界。法兰克人称之为"纽斯特里亚"，大意是"西部王国"。从孚日山脉向东南延伸至罗讷河和阿尔卑斯山之间地区的是勃艮第王国。尽管他们被迫放弃独立的王权而承认纽斯特里亚的法兰克王权，但他们依旧是一个独立的政治实体。在更南的地方，法兰克人的民族特征更少体现。这里由一名有着"执政者"（patrizio）头衔的罗马官员统治，不过他听命于法兰克国王而不是君士坦丁堡的罗马皇帝。最后在西南方是阿奎丹，在这里罗马-高卢人紧邻桀骜不驯的边民巴斯克人而居，尽管阿奎丹是由公爵而不是独立的国王统治，但他们有摆脱法兰克人控制的倾向。

在统治法兰克人的诸多君主中，最为有力的王室建立了墨洛温王朝。这个王朝以其先祖墨洛维得名。墨洛维曾短暂统一过法兰克诸国，然而在他死后王国又重归分裂。这个王朝的大部分国王对高卢的统治权最初都源自远在拜占庭的皇帝的册命，他们更像教士而不是战士。在文献中他们被称为"长发王"（reges criniti），长发也就成了他们王权的标志。依照传统信仰的观念，这种异于常人的长发代表着国王的神秘力量。这能使他们能为民众带来繁荣，能使女性和土地多产而丰饶。随着法兰克人皈依基督教，这些传统异教中神化国王统治权的观念逐渐消失，墨洛温王朝的这些教士国王发现他们的权威也逐渐消解。

宫　相

奥斯特拉西亚和纽斯特里亚这两大王国的实际统治权落入了另一些人手中，他们并不自夸拥有神力，而是懂得如何领导法兰克人在战争中获得胜利。这些人被称为宫相（maestri di palazzo），他们是有实权的大臣或地方总督。他们名义上是国王的代表，实际上却逐渐夺取了权力，而使国王成为纯粹礼仪性的角色。最初每个王国都有一个宫相。688 年，丕平在奥斯特拉西亚独掌大权。他在战场上击败了纽斯特里亚的贵族后，也把自己的权力扩张到了西部王国。从那时起，法兰克人虽然仍有两位国王，却实际上被一位宫相统治。史学家称他为赫斯塔尔的丕平（Pipino di Héristal），他就是查理大帝的曾祖父。

丕平家族与奥斯特拉西亚的另一显贵阿努尔夫家族（Arnolfingi），在老丕平和阿努尔夫时期联姻（二人都于 640 年去世），创造了后来的加洛林家族。丕平的女儿嫁给了阿努尔夫的儿子阿努尔夫——后者成为梅斯（Metz）的主教，最终被尊为圣人。这场联姻诞生了赫斯塔尔的丕平——法兰克王国的唯一宫相。714年丕平去世后，权位由儿子查理·马特继承，他就是查理大帝的祖父。最初由于各地的武装叛乱，查理·马特的权位并不稳固。他被迫用武力对抗。后因为他带领法兰克人战胜了史无前例的威胁，他的地位得以加强。这个威胁就是穆斯林，他们刚灭亡了西班牙的西哥特王国，试图向北越过比利牛斯山，在南高卢定居。

732 年，查理·马特在普瓦提埃（Poitiers）击败了已进逼到卢瓦尔河、一路散布恐慌的阿拉伯军队。第二年，法兰克军队以武力收复了法国南部地区，并且惩罚了阿奎丹和勃艮第人的首领，因为他们试图与穆斯林合作，摆脱法兰克人的压迫。现代历史学家试图降低普瓦提埃战役的重要性，他们认为穆斯林军队的目的不是征服法兰克人，而是劫掠图尔（Tours）的圣马丁修道院的财富。然而，当时的法兰克人和基督徒普遍认为，将穆斯林驱出高卢为宫相赢得了持久的声望。他被称颂为"新约书亚"，随那位收复应许之地的以色列国王之名。

741 年，查理·马特去世，留下儿子矮子丕平和卡洛曼，此时宫相在国内已经树立了毋庸置疑的权威。希尔德里克三世（Childeric III）依旧是形式上的国王，但他只是宫相所立的傀儡，毫无地位，甚至不再保有礼仪上的地位。当时的编年史家称查理为统治法兰克人的王公（princeps）。查理的儿子们则更进一步，卡洛曼在他颁布的第一道法令中称法兰克为"我的王国"（regno meo）。[3] 在他被剥夺权力退隐修道院之后，他的兄弟丕平独自统治整个王国。丕平就顺理成章地宣称拥有早已实至名归的"法兰克国王"头衔。

751 年，丕平行受膏礼（涂油礼），标志着法兰克人认同了改朝换代的权力更迭。我们要考虑一件在这之前几年发生的事件。这件事当时不为人所关注。实际上，没有编年史家愿意费心记下此事，但此事标志着我们的故事真正开始。

查理的出生

丕平的妻子贝特拉达（Bertrada）来自奥斯特拉西亚的一个有权势的家族，拥有大量土地，与丕平家族一直是政治上的同盟。查理·马特去世后不久，贝特拉达生下了与丕平的第一个孩子，这个男孩以他刚去世的祖父为名。在法兰克人的语言里，"查理"这个名字代表有力和阳刚之气，这个孩子也注定要继承自己祖父的地位。我们不知道他的出生地，或者说找寻他的出生地是没有意义的。丕平在卢瓦尔河和莱茵河之间的封地内有许多宅邸，分娩时，贝特拉达可能被安置在其中的任何一所。法国与德国学者为查理出生在现代法国还是现代德国境内做了繁杂的考证，只有那些迟钝的民族主义者才能解释他们为何这样做。对我们而言，弄清这位未来皇帝的确切出生日期更为重要，但不可思议的是，这个问题甚至不成立，因为我们没有确凿的证据。

查理的传记作者艾因哈德记载查理于 814 年 1 月驾崩，"他生命的第七十二年，统治的第四十七年"。[4] 如果我们减掉这个数字，就得出他出生于 742 年。如今能看到的最为正式的官方资料是《法兰克王室年鉴》（*Annali Regi*，以下简称《年鉴》），我们试图从中找到更有参考价值的内容，但其中的记载不那么确切。《年鉴》记录查理之驾崩"大约在他生命的第七十一年，征服意大利的第四十三年，他统治的第四十七年以及他被称为皇帝和奥古斯都的第十四年"[5]。《年鉴》的史官一定是对具体的年份有所存疑，特别是征服意大利的年份，所以他加了一个"大约"，提示我们对准确性不要太期待。亚琛的查理大帝陵墓的墓志铭则记载得更为含糊，简要地称他是"古稀老人"（septuagenarius）。[6]这并不意味着他正好享年七十，而似乎是足以表示他越过了七十的关口，又再续了一两年。似乎没有人关心确切的年份。

这是马克·布洛赫评价中世纪观念时所说的"对时间极其不关心"的一个极好案例。计量和控制时间是十分困难的，也许那时的人对时间并没有那么漠不关心。同样值得注意的是，实际上，在我们现代人认为至关重要的出生日期这个问题上，上述三则史料并没有费心地标出具体日期。我们从同时代的另一份包含日历的手稿中得知，皇帝的生日是 4 月 2 日。如果将这些互相冲突的信息综合起来，我们更倾向于相信艾因哈德而不是糊里糊涂的《年鉴》史官。这样我们就得到了 742 年 4 月 2 日这个日期，这一天作为查理的出生日期也被各种文本所承认。虽然有一些缺乏证据的德国历史学家认为查理的出生日期要晚得多，但我还是引用这个观点。[7]

一个确切的日期没有那么重要，对当时的人们而言也是如此。他们很少记录自己的年龄，也不像我们有庆祝自己生日的习惯。时间是由农业节律和传统仪式的年度循环来计量的。以耶稣诞生开始纪年的习俗刚刚开始在西欧传播开来，也仅有编年史家和公证人使用这种纪年法。并且，正如我们刚才所知，他们在确切纪年上也有很多困扰。孩童的出生和死亡都非常频繁，父母们不会费事去记住他们的确切年龄，成年人对他们的年龄只有大概的概念。这一现象可以由审判的记录证实，证人们总是以近似或大概的数字表示自己的年龄，比如50岁或65岁之类。为了理解他们，我们要开始像他们一样思考；所以，我们放弃弄清查理确切出生日期的想法，知道他大约在742年出生，年逾古稀时驾崩就足够了。

传统观念与政治宣传

特洛伊起源说

目前为止，我们一直在关注查理出生以前的历史事件，这些历史是以我们现代人的观点构建的。而当时宫相的儿子受教的历史肯定是非常不同的。当时的人们用另一种世界观来解释法兰克人的历史。这种世界观在今人看来充满了神话色彩，但对他们而言是确凿可信、毋庸置疑的。查理的同代人对自己本民族历史的了解还不如我们现在的史学家，他们确信法兰克人是特洛伊人的后裔。这一传说最早于660年左右记载在《弗雷德加编年史》（*Die Fredegar Chroniken*）中，差不多是查理出生前一个世纪。[8]除此之外，我们还发现在蛮族战士与罗马世界接触以后，这种传说在他们之中以各种形式传播开来。这似乎并不是学者的创造，而是一种流传甚广的传统观念。

特洛伊起源说明确表明了一种与罗马人有关的比较性甚至竞争性的意义。根据维吉尔的诗歌，罗马人从普里阿摩斯（Priamus）的儿子——流亡拉丁姆的埃涅阿斯这里继承了特洛伊的血脉。法兰克人则相信他们承自另一位特洛伊王子——法兰西欧（Francio），法兰西欧不仅把自己的名字赋予了他们部族，而且带领他们长途跋涉来到西欧，定居于莱茵河畔。因此他们是罗马人的血亲；当埃涅阿斯的子孙（罗马人）逐渐衰弱，不再享有统领的资格时，这种亲缘关系使他们有权统治高卢乃至更广阔的地域。较之世俗之人，这个观念应该在教士中传播得更为广泛。但毫无疑问，从查理年幼之时，这个观念就逐渐灌输入他的思想之中，影响着这个后来头戴罗马皇冠的孩子。

有趣的是，法兰克人与罗马人是同宗血亲的观念并不尽是虚妄之词。现代历史学家和考古学家发现罗马帝国时期这两个民族之间是高度融合的，而这段历史在查理的时代已被人遗忘。法兰克人并不是野蛮地打过莱茵河边界，全部族大规模迁入高卢。在3世纪至4世纪，法兰克战士们为罗马服役，和平定居在帝国境内。事实上，法兰克人在罗马文化的深远影响下，完成了本民族的自我认同。3世纪时阵亡在东部潘诺尼亚行省的军团战士墓碑上镌刻着这样的墓志铭："Francus ego cives, romanus miles in armis." 可以翻译为："我属于法兰克民族，但拿起武器时，我是一名罗马士兵。"[9] 这位战士很可能并不知道特洛伊起源的传说，但他对这一观念并不会感到惊奇。

上帝选民说

法兰克人的历史包含另一层意味，旨在强化自己是罗马继承者的主张。这成为他们与罗马教会之间的独特联系。这种联合可以追溯到克洛维皈依的时代，他在圣诞节于高卢受洗。虽然我们不能完全确定年份，但应该是496年。另一些日耳曼部族是受由希腊教会影响的传教士的教化而改宗基督教，他们信仰的是阿里乌派（ariana）。当时阿里乌派在东罗马帝国广泛传播，但在西部帝国鲜有人知。与天主教不同，阿里乌派信仰的基督，人性多于神性，其在本质上比圣父要低一些。阿里乌派回避了三位一体的复杂教义，这样的解释对于缺乏神学与哲学修养的部族来说，更容易接受。其结果是，在皈依阿里乌派后，哥特人、汪达尔人和伦巴第人难以理解罗马天主教。他们不仅在教义上有分裂，在教会等级上也有竞争和分裂。在罗马天主教世界看来，这些蛮族是基督徒中的异端，他们比异教徒好不到哪儿去，甚至更糟。

　　法兰克人到达高卢时，还是多神信仰，他们是在当地教士的监管下皈依的。因此他们一开始接受的就是天主教的忏悔仪式。这种历史机缘对法兰克王国的未来产生了有利的影响：罗马-高卢的主教和元老贵族们发现和法兰克诸王合作更为便利，故把他们视为保护者而不是压迫者。因此，起码较于其他罗马-蛮族国家而言，这些国王能建立起相当有效的行政和财政体系。在罗马人眼中，他们是合法的政权。他们不是篡位者，而是如君士坦丁大帝时期以来一直统治他们的罗马皇帝一样，是上承神恩的统治者。

　　最重要的是，法兰克人信仰天主教，这使得他们能和天主教会的最高精神领袖——教宗之间建立良好的关系。这些圣彼得的继任者从理论上说依然继续臣服于远在拜占庭的罗马皇帝，人们依然认为他们要依靠皇帝来抵御外敌——比如信仰阿里乌派的野蛮伦巴第人，他们自568年进入意大利以来，就对罗马城构成了真正威胁。然而，拜占庭皇帝离这里太远，并且他们用希腊语祈祷，他们的宗教仪式在经历几代人的分隔之后也和拉丁教会日渐不同。

　　在这种种原因之下，教宗意识到寻找一个在地理和信仰上都更为接近的保护者的意义。他们唯一的候选人就是法兰克国王。于是教廷开始宣称法兰克人是上帝新的选民。教宗司提反二世756 年给丕平的信中就写道，是圣彼得本人亲自向法兰克人布道，告诉他们，上帝认为他们是独一无二的民族，注定要承担和罗马人一样的伟大使命。[10] 几年之后，新任教宗保罗一世打破古老的传统，没有将教宗选举的结果照会东罗马皇帝，而是告知了丕平。他对法兰克人说："你们民族的声望凌驾于其他民族之上，法兰克王国在上帝面前光彩夺目。"他接着引用《新约》："唯有你们是被拣选的族类，是有君尊的祭司，是圣洁的国度，是属神的子民。"（《彼得前书》2：9）[11]

这封信并没有被置若罔闻：法兰克人最重要的法律文献 ——国王丕平于763—764 年（查理时年21 岁）下命起草的萨利克法（lex Salica）—— 的开篇就写道："自未开化之时起即上承天命、声名卓著、战时骁勇、和时忠贞、皈依天主、不信异端的法兰克人。"法兰克人认为自己不仅和罗马人平起平坐，甚至超越了他们。毕竟他们以武力击败了尼禄与戴克里先的继承者，这两位罗马皇帝都曾迫害过真正的基督徒："这是一个以武力推翻罗马压迫的民族，他们接受了洗礼，并把那些被罗马人处以火刑、斩首、兽决的圣徒之遗骸，镶以黄金和珠宝。"[12]

孩提时的查理，是在自己父亲的宫廷里了解自己民族的历史。他不会像现代史学家声称的那样，认为法兰克人是一个没有原始内聚力的部落联盟，是在那些为罗马服役的军事领袖的不断进取之下，逐渐转变为一个国家的。对他而言，法兰克人是特洛伊人的后裔，和罗马人一样高贵。并且和他们一样，法兰克人注定有朝一日要统治世界，维护基督教信仰。他们的一切事业都是在神意的指导和庇佑之下，因为他们是基督之民，就和旧约时代的犹太人一样，是上帝的选民："荣耀归于基督，恩泽法兰克人。"萨利克法的前言如是写道。这个"新以色列"的君主不仅像查理·马特那样，是一位新的约书亚，更是一位新的摩西、新的大卫、新的所罗门。这种观念不仅流传在高卢主教们的逢迎讨好之辞中，也反映在罗马教宗的官方公告中。如果我们以查理从父亲手中继承法兰克人的领导权之时为始，去理解查理的整个生涯，我们就要记住，这种观念不只是舆论和看法，而是无可争议的事实。

家族传统

对丕平的儿子而言，本家族的历史也远不是我们之前篇章中所说的那种枯燥的统治者年谱。查理宫廷中的一位伦巴第学者助祭保罗（Paulus diaconus），应查理之命记述了一位本朝创始者——梅斯主教圣阿努尔夫的故事。他依照皇帝的要求写道，一次阿努尔夫请求上帝宽恕他的罪过，他将一枚戒指扔进摩泽尔河作为忏悔的信物，发誓直到戒指回到自己手中，他才能得到宽恕。多年之后，一名厨师为阿努尔夫主教烹鱼时，在鱼腹中发现了这枚戒指，于是上帝宽恕了阿努尔夫的罪过，并归还了他的信物。

这个戒指扔入水中又在鱼腹重现的故事，显然是许多神话故事中都出现过的民间文学母题。有些人认为这类虚构故事有着极其悠久的起源，在发现查理将这类神话传说运用到自己家人的真实故事中时，他们都会觉得这很迷人。然而我们都不该忽略这个故事的意识形态暗示。这个故事极有可能就是在宫相的宅邸里口述，然后写下的，所以查理一定在童年时听过这个故事。这个奇迹中所赞扬的阿努尔夫的圣洁之名，必定要在他的后世子孙中代代传扬，让他们相信自己属于神赐天恩的家族。助祭保罗将这个故事写进自己的著作《梅斯历代主教纪》（*Gesta episcoporum mettensium*）也就顺理成章了。并且他还写道，阿努尔夫的福报使他的后裔有权统治法兰克人。[13] 总而言之，这一作品是受查理出于政治目的委托而写成的。

自查理儿时起，官方的宣传就已经在强化这么一种说法，那就是丕平家族奉天承运，注定要统治法兰克人。丕平的叔父奇尔德布兰（Childebrand）以及后来他的儿子尼伯龙（Nibelung）都继续编写《弗雷德加编年史》，他们在文字中都暗示，查理·马特和他儿子取得的胜利都符合神意。[14] 换句话说，就是神选王朝将统领神选之民。这个戒指的故事，查理七八岁时听到，并没齿不忘。他此时听到也是恰如其时，此时他的父亲丕平不再满足于以宫相的身份统治法兰克人，决定称王的时机到了。

丕平掌权

丕平夺权

丕平计划的基础在于教宗。教宗自克洛维皈依之时起就是法兰克人的天然盟友。尽管当时罗马主教并不享有如今在天主教会中这样的绝对权力，但是他在政治和精神领域的权威在整个拉丁教会的信徒中得到了广泛认同。如果犯下难以宽恕之罪，比如篡夺了某个基督教国王的王位，教宗是能够将之合法化的。在明确宣称称王之前，丕平曾向教宗扎加利（Zacharias）写信询问，法兰克国王之名加于没有实权之人是否恰当。教宗基于自己承自圣奥古斯丁和格里高利一世的权威，回复道，国王的头衔应该由实际掌权的人持有。[15]

丕平家族与法兰克贵族相处已超过一个世纪，已得到认可，再得到这封信的支持，丕平于751年11月召集国内贵族，宣布称王。他被高卢主教涂油，而原来法定的墨洛温国王被送往修道院，以静修度过余生。教宗扎加利也在不久后去世，他的继任者司提反，因为受到伦巴第人对罗马城的威胁，而让新的法兰克国王许诺以武力介入意大利，一劳永逸地解决威胁。作为回报，司提反754年前往高卢，再次为国王行受膏礼。这是史上第一次教宗出行到这么远的国家，让人印象极其深刻。这标志着教会最终认可了这个新王朝，尤其是教宗当面表示，他不仅愿意为丕平涂油，也愿意为他的儿子查理及其弟卡洛曼涂油。

在这次会见中，国王和教宗宣誓达成一个严肃的友好协定，他们的继任者则重申这一协定，并建立一个罗马与法兰克王国之间的持久联盟。基于此条件，教宗赐予丕平和他的儿子们以"罗马人的执政者"的头衔。尽管这个称呼的准确法律含义有些模糊，但在一定程度上可以表示法兰克国王成了教宗圣座的保护者。没有加地理限制的"执政者"头衔，传统上是由东罗马皇帝授予的，属于拉韦纳的拜占庭总督（esarca）。但此时拉韦纳已落入伦巴第人之手，在意大利也不再有拜占庭的总督了。即使这样，"罗马人的执政者"的称呼在拜占庭人听来还是有蛮族意味。毫无疑问，教宗将之授予法兰克国王，意在鼓动他取代东罗马皇帝，承担起保卫永恒之城的责任。

为了加强司提反与丕平之间的联盟，一种精神守护的关系建立起来。教宗在754年之后与国王的关系如同教父与教子，他将查理和卡洛曼视为自己在精神领域的子嗣，并给他们施洗，尽管他们早已过了年龄。教宗此举的确切动因并不明确，很有可能是为了确立自己的教父地位。继任的几代教宗对这种父母与教父母之间的关系更为重视，他们尽己所能继续这种关系。当757年查理的妹妹吉斯拉（Gisla）出生时，丕平国王将婴儿受洗时所包的褓褓送给新任教宗保罗一世。教宗以庄严的礼仪接收了此物，并立刻给国王回信，自此，他自视为这个女孩的教父，就如同他亲自把她放入洗礼盆中一样。[16]显而易见，丕平家族（在查理·马特凯旋之后开始被称为加洛林家族）通过与教宗的关系，开始享有特殊地位，并因此在法兰克世界和整个西方基督教世界取得了无人可及的优势。

神圣的王室血脉

751年丕平所采用的受膏仪式，代表了一次极其重要的意识形态革新。在此之前法兰克国王是通过欢呼仪式继位的。如果说当时社会舆论中有什么和神秘领袖之力相关的内容，那就应该是流淌在他们血管里的王室血脉。丕平用圣油行受膏礼，采用的是《旧约》中记载的仪式。根据记载，扫罗王就是通过先知撒母耳的涂油而获得王国的控制权。在他之后，大卫和所罗门也是通过受膏继位的。在基督教世界里，这种仪式已经被西班牙的西哥特人采用，但此时他们的王国已经落入阿拉伯人之手。丕平不仅是第一个采用这种神圣仪式的法兰克国王，也是当时唯一采用这种仪式的基督教国王。随后不久，英格兰诸王就效法了他。

受膏礼不仅为国王笼罩了一层神圣的氛围，也像以色列诸王一样，授予了他一种教士的特质。借此，丕平可以名正言顺地宣称自己"为主所选定"。并且他可以像对自己的王国一样，对教会宣称自己的权威。而一个仅仅被加冕的世俗国王则无法这样做。从教宗保罗一世的角度看，他毫不犹豫地将丕平说成是一位新的大卫王，由神选出保护基督徒。他用《诗篇》中的词句加于丕平，"我寻得我的仆人大卫，用我的圣膏膏他"（《诗篇》89：20）[17]。借此，法兰克人又像"长发王"时代那样，再次被一位教士国王统治，不过这次国王的神圣领袖力完全来自基督教，而不是墨洛温时代的异教。这并不意味着国王放弃使用武力；国王以神圣的意志佩带宝剑，可以在需要时拔剑保卫信仰。不久查理就会证明法兰克国王从这种宗教法统中获得的巨大优势。

第 2 章

对伦巴第人的战争

继承权的艰难划分

768 年 9 月，国王丕平在巴黎驾崩，可能死于水肿病。他的两个儿子，查理与卡洛曼，分享了父亲的王国。当时还没有实行长子继承制，甚至在王国中也是这样，财产要在男性子嗣中分配。在决定如何分割领地时，临终的国王并没有沿袭法兰克王国的传统边界，而是如同之前他的父亲查理·马特那样，大体进行了新的领土划分。查理继承了法兰克人领土的外围，一大块新月形的土地。从阿奎丹北部的大西洋海岸开始，沿着卢瓦尔河以北延伸至纽斯特里亚的一部分和奥斯特拉西亚的大部分地区，再继续沿着海岸线至弗里斯兰（Frisia，亦译弗里西亚），然后转向东南，囊括了大部分的日耳曼省份，直到图林根。卡洛曼继承了内部的领地，包括奥斯特拉西亚的一小部分、日耳曼东南的阿勒曼尼亚诸省、大部分的纽斯特里亚（包括塞纳河流域），还包括从孚日山脉沿着罗讷河谷直到地中海的勃艮第王国、高卢的大部分东南地区，以及阿奎丹的内陆地区。

在这新的现实背后，包含着这样一种思想，那就是淡化传统的法兰克王国观念，强调法兰克民族的统一。有两位国王，但只有一个王国。两兄弟分别在努瓦永（Noyon）和苏瓦松两城行受膏礼并非巧合，两城离得很近，这个地区是丕平国王最常居留的地方，也是他们的母亲贝特拉达客居的修道院之地。他们两人之间的关系很快就变得紧张。可能是分割导致的地缘政治因素，迫使他们采取对抗政策。查理得到了向日耳曼异教地区自由扩张的机会，而卡洛曼却要面对最危险的边界——面对穆斯林西班牙的比利牛斯山，以及最敏感的边界——面对意大利的伦巴第王国。可能他们兄弟二人以及他们身边世俗与神职的权贵们，都是非常谨慎的。查理继位第二年，就镇压了阿奎丹的叛乱。而卡洛曼的追随者们却建议自己的国王不要插手协助查理。当然，我们也要记住，这个事件现在可见的唯一记录，是在查理的宫廷里记述的。当时卡洛曼的史官可能会有完全不同的版本。[1]

他们彼此间的不信任还能得到一些事实的印证。在卡洛曼生前，除了查理出征惩罚阿奎丹的叛乱，兄弟二人都没有指挥过军事战役。如果我们想到查理曾经空出手来，就会感到很惊讶。查理几乎没有哪年不在向周边民族发动战争。简言之，分割王国导致一种不稳定的状况，只是他们的母亲居中调停才维持了两兄弟的和平。然而造化弄人，这种平衡没有持续太久。771年12月1日，在患病数月之后，卡洛曼撒手人寰。这位不幸的国王虽年仅二十，但已经有两个儿子，两人由他们的母亲盖博嘉（Gerberga）摄政。王国的权贵们也觊觎王位。查理迅速行动抢占先机，宣称自己是法兰克人唯一的国王，并占领了他弟弟的领土。许多曾经效忠卡洛曼的主教、修道院院长和伯爵都臣服于新的主人，但另一些人则追随先王的遗孀和王子，逃往意大利寻求庇护。

　　这种逃亡本身就说明了兄弟二人互有芥蒂。《年鉴》中的条目声称"国王并没有为他们背逃意大利而气恼，觉得此事无足轻重"。这段在查理宫廷中撰写的历史记录，带有一方派系杜撰出的夸耀意味。[2] 一段时间后，爱尔兰人卡特伍尔夫（Catwulfo）给查理写了一封充满溢美之词的书信，信中他迫不及待地恭祝查理兵不血刃征服了兄弟的王国。[3] 如果统一是一件必然且众望所归之事，那这种恭维就显得有些突兀。这位顺应全体法兰克人民意的国王，不再关注自己的弟妹，以及那些追随她逃往意大利的流亡者。现在他感到可以随心所欲，将自己的雄心转向他处。在卡洛曼去世几个月以后，按捺许久的查理率军渡过莱茵河，与北方的异教徒作战。

　　772 年夏季发动的对萨克森人的战役，是短促而决定性的。法兰克人深入敌境，以武力强行树立自己的权威，并强迫萨克森人交付 12 名来自高贵家族的人质，以保证他们的臣服。当查理回到位于列日附近赫斯塔尔的祖居庆祝圣诞之时，这位凯旋的法兰克人的唯一国王应该不会想到，为了最终使萨克森人彻底臣服，自己的整个余生都在不断对他们发动战争。但在他完成这项事业之前，他首先要把注意力转移到意大利，这里是卡洛曼家人的避难所在。

法兰克人与伦巴第人：世仇

　　法兰克人与他们的邻居伦巴第人的关系，总是容易变得糟糕。

当教宗放弃了从拜占庭得到协助的希望，转而向高卢的天主教国王和宫相们寻求保护以后，尤其如此。739 年，教宗格里高利三世对查理·马特极尽逢迎之词的书信，就直白地表明了，尽管查理·马特不是国王，但他在圣彼得继承者的眼中是法兰克人的真正领导者。教宗恳请他率军介入，对抗威胁罗马的伦巴第王利乌特普兰德（Liutprando）。为了答谢他并非现成的协助，教宗甚至史无前例地将圣彼得陵墓的钥匙赠予他，暗示授予他罗马教会保护者的身份。他写道，除了上帝，只有查理（马特）能从蛮族手中拯救教会。[4]

754 年由教宗司提反为丕平涂油，并授予他罗马人的执政者头衔，这同时也包含着武力介入意大利半岛的承诺。这次法兰克国王言出必行，在当年夏季，他将伦巴第王阿斯图尔夫（Aistulfo）围困在帕维亚城（Pavia），迫使他按照教宗的意愿，放弃中意大利所有被他们征服的土地，并承认法兰克人的霸权。仅两年后，756 年，阿斯图尔夫自食其言，兵临罗马，迫使教宗司提反绝望地向丕平恳求。据说他以使徒彼得的第一人称口吻写道："快来，快来救我们。"[5] 法兰克大军迅速行动，迫使阿斯图尔夫献上中意大利 22 座固守城池的钥匙，让一切回归正轨。丕平依照礼仪把钥匙放置在圣彼得的祭坛上。

在这次胜利之后，法兰克国王的意大利政策改变了。在经历了如此奇耻大辱之后，伦巴第国王承认了法兰克人的霸权地位，自居为扈从，而不是对手。无怪乎丕平在法令中避免使用罗马人的执政者的头衔，因为这个头衔要求他干涉意大利事务，义务太重，并不符合他的利益。查理与卡洛曼两人继位后，情况并没有改变：伦巴第王国对他们二人而言都是一个潜在的有力盟友，所以 756 年德西德里乌斯（Desiderius）继承阿斯图尔夫的王位之后，兄弟二人都热心于维持与他的关系。《年鉴》770 年的条目里提及了一件由母后贝特拉达主持的与意大利有关的事件。[6] 尽管我们对此事所知不多，但依照逻辑可以推断，贝特拉达作为和平倡导者，提出了一个三方协议，使相互竞争的兄弟二人谁都不能利用和伦巴第人的联盟去对付另一人。

在卡洛曼死后，他的遗孀和儿子以及众多的追随者前往意大利避难，这一事实证明了他生前与德西德里乌斯的良好关系。然而查理同样和帕维亚的宫廷有着良好关系。就在这一时期，他迎娶了德西德里乌斯的女儿，A. 曼佐尼（A. Manzoni）在诗中破格称她厄曼嘉达（Ermengarda），而实际上同时期的编年史家都没有记录她的名字。[7] 这一联盟似乎是要停止法兰克人倾向教宗的政策，并确认法兰克人与伦巴第人的共存关系。从教宗司提反三世写给法兰克国王抱怨这一决策的一封措辞尖刻的书信中，可以看出这一点："多么愚蠢啊：你们高贵的法兰克民族，众族之光。你们的名誉和高贵地位被恶臭而奸诈的伦巴第人玷污了，他们甚至不够被称为一个民族。难道不知，是他们带来了麻风病吗？"[8] 但是年迈的贝特拉达克服了这种反对的声音，伦巴第公主越过阿尔卑斯山和她的未婚夫结婚了。

为什么这场婚姻还不到两年，查理就入侵意大利了呢？正如常见的那样，这个问题的原因很难以可靠的方式解答。不仅是因为所有同时期的记录都是十分厚颜地偏向一方，也是因为这一系列事件并不总是清晰明确的，我们很难分清孰因孰果。我们能确定的就是在 771 年和 772 年之间发生了三件标志性事件，但不知道确切的顺序。一件是德西德里乌斯鼓动卡洛曼的遗孀宣称自己的儿子拥有先王的继承权，并要求教宗为孩子涂油。伦巴第人此举是通过将法兰克分裂成两个政权而瘫痪其军事力量，保护自己的后方，趁机再发动战争，占领罗马。第二件事在查理这一边，他抛弃了尚未生子的妻子，将她送还她的父亲。这一事件可以解释为一次合法的行为，因为国王需要一位能生育继承人的妻子，但此举极大地破坏了贝特拉达苦心构建的外交平衡。最后一件，新当选的教宗阿德里安一世写信给查理，告诉他罗马处于伦巴第人空前的威胁之中。他请查理效法自己的父亲，率军保卫圣城。毕竟查理还是罗马人的执政者。[9]

显然，这三件事中的任何一件都能引发一场危机，并且难以确定准确的发生顺序，我们必须克制住将这些事件归为引发战争的政治责任的想法。似乎可以确定，直到最后一刻，查理依旧保留着外交解决的通道，这与他一贯的残酷手段相反。他面对敌人，尤其是异教徒时，总是十分急切，有时不宣而战。这次法兰克国王并没有冷酷地寻求战争，他刚显露出向北方异教徒扩张的兴趣，没有急于进攻意大利，尽管目前的国际形势变得对他有利。卡洛曼的儿子并没有继续宣称王位。如果德西德里乌斯按照计划进军罗马，强迫教宗为他涂油的话，这是有可能实现的。伦巴第王的计划，在772年至773年的冬季，在永恒之城的门前终结了，一部分原因是阿德里安一世威胁开除他的教籍。

这种情况下，法兰克人与伦巴第人之间的战争还是可以避免的。法兰克贵族也不愿卷入其中，实际上他们以前对丕平的意大利远征也并不热衷。因此查理试图在他的前岳父和教宗之间达成一个协议，提议后者以14,000金币的高昂补偿金，换取伦巴第人从已占领的土地上撤军。然而，教宗不肯妥协，谈判破裂了。因为教宗看到了能一劳永逸地从伦巴第人的威胁中解脱的机会，查理开始计划他的意大利战役。

773—774 年的战争

战争计划

在策略层面，问题只有一个，但也难以轻易解决：如何率军越过阿尔卑斯山。尽管有多条能让旅行者在夏季轻松通过的小路，但能够允许军队携带战马和辎重通过的罗马大路只有两条。最常用的是法兰西吉纳大道（Via Francigena），从里昂出发沿着阿克山谷（Val di Arc），越过赛尼斯山口（Moncenisio），再沿着苏萨山谷（Val di Susa）下山直到都灵。朝圣者们经常沿着这条路前往罗马，所以它也被称作罗马大道（Via Romea）。但是在山谷的入口，伦巴第人修复了防御工事系统。这些工事在罗马帝国晚期开始就藩卫着意大利平原。它们被称为封锁通路出口的"要塞"（clusae）。现在也因圣米迦勒修道院之名被称作"圣米迦勒门禁"（Chiuse di San Michele），这座修道院矗立在悬崖峭壁之上，控制着狭窄的山谷。

另一条通往意大利的罗马大路，是圣伯纳德大道，当时被称为焦韦山口（Monte di Giove），也是一条中世纪朝圣者和商人经常使用的道路。在这里"要塞"也守卫着伦巴第王国的边境；时至今日，在道路抵达平原的地方还能看到巴德（Bard）要塞。让人惊奇的是，两国的边境线是沿着山区进入平原的路口划分，而不像现代法国和意大利的边界那样沿着阿尔卑斯山分水岭划分。实际上，法兰克人比他们的邻居更强大，更进取。他们早就占据了苏萨山谷和奥斯塔山谷（Val d'Aosta）地区，他们处心积虑地保护对这两条重要道路的控制权。时至今日，意大利语皮埃蒙特方言区和高卢罗曼语地区的法兰西-普罗旺斯方言区的边界就是沿着这两条山谷的入口处划分的。

　　"要塞"的存在，尤其是在苏萨山谷的"要塞"，给中世纪的编年史家和19世纪的学者们留下了深刻的印象。在戏剧《阿德尔奇》（Adelchi）中，曼佐尼将这些要塞作为阻碍因素，并构想查理无法越过要塞而放弃了整个计划。上帝为了助他实现目标，派遣助祭马丁（Martinus diaconus）向他指出了绕过障碍的另一条路。不久后，公元1000年的《诺瓦莱萨编年史》（Cronaca di Novalesa）将"要塞"描述为巨大而坚实的屏障，一堵由石料和泥灰建起的古老城墙，从峡谷的一侧横亘到另一侧。并宣称它的废墟在谷底依然可见。[10] 在距我们更近的时代，历史学家们对这一描述表示怀疑，提出"要塞"是一连串的临时工事、瞭望塔和关卡，而不仅仅是一堵巨大的石质壁垒。似乎历史学家和考古学家的研究彻底推翻了集体想象流传下来的浪漫意象。然而，更多的近期研究表明，末期伦巴第诸王鉴于以前与丕平作战的惨痛教训，投入了大量的资源加固"要塞"。并且他们不同于习惯以灵活方式防御的前任国王，他们自欺欺人，认为自己做了这些准备工作，能够以深沟高垒封锁住入侵者的通路。总而言之，至少在德西德里乌斯的时代，可能确实有一堵高墙封锁谷底。

　　查理决定入侵意大利，就开始在日内瓦集合军队。看一眼地图我们就会发现，从这里出发，查理既可以选择取道苏萨山谷顺罗讷河而下，也可以选择取道圣贝尔纳多（San Bernardo），再绕着日内瓦湖溯罗讷河而上朝向马蒂尼（Martigny）进发。选择日内瓦这一地点很有战略敏感性。从广大的法兰克王国各省召集军队需要几个月的时间，显然敌人会适时得知军队集合点的情报。查理的选择意味着伦巴第人难以猜测军事打击会从哪个方向而来。

甚至即使伦巴第人猜中了，如果查理两路出击，他们也很难占上风。他决定兵分两路出征：一路通过圣伯纳德大道，由他恰巧也叫伯纳德的叔父统率；另一路取道赛尼斯山口，由他亲自统率。这是第一次有证据显示出他独特的战略倾向：在他作为军事统帅的生涯中，查理偏爱使用钳形攻势，这展现了他规划和协调兵分两路行动的独特能力。显然，查理统率的大军强于自己的敌人，只有作为这样军队的统帅，才可能实行这样的战略。我们可以称查理是一位伟大的将领，但没有身处劣势时的杰出战略能力。他更像一位现代模板的统帅，擅长组织和后勤。

入 侵

773 年夏季法兰克人跨越阿尔卑斯山是一次史诗般的壮举，除却战象，可以和汉尼拔相比。查理的传记作者艾因哈德强调："翻越阿尔卑斯山是多么困难啊，群峰直达云霄，法兰克人穿过难以跨越的连绵群山和嶙峋的岩石付出了多么艰巨的努力。"[11] 而给人更深印象的是，查理迅速击败了守候在山谷的敌人。时至今日，这一事件依然鲜活地存在于人们的想象之中，毋庸置疑，一部分原因是由于曼佐尼，但也不尽然。当时的编年史家也认同，由于伦巴第人已经在"要塞"中占据有利位置，查理并没有正面进攻他们，而是转而包围他们。史官们有的将这次胜利归于查理的统御能力，有的将之归于神迹，并没有透露更多的细节。[12] 直到新的千年，《诺瓦莱萨编年史》中虚构了一段叙述，说一位伦巴第行吟诗人为了金钱，向查理指出了绕过要塞的道路。[13] 这位匿名编年史家直接激发了曼佐尼的灵感，他在自己的作品中混合了神迹介入的古老传统。他以上帝意志的执行者助祭马丁替代了这位叛国的行吟诗人的角色。

　　法兰克人行军的确切线路依旧是个问题。在苏萨山谷中，有一条当地传统中称为"法兰克小径"的小路。由于被假定为查理曾经取道之处，最近人们在评估这条路的旅游潜质。实际上，这条路只是中世纪时期构成法兰西吉纳大道的路径之一。实际上，一条中世纪道路没有必要像古罗马道路那样，被定义为一条精心铺设的直线通路；而是根据自然环境的不同，可能分成数条路径。现代历史学家将之定义为道路区域。关于查理绕过"要塞"的路径记述，最为可信的文本，是用战略术语记载，由诺瓦莱萨的僧侣提供的。根据他的记载，法兰克人右转下行到桑格那山谷（Val Sangone），再下行到贾韦诺（Giaveno），然后上行爬回到阿维利亚纳（Avigliana），从而处在敌人的后方。在惊讶之余，伦巴第人慌乱地远遁至帕维亚，在这里德西德里乌斯国王和他残存的战士把自己关在城中，他的妻子和儿子阿德尔奇斯（Adelchis）甚至逃回了维罗纳。

　　直到此时，查理的远征成果和他父亲相比还没有什么不同。当年丕平击败了阿斯图尔夫国王，包围了帕维亚，并在此撤军。几天之后，在实现了归还教宗宣称的土地并移交人质的结果之后，他回到了自己的国土。在此我们可见查理的政治策略及其宽广的眼界，我们可以将其定义为帝国主义。法兰克国王围攻帕维亚超过一年之久，直到774年6月。此时德西德里乌斯粮尽援绝，被迫无条件屈服。获胜者查理入主伦巴第王宫，并将他岳父的财宝分配给自己的战士。而德西德里乌斯则被迫成为修道士，被禁闭在远方的科尔比（Corbie）修道院。至于伦巴第人的最后希望——阿德尔奇斯，则被人从维罗纳赶走，被迫离开意大利，在君士坦丁堡寻求庇护。他在拜占庭皇帝的庇护之下一直等待着夺回故土，直到老迈之年也未能实现。法兰克国王没有废弃新征服的国度，但也没有将其并入自己的王国。他决定继续维持其管理体制和行政自治，自此，他担负起伦巴第国王（rex Langobardorum）的头衔。

法兰克人征服的结果

教宗国的诞生

查理对自己的境况是如此自信，甚至在德西德里乌斯投降之前，他就离开帕维亚前往罗马庆祝774年的复活节，这也是他第一次访问罗马。他受到了与阿德里安教宗接待拉韦纳总督和罗马人的执政者同等的礼遇，实际上礼节非常端庄适度。查理跪行爬上圣彼得教堂的台阶，他亲吻每一级台阶，以证明他对此地所蕴含的巨大宗教力量的重视，他已经是这里的保护者了。在停留罗马期间他最重要的事件就是和教宗的会谈。由于法兰克和教宗双方编年史家的分歧，我们无法确认他们有什么进展。但毫无疑问的是，二人重申了二十年前丕平和司提反二世之间的友好协定。更进一步，阿德里安教宗要求查理确认他父亲之前签署的书面承诺，并向国王宣读了这个文件。根据教宗这边的编年史家记载，他同意签署文件。该文件极大扩展了教宗统治的领地，创立了所谓的"圣彼得共和国"，而法兰克人保留着靠近阿尔卑斯山的波河流域地区，南及帕维亚。拜占庭人占有卡拉布里亚（Calabria）、西西里和撒丁岛。[14]

这个文本引起了历史学家们的一些质疑，他们不认为查理和他之前的丕平会作出如此之重的承诺。但即使我们取信教宗的文本，也要记住查理和阿德里安会谈之时，与伦巴第人的战争依旧在继续；德西德里乌斯困于帕维亚城中，继续抵抗，而意大利半岛未来的划分就已经被决定了。但我们不要感到惊奇，查理很快会夺取伦巴第国王的冠冕，他会思虑再三。显然，他不会去实际承担国王责任，但如果按照字面上的要求，他的新王国将会分裂。只有教宗在罗马这一自古以来的领地的权威得到承认，再加上萨比纳（Sabina）这块前拜占庭总督领地，和"五城地区"（Pentapolis）这块在亚平宁山区的一连串带状区域。建立圣彼得共和国，是历代教宗自 8 世纪以来就一直有的雄心。至此教宗国的最终疆域大致形成，直到千年之后炮火轰破了罗马庇亚门（Porta Pia）的城墙，教宗国的最后残余才终于陷落。

776 年的叛乱

伦巴第王国的覆灭毫无疑问带来了恐惧和猜疑。774 年 5 月，德西德里乌斯投降前一个月，在亚平宁山区埃米利亚（Emiliano）地区一座还没有被法兰克人占领的要塞，有人写下一份私人文件，用前所未有的口吻证明了王国所遭受的灾难打击："以耶稣之名，写于野蛮时期的章程。"[15] 与此同时，不可否认的是许多伦巴第公爵对保卫国家毫无热情，迅速臣服了他们的新主人，这也解释了征服伦巴第为何如此容易。内部异议一直是伦巴第王国的弱点。756 年选举德西德里乌斯时，以鲁莽著称的图斯亚（Tuscia）公爵将此事视为对对手弗留利（Friuli）公爵的一次打击和羞辱。意大利的贵族因此而分裂，一些贵族似乎对国王十分冷漠，不愿意无条件效忠。无怪乎查理认为在征服后重新安置这些贵族并无必要，而是让他们在各自的省份保留原有的地位。

名叫罗斯高德（Rothgaud）的弗留利公爵，很快组织了一次暴动。所有残存的在位公爵都参与了行动。当他们目睹德西德里乌斯倒台时，他们并未太在意，可能没有意识到这已经标志着伦巴第独立的结束；他们现在想重新开始斗争。在君士坦丁堡，东罗马皇帝和他的保护对象阿德尔奇斯饶有兴致地旁观事态的发展，准备利用一切可能出现的机会。775 年秋，从萨克森远征归来途中，查理收到了一封来自阿德里安教宗的书信，信中他告知查理国王，罗斯高德与贝内文托公爵阿里奇斯（Arechis）密谋，正准备明春发动叛乱。查理迅速行动，他没有依照惯例回家过冬直到来年复活节，而是在气候允许的情况下在阿尔卑斯山脚过冬，他在 776 年 2 月或 3 月出现在弗留利。

在那里，叛乱的伦巴第诸公爵正等待着查理，不过最终只有弗留利、特雷维索、维琴察三地的公爵。对这次会战的结果，法兰克和伦巴第两方的史官的记述截然不同：根据《年鉴》，罗斯高德战死，查理接连攻克叛乱的城市，以法兰克人的伯爵取代伦巴第人的公爵。他在特雷维索庆祝复活节，随后赶回受萨克森人威胁的莱茵河边界。[16] 另一方，伦巴第人的编年史家，安德里亚·达·贝加莫（Andrea da Bergamo），在一个世纪后写道，反叛的公爵们在利文扎河（Livenza）大桥上直面意在烧杀抢掠的法兰克人。他们浴血奋战，挫败了法兰克人。最终使查理同意保留公爵们原有的地位；作为回报，公爵们宣誓效忠并永不违誓。[17]

安德里亚的记述可以被解释为伦巴第人的胡思乱想，即使过了如此之久，他还是不能接受本民族败于法兰克人之手。这种情绪之后存在了很久，这可以从意大利南部的贝内文托公爵领地的编年史传统中得到印证；此地直到下个千年一直保持独立。现在，大部分历史学家倾向于接受法兰克人编年史中的记载，他们相信是由于公爵们的叛乱，查理才对伦巴第贵族失去了信任。他以法兰克人和阿勒曼尼人的主教、伯爵和封臣系统性地代替他们，导致意大利贵族阶层剧烈变动，并且这不是在帕维亚城投降以后就立即发生的。

从伦巴第人的政权到意大利王国

776 年法令

不管结果如何，毫无疑问的是 776 年的叛乱让查理感到害怕，导致他寻求通过立法手段来让他的新臣民达成一致。尽管安德里亚·达·贝加莫的记录可能确实有所夸张，"全意大利一片荒芜，死于刀剑、饥馑和野兽之口的人太多了，以致在乡村和城市都生者寥寥"[18]，但对伦巴第人的征服确实使意大利境内遍布贫穷和衰败。阿德里安教宗也在一封写于 776 年的书信中提及了饥荒及其悲惨的影响，并谴责了丧尽天良的希腊商人增长的基督徒奴隶贸易。为了逃离饥荒，伦巴第人出售自己的奴隶，或者只身登上希腊商船以图避祸苟生。[19]同年2月，在准备与叛军作战之时，查理颁布了他的第一部意大利法令集，换言之，这是他第一部遍及整个新征服王国的法律，旨在缓和侵略战争造成的创伤。

这次立法是史无前例的。查理国王了解到，在他军队经过之地，荒乱导致许多人将妻儿甚至自己卖身为奴，另一些人则"迫于饥馑"将自己的财产捐赠或出售给教会，或者低价出售自己的土地。国王宣布所有的这类财产转让一律作废，如果能证明卖主是迫于饥馑，则与之有关的交易事实也将取消。无论何种情形，所有的这类交易都要交由法庭评估，以战前的价格来评估财产的价值，并评估交易价格是否公允。所有的奴隶交易也自然取消，甚至给教会捐献的情况也要暂缓执行，重新评估当事人的具体情形。[20]

这个重要决策证实了安德里亚·达·贝加莫的记述：法兰克人的入侵带来了灾难性的后果，国王也难以忽视，不得不采取行动减轻新臣民的痛苦。查理的法律详细说明这种评估只能在"朕及朕之大军所经之地"方可实行，并且不能干涉发生在之前"德西德里乌斯时代"的交易。当然，如果我们考虑到这主要针对世俗与教会的伦巴第人土地所有者，他们的收益来自贫困的农民，则他此举自有道理。此时正值查理准备与反叛者对阵疆场之际，这部法令可以理解为对反叛者利益的直接打击。无论如何，在临近利文扎河战役之时颁布这一法令是明智之举，旨在获得广大民众的支持，使他们与自己的领导者相互分裂。这标志着意大利政策的转变。从这时起，这成为查理所采取的路线：他向广大伦巴第人传递一个信息，他们和法兰克人一样，都彻底臣服于国王，也

意味着在所有权利和义务上平等。与此同时，他开始在行政官员
和教士之中系统地任命法兰克人和自己所信任的外国人，以削弱
不忠的本土统治集团。

王国的管理

在法兰克人的统治下，伦巴第王国的自治持续到781年复活
节，直到查理与王后希尔德嘉德（Hildegard）的第二个儿子，当
时名叫卡洛曼，在罗马受洗于教宗，更名丕平，又被教宗涂油而
成为伦巴第国王。[21] 从此以后就有了两个国王，父亲主要居于阿
尔卑斯山以北地区，儿子则居于王国的旧都帕维亚。丕平年仅4
岁，国家由查理任命官员进行实际管理，其中最重要的官员是赖
兴瑙（Reichenau）修道院院长沃尔多（Waldo）。查理国王曾试图
任命他为帕维亚城的主教，却因教宗的缘由而未能实现。后来，
年幼的国王成长起来，能够亲自统率主要由伦巴第人组成的王国
军队。796年对阵阿瓦尔人，针对贝内文托公爵发动多次惩罚性
军事行动，在东部边境与拜占庭人进行旷日持久的战争，其中包
括810年夺取威尼斯。在这年去世时，年轻的丕平不再是一个傀
儡统治者，而是一位深谙统治之道的真正君主，宫廷诗人赞颂他
的胜利。[22]

尽管任命了大量的法兰克人主教、修道院院长和伯爵，伦巴第
王国的管理依旧保持了其特色，没人想要有意识地破坏它。地方官
员使用了伦巴第人的地方官头衔，诸如"加斯塔尔迪"（gastaldio）、
"斯库达伊斯"（sculdahis）、"洛可波斯图斯"（locopositus），他们在
来自法兰克或阿勒曼尼亚地区的伯爵领导下继续履行职责。在王国
的外围区域，这里的管理依照伦巴第人的传统交付给公爵，并持续

了很久。不过从弗留利到斯波莱托，伦巴第的当权者都被法兰克人取代。但这些举措是逐步进行的，甚至在776年叛乱之后也是如此。几乎可以说查理似乎是在等待公爵老死，再任命一位可信的继任者。这使得新老政权的过渡更加平顺温和。

另一方面，查理和丕平时常在意大利直接颁布法令，这也是他们设计的王国自治的另一种体现。事实上这些法令的意图也延伸到了新王国的制度和行为法规（例如针对教士的）中，这些制度和法规已经在法兰克王国广泛实践。事实上，法律的主体是在明确限制意大利，尽力维持其伦巴第王国的身份，防止其融入帝国之中。甚至这些法律在查理大帝去世之后，在帝国的语境下重现生机。但一个改变还是发生了：随着时间的流逝，"伦巴第人的王国"这一称呼被放弃使用，取而代之的是"意大利政权"（regnum Italiae）或意大利王国。历史学家更倾向于称其为古意大利王国，和1861年成立的意大利王国以示区分。

历史与神话

铁君王与食骨者的传说

查理对伦巴第人的战争在集体记忆中留下了深远的影响，并催生了一系列广泛流传的故事，这些故事多少带有奇想的性质。围攻帕维亚激发了一位后世作家的灵感，他生活在查理大帝曾孙辈的时代，塑造了法兰克国王领导大军的难忘描写。这段描写当然是十分传奇的，对于理解查理大帝的形象很有裨益，被后世反复抄录，铭记不忘。这是一个非凡的文本，值得在此完整复述。作者是"诺特克·巴布鲁斯"(Notker Balbulus,意为口吃者),一位圣加尔(San Gallo)修道院的僧侣。他的作品《查理大帝纪事》(*Gesta Karoli Magni*),大约写于886—887年,献给皇帝胖子查理,这是一部集合了史实与杜撰逸闻的传奇作品。他告诉我们,德西德里乌斯被困于帕维亚城,身边有一位名叫奥特克乌斯(Otkerus)的法兰克贵族,他因为曾与查理争执而到伦巴第人这里寻求庇护。顺便一提,这个人物似乎就是我们在中世纪"武功歌"(chansons de geste)中发现的奥吉尔(Ogier),在意大利语版本中奥吉尔被称为丹尼斯(丹麦)的乌吉里(Uggieri il Danese)。

风闻查理军队逼近,德西德里乌斯和奥特克乌斯登上了帕维亚城最高的塔楼。

出现的辎重队伍可以和大流士与恺撒出征时的相比,德西德里乌斯对奥特克乌斯说:"查理在这支大军中吗?"他回道:"还不在。"当看到由广大帝国各地召集而来的士兵组成的军队时,他有把握地对奥特克乌斯说:"显然查理一定傲然立于这支军队之中了。"奥特克乌斯回道:"没有,还没有。"德西德里乌斯开始焦躁不安,说:"当他和更强大的军队一起到来时,我们该怎么办呢?"奥特克乌斯说:"当他到来时你会看到的,至于我们的命运会如何,我无从知道。"当查理整装待命的卫队出现时,德西德里乌斯看到了他们,用震惊的声音说道:"这一定是查理了。"然而奥特克乌斯说:"不是,还不是。"

接踵而至的是主教、修道院院长、礼拜神父和他们的随从。看到他们，德西德里乌斯畏惧光明，只求一死，他抽泣着结结巴巴地说道："我们下去藏身地下吧，不要再面对这么一个可怕对手的怒火！"奥特克乌斯曾经在查理的宫廷中有过一段好时光，对查理无可匹敌的力量和性格都有所了解，此时他吓坏了，说道："当你看到田野里突显一片铁的庄稼，黑铁的洪流如同海中的波涛一般拍打着城墙，那时你就可以说查理来了。"他话音未落，一片黑云一般的风暴就在西方出现，将白天的光明变为一片可怕的灰暗。皇帝接近的时候，被围城中的人觉得这个白昼比任何黑夜还要黑暗，因为他们面对着雄壮的军队。

随后他们看到了如钢铁般坚定的查理，头戴铁盔，双臂披铁臂甲，铁胸甲和肩甲保护着身体，左手高举着铁质的长枪，右手时刻握着无坚不摧的利剑。其他人为了更易于骑马，大腿的外侧没有护甲，而他则是以铁片防护。至于胫甲，全军也和他一样是铁的。在他的盾牌上你只能看到铁。甚至他的战马也闪着黑铁的青光，心如铁石。保护他的卫士侧立在他的身边，也尽可能在装备上效法他。铁充斥着田野和平原。密集的铁队列反射着太阳的光芒。人们因恐惧而战栗，屈膝于冷酷的钢铁。铁的闪光照亮了黑暗的地窖，市民们喧闹的叫声不断回响："哦，铁！唉，铁！"[23]

虽然这是僧侣文风，但我们透过文风可以看出此文明显揭示了法兰克人军事上的自豪，借此查理成为一个让人永远铭记的形象，而伦巴第王和他被围困的人民成为悲惨的形象。但不能忘记的是，集体记忆同样创造并保留了相反的形象，他们的英雄是被入侵者无理剥夺了继承权的阿德尔奇斯王子。甚至在新千年,《诺瓦莱萨编年史》的作者,在现属伦巴第大区的洛梅利纳（Lomellina）的布雷梅（Breme）修道院中写道,有一天阿德尔奇斯潜入了被法兰克人占领统治的帕维亚,进入了查理正在举行盛宴的大厅。他隐身于宴会的众多宾客之中,狼吞虎咽吃下多得不可思议的食物,他像狮子用自己的利爪一样,掰断骨头,吸食骨髓。他在桌子下留下一堆骨头后消失了。当查理发现这一堆骨头时,他意识到只有一位有王室血脉的王子才能如此进食,阿德尔奇斯曾到过这里,并嘲弄了他。[24]

曼佐尼与《阿德尔奇》

如果我们考虑到理解阿德尔奇斯在后世被人所构想的人物形象,就必须以曼佐尼的同名戏剧为这一章结尾,主要是因为这是大部分意大利人在学生时代就熟知的情节。以历史的观点来看,这种先入之见并不一定是坏事。曼佐尼对他的作品作了精确的研究,他为这部悲剧所收集的材料实际上也用在了他关于伦巴第人在意大利的历史随笔之中。[25] 至于相关的政治与军事事件,《阿德尔奇》还是相当忠于历史,尽管偶有一些离奇的成分,最明显的是在戏剧结尾主角死去。事实上我们知道阿德尔奇斯在伦巴第王国覆灭的灾难中幸存了下来,并且前往君士坦丁堡寻求庇护。其中同样有一位充满诗意色彩、名为厄曼嘉达的传奇女性角色,但我们没有能证明德西德里乌斯女儿名字的实际资料。一个世纪后的一部圣徒传中称她为德西德拉塔（Desiderata）,这可能是和她父亲的名字混淆了。有趣的是,厄曼嘉达这个曼佐尼创作出来并使之流传的名字,在有些地方被学术界采用,最终进入权威的

《法国名人传记词典》(*Dictionnaire de biographie*)中。[26]

　　毕竟，历史学家很难为这些人物角色的心理找到十分可信的证据，尤其是厄曼嘉达和阿德尔奇斯，他们本质上都是浪漫文学的产物。谴责作者迎合当时观众的口味也是可笑的。奥古斯丁·梯叶里(Augustin Thierry)基于史学理论对曼佐尼进行了批判，指出他将伦巴第人简单地视为外来统治者，完全与沦为奴隶的拉丁"散落之民"区分开来。在这里作家在思想上注重描绘他自己所处时代的意大利的情形。他用一副历史面具阻碍了对真实历史的理解。在查理时代，伦巴第王国已经没有民族主义的基础，它成了一个地域实体。伦巴第人与罗马人之间的区别正在消失。再怎么为曼佐尼辩护，也不能在这一点上为19世纪史学客观存在的局限开脱。同时代的另一位米兰作家西斯蒙第(Sismondi)认为两个民族在迅速融合，这是法兰克人征服所寻求的统一，而这预期的统一进展被教会打断了。考虑到当时的背景是拿破仑战争之后意大利百废待兴，以及第一次烧炭党(Carbonari)起义，西斯蒙第的立场清楚地表示出强烈攻击教宗政治的意味，这也不难理解为什么像曼佐尼这样狂热的天主教徒不能接受这样去解释自己祖国的古代历史。

第3章

对异教徒的战争

在战胜伦巴第人之后，查理意图成为西方唯一的基督教君主。尽管盎格鲁-撒克逊和西班牙诸小国的国王自封了许多头衔，但他们的权力只局限于本地，而查理是两个大国的统治者。他的统治从北海延伸到亚得里亚海，囊括了大部分使用拉丁教仪的基督徒。上帝之敌环伺四周：信仰异教的萨克森人生活在广袤的日耳曼北部森林中，在他们之外是同样崇拜偶像的丹麦人和斯拉夫人；曾经被查理·马特击败的阿拉伯穆斯林，居住在比利牛斯山另一侧；最后是居住在潘诺尼亚平原的阿瓦尔人，他们是残暴的匈人王阿提拉的继承者。法兰克人是一个战士的民族，他们热衷于进攻并征服他们的邻居。查理·马特和随后的丕平每年带领法兰克人取得远征的胜利，获得荣耀和战利品，因而获得了法兰克人的支持。而现在和以往不同的是，这些侵略战争有了明确的宗教理由。每次查理剑指他的邻居时，教宗都会为他赐福。而护佑军队的上帝，居于天国，正以喜悦之心观看着查理的事业。这样他怎能失败呢？

对萨克森人的战争

宗教战争的暴行

实际上，查理国王几乎没有败绩，但他付出了巨大的代价。"您既爱和平之百合，亦慕战争之红玫；您的光彩洁白而又殷红。"这些是宫廷诗人奉承查理的华美之词，但实际上玫瑰与鲜血的颜色远胜过百合花的洁白，战争几乎伴随着查理统治生涯的每一年。其中最为严酷、最为混乱而使查理忧虑的，就是对萨克森人的战争。战争持续了超过二十年，将基督教信仰的边界推进到易北河畔，将整个日耳曼区域都纳入了法兰克王国。回溯到772年，查理就曾经召集战士并带领他们与北方异教徒作战，取得了辉煌的胜利：他们占领了萨克森的主要圣所伊尔明苏尔（Irminsul）——圣树的所在处。这棵萨克森人认为支撑着天国的圣树被焚毁，他们的偶像也被摧毁。但是由于萨克森人认为征服使他们的部族失去独立，也让他们丢弃了传统的信仰，故他们坚持反抗，因此惩罚性的远征年复一年地重复。

查理并没有一开始就宣称自己的目的是让萨克森人皈依正确的基督信仰。在他之前，他的父亲和祖父就曾与他们作战，在每次击败萨克森人后，他们都满足于受贡。当战争的创伤已经平复之时，艾因哈德以非常官方的口吻写道："有太多破坏和平的因素，例如我们和他们之间的边界是在开放的平原，只有很少几处有广袤的森林和连绵的群山，将我们清晰地分为两国。因此双方都持续发生谋杀、袭掠、纵火等行为。"他将查理平定莱茵河以外地区归功于令人安心的宗教命定。按照编年史家的观点，这种与蛮族接壤的边境上的不安定，必然意味着"最终被激怒的法兰克人不能再安于击退一次又一次的袭击，而决定对他们发动一次全面的战争"[1]。

显然宗教动机和政治动机密不可分，自查理·马特的时代起，法兰克人的利剑就同样在莱茵河以外承担着传教的使命。丕平击败萨克森人后所强加的一个条件就是，保证法兰克和盎格鲁-撒克逊的教士可以在这一区域自由从事传教事业，不受阻碍。显然对这些传教士而言，查理的战争有其宗教理由。"如果你们不接受上帝的信仰，"圣徒勒布因（Lebuin）曾对萨克森人说，"就会有一位邻国的国王进入你们的土地，征服你们的土地并使之荒芜。"[2]但萨克森人顽固地拒绝信仰，所以最终国王不得不行动。

这是一场在几无文明可言的国度进行的残酷战争，这里没有道路和城市，全境覆盖着森林和沼泽。和皈依基督之前的日耳曼人一样，萨克森人祭杀战俘献给诸神，同样，法兰克人也毫不迟疑地处死拒绝受洗的人。最终萨克森人的首领被不分季节周而复始的战争拖垮，寻求和平，交付人质，接受洗礼，并允许传教士从事他们的工作。但每当警觉松懈，查理又忙于边境另一侧的事务时，叛乱就会爆发。法兰克人的守卫受到攻击和屠杀，修道院被劫掠。甚至边境上的法兰克国土也并不安全。778 年，萨克森人得知查理国王率军在比利牛斯山的另一侧作战，即使强行军数周也无法返回，他们就在莱茵河谷出现了。当地的长官难以应付他们，只得任其破坏和劫掠。

在叛乱期间，有一位领导者从萨克森人中脱颖而出。他被称为维杜金德王公（Princep Widukind），他的权威得到了所有部族的认可。此时查理还认为自己已经平定了这个区域，并得到了萨克森贵族的效忠。就是这位领导者引发了最大规模的叛乱，意在迅速清除法兰克人的武装力量。782 年他与查理在辛特尔山（Süntel）会战。查理满怀对背叛的愤怒，并在此战中失去了两位近臣——他的王室总管（camerario）阿达尔吉斯勒（Adalgisile）和治安官（connestabile）盖洛（Geilo）。查理带来的生力军迫使反叛者屈服，除了维杜金德，他逃往丹麦人处寻求庇护。萨克森人被迫交出他们的军队，当他们落入查理手中之后，查理一天之内就在西部的附属国——阿勒尔河（Aller）畔的韦尔登（Verden）处决了 4,500 名萨克森人。这一事件给他的名声造成了最大的污点。

一些历史学家试图减轻查理对屠杀所负的责任，他们强调几个月前查理国王认为他已经平定了这一区域，萨克森贵族已宣誓效忠，他们中的许多人也被任命为伯爵。因此叛乱被视为叛国行为，叛乱者当被处以死刑。同样的罪行，萨克森法所施加的处罚也是十分严厉的，甚至针对最无关紧要的罪行也是如此。另一些试图歪曲对原始资料的解释，他们论证萨克森人是在战斗中被杀死的，而不是遭冷血的屠杀，甚至动词 "decollare"（斩首）也是抄写者错抄，实为 "delocare"（重新安置），所以俘虏只是被放逐了而已。但这些想法都没有可信的论证。实际上，如果不考虑这些观点甚嚣尘上的时代，即 20 世纪 30 年代，则发掘这些论证并没有什么意义，当时的环境使之成为一种可怕的论调。在那时的纳粹史学家眼中维杜金德是一位日耳曼民族的英雄，而查理是一个半罗曼的（halbwelsch）和拉丁化的征服者。且纳粹史学家攻击那些试图否认大屠杀真实性的同行们，用戈培尔妖魔化先锋艺术时使用的词句，来指责他们在创造 "堕落的历史编纂"（entartete Geschichtschreibung）。[3]

实际上，韦尔登大屠杀这一事件最可能是受《圣经》的启发。被持续的叛乱激怒之后，查理想实际扮演一下以色列国王。亚玛力人（Amaleciti）敢于起义背叛上帝的选民，因此全部消灭他们也是正当的。耶里哥城（Gerico）被攻占后，城中的所有生灵都被置于刀剑之下，包括男人、女人、老人、孩童，甚至牛、羊和驴，这样他们的一切痕迹都被抹除了。查理喜欢拿来自比的大卫王，在击败了摩押人（Moabiti）之后，将俘虏押到野外，处死了其中的三分之二。这一次也是国王得到了《旧约》的启发，而且我们也不难发现，现实发生的韦尔登屠杀残酷事件，是在效仿这一原型。此外，在几年之后记载此事的王室史官笔下，对萨克森人的战争被归于这么一种类型："他们要么承认失败并臣服于基督教，要么被彻底清除。"[4]

在 782 年之后的一年，查理进行了一场无比残酷的战争。他第一次在敌境越冬，并且第一次系统性地破坏这个地区，使反叛者陷于饥荒。与此同时，他公布了自己此生颁布的最为严苛的法律《萨克森法令》（Capitulare de partibus Saxonie），规定任何冒犯基督教信仰和教士的人都将被处以死刑，并实际上构建了一套强制萨克森人改宗的体系。[5] 当读到不遵守周五斋戒的人将判处死刑的条目时，我们不寒而栗。这反映了一种与《新约》最初的精神相去甚远的严酷信仰。然而我们要注意，不能一概谴责这样的野蛮行径。《萨克森法令》这样一部法规，体现了一种通过恐惧打破整个民族反抗的普遍企图。如同许多20世纪的统帅要为他们的非人道举动负责一样，查理也同样要背负道德责任。更重要的是要强调这部法令因其严酷而招致查理周围人的批评，尤其是来自查理最言听计从的精神导师阿尔昆的严厉批评。[6]

恐怖和焦土政策最初取得了成效。785 年，在法兰克人掠夺至易北河之后，维杜金德屈服了，他现身阿蒂尼（Attigny）的行宫受洗。查理国王扮演了教父的角色。阿德里安教宗恭贺胜利者，并感谢他为整个基督教会带来伟大的信仰胜利。但是武力强加的洗礼并没有奏效。793 年，法兰克人镇压一切恢复异教仪式之行为的严酷统治到达了顶峰，激起了北萨克森地区另一次大规模暴乱，这一地区只是表面基督化。"再一次抛弃了他们的信仰"，王室史官如此写道，萨克森人焚烧教堂，屠杀教士，并准备再次退入森林中坚持抵抗。[7]

现在，查理的手段日益残暴，实际上甚至使用了更为迅猛骇人的先进手段。他没有局限于毁灭叛乱者，使萨克森民众陷于饥荒，更多的是整体地驱逐他们，在这些区域规划安置法兰克人和斯拉夫人的移民。不论怎样，他是个有能力的政治家，很快他就发现自己需要修改解决问题的方法。他加强了与萨克森贵族领袖的联系，寻求与他们合作。797 年在亚琛的一次大型集会上，查理依据他们的建议，颁布了一部新的法令，与前一部相比更为温和。[8] 由于明确保证了萨克森贵族与新政权的合作，这两项政策迅速奏效。为修道院院长斯托米（Sturmi）立传的富尔达（Fulda）修道院僧侣艾吉尔（Eigil），在这段年月里写道，查理"通过战争、说服还有恩赐"[9] 将基督教的轭强加于萨克森人，这表明他已充分理解，这种弹性政策是如何成功地使这些顽固的异教徒融入基督教帝国之中的。

查理在这个新征服国度的中心帕德伯恩建造的城池，就是这种融入的标志。此城矗立在排干水的沼泽地上，包括一座王室宫殿和一座辉煌的大教堂。当需要查理亲临萨克森对付反叛者时，这里就是国王的居所。799 年，就是在这里，他接见了为了躲避政敌而逃离罗马的教宗利奥三世。这里也是传教士的出发点，他们跟随着圣卜尼法斯的脚步，取代法兰克人的利剑，在短期内更有效地清除异教信仰。信仰的传播十分成功，在帕德伯恩任命的第一位主教就是一个萨克森人，哈图玛（Hathumar）。这个新的省份迅速融入帝国的政治和军事体系。在萨克森部族中定期征兵并将兵员加入帝国军队可以证明这一点。尤其是远征斯拉夫部族。远征变得日益常态化，萨克森人也从中受益，他们的农民在易北河右岸地区发现了殖民的新机会。

北日耳曼的这条战线至此终结，而另一条东部战线从此拉开，日耳曼统治者在此继续奋战了几个世纪。这就是"向东进军"（Drang nach Osten）战线，在这里，日耳曼民族侵犯斯拉夫人，拓展了自己的生存空间。然而我们必须注意，要记住他们截然不同的出发点，不能把查理和腓特烈一世"巴巴罗萨"甚或希特勒混为一谈。查理国王在做政治决策时，肯定没有考虑到任何民族主义或种族主义的原则。比如，他毫不迟疑地利用那些承认他权威的斯拉夫人首领来对抗萨克森人。当考虑到远在易北河以北的广阔平原时，在此寻求日耳曼民族生存空间的想法与他也毫不相干，终其一生，他都认为易北河是帝国的天然疆界。他最后一项针对萨克森人的举措，也是德国历史学家最为诟病的，就是 804年驱逐居住在易北河右岸的萨克森人，将他们的土地赏赐给比邻的斯拉夫部族奥波德里人（Abodriti）。

萨克森战争的战略

现在我们已经一览战争的概况，这场战争占据了查理统治生涯一半时间的每一年。对这片土地上的战役我们所知多少？从军事观点来看，对萨克森人的战争的主要目标是控制棘手的森林和沼泽地带，入侵者在纯粹的军事条件上有巨大的优势，但他们劳师远征，因此完全仰仗于建立并守卫先头据点。另一方，这里的原住民，尽可能避免在开阔地带作战，并在入侵者的战线后方组织起残酷的游击战。当他们谋划统一行动时，他们集中力量，围攻并毁坏敌人缺少防护的基地。

可见，查理针对萨克森人战争中的战略问题，本质上和德鲁苏斯（Drusus）以及日尔曼尼库斯（Germanicus）在 1 世纪时面对的问题一样，但他们解决问题的方法截然不同。[10] 罗马人控制了海洋，能够在河道内航行直达内陆。因此他们不仅能从利珀河（Lippe）和莱茵河交汇处溯流而上，从西部发动战役，也可以溯埃姆斯河（Ems）及其支流哈瑟河（Hase）而上，发动攻击。因此他们的军团可以抵达条顿堡森林，这里是瓦卢斯曾奋战的古战场。德国考古学家发现他们最初的要塞都沿河而建。不同的是，尽管查理定期使用水路运送给养，但他总是从陆路深入敌境。如果军队在莱茵河中游集结，则随后就可沿着利珀河和鲁尔河（Ruhr）的河谷向东进军。另一方面，如果在莱茵河上游集结，就可向北渡过美因河，然后继续北进。其渡河之地现在叫作法兰克福，意为"法兰克人渡河之地"。

两种情况下，军队都沿着这条河的上游河段，迪默尔河（Diemel）与埃德河（Eder）交汇之处，威悉河以西的高地进入敌境。起先，萨克森人在迪默尔河边建造了一座名叫艾瑞斯堡（Eresburg）的要塞，以阻挡入侵者的通路。从 772 年查理发动第一次萨克森战争开始，他就夺取了艾瑞斯堡，在此驻扎一队守军。

随后前往埃德河畔的布拉堡（Büraburg），这里是法兰克人在北日耳曼的重要前哨。在随后的战役中，这一地区成为法兰克军队重要的行动基地，也是在这里，查理忧虑于如何改变萨克森地区。他建立了一座最重要的基督教桥头堡——科维（Corvey）修道院，随后，他又在此建造了新城帕德伯恩。他在这里举办了777年的法兰克人年度集会，也是在此他修建了自己在萨克森领地上最喜爱的宅邸。

从军事观点看，若要控制高地，最紧要之处是控制艾瑞斯堡的要塞，因为萨克森人的抵抗力量反复占据这里。773 年，当查理国王在阿尔卑斯山的另一侧与伦巴第人作战时，艾瑞斯堡被攻占并摧毁。在 775 年的战役中，查理在面对威悉河的山地上重建了艾瑞斯堡，与之一起重建的还有更前方的吕贝克要塞。萨克森人决定进攻，并计划使用诡计。他们打算混进法兰克人的征粮队，在他们到乡村搜寻完粮食重回营地时进入要塞。守军伤亡惨重，并且很难击败这些渗透者，他们消失在森林里，无影无踪。776 年，当查理在利文扎河与伦巴第人作战时，萨克森人在艾瑞斯堡起兵，并劝说守军撤离，这样要塞再次被摧毁。但到了夏季，查理国王又返回重建了要塞。与此同时他在利珀河畔建造了另一座要塞，称作卡尔斯堡（Karlsburg）。在 778 年的暴动中，卡尔斯堡被摧毁。

为了和法兰克人对抗，萨克森人也同样建起了木质要塞，以对抗对方的前进。因此，在很多情况下，查理夏季战役的目的都是占领并摧毁这些要塞，同时巩固法兰克人的要塞，他们也会在可能的地方建立新的要塞。这是一种辛苦的作战方式，并且不能带来辉煌的胜利。但长远看，入侵者巨大的人力和经济资源优势将导向胜利。萨克森人的攻城装备，尤其是弩炮（petrariae），不如法兰克人的有效。编年史家将他们的失败归于神意，[11]但更可能的原因是萨克森人的工程师技术水平不够。征服萨克森人是这种缓慢绞杀战术的最终结果，网格化的要塞互相支撑，封锁了所有河流。法兰克人能派出军队，劫掠敌境、散布恐怖而使居民屈服。与此同时，对手的要塞被缓慢但稳妥地夺取，一座接一座被摧毁。

但是，可能在萨克森战争呈现出凄惨而又单调的境况之时，战争的残酷程度突然加剧了，查理显然想逼迫对手就范。总体而言他胜利了。在辛特尔击败萨克森人的暴动后，他于782年夏季入主萨克森地区。查理在韦尔登展开屠杀，象征性地为他阵亡的将士复仇。此时发动一场大型战役为时已晚，查理国王回到蒂永维尔（Thionville）过冬。很快在783年复活节过后，他带领大军回到了萨克森，然而大军难以协同，初次作战他只能调动一部分军队对敌。最终，他集中兵力，击垮了对手。在此之后，他毫不迟疑地乘胜追击，渡过威悉河，第一次推进至易北河。他的王后希尔德嘉德4月去世，他的母亲贝特拉达在7月去世，为了处理家事，他听从建议，回国在沃尔姆斯越冬。国王留驻境外是不合适的。尤其是考虑到他要续娶法斯特拉达（Fastrada），婚事在他回来后立即操办。

至此，从整体战略角度来看，查理要苦战到底。784年他又发动了战役，按照惯常的方式沿着利珀河行军至威悉河，但这时暴雨造成了洪水，使地面无法通行。查理国王没有像上次那样班师。他给自己的儿子查理留下足够的军队防止叛乱，率领主力穿越图林根，一直向东，在萨勒河（Saale）和易北河之间破坏萨克森人的土地。他在秋季之前回到沃尔姆斯，但他并不满足于所取得的战果，他召集了更多部队替换下这些在夏季战役中疲惫不堪的军队。他紧接着再一次在威悉河宣扬武力；随着冬季来临，他撤回艾瑞斯堡，第一次在敌境越冬。他的决策很坚定，带了妻子法斯特拉达和孩子在身边。按照传统，在冬季要推迟行动，但他坚持己见继续征伐，惩戒叛乱。

相较于查理谨慎规划针对伦巴第人的毁灭性闪电战，冬季战役更能清晰证明查理的战略和逻辑能力。这代表了一种新的打击概念，一种对敌人肉体和精神都很沉重的持续打击。不仅是通过不间断的恐怖宣传，打击反叛者的反抗精神，而且精确打击敌人的要塞，使之无法在将来成为进攻的障碍。维持通信路线，同时在前线要塞艾瑞斯堡积累配给和物资，这样做的目的就是等待好天气的来临，在785年进行决定性的打击。事实也是如此。到了夏季，维杜金德和其他叛军领袖发现自己身处荒芜之地，孤立无援，而法兰克人的骑兵可以随心所欲地推进，如入无人之境。当查理许诺饶过他们的性命时，他们情愿投降，接受洗礼，被放逐到法兰克。

这种基于控制要塞、建造前哨堡垒的策略，同样被运用到针对斯拉夫人的作战中，成为萨克森战争的延续。789年法兰克人的军队第一次越过易北河，在河上修建了两座木桥，其中一座有木堡和土垒守卫。当地的斯拉夫人首领德拉加维特（Dragawit）思虑之后，觉得最好还是投降，交出抵抗的要塞，他本人亲自向法兰克国王臣服。806年，查理大帝之子查理领导了另一次大规模远征，斯拉夫人败退。他在易北河畔和萨勒河畔各修筑了一座要塞。两年后，在易北河畔又修筑了两座要塞，这清晰地表明这里已经成为帝国的边疆——一条防卫严密的边境，能够在需要时发动攻击。此时，查理统治时期的一项政策第一次显现出来：通过修建要塞，安置守军保护日耳曼定居者，鼓励日耳曼移民，以此征服斯拉夫人的土地。条顿骑士团在普鲁士也效法这项政策；在更近的时代，纳粹使这项政策进一步理论化，并计划以这种方式占领乌克兰和俄罗斯。

对阵战

查理对萨克森人的战争是一场围攻战，不辞辛苦地清空森林，建立要塞；驳船沿着河流深入敌境，支援守军。他们使用粗糙的作战器械。还有山地伏击战。在这样的战争中，对阵战（battaglie campali）是罕见的。艾因哈德证实，查理本人只进行了两场会战，都是在783年夏季的同一个月里进行的。[12] 他先是在利珀河，随后在哈瑟河击垮了两支聚集起来的叛军。有理由相信法兰克编年史家在他们的文辞中进行了粉饰，实际上第一场在代特莫尔德（Detmold）附近进行的战役中，查理被击退了。第一次交战后，兵力不足，查理国王退回帕德伯恩，迅速集合援军。萨克森人没有丝毫动摇，也准备下一场战役。在第二场战役中，查理国王部署占有数量优势的军队，毫无疑问地取得了胜利。之后，法兰克人渡过威悉河，推进至易北河，在他们所到之地劫掠敌境。

但我们提及最多的战役不是一场胜利。法兰克人受到重创，和在龙塞斯瓦列斯（Roncesvalles）发生的情形类似。这场最沉痛的惨败引起编年史家最大的关注也在情理之中，因为通常他们更习惯于胜利。这场我们不止一次提及的战役，发生在辛特尔山脉脚下，靠近威悉河。这可能是查理征战生涯中唯一有相当细节留存下来的战役，我们因此得以评价其战略目的和战术演进。[13]

782 年夏季，维杜金德重启战端的消息开始传播。当时由王室总管阿达尔吉斯勒、治安官盖洛、帕拉丁伯爵（conte di palazzo，又译行宫伯爵）沃拉德（Worad）统率的军队正在萨克森地区准备对斯拉夫人发动战役，国王向他们下令，指令他们转去进攻正在集合的萨克森人。这支军队最初组建的目的是入侵和破坏易北河和萨勒河之间的斯拉夫领地，所以主要是由骑兵组成。并没有迹象表明边境行动已经着手实施，军队依旧在萨克森领地中，基本可以确定在威悉河以西。军队很快到达叛军集合的辛特尔山区，他们就在大河的另一边。这支军队遇上了国王在莱茵河地区紧急召集的另一支队伍，这队援军由国王的亲属狄奥多里克（Theodoric）伯爵统率。

法兰克侦察兵发现萨克森人在威悉河以外的山区扎营，法兰克指挥官决定行动，封锁住萨克森人的退路。这进一步证明了法兰克人对自己的优势是如此自信，他们安全地在敌境行动。而萨克森人发现自己处于游击战的境地，时常被追击，受到被歼灭的威胁。狄奥多里克接近敌军营地，在他们对面扎营，此时他还在威悉河的另一侧。与此同时，另一支军队绕过河，占据了敌军后方的位置。这本是一次出色的行动，我们不禁要钦佩构想并执行这一计划的指挥官。但这一次，情况开始变糟。可能和其他无数统帅一样，法兰克人也发现不同队伍协同调动并同时发起攻击是十分困难的。也可能像编年史家所论证的那样，他们通过心理分析认为，另一支军队的三位将领想从这场轻松的战役中获得荣誉，而不想和狄奥多里克分享。不管怎样，他们独自进攻了。

　　法兰克人低估了敌军的规模和士气，他们快马加鞭向下直冲敌营，但他们没预计到对方早有准备，背水一战。按照日耳曼人传统列阵徒步作战的萨克森人，可能将他们引入了不适宜骑兵作战的地形，在击退第一次冲锋后，萨克森人逐渐占据上风，着手包围歼灭敌人。我们已经知道了结果：阿达尔吉斯勒、盖洛和四位伯爵战死。只有少数败军越过山脉和河流，逃到狄奥多里克伯爵的营地。伯爵随后把这场灾难的重要消息报告给查理国王。（伯爵继续在前线作战多年，直到793年死于萨克森人之手；从那时起，他的儿子威廉被任命为图卢兹伯爵，他就是武功歌中有名的"短鼻子纪尧姆"［Guillaume au court nez］，但这是另一个故事了。）[14]

　　很难说从辛特尔战役中能收获什么军事经验。一些分析者将其与黑斯廷斯战役最初的情形相比较。诺曼人的重骑兵没能突破撒克逊步兵在山顶位置牢固竖立的盾墙，因此他们得出结论，查理之骑兵的昂贵花费与其突破敌阵的能力相比，显得没有必要。另外，这个情形让我们想起了小巨角河（Little Big Horn）战役，志在必得的卡斯特将军没有充分估计印第安人的数量和作战意志，使一场本可轻易获胜的战役变成了灾难。确定无疑的是辛特尔战役是一个特例，在编年史中引起了极大的关注。对阵战的通则就是，法兰克军队大幅优于自己的对手。

对穆斯林的战争

778 年作战

　　在查理的整个统治生涯中，他对西班牙穆斯林的态度总体而言是防御性的。罗马古城纳博讷（Narbonne）和图卢兹的城墙得到了加固。从丕平统治时起，阿奎丹当地的统治者就频繁叛乱，因此查理国王也不惧迎战任何侵犯阿奎丹的入侵者。然而，778年春季，穆斯林在西班牙的统治由于内部斗争而被削弱，似乎提供了一个进攻的黄金机会。查理取消了已经和教宗约定好的罗马行程，着手组织跨越比利牛斯山的作战，协助巴塞罗那的统治者苏莱曼·亚赞·伊本·阿拉比（Sulayman Yaqzan ibn al-'Arabi）和其他"萨拉森王公"；他们准备起兵反叛科尔多瓦（Cordova）的埃米尔，并远赴帕德伯恩请求法兰克人协助。[15] 发动战役的首要原因毫无疑问是预期能轻易征服此地，但查理依旧写信给教宗，说明穆斯林威胁入侵他的王国，他的行动是预防措施。教宗的回信是恳求的口吻，期待上帝派遣天使在作战中引领法兰克军队征伐异教徒，并凯旋归国。[16] 显而易见，宣传和操纵舆论已经成为帝国政策基本的手段。

　　为跨越比利牛斯山作战，查理国王规划了他最热衷的钳形运动。他亲自领兵穿越巴斯克人的领地，他们是基督徒，但查理对此地的控制有名无实。另一支军队远在东部，从这里越过山脉。编年史家的叙述证实，在这次行动中，后勤的因素是至关重要的：在纽斯特里亚和阿奎丹征召的军队在大西洋沿岸集合，来自奥斯特拉西亚、普罗旺斯、日耳曼和意大利的部队在地中海沿岸集合更为方便。[17] 两支军队在萨拉戈萨城下集合，而当地统治者，阿拉伯编年史家称其为寇罗（Qârlo），违反诺言，拒绝投降，使城市陷入围困之中。然而查理并没有成功夺取城市，在一个半月之后，由于萨克森边境传来的叛乱消息，他决定回国。778年8月15日，撤退中的后卫部队在比利牛斯山的峡谷中，遭遇了山地巴斯克部族的突然袭击和屠杀。艾因哈德写道，总管（siniscalco）艾吉哈德（Eggihard）、帕拉丁伯爵安瑟姆（Anselmo）还有布列塔尼边区长官罗兰（Roland）或称"罗德兰都斯"（Hruodlandus），在战斗中殉命。[18]

这位罗德兰都斯只在少数文献中被提及，他是否为国王近臣尚且存疑。《罗兰之歌》中那位在龙塞斯瓦列斯斩杀无数野蛮人后倒下的主角，除了他注定要成为西方文学中著名的英雄人物，我们对他一无所知。因为历史上的巴斯克人，在普遍的观念中早已是基督徒，但他们皈依为穆斯林。这位主角在博亚尔多、阿里奥斯托等大部分意大利文艺复兴时期作家的文学作品中被称为奥兰多（Orlando，或译罗兰）。然而我们甚至不能确定罗德兰都斯真的是在伏击中被杀的，因为他的名字在重要文献《查理大帝传》的一些手抄本中并没有出现，并且可能是受广泛传播的传奇故事影响才加入其他抄本中。而关于龙塞斯瓦列斯，写于11世纪的《罗兰之歌》是第一部提及这个山谷的文献。对于朝圣者来说，他们知道这里是战场遗迹，同样也熟知这是前往孔波斯特拉的圣地亚哥（Santiago de Compostela）的道路。而当时的资料只是称之为比利牛斯山峡谷。[19]

虔诚者路易的战争

尽管龙塞斯瓦列斯的插曲会让我们认为在西班牙的作战是一场失败，但最终这种脆弱的平衡并不尽是消极的，因为比利牛斯山另一侧的基督徒现在开始认为法兰克人是他们唯一可能的保护者。查理也从损失中了解到，将来再想向伊比利亚半岛扩张，需要制订更大的计划。实现这个目标的第一步是建立独立的阿奎丹王国。781 年，查理的儿子路易受膏成为这里的国王，同时他的另一个儿子丕平成为伦巴第的国王。阿奎丹人在过去时常叛乱，现在他们在这种新的名分之下变得安定。当然，这种名分纯粹是象征意义上的，因为新国王路易年仅 3 岁。政务由直接向查理负责的摄政参议会运作，他们全力防御比利牛斯山的边境，关注着西班牙发生的事件。

伊比利亚半岛的基督徒数次要求法兰克人的协助，例如 785 年的赫罗纳（Gerona）居民。但当时穆斯林看起来更强势。793 年他们击溃试图拦截他们的图卢兹伯爵威廉，推进到纳博讷和卡尔卡松（Carcassonne）城下，随后满载战利品和基督徒俘虏毫发无伤地回到西班牙。可能这一事件说服了查理，比利牛斯山边境的问题只能以激进的方式解决。穆斯林诸王公的分歧再次提供了可介入的机会，查理为路易准备所需的资源。797 年，在科尔多瓦埃米尔死后不久，他的兄弟阿卜杜拉（'Abd Allāh）来到亚琛，请求查理国王协助废黜他的侄儿。此时其他的叛军已经控制了巴塞罗那，将此城献给法兰克人。路易奉父王之命越过比利牛斯山，包围了韦斯卡（Huesca），随后证明他的能力还不足以实现目标。第二次作战由伯雷利（Borrell）伯爵统领，他们攻占了要塞比克（Vich），以及其他一些战略要冲。他趁机在比利牛斯山另一侧建立了长期的行动基地。征服的后果不久就显现出来，799 年，韦斯卡的埃米尔写信给查理，承诺下一次他会为法兰克人打开城门。

此时，阿奎丹的国王正值年少气盛，他觉得自己已足够强大，能够发动大规模的征服作战。800 年，他引领大军重返西班牙，夺取了莱里达（Lérida）。801 年他围攻了巴塞罗那，该城在抵抗七个月后陷落，他将这里交托给一位哥特人伯爵贝拉（Bera）。在随后几年，路易都在有计划地拓展自己在伊比利亚的领地。直到810年，科尔多瓦的埃米尔求和，并承认埃布罗河（Ebro）以北为法兰克人的势力范围。这块从穆斯林手中夺取的区域并入了帝国，并实行军事化，成为边境要塞省，或者用帝国行政术语称为"边区"，即"马克"（mark）。这块西班牙边区（limes Hispanicus），最早被基督徒收复，与阿奎丹也有行政上的联系，这造就了其独特的未来。现在这块地区被认定为加泰罗尼亚，其语言和风俗都和法国南部地区接近。传统上都认为这里比西班牙其他地区更欧洲化。

从严格的军事角度说，西班牙作战并没有给我们带来多少知识。但它明确了至关重要的一点：尽管穆斯林在自己的土地上与有补给问题的敌人作战，他们也总是避免对阵战，极其依赖城墙防御；但这种依赖并没有错，因为在城镇化如此之高的地区，法兰克人发现取得进展是一件极其缓慢的事，特别是因为他们的攻城器械还不完善。[20] 和与萨克森人的战争一样，除了个别例外情况，他们的军队在野战中远强于穆斯林。同样的情形也发生在与阿瓦尔人的战争中。

对阿瓦尔人的战争

草原骑兵

根据艾因哈德的说法，查理对阿瓦尔人的战争，是"除了与萨克森人的战争以外最重要的战争；并且他以更大的热情和更庞大的资源投入其中"[21]。可能这就是为什么阿瓦尔人是不幸引起查理注意的敌人中，最不闻名的一个。他们付出了比其他人更高的代价，并且直到不太久以前，人们认为他们就这么从这个世界消失了，没有留下任何痕迹。直到最近，历史学和考古学才把他们从被法兰克人击败后就被遗忘的境地中解救出来。并且还揭示了，查理向他们发动的残酷战争并不完全是他们衰落的原因。

他们到底是什么人？几个世纪前，阿瓦尔人的名称经常被用来描述游牧部落、突袭者、以养马为生的民族，他们的习俗和亚洲人的外表与匈人相差不远。实际上法兰克人的文献也称他们为：匈人（Huni）。此外，这个部族大约形成于阿提拉死后一个世纪，可能确实包括一些匈人的群体。他们在一位首领的领导下，采用突厥语的头衔"可汗"（khagan），西方的编年史家将其拉丁化为"卡卡努斯"（cacanus）。阿瓦尔人进攻拜占庭帝国，定居并统治了多瑙河平原，这里刚好由于伦巴第人迁移至意大利而形成真空。他们统治同一地区的其他民族：保加尔人（Bulgar）、日耳曼民族中的格皮德人（Gepid），还有日益增多的斯拉夫部族。

因此从民族和语言的角度来看，阿瓦尔人的汗国内部是异质而不均衡的。到了查理的时代，大部分居民已经放弃了游牧生活，以耕地养牛为生，和东欧的斯拉夫部族生活类似。统治者形成了一个由骑兵战士组成的贵族阶层，他们和农民不同，依旧保留了过去来自草原的传统，比如他们把长头发梳成两条辫子，这也是公认的阿瓦尔人最显著的特征。考古发现显示，这些贵族中加入了其他来自亚洲的游牧群体，因此贵族阶层依然说源于突厥语族的语言，而他们的臣民主要说斯拉夫语。在他们灭亡之前，阿瓦尔人已经不再是一个不同部族的人共同遵从一个可汗的民族，他们中任何拥有武器、马匹、财宝的人都拥有一定的权威。突厥人、保加尔人、斯拉夫人的首领和贵族只要接受对可汗的效忠关系，就算是阿瓦尔人。

这就是我们对他们的了解，这些也只是最近才被发现。真正的问题是，查理对他们所知多少？对他而言，阿瓦尔人似乎是一个对立民族。一方面，他所能阅读到的和他们有关的一切都是套用过去草原游牧民的刻板印象，就像希罗多德笔下的斯基泰人、阿米阿努斯·马尔切利努斯（Ammianus Marcellinus）笔下的匈人：野蛮、残忍、渴求劫掠的嗜血野人和突袭者，顽固地坚持异教信仰，做出一切渎神的举动。查理宫廷的一位学者，来自弗留利的伦巴第人助祭保罗，他生活之地充满着过去饱受阿瓦尔人袭掠的鲜活记忆，他会去讲述有关他们的残忍邪恶的恐怖故事。他也可能告诉查理，在早些年代，"匈人，现在叫阿瓦尔人"，曾经和法兰克人在多瑙河和日耳曼发生冲突，并强迫他们缴纳贡金。[22]

另一方面，阿瓦尔汗国是一个进入基督教世界外交关系圈的政治实体，甚至助祭保罗回忆起在一个世纪以前，卡卡努斯——匈人之王（rex Hunnorum）遣使来到意大利和高卢，与伦巴第人和法兰克人的国王签订了和平协议。[23]尽管信息很少，但西方还是能从阿瓦尔人与拜占庭自查士丁尼时期就开始的漫长外交史中了解到一些信息。换言之，汗国并不是一个由哥革和玛各（Gog e Magog）的后裔组成的凶恶部落，来自山区，杀掠所经之地。尽管他们是异教徒，需要谨慎对待，但他们是一个可以和查理维持和平关系的国家。与此相反，并不是关于阿提拉的可怕记忆促使阿瓦尔人与法兰克人爆发战争，而有证据证明是可汗有些轻率的外交谈判的结果造成了这一切。

塔西洛的灭亡

日耳曼民族中与阿瓦尔人接壤的是巴伐利亚人，他们在多瑙河平原上定居的区域，现在分别在巴伐利亚州和奥地利境内。他们的公爵塔西洛宣誓效忠丕平以及后来的查理，但这并没有阻止他寻求与伦巴第国王德西德里乌斯结盟，与国王的女儿结婚，以平衡法兰克人的优势。774 年伦巴第王国灭亡，塔西洛（Tassilo）失去了支持，他放弃了谋求政治独立的希望。但如果我们采信编年史家的说法，那就是他从不放过挑衅法兰克国王的机会，直到后者别无选择，只能对他采取强硬措施。实际上，他灭亡的故事非常复杂，我们可能永远无法完全理解。[24] 法兰克的史家坚持认为塔西洛背信弃义，但这不足以消除我们的怀疑 —— 巴伐利亚公爵就是强邻玩弄权术的受害者，查理操纵事态的发展，直到忍无可忍之时将其彻底清除。

我们可以确定，787 年他们之间的关系恶化了。当公爵得知国王身处罗马，就向教宗遣使，请求调解。阿德里安果断回复，塔西洛效忠查理，就必须服从，否则就会被开除教籍。法兰克国王在回国途中以威胁的口气写信给公爵，告知他必须遵从教宗的命令，立刻现身驾前。塔西洛没有理会这一警告，这就为查理指控他不忠诚并军事干涉巴伐利亚提供了口实。有了阿德里安的赐福，查理师出有名。这次入侵规划成为一场大型的作战，三支军队在敌境会合，其中一支来自意大利，名义上由丕平国王指挥，途经特伦托（Trento）和博尔扎诺（Bolzano）。战争在最后一刻得以避免，因为公爵同意臣服于查理，并交付 13 名人质，其中一人是他的儿子。

　　似乎查理原谅了一切，但他和塔西洛之间并没有结束纠缠。第二年在英格尔海姆（Ingelheim）举行的全体集会中，公爵自己的大部分主教和封臣都由新政权任命，他们指控塔西洛违背诺言，与阿瓦尔人达成协定反对法兰克人。这暗示着，他现在受妻子柳特珀尔嘉（Liutperga）的唆使，因为她是德西德里乌斯的女儿，有理由仇恨查理。无论这种指控是否是捏造的，塔西洛都很难从这种情况中解脱出来。或者说公爵眼见无论如何都要失败，就铤而走险。对他而言，可汗可能曾经试图与查理对抗，此时塔西洛比任何时候都更需要他。即使查理没有秘密牵线操纵事态，他作为最后一个坚持抵抗查理权威的王公，也没时间去把握机会撇清自己。

　　塔西洛在受指控之时实际上就已经是囚犯了，他因叛国和逃避军事义务而被判处死刑。但国王只要将他关在修道院里就满足了。"他自愿进入修院，在那里过着圣徒般的生活。"王室史官不带一丝讽刺地如是记述。[25] 与此同时，就像明摆着要证实他的罪行一样，阿瓦尔人在巴伐利亚和弗留利发动了袭击，但这并不是大规模的入侵，因为地方指挥官动用当地的军队就击退了他们。进入意大利的军队推进到波河流域，直达维罗纳，焚毁了这里的圣芝诺（San Zeno）教堂。进攻巴伐利亚的军队使事情变得更糟了，他们在边境受到追击，被困在多瑙河，当地几乎完全被摧毁。查理是一位颇具手段的政治家，他无意让问题继续发展而不寻求解决。除掉塔西洛后，现在巴伐利亚公国失去了自治权，被纳入法兰克王国。其与阿瓦尔人的边境现在在弗留利与伦巴第王国的边境连在了一起，这条新边境的重要性并不比之前的弱。他们必须保证安全，而军事行动将会使巴伐利亚人长久效忠。

阿尔昆证实查理在 789 年开始计划针对阿瓦尔人的战争。[26]
由于可汗使节的到访，军事行动被推迟了。法兰克国王向使节口
述了自己的条件。根据法兰克编年史家的说法，查理要求重新划
分两国的边界。[27] 将之与 20 世纪发生的事件比较则令人惊讶，我
们会怀疑查理是否知道他处在更强势的地位，并迫使可汗只能在
两者之中选择，要么引发战争，要么是接受等同于投降的新边界。
阿瓦尔人和巴伐利亚人之间沿着恩斯河（Enns）划分边界已经超
过一个世纪，阿瓦尔人也已经显示出保卫这里的决心。（781 年，
塔西洛宣誓效忠查理之时，可汗的使节觐见查理，重申其和平意
图。与此同时阿瓦尔军队在恩斯河集结，但没有越过河界。他们
以此宣示武力，并表明必将捍卫边界。）

几年之后，阿瓦尔君主得到使节从沃尔姆斯带回的消息，并
和到访的法兰克使节会谈。不出意料，他宁可选择战争，也不愿
选择屈辱地投降或可能发生的政治自杀。将边界向东移动将会打
开法兰克人进入潘诺尼亚平原的道路。并且早已在日耳曼和斯拉
夫人边界地带定居的日耳曼人，将会强行进入新领地，他们的路
程也会缩短。可以确定的是，谈判在拖延超过一年后破裂了。791
年夏季，法兰克国王在巴伐利亚集结战士，准备第一次进攻。

791 年对阿瓦尔人的战争

在文献记载中，这次战争是一场彰显查理武功的挑战。重装
的阿瓦尔骑兵，装备十尺长的长枪、传统的游牧弓箭，还有他们
的对手不曾见过的马镫。他们是西方人尤其是东部地区的基督徒
望而生畏的对手。拜占庭的将军们对阿瓦尔人的武器装备和战术
已经研究了几个世纪，甚至法兰克人的编年史家也极不情愿地赞

赏他们骑兵的行动力，其能力是无可匹敌的。他们会假装被击溃，再突然用埋伏的预备队给对手杀个回马枪。他们出战之时，会发出狼群聚集时的嚎叫般的战吼，给敌人心理上的震撼。当历史学家面对查理战胜阿瓦尔人这一出人意料的胜利，他们倾向于认为可汗的力量仅仅是过往的记忆，但做事后诸葛亮总是容易的。实际上战争是不确定的，我们最好去采信艾因哈德，他写道，查理为了备战，空前地兴奋和投入。[28]

从军事角度看，791 年夏季在雷根斯堡（Ratisbon）召集的军队可能是查理统率过的人数最多的军队，除了法兰克人、图林根人、巴伐利亚人，还有萨克森人和弗里斯兰人的先遣队。由于多瑙河是进入阿瓦尔人领地的天然途径，国王决定兵分两路，分别沿着多瑙河两岸行军。北路由伯爵狄奥多里克和王室总管麦金弗里德乌斯（Meginfredus）率领，南路由他亲自率领。随行的还有一支船队，沿着多瑙河为两支军队供应给养，为两岸军队做快速沟通。与此同时，另一支军队按照查理预先周密的部署，从后方攻击阿瓦尔人，这是查理此生从未后悔的决定。这支由弗留利边境出动的军队，由他的儿子意大利国王丕平指挥。

这个沿着多瑙河两岸长途推进的作战计划，显示了查理寻求决定性会战的企图。摆在入侵者面前的战略问题是，整个潘诺尼亚平原被多瑙河分为两半，难以轻易跨越。如果法兰克人只是一路入侵，他们的行动就被局限在广大的河流盆地的一侧。查理的计划意味着，多瑙河两边整个阿瓦尔人的领地都面临毁灭；如果可汗集中兵力进攻一侧的分遣队，另一分遣队就会用船队渡河，加入战斗。

之前的行动中，兵分两路是为了后勤补给的需要。北部分遣队主要由萨克森人和弗里斯兰人组成，他们不用跨过多瑙河，并且很容易就和本土保持联系。当然，和所有依赖不停协调不同分队的运动和时机而取胜的战役一样，这个计划有其内在的风险。查理选择的指挥官，必须能承担得起这个任务，因为当他统率的军队在恩斯河畔的洛尔施（Lorsch）到达阿瓦尔王国的边界时，另一支军队也要准时到达约定的地点；王室总管麦金弗里德乌斯可以通过小船亲自接受国王给他的指令。

可能整个战役中最重大的事件发生在军队立足敌境之前，这一事件体现了计划实施时的认真和焦虑。教士们强制斋戒三日，为军队祈求上帝的恩惠。在一封写给王后法斯特拉达的信中，国王提到全军都禁止食肉。同时捐赠多达一苏勒德斯金币（solidus，亦译索里达）甚至更多的财富的人将会获得饮酒的许可，而其他每个人凭着良心捐赠。[29] 教士吟诵弥撒、唱诵诗篇、背诵主祷文。战士们斋戒并捐赠，以求在战前净化灵魂，他们面对即将到来的战斗依旧恐惧。

巴伐利亚的贵族们利用查理现身的机会将他们的纷争呈送给他，查理忙于周旋裁决。其结果就是军队在洛尔施的营地停留了比预期更长的时间，到了 9 月底才进入敌境。与此同时他们收到了消息，丕平已经离开意大利，攻占了阿瓦尔人防卫边境的要塞，俘获众多。军队的士气因此高涨，对战果最初的预期看来可以实现。法兰克人沿着多瑙河推进，这里的居民望风而逃，抛弃了住房和牲口，也没有抵抗。防卫边境的要塞受到猛攻，接连陷落。

很快阿瓦尔人就避免交战，而用焦土政策对抗。广阔无垠的潘诺尼亚平原使阿瓦尔人能在敌人到来前撤退，疏散人口，在要塞据点避难，以作持久的抵抗。当查理的军队抵达拉布河

（Raab）时，身后留下了一条满是燃烧废墟和毁坏之地的行军轨迹，他们的秋季推进十分顺利。现在已经是 10 月中旬，补给越来越缺乏。查理意识到，马匹由于过于劳累和得不到良好饲养开始死去，他的战士也由于在不利的季节在无人之境打长久战而受苦，查理决定暂停行动而回国。他已经掠夺了一个省份，这只是整个阿瓦尔人领地的很小一部分。他也无法迫使敌人与他决战。几乎没有作战，他就失去了很大一部分马匹和许多战士，其中还有两位因疾病而死的主教。

阿瓦尔汗国的瓦解

因此，791 年作战以没有达到预期的战果而告终。同时查理深入敌境没有遇到抵抗，也没能在他所经之地破坏村落，俘获人口。换言之，他也清楚地知道了，没有冬季的协助和焦土政策，阿瓦尔人无力和法兰克人对抗。直到 793 年结束国王还停留在巴伐利亚，他在这里谋划作战不下于两年，计划重启战端，决心一劳永逸地解决阿瓦尔问题。我们再一次从艾因哈德那里得到证实，除了征服萨克森人，查理在对阿瓦尔人的战争中投入了比其他计划更多的热情和资源。实际上，国王花费了两年时间建设基础设施，为将来的入侵做准备。

查理进行的工作，证实了水路是进行长距离作战必不可少的关键因素。同时也暗示了多瑙河上的船队不足以保证通信和补给部队。首先，国王建造了一条跨河的浮桥，我们要知道，多瑙河上还没有永久性的桥梁。随后，他提出了一个计划，开挖连通莱茵河和多瑙河的通航运河。国王立刻亲自出发选择地点，征集了大量劳工，开始着手建设史称"加洛林运河"（fossa Karolina）的工程。但规划这一工程的工程师显然未能胜任工作：挖掘工作在793年秋季持续进行，但是地质条件不能支持运河，雨水很快就将其冲毁，所以运河从来没有实际运作。最终萨克森和比利牛斯山边境叛乱的消息在年底传来，查理被迫放弃这一计划，返回国内。

法兰克人的骑兵在791年秋季穿越潘诺尼亚并非毫无战果。可汗的权威受到动摇，几位阿瓦尔人的头领开始寻求政治上的独立。其中一位有着突厥人的"吐屯"（tudun）头衔，他在795年向查理派出使节，声称他意图臣服于查理，并成为基督徒。在他叛变后一年，阿瓦尔汗国就像纸牌屋一样瓦解了。可汗被他的对手刺杀。弗留利公爵埃利希（Erich）组织了对阿瓦尔首都的远征，那里有数量众多的要塞矗立在多瑙河左岸，法兰克人称之为"环"。他的军队洗劫了都城，没有遭遇抵抗。受到这次经验的鼓动，意大利国王丕平以更强大的军队入侵了阿瓦尔人的领地。新的可汗出来与他会面，并举行了投降仪式，但并不能阻止法兰克人再次洗劫"环"，夺走他们所有剩余的财宝。在这边，吐屯按照约定来亚琛觐见并受洗，又带着大量赐礼回国。

很长时间以后，在劫掠"环"中所夺取的战利品成为惊人的传说。阿瓦尔人在那里保存着巨额贡金，这是过去拜占庭皇帝付给可汗的，在有些年份超过了20万枚金币。艾因哈德用恍如梦寐的文笔写道："所有长期积累的金钱和财宝都被掠夺了，在人们的记忆中，还没有哪一次法兰克人发动的战争像这样获得如此多的财富，装满了金库。"[30] 没有理由去怀疑这个描述。事实上，考古学家已经证实阿瓦尔人占有大量黄金。很少有阿瓦尔战士或者他妻妾的墓葬中不埋藏黄金珠宝，"阿瓦尔人的黄金"是近期一次非常成功的考古展览的名称。[31] 因此根据编年史家的记载，可汗的财宝装满了15辆四头牛拉的货车是非常可能的。在亚琛，这些战利品的一部分由伯爵、主教和修道院院长分享，这证实了法兰克国王知道如何恰当地奖励这些效忠他的人。他也向上帝表示感激，感激在战场上给予他的神佑。另外一些战利品被用来装饰建设中的亚琛的宫殿，还有一部分作为礼品献给了教宗。

阿瓦尔人的终结

征服阿瓦尔汗国，并没有使之像伦巴第王国那样并入法兰克王国。毕竟，大部分阿瓦尔人还是异教徒，尽管早在796年夏季，丕平就在营地中认真地规划这些蛮族的皈依计划。[32] 当然，查理不会像加冕为伦巴第国王那样，有加冕为可汗的想法。恩斯河的边界向东推进，肥沃的土地对前来的日耳曼定居者敞开。皈依的吐屯作为法兰克国王的封臣，统治着直到多瑙河的地域。而在这之外的提萨河（Tisza）平原，其他逃离了法兰克人铁蹄的阿瓦尔部众在这里居住，或投奔曾臣服于他们的保加尔人，而保加尔人不失时机地了结了宿怨。

就像在意大利和萨克森发生过的那样，在轻而易举的征服的几年后，跟随着大规模的叛乱。799年，查理在东部边境的两个主要代表都被刺杀。弗留利公爵埃利希在伊斯特里亚（Istria）被某城居民所杀，他们可能是受了拜占庭的煽动。巴伐利亚边区的长官巴约阿里亚·格罗尔德（Baioariae Gerold），因私人仇杀被害。这些都几乎与阿瓦尔人起义同时发生，他们在吐屯的领导下反抗法兰克人的统治。这场反抗运动并未得到查理特别的关注，他没有返回帝国边境，而是不久后前往罗马加冕为皇帝。当地长官花了几年时间平息了叛乱。

尽管编年史家没有给我们透露什么，但这毫无疑问是一场不光彩的战争。802 年，卡达鲁斯（Cadalus）和冈特拉姆努斯（Gontramnus）两位伯爵在与阿瓦尔人的战斗中被杀，证明这场冲突持续了很长时间。在此之后，面对严峻的形势，查理大帝决定返回巴伐利亚的基地。从这里他派出一支军队，尽管不是他本人指挥，但带着他的命令，要决定性地解决阿瓦尔问题。命令随信而至，法兰克人带着许多俘虏回到皇帝身边："许多斯拉夫人和匈人。"（multi Sclavi et Hunni）[33] 其中也包括吐屯，他举行了更隆重的投降仪式后，再次得到了宽恕。显然，尽管对阿瓦尔人来说，这一事件对他们来说更具戏剧性，但这是他们第二次激怒查理。根据艾因哈德的描述，连年的残酷游击战和镇压比 791 年和 796 年兵不血刃的作战更具有可靠性："当时流血之多还可以从现在潘诺尼亚荒无人烟的情况看出来，可汗王宫所在之地已经如此荒败，没有人类曾经居住的痕迹；所有匈人贵族也在战争中战死。"[34]

这段评论代表了一种态度。法兰克人对阿瓦尔人有一种憎恶的态度，这很难在与法兰克人发生过战争的其他民族那里发现。对阿瓦尔人的战争成为一场圣战，这可以很明显地从 791 年战前的斋戒和祈祷之中得到证实。最近，历史学家试图表明，法兰克人本身并没有想灭亡阿瓦尔民族，他们从欧洲消失这一现象的原因更为复杂，其原因很快就会明晰。但法兰克人意图发动灭绝战争得到了大量证据的证实，一首献给丕平、歌颂其胜利的诗中对战败可汗的简略描写，可以表明这种喜悦的野蛮气：

狼狈汝可汗！

王国已毁灭，

天命今日终！

丕王如天降，

雄军身相随；

侵夺尔疆土，

残杀尔民众。[35]

　　叛乱镇压之后，阿瓦尔人永远失去了军事能力。留给阿瓦尔贵族的只有绝望，他们转向法兰克人寻求保护，以免受曾经的臣民保加尔人和斯拉夫人侵犯。805 年，一位皈依基督的阿瓦尔王公提奥多汗（kapkhan Theodore）来到亚琛觐见查理，献上他的拉布河以西的土地。这一地区属潘诺尼亚的一部分，法兰克国王早先几乎完全掠夺过。这样他就可以从斯拉夫人的猛攻下转移自己的部众。几个月后，另一位自称可汗的王公向皇帝派遣使节，请求承认他对于全体阿瓦尔人的权威，条件是受洗皈依。他十分急切地做出这一举动，取了亚伯拉罕的教名。

　　在古阿瓦尔地区最西端，一个汗国重新建立，但这只是阿瓦尔曾经辉煌的幻影，他们臣服于皇帝并向他纳贡。这个傀儡政权直到查理大帝驾崩后依然存在，但法兰克人对保护它已经心生厌倦。没过多久，它就在保加尔人和斯拉夫人的侵略下分裂了。我们知道阿瓦尔人更像一个联盟而不是一个民族，所以随着汗国的分崩离析，明确的阿瓦尔人概念也消失了。整个民族的后裔也消失无踪，直到考古学家的铲子让他们重见天日。一位中世纪的罗斯编年史家写道："阿瓦尔人身材魁梧强壮，他们个性暴躁，上帝扫除了他们，他们全都灭亡，一个人也没有幸存。时至今日，罗斯人有这么一句话：'他们像阿瓦尔人一样流散，没有留下任何子孙后代。'"[36]

第 4 章

帝国重生

教宗与法兰克人的联盟

法兰克国王，拉丁基督徒的保护者

征服伦巴第人、萨克森人、穆斯林和阿瓦尔人的结果就是，查理的地位已经和最初的法兰克王国没有什么关系，甚至可以说已经登峰造极了。在当代欧洲的地图上，他的领地包括法国、比利时、荷兰、瑞士和奥地利的全境，远达德国的易北河一带、意大利的北部和中部、伊斯特里亚、波希米亚、斯洛文尼亚以及匈牙利的多瑙河一带，最后是埃布罗河以北的西班牙比利牛斯地区。尽管教宗领、斯波莱托和贝内文托的公爵领地都在查理的影响之下，不过南意大利仍属拜占庭统治，主要使用希腊语和希腊式的教仪。法兰克国王现在统治着除了不列颠、爱尔兰和剩余的伊比利亚诸公国以外所有使用拉丁教仪的基督徒。甚至在传统上和拜占庭皇帝联系更紧密的地区，由于查理的声望，现在也转而向他寻求保护。800 年，耶路撒冷宗主教（patriarcha）赐予他圣地保护者的头衔，给他送去圣墓的钥匙。[1]

这解释了将法兰克国王提升为皇帝的想法是如何在罗马和亚琛产生的。从785年开始，查理就在亚琛建设富丽堂皇的宫殿、巴西利卡式大教堂和温泉浴场。如果查理真如教宗阿德里安一世在他战胜伦巴第人之后所言，是一位新的君士坦丁大帝，那他唯一正确的做法就是接受这一头衔和皇冠。因此西部欧洲将会再次有一个以拉丁教仪祈祷的皇帝，他的法律和通信将以拉丁文书写，他用拉丁语讨论政治和神学。与专制的东部统治者相比，教宗更容易和他达成共识。尽管事实上这个新皇帝看起来基本就是个野蛮人，而不是有教养的罗马人或拜占庭人，但这并不意味着障碍。甚至回溯到帝国的黄金时代，蛮族出身的统帅也经常夺取帝国皇位，却没人有过多怨言。

关于继承罗马帝位，有一个重大的法统问题。居于君士坦丁堡的巴西琉斯是君士坦丁大帝无可置疑的直接继承者，应该成为整个基督教世界的政治领袖。实践证明罗马帝国的东方和希腊地区与西部拉丁化的地区很难统而治之。戴克里先意识到了这一点，他将东部帝国和西部帝国划分开。因此东部的统治者继续使用（希腊语的！）罗马皇帝的头衔，他将难以接受另一位在罗马的统治者加冕为皇帝。同样的问题也出现在宗教事务上。拉丁神学家与希腊神学家之间日益疏远，几乎摧毁了他们共同的基督教信仰，统一感消失了，取而代之的是彼此的猜忌。但基督教信仰是一个整体，必须有一个上承神命的皇帝来领导信仰基督的民众。因此将一位蛮族领导者升格为皇帝是一个非常重大的决定，可能被东部的皇帝解读为严重的羞辱。我们需要回到查理出生之前的时代，去理解教宗为何要走如此之远。

教宗与拜占庭之间的冲突

罗马教会与法兰克人之间联盟的历史，在 800 年皇帝加冕时达到顶峰，联盟的日益紧密与教宗和意大利各民族对东部皇帝的日益不满相关。在相当长一段时间内，在意大利的大部分地区，拜占庭人的统治都被视作外来的占领，而不是合法的罗马统治。对意大利人而言，帝国的使节不仅语言上是外来人，宗教上也是。对基督教义的不同解释导致双方日益疏远，罗马与拜占庭之间的神学冲突是当时流行的话题。与东方的牧首不同，教宗明目张胆地赞赏巴西琉斯干涉宗教争论，这当然不可能增进两大教会的关系。

从 7 世纪末以来，这些教义冲突就不断加剧，成为真正的对抗，不止一次地挑战了皇帝的政治权威和他对意大利的军事控制。随着帝国的军队渐渐不能为意大利人抵御伦巴第人，这种倾向强化了。在这种情况下，教宗在与巴西琉斯的关系中主动寻求政治独立，并开始成为意大利人的合法代表，捍卫他们的利益，这也不令人惊奇。在 706 年左右，教宗约翰七世计划在帕拉丁山建造宫殿，那时这里还保留着帝国的行宫。这一想法没有实现，但在那个权力的象征物极其重要的时代，没有人会不懂其中的象征价值。约翰的继任者总是承认皇帝的权威，但多次拒绝服从他的命令，甚至否认他的代表有进入罗马的权利。这实际上使人确信，在永恒之城，帝国的权威已经终结，并且意味着教宗现在在拉特兰宫统治着这座城。

这种彼此间的不信任随后由于特别严重的宗教争论而加剧，争论涉及反对圣像崇拜的论战。相比于西部地区，在东方基督徒的宗教生活中，圣像扮演着至关重要的角色，直到今天还是如此。

8 世纪初，君士坦丁堡的一些人极其热忱地在圣像前祈祷，似乎要沦为偶像崇拜者。和犹太教、伊斯兰教相对比则加剧了对这种行为的担忧，因为这两种宗教都明确禁止任何代替神的行为。最终在 726 年，伊苏里亚王朝的皇帝利奥三世被说服，他认为有必要打击圣像崇拜，开始了破坏圣像（iconoclasm）运动。这在希腊地区意味着毁灭圣像，皇宫入口处的基督圣像被移走。这一运动旨在削弱修会的政治力量，他们是圣像最主要的保护者。运动导致信众的疯狂反对，他们受到了官方的审判和屠杀。最激烈的冲突发生在反对圣像者和圣像崇拜者之间。皇帝严酷地迫害圣像的守护者。

在西方的公众层面，争论并不是一个问题。但是争论挑起了教会的愤怒，并且确确实实破坏了与拜占庭的关系，拜占庭皇帝现在被认为是异端。伊苏里亚王朝的利奥三世（717—741 年在位）和其子君士坦丁五世（741—775 年在位）——被其对手称为柯普罗尼穆斯（copronymus）或"屎"——统治期间，是对圣像崇拜者迫害最为激烈的时期。恰好同时，拜占庭在意大利的统治崩溃，这里受到了伦巴第人的进攻。帝国军队不能再进行有效的抵抗，并且当地民众往往怨恨不已。在这种情形下，教宗别无选择，只能向法兰克人寻求保护，并试图利用他们的协助，重建他在意大利的政治统治，扩大他已经运用在罗马的统治手段。

在第 2 章我们已经提及，739 年，格里高利三世和查理·马特之间已经建立了联盟。[2] 虽然这个联盟实际上并没有导致军事介入，不过一切都表明，从此刻起教宗停止依靠巴西琉斯的保护，将他们的支持对象整体转向法兰克人。这个转折点最大的象征性事件就是，格里高利三世是最后一位依照自古以来的传统向拜占庭皇帝照会（教宗）当选结果并要求认可的教宗。^① 他的继任者，741 年当选的扎加利，在罗马再一次受到伦巴第人威胁之时打破了这一传统，而且他对丕平作出著名的裁决，即这个对全体法兰克人执行王权的人，也同样应当获得国王头衔。³

扎加利的继任者司提反二世（752—757 年在位），通过给丕平加封国王头衔，并且亲自前往高卢以圣油为他涂油，强化了自己从（拜占庭）帝国独立出去的地位，并实际上对其发起了挑战。因为原本只有巴西琉斯才有权力将蛮族人提升为国王。新王朝（加洛林王朝）与教宗之间的情谊，成为当时欧洲政治的轴心，与（拜占庭）帝国的古老关系迅速失去其重要意义。查理在位时期，事情更进一步。阿德里安一世不再以巴西琉斯的统治纪年来签署他的官方文件，而是改用他自己的教宗纪年。他在罗马铸币厂铸造的货币上去除了皇帝的头像而以他自己的头像取而代之。显然，教宗在拉特兰宫努力声称自己对现称为圣彼得共和国（respublica Sancti Petri）的领土的权力。这项权力宣告来自一份有名的文件，被称为《君士坦丁赠礼》，这份文件可能是由当时罗马的教士伪造的。

对于教宗提供了什么来换取现在在西部占据统治地位的法兰克人的保护，我们并不清楚。回溯到 778 年，查理在圣彼得教堂加冕前二十二年，阿德里安一世授予他"新的信仰基督的神授君士坦丁元帅"（novus Christianissimus Dei Constantinus imperator）称号⁴，而且在西部教会的大部分地区，自古以来信众就拥护的罗马帝国及其皇帝，现在被法兰克王国及其君主取代。我们可以得

出结论，在教宗眼中，查理扮演了一个与之前东部皇帝类似的角色。但这并不意味着教宗有意声称自己是法兰克国王的臣民，甚或宣布放弃自己对中意大利的权力；现在这一地区已经被希腊人放弃，任其自生自灭。查理与阿德里安一世之间的深厚友谊，由他们二人亲自或以书信多次确认，贯穿他们二人的一生。其中也隐藏着一个悬而未决的谜团，注定要深刻影响数个世纪的西方历史。

利奥三世的矛盾心理

尽管阿德里安的许多举动向我们表明，一切都在指向800年的皇帝加冕，但我们别忘了这位教宗在加冕的五年前就已经去世。放弃与拜占庭的合作并热情地接受法兰克国王的权力，不可避免地导致了帝国从希腊人向法兰克人的转移，在当时阿德里安认为这是最有前途的政策。但他也可能会见机行事放弃这一政策。甚至从教宗书信的措辞中，历史学家也仔细筛选出了查理日益靠近帝位的蛛丝马迹，以此证明其结果就是必然的。当伊琳娜（Irene）女皇和其子君士坦丁六世终结了破坏圣像运动的迫害后，几年前将查理视为新君士坦丁的教宗，现在以十分相似的口吻写信给巴西琉斯和他的母亲，乐于将他们视为新的君士坦丁和海伦。他邀请他们像之前法兰克国王那样，向教会展示其慷慨。[5]

教宗与拜占庭决裂并臣服于法兰克宫廷，只在795年才有可能，接替阿德里安一世的利奥三世，是一位经历可能暧昧不清但政治上确实更软弱的教宗。新的教宗是一位出身普通的教士，晋升自拉特兰宫的官僚群体，缺乏有影响力的罗马家族的支持。更严重的是，他遭到有侵吞财富等背德行为的严厉指控，所以他愿意尽一切可能获得法兰克国王的有效保护，甚至作出阿德里安一世不愿作出的让步。他刚荣登圣座，就将自己当选的结果照会查理，并献上圣彼得陵墓的钥匙和罗马城的旗帜，这些物品传统上是用来迎接皇帝进入永恒之城的。阿德里安教宗从巴西琉斯那里撤回的尊贵特权已得恢复，但如今又归于法兰克国王头上。第一次，在使用现任教宗统治年份纪年的同时，教宗官邸开始用查理统治意大利的年份来为文件纪年。

利奥三世（795—816 年在位）当选，开启了一个时代，在这个时代，教宗将一切希望寄托在与法兰克人的联盟上。比起他更为积极主动的前任，他统治期间的这种依赖关系更为明显。除了历史领袖人物的个性，政治史同样受事件的影响或者支配。797年，一件决定性的事件发生了，并最终引发罗马与君士坦丁堡之间旷日持久的分裂。一直以她的儿子君士坦丁六世的名义统治的伊琳娜女皇，废黜了君士坦丁六世的继承权，弄瞎他的双眼，自己僭取了之前从不属于女性的巴西琉斯之位。听闻这一消息后，利奥三世决定这就是解决问题的时机。女性亲自支配帝国的天命是闻所未闻之事。所以从象征意义上来说，再没有比此时更恰当的时机，可以把帝国称号从东部转移到西部。他的前任阿德里安奉承查理为新的君士坦丁；而现在，利奥要将他加冕为皇帝。

利奥教宗突然又表现出与他性格相反的一面。他统治早期的举措表明他限制自己的权力，奉承顺从查理。但当在罗马加冕的计划在他手中实施之时，他一定在梦想着权力关系的倒转。这种希望在那一时期充斥着罗马，这可以由796—800 年拉特兰宫接待大厅内一系列受教宗委托而创作的马赛克肖像揭示出来。在中央，基督命令他的使徒在世界各地传播福音。在左侧，基督再次出现，将大披肩（pallium）和旗帜交到跪在他面前的教宗西尔维斯特一世（Sylvester I）和君士坦丁大帝手中。在右侧，圣彼得将大披肩托付给利奥三世，将旗帜托付给查理。法兰克国王再一次以新的君士坦丁的身份出现，但他只是由圣彼得临时授权，而不是直接得自上帝。因此皇帝从某种程度上被弱化了，其地位在教宗的护卫之下，而护卫被安置在使徒右手边的尊贵位置上。

法兰克宫廷的帝国野心

查理与拜占庭之间的冲突

目前为止，我们已经从教宗的视角考察了导向查理加冕的事件，教宗是主要的鼓动者。但我们不能认为法兰克国王是被动卷入了一个比他更大的计划之中。在法兰克宫廷之中，查理经常被拿来和巴西琉斯比较，结果是后者不胜其职，法兰克国王更适合领导基督徒。不过在统治的早期，查理一直试图与君士坦丁堡维持良好关系。虽然阿德尔奇斯王子在东部的首都受到崇高的礼遇并被加以执政者的头衔，查理还是相当的成功。阿德里安一世旨在扩大罗马教会在南意大利的领地，其对手是贝内文托的伦巴第人和拜占庭的残存势力。他不厌其烦地向查理灌输阿德尔奇斯的支持者使用拜占庭的资金策划阴谋。但查理并没有因教宗的主张而表现出警觉。781 年，伊琳娜女皇请求查理的女儿罗特鲁德（Rotrude）与她的儿子君士坦丁六世联姻，查理接受了求婚。来自拜占庭的宦官埃利撒欧斯（Elissaios）为公主教授希腊语，并

为她的新生活做准备。国王则指派助祭保罗，一位新近来到宫廷
的知识分子，将他关于希腊的知识传授给教士们，好让他们在希
腊同行面前留下好印象。

西部与东部两个基督教政权的和谐共处似乎相当可行。然而
在787年春季，当拜占庭使团抵达并准备执行护送公主的外交使
命时，查理拒绝让她离开，使者空手回到君士坦丁堡。在那个残
酷的年代，政治情势急转突变，问题的核心是两国宫廷关系的恶
化，联姻无限期拖延。在前一年冬季，法兰克国王为了使贝内文
托公爵阿里奇斯臣服，率军远征南意大利。他一定意识到，女皇
的代表现在仍统治着阿普利亚（Apulia）、卡拉布里亚和西西里，
而她不希望法兰克人进一步强化在意大利的霸权。撕毁婚约可能
不是避免危机的最佳方式，但这一次，查理对自己女儿众所周知
的感情，以及他异乎寻常地不情愿与她们分离（这些甚至得到了
忠实的艾因哈德的承认），超越了理性的政治盘算。⁶ 其结果就
是，伊琳娜以两个借口挑起了事端，她向贝内文托公爵提供支持。
在多次虚张声势之后，阿德尔奇斯终于在卡拉布里亚登陆了，他
试图鼓动伦巴第人反对篡位者。这场计划波及全国的暴动并没有
发生，但是西部和东部之间不信任的怒火再次燃起。在这些事件
后很多年，两大政权在南意大利和巴尔干边界上的紧张气氛依旧
存在，这里成为军事冲突的舞台。

意大利这种难以捉摸的政治力量平衡，并不是查理撕毁婚约、
与拜占庭帝国冲突的唯一原因。同样重要的是伊琳娜在神学争论
上所提出的政策突然转变，政策在东部传播开来。同样在787年，
女皇在数年的协商之后，冒着一定风险恢复了圣像崇拜，并谴责
她前任破坏圣像的政策为异端。东正教会视为普世的第二次尼西

亚公会议树立了这样一种观念，即对圣像的信仰尊崇并不是指向偶像，而是指向圣像所代表的存在，并且据此而言，圣像崇拜是每一个善良基督徒的义务。

　　总而言之，公会议的成果没有什么是西方不能接受的，尤其是阿德里安教宗的代表也全程参会。然而查理对他们表示愤怒。他可能并没有理解他们，然而我们也难以为此谴责他。因为他对希腊文一无所知，他所读到的拉丁文翻译错误百出。但无论如何，他也不会感到高兴。因为如此严肃的一个神学问题居然由东部的女皇指示解决，而不是由他。并且召集这次普世公会议没有知会法兰克主教。针对教宗的意见，查理拒绝承认尼西亚公会议的结论，命令他的一位廷臣，可能是奥尔良的狄奥多尔夫（Theodulf），以文辞驳斥之。这些论战的结果，就是我们所知的《查理之书》（*Libri Carolini*）。这是查理时代最充满野心的神学作品。[7] 该作构成了法兰克福宗教会议的基调。这场会议 794 年由查理亲自主持，希腊主教在尼西亚通过的观点，在此都予以正式的谴责。

　　从神学角度看，《查理之书》认为无论希腊的神学家如何加以复杂的论证，破坏圣像都是错误的，而强制推行崇拜圣像也是错误的。但最重要的回应是政治性的。聚集在法兰克福的主教们明确声称尼西亚公会议的成果都是空洞且无效的，原因很简单，就是因为会议是由女性主持的。圣保罗曾写道："我无法容忍女人来教导，或者越权于男人之上。"更大程度上说，他们声称甚至在伊琳娜以前，希腊的皇帝们就已经越轨。皇帝们给自己加以仪式崇拜，其程度已接近偶像崇拜，所以他们似乎成为君士坦丁之前异教时代罗马帝国的继承者。这个信息很明确：法兰克国王、罗马人的执政者、罗马主教的保护者，不再承认东部帝国享有对信仰问题的最高权威。用阿尔昆的话说，他向信仰天主教的西部宣称，自己是"基督徒的唯一领导者"。[8]

在这种已经升温的气氛下，传来了女皇和儿子不睦的消息，随后不久伊琳娜篡夺了帝位。君士坦丁六世有意背离其母亲的政策，在身边聚集了破坏圣像运动的支持者。可能在这种情形下，法兰克福宗教会议的结论受到了热烈欢迎，一些人希望从查理这儿寻求支持以挑战伊琳娜。797 年拜占庭的西西里总督奉君士坦丁六世之命，往亚琛送出一封信件，其内容编年史家讳莫如深，但被国王欣然接受。[9]这位使节或者不久之后的另一位使节可能提议，向查理献上东部帝国的皇冠。尽管这一步显得毫无来由，但也并不是不可能。在伊琳娜政变的惊愕之余，君士坦丁堡中的一些人愿意考虑这么一种激烈的举动。但这些事件随后并没有发生。798 年，帝国外交使节觐见法兰克国王，正式告知他伊琳娜已经掌权，《年鉴》告诉我们，使者只为言和。[10]而查理也无意为已成盲人的君士坦丁六世和圣像破坏者发动战争。从政治角度看，显然君士坦丁堡政府的声望已经降到谷底。

模仿帝国

与此同时，查理的权势不断增长，明确表现出帝国的意味。这个帝国有基督教方面的意义，并不仅仅指罗马帝国。而在《查理之书》之后，"罗马帝国"在某些方面已变得信誉扫地。阿尔昆在 796 年至 800 年间的信件揭示出，他日渐关心那些能够威胁及推翻利奥三世统治的丑闻。[11]在这种语境下，将基督教视为一个帝国的顾虑已经消除 —— 基督教帝国（imperium Christianum），其领导者是法兰克国王而不是教宗。我们不能轻视这些表达，或者认为它们归根结底只是文字而已。这些文字是通晓词句之人深思熟虑字斟句酌而成，他们完全明白这些词语字面意思之下的政治影响。所以当阿尔昆在800年之前开始时常提到"基督教帝国"，其统治权由上帝授予查理及其子孙时，我们可以确定他完全明白自己所言。[12]

阿尔昆效力期间，他提及查理时，时常用"新大卫王"这一文学形象。自796年以后，阿尔昆在他呈给查理的信中，习惯性地写上"致大卫王"。并详细指出："借由此名，我们的领袖与向导将以同样的美德和信仰实行统治：在这位首领的庇护之下，信仰基督之民将得到安寝，他也会在异教国度施行恐怖的打击。这位首领终身不息地献身天主教信仰，凭借对福音的坚定信仰对抗异端的追随者。"[13] 这一称号曾被司提反二世用于丕平，大卫王之名意味着国王是神选之民的领导者，受上帝神启，以智慧统治信众的团体。从法理上说，这是拜占庭皇帝应该扮演的角色，现在法兰克国王为自己寻求这一地位。从宫相跃居国王的丕平，可能不会有更高的目标，但查理没有这种良心上的不安。在800年之前很长时间，他的宫廷就开始在查理的称号前加上曾用于巴西琉斯的修饰语，诸如"最祥和的""正统的"；并且在法令中加入一些正式的元素，如交织字母（姓名首字母组成的图案），以及象征帝国传统的封印。

亚琛的宫廷

无论对罗马还是亚琛来说，将法兰克国王升为皇帝都不是一个直到 8 世纪最后几年才产生的新观念。随着伊琳娜篡位后君士坦丁堡发生一系列事件，法兰克国王身边的廷臣们认为，想把自己的领袖升格为皇帝，再没有比这更好的时机了。查理投身于实现这种期待，历史学家称之为"模仿帝国"（imitation Imperii）。这体现在由他计划建造的亚琛宫殿的象征性含义中。他亲自监督工程，宫殿的主体在 798 年完工。负责建设这座新的壮观居所的设计师得到了明确的指示：亚琛必须能与罗马和君士坦丁堡相比，要如同拉韦纳一般。拉韦纳的壮丽我们如今会有所忽视，但这里在 4 世纪曾经是西部皇帝的居所、狄奥多里克的都城，后来又成为拜占庭总督的驻地。在西部，拉韦纳仅次于罗马。

因此，法兰克国王声称他试图效法古代的罗马皇帝、意大利的哥特国王、同时代的拜占庭君主甚至是教宗。他的方式是建造一所能够和拜占庭的帝国宫殿和教宗位于罗马的拉特兰宫相比的居所建筑群。首席设计师是一位法兰克人，名叫梅斯的奥多（Odo），他主要依靠的是维特鲁威乌斯（Vitruvius）的古典文献；他也同样听取宫廷学院学者们的意见，他们来自各国并拥有数学知识，在这件事上可以证明他们发挥了特别的作用。例如，伦巴第人助祭保罗能够提供关于意大利的拜占庭建筑的知识。宫廷建筑群的主要建筑是正殿和礼拜堂（cappella），由木质柱廊相连接，在这里他们竖立起了从拉韦纳移来的狄奥多里克骑马雕像。象征性的力量集中在八角形的礼拜堂，这里占据显要位置的是一幅全能的主耶稣的马赛克画。在这幅马赛克画下，阳光照射之处有一块抬高的位置，这里是君主的宝座。这显然是要在众目之下将君主置于神与信众之间的中介之位。

在筹建这座礼拜堂时，查理可能受到了罗马拉特兰宫洗礼堂的启发。这座亚琛的建筑，在当时与拉特兰宫齐名，但我们不幸所知甚少。但最为重要也最具政治象征意味的启示是"金躺椅大厅"（Chrysotriclinos），即在君士坦丁堡的帝国皇宫中央的金质三面躺椅餐厅（triclinium）。这处建筑既是教堂也是正殿。正如费希特瑙所写："它侍奉上帝及其在尘世的委托者，巴西琉斯和基督圣像。"[14] 查理从未去过君士坦丁堡，尽管他非常热心地从使节那里寻求君士坦丁堡城中教堂的相关信息，但我们知道的是"金躺椅大厅"与拉韦纳城中圣维塔莱（San Vitale）教堂中的躺椅餐厅非常相似。一位建筑师被派去研究这处建筑，他回到亚琛时，带着建筑计划和充足的测量数据，以建造一座相似的建筑。其中，查理提出了一种充满政治意义的变化。他计划将自己的宝座安置在表示谦卑的西侧，与祭坛相对。而罗马的继承者，傲慢的拜占庭皇帝，却神化自己，将宝座放在东侧祭坛应在的位置。甚至法兰克国王在模仿他们的建筑的同时，也用《查理之书》中的文辞批驳东部皇帝不虔敬，并将自己推至前台，作为基督教上帝的真正代表。

我们会很自然地进一步深入察觉到，这种对罗马和拜占庭模式的模仿是一种政治声明。由于无知，一些同时代的人们相信，801 年，竖立在宫殿柱廊的狄奥多里克青铜雕像是君士坦丁的雕像。既然雕像被认为是代表君士坦丁，则很可能查理希望将之与教宗拉特兰宫中（而现在位于坎皮多利奥广场）的马可·奥勒留著名的骑马雕像相比。除了更进一步的象征和政治含义，雕像自身也是古代艺术的杰作，展现了伟大君主壮丽堂皇的财富。就像一年后巴格达的哈里发送来的大象礼物一样，查理总是将其带在身边，直到 810 年大象死去。

从某种程度上说，这种行为更多的是对古代建材的再利用，而不是对过去的效仿，这些材料的质量不能和同时代的艺术品相比。艾因哈德写道，查理拥有从罗马和拉韦纳送来的圆柱和大理石，因为他难以从其他地方获得。[15] 我们也不要忘了，现在在亚琛能看到的一切，自查理时代以来都经历过重修。很长一段时间，人们都认为皇帝的宝座是有目的地模仿《圣经》中所描述的所罗门的宝座而制作的。但是一些新的发现显示宝座在19世纪被重塑了。阿尔昆也将礼拜堂和所罗门圣殿相比：亚琛是一座新的耶路撒冷，"一座在我们土地上的新耶路撒冷"[16]。从某种程度上说，罗马的历史和《旧约》中对君士坦丁、大卫和所罗门的记忆，汇聚到法兰克国王身上，人们将他视为神选之人。

800年加冕

799—800年的罗马危机

我们已经知道，自从利奥三世795年当选以来，他称呼查理的方式日益明显地显示出帝国的含义，这让我们相信将查理加冕为帝的计划从那时起就开始成形。但是，当时环境不允许教宗施行自己的计划，而是使他被迫在紧急情况下献上皇冠。799年，发生了针对利奥三世的篡权事件，由罗马教廷中两位最高官员领导。教团首领（primicerius）帕斯夸尔（Pasquale）和财务官（sacellarius）坎波罗（Campolo），他们都是阿德里安一世的侄子。利奥落入敌人手中，他们试图按照拜占庭帝国永久罢免重要官员时的习惯，挖出他的眼睛，割去他的舌头。这使他永远无法恢复自己的地位，无法请求自己的敌人为自己的死而向上帝作答复。但教宗不打算给对手展示虔诚的机会，他计划出逃，在斯波莱托公爵处寻求庇护，公爵护送他前往帕德伯恩面见查理。最初，逃亡者似乎使国王确信，他的眼睛和舌头已经被割去，又被圣彼得奇迹般地治愈了。不久，罗马政变策划者代表团来到帕德伯恩，他们重申对教宗的通奸以及伪证的指控，同时澄清了并没有对教宗加以残害，因此事实上奇迹也没有发生。

　　理清这团混乱取决于国王。他的罗马人执政者的头衔不能明确表明允许他对教宗进行裁判，查理觉得要向阿尔昆寻求意见。阿尔昆回应道，三个人应该处于最高的地位：教宗、君士坦丁堡皇帝，还有法兰克国王。但是自从每个人都知道教宗和皇帝都曾被废黜、遭到自己民众的背弃之后，国王现在超越了他们，成为教会的唯一希望。为了更加充分地说明，阿尔昆又补充道："我们已经知道教宗在永恒之城的圣座之上发生了什么。现在轮到您独自去裁判了。"[17]这消除了查理的疑虑，查理决定，对罗马传来的这股腐败的乌烟瘴气追根究底。用阿尔昆的话来说，就是带来一股公平和正义的清流。他下令对有关利奥三世的指控加以质询调查。严格地说，教宗享有豁免权，任何人都不得对其加以审判。这种地位甚至阿尔昆也认为是不可置疑的。但从政治的角度说，躲在这种豁免权背后是不明智的，所以利奥认为最好还是面对质询。一些人谨慎地建议利奥最好放弃这件事，放弃教宗之位，退隐修道院颐养天年，[18]但利奥非常坚持。国王决定派遣一队护卫将他送回罗马，指派专员处理质询调查。

　　在799年教宗返回罗马，一年后国王会到来，在这之间的间隔中，有许多情形都暗示查理并不情愿开启罗马之行。如果对利奥的指控被认为是无中生有，由两名大主教、五名主教和三名伯爵组成的质询委员会会立刻着手恢复他的地位。阿尔昆想尽快解决此事，但让他惊讶的是，事情证明比预期的更为严重。不仅因为所有的指控都不能被无视；而且据传言，一些委员会成员接受贿赂，倒向了另一边。十人中最有声望、地位最高的萨尔茨堡大主教阿尔诺，在一封信中详述了调查的结果。我们无法得知这封信的语气如何，因为阿尔昆想要将之烧毁。但我们可以通过阿尔昆的回应进行想象，他的主要观点是"让无罪之人扔出第一块石头"[19]。但查理已经下定决心要撤销对利奥的一切指控，恢复他的所有权力，现在很明显他要亲自行动了。

因此，当 800 年 11 月 23 日查理以基督教世界最高领袖和罗马教会保护者的身份驾临罗马城时，利奥三世心领神会，亲自出城 12 英里迎接。这个距离是凯撒驾临（adventus Caesaris）——迎接皇帝入城的古代仪式规定距离的两倍。如果我们考量 774 年查理的上一次罗马之行，阿德里安一世在圣彼得教堂门前等候查理，而不是出城迎接，而且使用的仪式规格没有超越拉韦纳总督，我们就能意识到法兰克国王和罗马教宗之间的权力平衡产生了多大的变化。12 月 1 日，查理以新君士坦丁的身份，在梵蒂冈大教堂启动了针对教宗指控的审判会议的程序。当时，所有人都知道这是一场政治审判，利奥会洗脱罪名全身而退。会议确认，在法理上没人能审判教宗，并且允许教宗以《新约》郑重起誓证明自己无罪，教宗立刻就这么做了。

根据当时人的记载，会议审判教宗期间，意大利和高卢的主教和几位世俗的显贵正式通过了查理加冕的决议，并且以帝位空缺为由而将加冕合法化。[20] 伊琳娜所采用的头衔实际上没有得到教宗的承认，所以这个被女性篡夺的帝位从各方面来说都是空缺的。实际上，很有可能这个委员会已经限定要去接受一项几个月前谈判已经通过的决议，但很遗憾我们对其一无所知。利奥三世在他停留帕德伯恩期间，已经声称他愿意加冕查理为帝，然而最终的决定可能一直拖延到委员会最终裁定时才确定下来。能够确定的是，在圣诞节上午，利奥三世将皇冠戴在查理头上。加冕仪式今人看来遵循成规，但在当时看更符合高卢-罗马世界的风格，而不是日耳曼风格。根据王室史官所言，教宗以圣油为查理行受膏礼，并俯伏在国王面前，行东方的跪拜（proskynesis）之礼。[21]在这里，梵蒂冈的教士们代表罗马民众，伴随于教宗身边，向查理致敬，拥立他为皇帝和奥古斯都。这一仪式不仅拥有荣誉上的影响；依据罗马帝国的传统，也具有法律效力，它正式认可了一位新君主的产生。

皇帝并不情愿？

我们还要解释一下艾因哈德的出人意料之言：查理对加冕感到很烦恼，如果他知道已经准备好的仪式是怎样的，哪怕那天是庄严的一天，他也不会去教堂的。[22]当然，可能艾因哈德是在效法苏维托尼乌斯（Suetonius），只是为了强调查理的谦虚，他如同克劳狄皇帝一样认为自己配不上皇帝的头衔，是被迫上位的。可能查理的烦恼不是关于加冕本身，而是加冕背后的诡计及其可能的政治影响。带着耻辱，利奥三世最终成功恢复了帝国，并且使一切仿佛都是在教会的指导下进行的。通过将皇冠加于新的皇帝头上，教宗实际上也声称教宗拥有超越皇帝的至高权威。

当时这种声称是纯神学性的，鉴于查理掌握了所有的权力。

实际上，他从教宗这里获得了一切可能的统治权的认可。在几年前征服贝内文托公爵之后，法兰克国王坚持要将贝内文托官邸的所有文件的时间都改成他的统治纪年。公国的货币要印上查理的名号和交织字母。[23] 在加冕后，新皇帝向罗马提出同样的要求。教廷自阿德里安一世起就开始以教宗纪年来为文件纪年，在利奥三世时期也只是把查理的统治纪年添加到第二位，现在只根据查理的统治年份来纪年，就像过去巴西琉斯统治时实施的那样。利奥三世的货币现在也印着查理的名号和皇帝头衔，紧挨着教宗的交织字母和圣彼得之名。现在我们对这些象征性的现象会有些不以为意，但在过去不是如此。通过在文件中加以查理统治纪年，将他的名字印在罗马铸造的货币之上，教宗实际上意图承认皇帝的政治权力已加于永恒之城。

因为同样的原因，这种公开的举动会给每个人的记忆都留下深刻的印象，同时拥有极其重要的政治意义。利奥三世将皇冠戴在跪下的国王头上就是这样一种举动。这样一种仪态的含义很难逃出查理这种有才智的政治家的眼力，但以这来解释他的不安还是不够。不出意料的是，十三年后，他要求自己的儿子虔诚者路易加冕为帝，以支持路易的统治，并为继位做准备。查理组织好了仪式，使用了完全不同的礼仪，并且去掉了自己加冕时所有不满意的成分。路易在亚琛的宫廷礼拜堂加冕，他受到的欢呼不是罗马人的，而是法兰克人的。最重要的是，新皇帝并不是跪在教宗面前，而是由他的父亲加冕，或者根据另一部编年史，是由他自己加冕的。这样的仪式编排很明智，但此时有些晚了。813 年加冕礼的光彩完全被 800 年的盖过，帝国也一直受制于与教宗之间悬而未决而又模糊不清的关系。千年之后，另一位皇帝拿破仑意识到了这一系列影响，有目的地邀请教宗为他加冕，但又确保是他自己将皇冠戴在自己头上。

国际关系中的新帝国

与东部帝国的关系

加冕的消息在君士坦丁堡受到了嘲笑和蔑视。直到那时罗马皇帝只对日耳曼首领承认表示从属地位的国王头衔，但无法想象他们中的一员能僭取皇帝（imperator）的头衔。拜占庭编年史家赛奥法尼斯（Theophanes）故意用嘲讽的语句描绘查理的加冕仪式，并且说，教宗用圣油为他行受膏礼，"从头顶直到脚趾"，好像这极其虚假。他最后冷漠地说道："自此起，罗马就处在野蛮人的统治之下。"[24] 查理大帝自己担心利奥三世的举动会在东部挑起敌对的反应，802 年，他派遣一位伯爵和一位主教前往君士坦丁堡，向女皇重申自己的和平意图。都城之中甚至有传言说，法兰克使节提议查理与伊琳娜联姻，以创造两大帝国之间联合的可能。无论如何，他们的到访遭到了一部分拜占庭高官的冷遇和敌视，他们不久后组织了一场政变，废黜了伊琳娜，将她的一位大臣送上了帝位，史称尼基弗鲁斯一世（Nicephorus Ⅰ）。

尽管查理大帝和新的巴西琉斯都没有开战的愿望，但两大政权在意大利半岛东北部和南部的边界问题悬而未决。这些地区由从拜占庭获得自治权的威尼斯和扎拉商人开发，贝内文托公爵再一次发起叛乱，反对法兰克人的霸权，这些足以导致不断的事端。

811 年，尼基弗鲁斯一世在战场上被保加尔可汗克鲁姆所杀。他的继任者，米海尔一世·兰加比（Michael Ⅰ Rhangabe）想与西部寻求和平。一个拜占庭代表团前往亚琛，尽管咬牙切齿，但还是承认了查理的皇帝头衔。《年鉴》记载道，"他们用自己的方式称呼他，用希腊语，称他为皇帝和巴西琉斯"[25]，不过他们为了保留颜面，没有承认他是罗马的皇帝。查理以一封信回复，信中他对"东部和西部帝国"之间建立起和平表示满意。[26] 几世纪前戴克里先为罗马帝国的划分创造了一种双帝国共存的模式或者法理，二者都是罗马，都在同一个基督教世界里。

在西部，这一共存的方式是合乎情理的，并持续使用了很长时间。而拜占庭皇帝顽固地要坚持对抗。824 年，巴西琉斯米海尔二世称呼虔诚者路易为"朕亲爱的兄弟路易，法兰克人与伦巴第人荣耀的国王及他们所称的皇帝"[27]。871 年，查理的曾孙路易二世收到了一封来自巴西琉斯的信，信中尖刻地提醒他，只有一个帝国。法兰克君主礼貌地回应道，路易已经在罗马加冕，有权称自己为罗马皇帝，他的臣僚也有称呼他为新罗马皇帝的自由。[28] 这些是意识形态领域有代表性的外交小冲突，但我们也不应该高估他们的重要性，尤其是在查理的时代。他所处的欧洲，人们用拉丁语祈祷和书写，与另一部分以希腊语书写和祈祷的欧洲人很少或实际上没有联系，与远方国家的君主在礼仪上竞争并无那么重要。

然而，查理在加冕时声称自己是罗马人的皇帝，他决定在法令中修改自己的头衔，称自己为"最祥和的奥古斯都，上帝加冕、伟大而又热爱和平的皇帝和罗马帝国的统治者，上承神恩的法兰克人与伦巴第人的国王"[29]。严格来说，成为皇帝和罗马帝国的统治者并不意味着是罗马人的皇帝。查理采用这样的头衔，表明他对拜占庭是否关注很敏感，并通过巧妙使用这种礼仪来使自己可以与他们相比。但事实也许并非如此，因为"罗马帝国的统治者"（Romanum gubernans imperium）是查士丁尼曾经用过的称号之一，也毫无疑问是一位罗马皇帝效法的权威范例。总体而言，加洛林王朝在 800 年后采用的权力象征符号，总是追溯到罗马帝国。查理将自己的肖像印于货币之上，戴着桂冠，身着紫袍。他的印信是一个在几个世纪都有极其深远影响的政治口号："再造罗马帝国"（renovatio Romani imperii）。

逐渐明晰的是，最终的问题并不是将帝国定义为罗马，而是帝国与罗马人之间的联系。在当时法兰克人的眼中，罗马人归根结底就是教宗和查理身边那些等级庞杂、人品堪忧的教士们。拒绝称自己为罗马人的皇帝，可能就是基于同样的原因。根据艾因哈德的记载，圣彼得教堂内受到的欢呼让查理不高兴。没有削弱法兰克人国王的头衔很重要，因为这才是他权力的真正根基；这也不会导致罗马教士超越法兰克权贵成为新帝国的政治精英，从而导致政治危机。

帝国与教宗

利奥三世在整个过程中表现得模棱两可，但不考虑这一点，皇帝加冕认可了查理加于拉丁教会和教宗自身之上的至高地位。通过采用皇帝头衔，统治者正式宣称了仅靠法兰克人的国王无法轻易确认的最高权威，尽管查理在 800 年以前曾经有作为基督徒领导者的实践。在他的法令集中，他这么称呼自己："承蒙上帝的恩典及其仁慈的慷慨，法兰克王国的国王和教区长（rettore），神圣教会的忠实捍卫者和谦卑的助手。"[30] 但我们不要被他表面的谦卑所误导。国王给予教会的协助包括任命主教和修道院院长，监督他们的举止，在他认为适当的时候召集他们开会，亲自制定会议议程，公布会议的结果，这些我们今天认为是教宗应该承担的义务。799 年，教宗利奥三世来到帕德伯恩，逃避背德和财政违规的指控，教会谦卑的捍卫者派遣护卫将他送回罗马，随后亲自主持了一个委员会，使他通过审判。

　　毫无疑问的是：如果基督徒有一个最高领导者，这个领导者是法兰克国王而肯定不是教宗。775 年，爱尔兰神父卡特伍尔夫写信给查理道："因为你在这儿是上帝的代表，保护并统治他的各支子民，你将承担此责直到审判日，而教宗只居于第二位，并且只代表基督。"[31] 在面临批评时，君主不失时机地指出，他是引导船只穿越风暴的舵手，而教宗只负责祈祷水面能够平静。当他谴责第二次尼西亚公会议的决议，反对阿德里安一世的观点时，查理断言："朕已肩负管理教会之责，穿越暴风骤雨的世界之海。"[32] 几年之后，面对一个比年迈的阿德里安更为顺从的教宗时，国王在写给新当选的利奥三世的信中更进一步：

> 　　上承天意，以武力对抗教会之外的异教徒侵略，毁灭不信教者，以公教信仰永久强化教会，是朕的责任。而你，最神圣之父的责任，就是如同摩西一样向上帝伸出双臂，支持朕的战斗。这样，通过你与上帝的沟通，信仰基督之民就能战胜教会的敌人。[33]

　　但教宗真的是圣彼得的继承者吗？这一点甚至不是很重要。800 年，当查理准备离开，前往罗马主持审判利奥三世之时，奥尔良的狄奥多尔夫写道，圣彼得亲自将尘世的钥匙交付给查理，这是梵蒂冈大教堂的钥匙，也是通向天国的钥匙，国王替他保管，因此管理教会、教士、基督徒民众是国王的责任。[34] 教宗处于较低的地位，可以从804年冬季发生的一段模糊的小插曲中表现出来。查理得知利奥渴望在他的陪同下过圣诞节。皇帝对这个不同寻常的请求感到惊讶，因为这需要教宗在前往亚琛之前翻越群山，不过皇帝决定前往兰斯与他会面。在相伴仅仅八天后，皇帝将他送回罗马，强迫他在糟糕的天气中从漫长的原路返回。[35] 不考虑迫使教宗经历如此艰辛旅途所施加的压力，此事也明确显示出二者地位的高低。它也证实，查理与利奥之间并没有查理与阿德里安之间的那种融洽关系。

这就是我们解释查理所采用的教会协助者与保护者的头衔为什么如此谦卑的意义所在。在806年让他的诸继承人分割王国的《分国诏书》（Divisio regnorum）中，皇帝亲自强调了诸子守护教会的义务。[36] 他将这一义务首先定义为守护圣彼得的教会，对抗其敌人，并保护其权利。其次，守护所有的教堂和主教区，换言之，这些都处于他们的权威之下。我们不能歪曲事实，得出结论，皇帝感受到了坐在罗马圣座之上的人的遵从。皇帝依然认为，罗马教座是他帝国中所有大主教教座里最为重要的一个。这个地位也是他在自己的遗嘱中分派的，罗马的唯一区别是其在列表上处于第一的位置（"众所周知，他的王国有21个大主教区，其名称如下：罗马、拉韦纳、米兰、阿奎莱亚、格拉多［Grado］……"）。[37]

在800年圣诞节和801年复活节之间，查理在永恒之城接连度过了五个月，并且在此停留期间，明确确认了他的君主权力。

对国王来说，在国境之外庆祝年度最重要的节日是不可思议的。像在萨克森和巴伐利亚那样，在新征服的地区作冬季长期居留并度过节日，是查理声称拥有这一地区主权的标志性做法。此外，年鉴的作者证实，800 年加冕为帝，是基于上帝认为赐予查理加诸罗马的权威是合适的。"这里曾是凯撒们一直生活之地"，其地位超越西方基督教世界其他古老的都主教（metropoli）教座。[38] 在 799 年和 800 年的诸多事件之后，有几位教宗想要挑战皇帝的最高地位，声称他们自己拥有基督教世界的最高领导权；但同时，没有人，尤其是利奥三世，能够质疑查理加诸罗马城和教会之上的至高权威。

查理大帝和哈伦·赖世德

查理声称的帝国形态持续多年，直到 800 年由他在圣彼得教堂加冕而得以确认。这也反映在他与穆斯林中同地位的统治者，巴格达的哈里发的关系之中。当时，伊斯兰教信徒的君主是哈伦·赖世德（Hārūn al-Rashīd，哈伦·拉希德），他在 786—809 年间任哈里发，也是《一千零一夜》中的主人公之一。和查理一样，他也成了他人民中的传奇。基督徒皇帝和穆斯林统治者之间有极好的关系。法兰克的编年史家称他为"波斯国王亚伦"（Aaron rex Persarum）。[39] 801 年，哈里发的大使在比萨登陆，并将犹太人伊萨卡（Isaac）送回家；四年前查理曾派他前往巴格达。他们带来了著名的大象阿布·阿拔斯（Abul Abbas）作为礼物，在当时引起了轰动，《年鉴》反复提及。[40] 艾因哈德声称大象是应查理的要求而运来的，为了补充他的动物园。哈里发为了取悦他，决心献出自己仅有的一头大象。然而，之后的一些细节很值得怀疑。[41]

亚琛宫廷中的一位知识分子，爱尔兰人迪库尔（Dicuil），以对大象的直接观察来反驳罗马地理学家索利努斯（Solinus），后者曾经声称这些动物不能躺下；"然而，它们像牛一样卧倒，正如查理皇帝时期，法兰克王国的人经常能看到的大象那样"[42]。显然这头厚皮类动物有巨大的吸引力，可能有很多好奇的民众聚集在查理的宫殿外，比国王本人更渴望见到大象。然而拥有大象或者其他外国动物具有重要的象征意义。这是皇帝特权的象征，上帝托付给他统治世界大部分地区的责任，他的名声将闻于远方的土地。查理与哈伦，肯定都知道这些含义。

807 年，另一个来自巴格达哈里发的使团带来了贵重的礼物，包括猴子、奢华的纺织品、东方的香草和膏药、有活动人像的鸣响机械钟、铜的枝状烛台，甚至还有一顶扎营用的大帐篷。编年史家们断定这是东方能出产的所有奢侈品。[43]查理的回赠无法与这些奢华精巧的礼物相比，他回赠的是猎狗、马、骡子和珍奇的纺织品，这些似乎并没有给阿拉伯的编年史家留下同样深刻的印象。显然，两位统治者不顾宗教上的差异，尽一切可能维持友善的关系。他们的帝国隔得足够远，不用彼此担心。得知他们联盟的消息，他们共同的敌人感到不安，那就是拜占庭帝国和西班牙的倭马亚王朝。

查理有另一个理由去和巴格达维持良好关系：因为仁慈的哈伦·赖世德对圣地的基督徒责无旁贷，这些基督徒生活在穆斯林的统治之下，时常与贝都因部族发生纠纷。他经常对这些相关的群体给予经济协助。毫无疑问，皇帝会暗示哈里发，在这一领域的善意姿态能极大地提升关系，哈伦·赖世德也会同意他的愿望。他实际上给予了一个象征性的礼物，即圣墓所在的土地。因此我们能理解，为什么这一时期法兰克国王和哈里发互换使节和礼物，耶路撒冷宗主教视查理为圣地的保护者，并送去圣墓的钥匙。[44]查理作为基督徒最高领导人的声望并不仅仅依靠军事力量。

第 5 章

查理大帝与欧洲

回溯到 799 年夏季,当国王在帕德伯恩接受了逃难的教宗之时,一位匿名的诗人称查理为"欧洲之父"。[1] 仅仅一年之后他成了皇帝,他统治之地所延伸而成的领地,现在被正式定义为重建的罗马帝国。但我们今天所知的欧洲曾经被一种政治架构所预示吗?这一架构沉浸于过去,其原型是一个五百年前繁荣昌盛的帝国吗?从 19 世纪起史学家不厌其烦地提出这个问题,这个问题已经具有与流行的文化风潮所不同的含义。据我们所知,民族主义一直持续到 20 世纪,在这一时代,这一问题表现为:鉴别这个重建的帝国甚或扩展至整个现代西欧文明,其根源是拉丁的还是日耳曼的。没有人会不明白这个史学问题的政治含义。

在二战后,受亨利·皮朗的名著《穆罕默德和查理曼》(*Mahomet et Charlemagne*)影响,这一争论转变成古代经济与制度的遗存问题。[2] 似乎这些遗存并没有像之前认为的那样,完全被日耳曼人的入侵彻底扫除。所以现在这一问题成了古代历史是否在查理时代前后终结。正如我们要看到的那样,正反两方的支持者之间有激烈的争论,因此我们的回应十分依赖于引发了问题的诸观点。经验告诉我们，欧洲在21世纪的未来发展，将会很大程度上影响后几代历史学家看待加洛林时代事件的方式。在这一章我们会审视刚刚提及的两个观点，我们把一个定义为民族问题，另一个定义为经济与制度问题。这样，我们将试图评估现在通行的说法——查理大帝的帝国是否以及在多大程度上能被视为现代欧洲的间接前身？

日耳曼人与罗马人

卡尔大帝还是查理曼？

那些以民族主义，或者按我们现在的话说，以种族主义话语提出这一问题的学者，主要来自法国和德国，他们是彼此充满怒火、互视为对手的两大民族中知识分子的发言人。查理帝国的主要构成，是法兰西人自视为其继承者的罗马人，还是新德意志帝国所自豪宣称的日耳曼人？很容易就能理解，在19世纪和20世纪民族主义热忱在欧洲盛行时的氛围中，这一争论所能释放出的激情。坚持查理本质上是德意志人而不是法兰西人，认定他是卡尔大帝（Karl der Grosse）而不是查理曼，也就是声称德国而不是法国在现代欧洲具有中心地位。同样，声称查理建立的帝国不是基于罗马的遗产，而是基于新兴的日耳曼民族的能力，也就意味着采取与当时明显相同的政治立场。

现在，人们不再以这种方式提出这个问题了。查理不是，也不可能是德意志人和法兰西人中的任何一方，因为这两个民族当时还没有形成。对历史学家而言，这早已是显而易见。卡尔·费迪南·维尔纳（Karl Ferdinand Werner）教授多年担任位于巴黎的德国历史学会领导，他曾经苦劝德国大使，不要在官方演说中将卡尔大帝作为伟大的德国人提起。[3] 不仅因为那时德国还并不存在，同样也因为我们对这些问题依旧存疑，即我们现在纯粹从语言角度所定义的那些日耳曼诸部族，是否意识到存在一个自己本部族之上的共同体；并且他们之间是否有一种稳定的存在形式。不管我们如何评价查理大帝在构建现代欧洲过程中的重要性，都必须抵制 19 世纪的史学家所理解的民族维度。我们所知的欧洲各民族是在查理大帝的帝国分裂之后才形成的。

"罗马人愚蠢，佩基洛人智慧"

　　这并不意味着，查理大帝的欧洲没有因为民族分化而分裂，民族分化的重要性不容忽视。尽管帝国被正式称为罗马帝国，但罗马人还是几乎被视为外国人。"罗马人"之名既用来称呼教宗统治的永恒之城的居民，也用来称呼一直与反对法兰克国王的叛乱有关的阿奎丹居民。他们与北高卢的西法兰克人、仍旧生活在日耳曼的东法兰克人，以及阿勒曼尼人、巴伐利亚人、萨克森人、图林根人，更别提意大利的伦巴第人形成反差，这些民族都认为自己优越于罗马世界。

　　查理自己是名法兰克人。他对这一定义非常明确也非常自豪。他很留意不去模仿自己头衔上罗马皇帝的做派。艾因哈德告诉我们，"他愿意穿着民族的，也就是法兰克人的服饰"；"他排斥并反对穿着外国服饰，尽管它们很华美，除非他在罗马。受阿德里安教宗请求之时，以及另一位阿德里安的继任者利奥恳求之时，他会穿着罗马式束腰短袍和短斗篷，鞋也是罗马风格的"。[4] 当这些教宗恳请他们的盟友法兰克国王按照他们的意愿升格为皇帝，并请求他至少在罗马打扮成罗马人的样子以示亲切时，他们清楚地意识到，出于纯粹的政治原因，外在的物质形式、强制力、共存的观念这些都是必不可少的。

　　甚至在查理征服这里以前，法兰克人势不可挡的崛起都意味着对罗马世界不可避免的意识形态冲击。这种对抗无所不在，在丕平统治的最后几年起草的萨利克法高度官方的序言中就有清晰的表达。序言拔高法兰克人，他们代表新的以色列，撼动了"罗马人强加的沉重枷锁"并且取代他们成为领导基督徒的民族。[5]民族维度与宗教维度交织在一起：法兰克人应该统治世界，因为他们从未受到异端的玷污，而数个世纪以来，罗马人迫害并处决基督徒。他们对拜占庭的希腊人的敌意，也是因为承认后者是罗马帝国的继承者。然而根据《查理之书》所提出的，法兰克人已经战胜并将准备继续战胜他们专断的异教做派。这种对抗注定要持续很久。10世纪末克雷莫纳（Cremona）的主教利乌特普兰德（Liutprand）受皇帝奥托之命前往君士坦丁堡，受到了无礼对待。巴西琉斯尼基弗鲁斯·弗卡斯（Nicephorus Phocas）称他的君主是一个野蛮人而不是皇帝，还说"你不是罗马人而是伦巴第人！"利乌特普兰德回应道，他并不对自己不是罗马人感到羞耻，实际上他也不想成为手足相残的罗慕路斯及其匪盗和逃奴团伙的继承者。"你们自称幽暗世界统治者（kosmocratores），也就是皇帝，继承了这一尊贵的地位。但我们伦巴第人、萨克森人、法兰克人非常鄙视你们，当我们羞辱敌人时，就会称他是罗马人。"[6]

　　事实上，利乌特普兰德显然说意大利语，在语言上他会被划分为拉丁人而不是条顿人。但他所表达的这番恶语，并没有损害日耳曼各部族之间的团结。实际上，对共同体的意识，并不是共享语言认同的产物。并且这种认同甚至可能在早年就不存在。而且由于伦巴第人采用了罗曼语，并有大量的法兰克人杂居其中，这种认同也完全成为过去。813 年，图尔会议命令神父不再以高雅的拉丁语，而要以"乡土化的罗马语或条顿语"（rusticam Romanam linguam aut Theotiscam）布道，这样所有人都能听懂布道台上所言。但要知道，语言上的这种现实绝不能反映出民族上的分化，说"罗马语言"的纽斯特里亚法兰克人和他们在奥斯特拉西亚的同胞一样都是法兰克人。[7]

　　日耳曼民族中的集体认同感，是从他们入侵的集体记忆中萌发的。自古以来定居于帝国的罗马人，和战胜他们、征服了高卢和意大利的入侵者之间仍然有明显的差别。可能要补充的一点就是，这种长久的差别实际上是基于虚构的历史书写，是由对入侵者和原住民之间一体化过程的无知而造成的。现在我们知道，高卢的法兰克人在罗马人中只是很少数，他们很快就被融合了。但在查理的时代，所有生活在卢瓦尔河以北的人都被视为法兰克人，人们并没有考虑他们可能源自拉丁人。当时的编年史家认为，在那个入侵的时代，显然克洛维已经消灭了罗马人，或者至少将他们逐出了国境。语言在民族认定上再一次变得无足轻重，实际上，很多法兰克人随后仅仅出于好奇而开始说一种罗曼语。一份 9 世纪的手抄本写道："似乎在那时，法兰克人从居住在那里的罗马人处学习我们至今仍在使用的罗马语言。这里没人知道自己的母语了。"[8]

　　分化源自历史而不是语言的另一个同样具有象征性的事实就是，那些定居在帝国行省的入侵者在提及当地人时，总是使用无法翻译的通称"维尔舍"（Welsche），这个词直到今日在德语里依旧是负面意味，并且无差别地适用于凯尔特人和罗马人，不考虑他们的语言差异。这一词语在查理时代广泛使用，长期表达征服者与被征服者之间自古以来的敌视。在当时的一个译本中，巴伐利亚的作者乐于使用下面这个带有嘲讽意味的表达来作为语法范例："Tole sint Uualha, spahe sint Peigira /Stulti sunt Romani, sapienti sunt Paioari"，这分别是"罗马人愚蠢，佩基洛人（巴伐利亚人）智慧"的巴伐利亚语和拉丁语翻译。[9] 甚至在查理时代，欧洲的地理观也由定居于此的日耳曼民族主导，并得到了彻底的重构。当然，知识分子依然使用古典时代地理学家所用的古代术语：高卢、日耳曼、意大利，这些术语从尤利乌斯·恺撒时代开始就没有变化。但那些并不知道这些学术概念的普通大众却充分意识到，入侵者已经创造了一个不同的欧洲。他们的态度得到了一份 8 世纪手抄本的证实，其中包含所谓的"注释表"（glosse），就是将一串拉丁文单词翻译为日耳曼语言。这个词表，应该和查理在学习书写时放在面前的相似，它将古典地名翻译如下："高卢/维尔舍地区，阿奎丹/加斯科涅地区，日尔曼尼亚/法兰克地区，意大利/伦巴第地区，诺里库/佩基洛地区。"（Gallia uualho lant. Equitania uuasconolant. Germania franchonolant. Italia lancpartolant. Ager Noricus peigiro lant.）[10]

因此，在用日耳曼语言思考的人中，这幅地理图景与古典图景完全不同。一个人若身处自己国王的居所亚琛，会认为自己身处法兰克人的土地。往南移动，他迟早会进入"维尔舍"或罗马人的土地，他们生活在卢瓦尔河以南，这是法兰克人很少出现的异域之地。再往西南部的阿奎丹是加斯科涅地区（Vuasconoland）

或称巴斯克领地；巴斯克之名当时意味着被围困在比利牛斯山避
难的少数民族，但在过去他们占据着名叫加斯科涅的广阔区域。
不过，如果我们的人从亚琛往东，他将会到达曾经的诺里库地区
（亦作Noricum），现在这里成了佩基洛地区。从这里越过群山，
他将到达的不是意大利，而是伦巴第人的土地。这种地理划分只
是在表面上尊重古代的术语，实际上是以取代先住民"维尔舍"
的日耳曼人的居住地来解释欧洲。这种分化表示了一种明显的敌
对态度，而不仅仅是差异。

回归罗马

　　一个帝国的定义，不是依靠使之建立起来的民族情感，甚至
也不是靠皇帝的个人情感。在他穿着罗马式束腰短袍和短斗篷的
时候，查理可能会觉得自己是法兰克人，并感到不快。但当他宣
布自己遗愿的庄严之刻到来时，在他眼前的是这个帝国。他下令
将自己财产的三分之二分配给臣服于他的领地上的21位大主教，
21个大主教教座所在排列如下："罗马、拉韦纳、米兰、奇维达
莱（Cividale）、格拉多、科隆、美因茨、萨尔茨堡、特里尔、桑
斯（Sens）、贝桑松（Besançon）、里昂、鲁昂、兰斯、阿尔勒、
维埃纳、塔兰泰斯（Tarantaise）、昂布伦（Embrun）、波尔多、
图尔和布尔日。"[11] 它们的顺序反映了从灰烬中重生的罗马帝国的
政治地理，并且与当时的教会地理分布产生了关联；教会地理自
1世纪产生以来就再没有修正。首先罗马以其法统居于首位，随
后是西部帝国的旧都拉韦纳和米兰。接下来将古代的阿奎莱亚主
教区一分为二：奇维塔莱和格拉多，它们在与阿瓦尔人和拜占庭
的边界上具有重要地位。

　　法兰克王国的大主教教座在五大意大利教座之后才出现。我们现在认为这些是德国城市，但它们实际上是莱茵河左岸的古罗马城市：科隆、美因茨和特里尔，萨尔茨堡是例外。查理大帝本人将萨尔茨堡提升为大主教区，目的是为了组织阿瓦尔人改宗，并组织巴伐利亚人在多瑙河以东定居。无怪乎这是唯一的古典地名无法准确定义的教座。所以当时起草遗嘱的教士用当时通行的惯例做出翻译："尤瓦乌姆（Juvavum）也就是萨尔茨堡。"接下来就是古高卢的城市桑斯、贝桑松、里昂、鲁昂、兰斯，然后沿着罗讷河通向地中海，阿尔勒、维埃纳，两个阿尔卑斯地区的教座塔兰泰斯、昂布伦，接着是波尔多、阿奎丹的大主教教座，最后回到高卢中心，图尔和布尔日。

　　应该说明，这是非常值得注意的地理划分，因为一个教会区域的划分反映了基督教的传播情况，也导向古典时代的终结。那个时代的地理划分在很多方面已经和当时的人口分布以及贸易路线不相符了。一些都主教省区极小，另一些则太大。一些主教区沿着莱茵河，可以监视北日耳曼的广大平原，这里最近才在刀剑之下皈依了基督教。一些大主教区是不起眼的城市，如桑斯和兰斯。而巴黎和亚琛，是查理帝国的重要大型中心城市，却没有设置都主教区。让我们感兴趣的是查理口述这一名单时的原则，它就是已经说过的一种对帝国的概括，这一原则非常明确。我们这里没有罗马人或日耳曼人，也没有法兰克人、巴伐利亚人或阿奎丹人。这是一个基督教帝国，就是罗马，不是任何其他的东西，因为罗马是上帝所选，是基督的宗教中心。

古代世界的终结与欧洲的诞生

皮朗关于穆罕默德与查理曼的理论

　　1937 年，亨利·皮朗的名著《穆罕默德与查理曼》在其死后出版，为 19 世纪就发起的关于加洛林欧洲的史学问题讨论带来了转折。[12] 皮朗自己是一个 19 世纪的史学家，一瞥他留着大胡子、戴着夹鼻眼镜的肖像照，就可以确信他的出生时间 —— 1862年。作为一个比利时人，他在罗马世界与日耳曼世界的边界处出生并接受教育。他提出了一个解决方法，能克服法国与德国历史学家之间对立的民族主义僵局。通过分析贸易形式和货币流通，皮朗得出结论，查理的帝国根本就不代表罗马帝国。然而蛮族入侵终结了古代世界、对经济只有负面影响也不是他的观点。是阿拉伯人入侵地中海地区，动摇了罗马人环绕"我们的海"（mare nostrum）建立的古代世界。随后，我们现在所知的欧洲开始形成，地中海成为它的边界而不是中心。

　　如今，皮朗的理论因为他所代表的经济论而被完全抛弃。实际上，地中海贸易的衰落、货币危机，可追溯到帝国最后几百年，查士丁尼的破坏性战争进一步加剧城市衰落，这些问题并不存在异议。同样，这些因素并不能证明《穆罕默德与查理曼》书中提出的关于文明的全面衰落、市场近乎全面地消失这些问题的解释。中世纪早期实际产生的是一种新的经济空间，其基础是贸易线路指向北海的欧洲大陆，而不是地中海。不考虑其局限性，皮朗的视角被证明极有成果。因为在他之后，争论不再纠结于查理帝国的罗马或日耳曼属性，而是关注帝国与早先和随后时代的关系。换言之，争论转变成了帝国塑造自身的形式，即至少在其结构上，是否与罗马有相似性。如果和奥古斯都的帝国不相似，是否和戴克里先或君士坦丁的相似？或者查理统治的大陆是否已经截然不同，导向了现代欧洲？

当前，论证历史连续性的第一种解释得到了广泛的支持。这并不意味着皮朗的主要论敌——奥地利历史学家阿方斯·多普施（Alfons Dopsch）胜之不武，他看到了在尤利乌斯·恺撒的时代到查理的时代之间潜在的连续性。如果有什么区别的话，最终胜出的解释是一条第三方道路：史学已经能够日渐清晰地证明，古代晚期这个时代与古典时代的概念截然不同，这个时代大约是从公元3—4世纪，随着戴克里先改革和基督教的兴起而开始的。这是古代晚期，不是恺撒和奥古斯都的时代，许多史学家认为，这个时代延伸至查理时代，甚至直到公元1000年。甚至他们无意中回应了马克斯·韦伯的妙语，即查理大帝是"戴克里先迟来的执行者"[13]。不过，这一观点意味着抛弃由伊斯兰教兴起而造成剧烈断层的说法；同时也对皮朗的基本看法示以敬意，那就是日耳曼人的入侵并不代表西方历史的决定性断裂。

我们同样受惠于皮朗的另一个解释，那就是意识到由法兰克人统一的欧洲大陆是一个与罗马帝国截然不同的政治实体。这个观点的主要支持者——考古学家与经济史学家，采用了《穆罕默德与查理曼》中可能最有说服力的一幅图景：一个在古代晚期至关重要的加洛林欧洲，其被地中海所隔离，丧失了与非洲和东方的联系。即使我们接受了这样一种观点，即罗马世界并不拥有我们曾经认为的发达的资本主义要素，其经济实际上主要受国家干涉，也由于国家干涉而崩溃；查理时代基于莱茵河的欧洲，显然也和戴克里先以及君士坦丁时代基于地中海的欧洲少有共同之处。

这个变化的转折点，发生在公元3—4世纪，是通过多条途径实现的，其中包括极其重要的宗教因素。如皮朗所认为的那样，转折迅速发生。然而，穆斯林不是主要原因。主要原因是随着日耳曼人入侵，原本稳定的公共财政崩溃，东方通往欧洲北部出现贸易新线路。新线路在查理时代达到了贸易高峰。

"罗马不会衰落"：激进的罗马主义观点

显然，如果以上解释是两个得到考虑的论证，这对于支持古代晚期和加洛林时代之间有连续性这一观点的人来说是至关重要的，这一观点认为政府加于西方经济的影响，并没有随着入侵而消除。这确切来说是一个基础论证，以一种近乎挑衅的方式推向前台，为的是表明古代晚期类型的社会、经济、立法组织贯穿查理时代，直至后世。那些被论敌不怀好意地称作激进罗马主义者的学者试图证明，戴克里先和君士坦丁时期帝国最核心也最具普遍代表性的税收制度在蛮族入侵中保留了下来，并在法兰克王国以及随后再创造的加洛林帝国中继续发挥作用，本质上没有改变。他们的观点是，财富被法兰克国王征收了，并大体上再次分配给权贵和教会。他们在查理的时代，依旧构成王室税收政策的主要基础。大规模的贵族地产、修道院与教会的财产，在技术上说并不包含土地所有权，但是包含了土地税，这些从戴克里先改革时代以来就保持不变。遗憾的是，这种连续性的证明，基于对史料有失偏颇的解读。并且这些激进的罗马主义学者，或自称的财政主义者，他们所使用的术语，在绝大多数同行眼里是不足为信的。[14]

法国历史学家居伊·博伊斯（Guy Bois）为我们提供了另一条路径，这种观点试图保留连续性，同时批判激进的罗马主义者的信条。他基于社会和实际的经济生产而不是行政和财政，对10世纪和11世纪进行了再解读。他表示，查理曼的欧洲与古代欧洲相比并没有很大不同。[15] 他论证的核心是对奴隶的分析；古代晚期和中世纪的史料称之为"servi"，史学家通常称之为农奴（serf）。博伊斯意识到，在加洛林时代，这些农业劳动力屈从于村庄里的富农和大地产主。他们在法律中以各种不同的形式被称作奴隶，正如西塞罗时代他们所遭遇的那样。

和激进的罗马主义者一样，博伊斯的理论受到了严厉的批判，实际上大部分被推翻了。已经证实，当时的这些受奴役的劳动力，和古代晚期受雇于大地产主和大庄园、编成班组的农业奴隶很不一样。他们结合成农民的共同体，拥有相应的劳动条件，甚至还有一些公民权。在查理的时代，奴隶居住在自己的房子里，拥有妻儿，与自由劳动者和小土地持有者并肩工作。博伊斯的尖锐观点，实际上比激进的罗马主义者的狂热观点更有价值，他促使我们认识到，加洛林时代经历了一场影响深远的转变，这场转变绝没有稳固下来。这种转型的许多特点，对同时代的人来说显而易见，可以联系到古代晚期时代。只有历史学家察觉到了，未来的雏形正从过去的时代破茧而出，逐渐变为现实。

欧洲的视角

如果我们抛开对社会和经济的争论，回到政治空间的问题上来，即查理大帝改变了政治空间，并为政治空间的大规模拓展做出了贡献；那么我们很难不去认为，欧洲概念最早的确立和成形，是由于法兰克人的霸权，并且其采取的形制，无论好坏，都与我们今天相关。无论皮朗的理论有什么内在的弱点，无可置疑的是，古代罗马帝国是一个地中海政治实体，其统治囊括欧洲、非洲以及"我们的海"的亚洲沿岸。而查理的帝国是一个大陆性的政治实体，其重心是莱茵河流域。帝国已经构建起民族与区域的轮廓，将会塑造第二个千年的欧洲。

　　当然，前所提及的这些西部地区的社会发展，都可以追溯到晚期罗马帝国，并随着蛮族入侵而急剧加速。确切地说，这一因素如此重要，必须联系到早先的时代。那时，古罗马的行省正经受灾难，在经历了几个世纪某种程度上的独立之后，被一个新的政治实体重新统一，这个实体只在形式上与那个古代帝国有联系。当我们说它们是统一的时，我们指的不只是它们遵从同一位皇帝，它们也只遵从了几十年；更是指其中一个由法兰克人统治的行省——高卢——的法律、政府架构和经济规则得到了发展，并拓展到了整个欧洲。我们会发现这一缓慢进程的基础，是法兰克人自墨洛温时代起就加于周围国家的霸权，尽管这一霸权直到800 年圣诞节才得到正式确认。

　　查理的加冕为这个新的政治空间的诞生带来了神性，这一空间在千年之后依旧让人感到熟悉。这是一个以法国和德国为主要伙伴的欧洲，北意大利与加泰罗尼亚，相比南意大利和西班牙的其他地区更融入其中，而大不列颠从某种程度上被排除了。这是一个北方的大陆性的欧洲，是查理大帝的遗产。拉丁－日耳曼的文化深入其中，与地中海地区大不相同，而东部的希腊和斯拉夫则几乎被完全忽视了。无怪乎现在欧盟的首脑核心都设立在布鲁塞尔、斯特拉斯堡、马斯特里赫特，它们都是古代法兰克人领地的核心。

　　同样我们不该感到意外的，就是在查理的时代，"欧洲"之名突然出现在西方知识分子的作品之中。就如同查理童年时他们庆贺查理的祖父在普瓦提埃的胜利一样，那些匿名的作者将之理解为欧洲人（Europenses）的胜利。他们统一在法兰克人宫相的领导之下，阻止了伊斯兰的浪潮。或者如卡特伍尔夫神父775年从爱尔兰写信给查理所宣称的那样，"为了欧洲王国更大的荣耀"[16]，上帝令他升上宝座。不要忘了我们的老朋友，那位帕德伯恩的诗人，他在799年的夏季，称查理为"欧洲之父"。

第 6 章

个人及其家庭

国王的外貌

查理到底长什么样？查理的权势在欧洲史上鲜有人可比，并在处理自己的继承问题上卓有成效。历经千年之后，去重新发现他的个人维度，是否可行？亲身了解他的艾因哈德，在其死后创作了查理大帝的传记。实际上他剽窃了苏维托尼乌斯的《罗马十二帝王传》，因为他必须去证明查理在各个方面都是一个实实在在的罗马帝王，是奥古斯都和提比略与生俱来的继承者。但作为亲眼见证之人，艾因哈德也同样添入了大量的个人观察。

他身体健壮而结实，身形伟岸而又并不过分，身高七尺。他的头颅呈圆形，双眼大而有神，鼻子比常人略大些，华发迷人，表情明快而又愉悦，脖子粗短，腹部略微突出。他的声音清晰，但较之他的高大身材，不如人所预期的那样强而有力。除了生命的最后几年他受到发热的影响，他的身体十分健康。最后他的一条腿跛了。直到此时，他还是顽固地随心所欲，不听医生的劝告。实际上他厌恶他们，因为他们想劝说他停止吃烤肉的习惯，以煮肉取代。[1]

当一位中世纪编年史家描绘出国王的肖像时，读者不完全从字面上理解他的文字显然是更明智的。中世纪的知识分子，尤其在查理的时代，更倾向于柏拉图主义而不是亚里士多德主义。他们对模板，而不是对具体的事实更感兴趣；他们更喜欢抽象化的完美形象，而不是不完美的事实。因此君主的形象往往符合理想中的国王模板，而不是个人的瞬息万变的特色。不过艾因哈德幸运地避免了这些弊病：从他描述查理的方式中，我们看出年龄的衰老印记，一个拥有不良饮食习惯的人在他足够富有、能够随心所欲吃肉时所经历的痛苦。实际上，编年史家的那些主要取自苏维托尼乌斯的文辞不会让人感到不适：中世纪的作者考虑到格调的优雅，会重构那些取自古代以及《圣经》中的文辞，并将它们转变成自己所要表达的意思。

艾因哈德所描绘的查理大帝外貌，得到了同时代关于皇帝之描写的印证。[2]铸在货币上的皇帝形象就是一个有着粗脖子、垂着胡髭的富态男子。他的头发剪短了，头上像罗马皇帝那样戴着桂冠。我们可以从一座骑马的镀金铜像上发现相似的形象，这座铜像高约8英寸，保存在卢浮宫。雕像的主题毫无疑问是一位加洛林君主，过去一直认为是查理大帝，现在有更多的证据表明雕像人物属于更晚的时期。雕像表现了一个圆头颅的健壮男性，丰满的脸颊，短头发，大胡髭，头戴王冠，很像艾因哈德描绘的查理大帝。最可能的解释就是，这是受皇帝的继承者——可能是秃头查理——委托而作的塑像。

图像方面的表现并不令人满意。796 年至 800 年受利奥三世委托为拉特兰宫而作的马赛克画已经遗失，但我们还有几幅 16 世纪和 17 世纪的素描。其中有法兰克国王身着蛮族的服饰，腿部缠绕着布条，跪在圣彼得脚下的形象，毫无疑问是试图展现现实。问题是在一些类似的素描里，查理并不是只留有胡髭，也留着浓密的黑短须。的确，一幅更晚时期的传统皇帝画像上留有白色的长须。但据我们所知的法兰克人习俗，应该相信查理下巴是不留须的。当贝内文托公爵格里默德（Grimoald）被击败后，他表示臣服的一个象征性举动，就是根据法兰克习俗将自己和部下的下巴刮净。[3] 因此，创作拉特兰宫中描绘查理大帝形象之马赛克的艺术家，鉴于他从未亲自见过皇帝，极有可能是根据意大利习俗给查理加上了胡须。罗马圣苏珊娜（Santa Susanna）教堂拱顶的马赛克，可能是受教宗利奥三世委托于 799 年所建，也已经遗失。但如果我们能路过这幅画像，国王的形象更可能是留有胡髭的。9世纪诞生了第一幅查理大帝的小型肖像，是一件较晚的作品，但是由一位艺术家在法兰克而不是在罗马创作的，因此这上面也没有须。皇帝仍然被描绘为一个脖子粗短的强健之人，留着长胡髭，而且可能还有双下巴，这再一次印证了艾因哈德的描述。

当他声称皇帝身高 7 尺时，我们可能会倾向于怀疑传记的真实性，根据现代英制度量衡，皇帝应该超过 6 英尺 3 英寸。这是赫拉克勒斯般的身材，尤其是当时的人们都比现在的人更矮小 —— 实际上，奇怪的是艾因哈德并没有觉得这很异常。在这里，考古学家再一次证实了传记作家提供的信息：1861 年，查理大帝的陵墓被科学家打开，他们重构了他的骨架，测量出身高是74.9 英寸（约 190 厘米）。[4] 我们能得出的唯一结论是，古代和中世纪的人更矮，但存在例外。罗马作家曾惊异于日耳曼人的高大身材，他们比地中海民族更高，而且很有可能首领比农民更高，这都得益于烤肉的功劳。

这位巨人说什么语言呢？在他出生之时，定居在纽斯特里亚的法兰克人已经采用了当地人的"罗马语言"，而奥斯特拉西亚的法兰克人继续说开始时提及的条顿语（lingua Theotisca）或"日耳曼语"。在一些法令中，查理使用的一些术语是用其原始的语言，然后用诸如"正如我们用日耳曼语所说"[5]的分句去介绍这些术语。艾因哈德并没有使用日耳曼语这个术语，但每当提及皇帝的母语（sermo patrius）时，他会说是日耳曼方言，也就是法兰克语。和其他的许多古代日耳曼方言一样，法兰克语拥有丰富的元音结尾，元音发其本音，比现代德语听起来更显厚重。例如，法兰克民族被称为"theoda Frankono"，他们的语言则是"frenkisga zunga"。[6]

艾因哈德提及，查理同样学习了拉丁语，并且能像母语一样流利地会话。[7]这意味着他能和纽斯特里亚的法兰克人用他们的罗曼方言对话，而当他和有学问的人甚至教宗讨论神学问题的时候，同样可以用语法严谨的拉丁语表达自己。他一定在儿时就曾略知拉丁语，他可能只是学习了如何用这种语言阅读，但伦巴第人比萨的彼得（Pietro da Pisa）在查理30岁以后帮助他完善了拉丁语的学问。他可能是用更婉转的意大利式发音来进行教学，与阿尔昆这样来自欧洲北部的学者使用的发音有所区别。

日常生活

国王的例行日常

在当代，我们每一天是按照几次用餐的时间来划分的；查理每一天的划分则更多地取决于礼拜仪式，并且他觉得自己应该以僧侣般的热忱投入其中。毕竟，他最迫切的责任之一是与上帝对话。上帝从天堂注视着他，而他自认为自己是上帝在尘世的代表。因此他要求自己在破晓时醒来，在正式着装之前，他会身着长及双脚的长袍，前去参加晨祷。"一件长袍，直到今天……"诺特克在一个世纪后写道，"……还在继续使用，但所有者的姓名已无从查找。"[8]长袍里面，他穿的是亚麻衬衫和亚麻衬裤，这是常人穿着的服饰，不是王室或贵族所用的华服。

当晨祷结束，皇帝会回到自己的房间，这里升起了炉火。在此他会根据情况的需要，适当作奢华装扮。在内衣之外，他穿着一件长及膝盖的束腰长袍，用腰带扎紧。这是典型的法兰克人服装，仅仅是布料的材质和装饰的穗带彰显了国王的高贵，与平民有所区分。他们是通过颜色区分的：穷人穿着未经染色的羊毛布，因此是灰色或者棕色；而富人穿着颜色明快的衣服，尤其是红色和紫色。查理在束腰长袍下穿着裤子，这是一种普通但并不普遍的装束，因为当时人的腿都是裸露的。他们总是穿着袜子，还有皮质鞋底的凉鞋，脚面上不再覆盖其他的鞋类装束。鞋子由布带绑在脚上和腿上。当天冷了以后，国王习惯将自己包裹在长及双脚的斗篷里。诺特克发现，在查理的一生中，社会风尚倾向于缩短斗篷。但个性粗犷的查理批评道，斗篷这么短，意味着当你解手时，会使双脚受冻。他也不鼓励出售斗篷。[9]除了他喜爱的蓝色斗篷，在需要时他还会穿着水獭皮、鼠皮或羔羊皮的普通短外套。最后，他每日不离身的还有腰上的佩剑，以及一根镶着金银护手的、有木结的苹果木权杖。

即使这些编年史家提供的描述似乎完全可信，我们也不该忘记这些形象的意识形态意味。很可能查理并不喜欢艾因哈德或诺特克所说的简朴装扮。他们二人赞颂简朴以及昔日的高尚，是为了和自己所在的堕落时代相对比。这可以在诺特克所写的一则逸事中读到：一次周日弥撒过后，查理决定和他随行的贵族一起去狩猎，并且他命令他们立刻上马，不给他们换衣服的时间。皇帝穿着简朴的羔羊皮衣，而其他人穿着节日的华服。更糟糕的是他们刚刚在意大利换上了珍贵的紫色丝绸衣料，这些是威尼斯商人从东方进口，在帕维亚的市场上出售的。在带领他们穿越泥泞和大雨达几小时后，他们回到了宫殿。查理命令他们不许更衣，在火边把自己烘干，然后留他们一直工作到晚上。第二天他想看看他们的衣服都怎么样了，结果发现早已破烂不堪。然后查理向他们展示自己的羔羊皮短外套，没有一点损坏，于是他责备他们如此浪费金钱。[10]

查理在更衣时就已经忙于工作了，他在更衣时会见大臣，发布命令，甚至做出判决。因此他是一个没有耐心的人，每天醒来脑中就是大量的思绪。这符合他晚上睡眠糟糕的事实，他会多次醒来，甚至起床工作。但别忘了艾因哈德认识查理时，查理已经是老年，失眠会变得频繁。目前为止没有提及早餐，显然当时没有咖啡、茶还有巧克力。因此我们所知的早餐概念在当时并不存在。很可能直到上午很晚的时候他才进食，享用汤或者浸在奶或酒中的面包。

上午结束时会有弥撒，查理每天都出席 —— 夏季会略早，冬季会稍晚。我们要知道，当时一天中的时间不是像我们现在这样固定，而是根据季节而变动。一个小时是白昼的十二分之一，而白昼是日出与日落之间的时段。其结果是，这一体系下，夏季的一个小时是我们的一个至一个半小时，而到了冬季会缩短为四分之三个小时。这种变动使得试图确定与那个时代生活习惯相关的确切时间很困难或者说没有意义。此外，从一定程度上说，僧侣是那个时代时间表相对确定的唯一群体。查理是根据类似僧侣的方式进行礼拜功课，尽管如此，我们在精准定义时还是会发现他在时间上更加自由，这毫无疑问。

和古人一样，正餐被称为"寇纳"（coena），在弥撒过后，因此大致说来是在下午早些时候。国王很少有客人，除了宗教节日时会邀请大量的客人。总体而言，他独自进食或者和自己的子女们一起。在国王用餐过后，轮到他随从中的要员用餐，他们在此之前恭敬地看着他用餐。其他的官员和仆从按照顺序排在他们之后。大斋节期间，应该禁食直到夜晚，查理会早一些进行晚祷，在天还未黑时就开始进食。曾有一位主教敢于在这一点上责备他，随即这位主教被命令直到仆人们最后都用餐完毕了才能坐到餐桌旁，于是他强守斋戒直到午夜。皇帝最后轻易地说服了他，出于基督徒的仁爱，要求他尽快开始进食。然而，诺特克想要强调查理一点也没有破坏斋戒，他每日每餐都严格遵守《圣经》的要求。[11]

随行的廷臣出席王室餐会，以及他们用餐的确切顺序，让我们想起了离我们更近时代的情况，比如太阳王在凡尔赛宫用餐。这增加了我们的疑虑，查理的宫廷是否真如编年史家所说的那样宗法严明？不止一条资料提及，某位伯爵或主教与国王用餐时站立在一旁，甚至像仆人一样在旁侍候。当然，用餐的礼节没有繁复到拜占庭帝国的那种程度，有些时候他们成了西部的笑谈。例如，曾有传言称在君士坦丁堡禁止把鱼翻过来，也不允许在皇帝面前谈笑，所以每个人只吃鱼的上半部分，违反者将被处死。[12]但当法兰克国王出席的时候，仍然要遵守规则；而且查理似乎很容易被冒犯，他首先要确定规则得到遵守，甚至因此不乏粗野之举。一位主教受邀用餐，他在自己的桌子上为一块面包祈祷，随后立刻为自己切了一块，之后才把面包献给皇帝，查理愤怒地回道："你还不如自己全吃了。"[13]

他很喜欢饮食，但并不喝醉，这在蛮族中十分引人注意。然而在这一点上，我们要注意不要相信艾因哈德。查理感到斋戒难以忍受，在能吃肉的日子里，他不仅热衷于吃烤肉，还乐于亲自用肉叉烹饪。这对于一个伟大的君王来说再适当不过了，他们绝不想过被剥夺爱好的生活。在进食同时，他也喜欢听人读书，聆听古代的故事、他先祖的伟业或者时下的道德教化之作，尤其是圣奥古斯丁的《上帝之城》，至少根据艾因哈德记录的版本是如此。[14]但另外一些资料提及，皇帝在餐桌上很享受酒歌甚至低俗的故事。[15]在夏季，在吃过水果喝完酒后，他会像晚上一样宽衣，让自己睡一个长长的下午觉。醒来后，他会在出席晚祷前吃一些东西，结束白天。要考虑到，甚至是僧侣，也允许在白昼漫长之日进两餐。

饮食、睡眠、工作、出席弥撒：如此看来皇帝的生活如同教宗。然而君王的生活中也有俗世的欢愉。他对留居下来纵情于后妃并不十分有兴趣，可以说查理把更多时间投入骑马狩猎中。除了这些本民族过去的典型消遣，他也继承了罗马人洗浴的爱好，尤其是热水浴，这在中世纪曾经被长久遗忘。他是一个游泳健将，经常乐于水疗。在晚年，他选择亚琛作为定居地，确切来说就是因为这里的水质。宫殿配备有水疗设施，皇帝会在此下水，陪伴他的有自己的孩子、友人、王国的权贵。艾因哈德提到，有时他甚至会邀请侍卫进入浴池，有时水中一次能超过一百人。[16] 阿尔昆也在一封信中提到，他曾经和皇帝一起在热水浴中讨论神学。[17]

我们对于查理日用家具的了解，来自描绘国王和贵族生活的微缩画，总体而言是《圣经》中的风格。我们知道他们不像古罗马人那样躺着进食，而是坐在圆形或矩形的桌子旁，甚或更矮小的单人桌子，盖着白色的小桌布。他们通常坐在带着彩色坐垫的高背椅、板凳或折叠椅上，靠背椅和我们今天所用的也没有很大不同。显然，他们用手进食，因为叉子还没有发明。这并不意味着没有其他的餐具，或者不需要遵守餐桌礼仪。肉和面包用刀切开，汤则用勺子进食。

另一种日常生活的重要家具就是床。床是木质的，低矮，有四、八甚至十条腿。椭圆形的软床垫放在木板上，有一到两个枕头。就寝时，人们把自己包裹在被单里。被单是白色的，也有稀有的紫色。不排除被单是羊毛做的，因为它似乎会取代毯子。当天冷时，白天用来保暖的斗篷也用于夜晚。这解释了查理为什么喜欢长斗篷。家具有时会饰以绘画，主要是红色。坐垫和靠垫可能饰有绳编或花边。甚至在富丽的宫殿里，微缩画的描绘也带有斯巴达式的简朴风格。壁炉提供了最低限度的舒适，地面上盖着地毯，壁毯则用珍贵的布料做成。

国王和他的圈子

一份有关查理宫廷日常生活的描述，通过他的诗人流传给我们，尽管有失偏颇，但十分吸引人。在漫长的冬季，诗歌提供了消遣；同时由于皇帝喜欢评判诗歌，诗歌也提供了一场生动竞赛的机会。对必须远离宫廷度日的人而言，这些以诗歌为形式的信函创作是一种保持联系的方式。分析这些优质的文学流露，揭示出了皇帝身边那些人的团体精神。这些诗歌的特点是持续、密集而混乱的暗示、笑话，以及只有其最初的讲述者才能理解的诙谐逸闻。查理自己也参与到这场智力娱乐中，尽管那些署他之名的诗歌可能经过了他的一位诗人重新修订。当助祭保罗刚刚加入宫廷的时候，国王送给他一首经比萨的彼得润色的诗。在诗中他问保罗，是愿意进监狱还是愿意被送去教化丹麦人。助祭保罗对这个黑色幽默的回答十分机智（他说他愿意去教化丹麦人，但他不懂他们的语言）。[18] 在此，我们看到了征服异教徒、传播基督信仰这一官方政策的个人日常层面，体现在国王和友人的谈话之中，而不是教会法令和公会议的严肃话语里。

有时诗人的描述带有恶毒的讽刺。奥尔良的狄奥多尔夫在描述一个充斥着低劣的诗歌的法庭时，显得十分刻薄。法庭是由最高级官员诸如王室总管麦金弗里德乌斯、总管奥杜尔夫（Audulf）主持的。他们笨拙地绞尽脑汁，最终写出一首蹩脚的六步格诗以取悦国王。一场激烈的竞争在宫廷知识分子和粗人之间造成了分裂。知识分子几乎都是外国人，而那些从军的粗人被认为是查理热衷的另一个圈子，他们陪伴他外出狩猎，参加战役。狄奥多尔夫讽刺他们中的一人，威伯德伯爵，他高大肥胖，当他走动时，整个宫殿都会晃动。而且他很愚蠢，无法理解狄奥多尔夫取笑他的诗作，所以他常喃喃自语，诅咒给他带来痛苦的人。[19]

可以充分设想，没有人会冒险在君主面前动粗。只是有夸张的赞颂之词这样提及查理：赞颂他是最高的文学鉴赏者、全能的保护者，后者某种程度上是他真实的写照。但这并不意味着偶尔的小插曲没有传递出现实。在描绘君主返回宫殿时，狄奥多尔夫写道，他的儿子们推挤着接过他的手套和剑，而他的女儿们给他带来鲜花和水果，坐下来和他谈笑。[20]更普遍的是，查理乐于坐在他的文人面前，让他们在他面前赛诗、编谜语甚至进行细致的语法讨论，这幅画面为我们所了解的查理形象又增添了新的维度。但是，如此费心地亲近他本人难以掌握的文化，更加暗示他是一个蛮族首领，而不是一位罗马皇帝。

查理控制文化和文学活动，同样是为了展示自己的权威，也为了附庸风雅。查理坐在礼拜堂里，周围是轮流阅读经典的教士，皇帝喜欢突然用手或权杖指向一位教士，那个人就必须立刻朗读正在阅读的篇章。根据诺特克的记载，当他听够了之后会打呼噜，那些热衷于取悦他的朗诵者会立刻停下，即使一句话还没读完。[21]这则逸闻表现了这位年老的独夫对待自己仆从的一种可怕情形。但是要考虑到，相对于查理统治的方方面面来说，这不太体面的一点显得有点吹毛求疵了。此外，诺特克的作品是他教导自己教士们的手段，他是为了让他们成为世上最杰出的阅读者，甚至他们在不知道自己在阅读什么时也不会犯错！

查理的个性

我们如今能贸然猜测一下查理的个性吗？不考虑艾因哈德对

苏维托尼乌斯的模仿，他描绘的形象显然有其独特性。这是一个既富有内涵也暴虐的人。他同样也是个能够享受人生欢愉的感官主义者，这一点就不能用来形容奥古斯都。伟大的奥地利历史学家海因里希·冯·费希特瑙（Heinrich von Fichtenau）提出，查理的性情在抑郁和豪爽之间不断转变，尽管没有严重到显示出病态症状的程度。[22] 根据心理学，这些有循环性人格（cyclothymic）的人，现实中也极其有能力，热衷于肉体的欢愉。他们也拥有强大甚至是过分的自信，并且有一种不能为自己设定限度的倾向。当他们独处或沉默时就会陷入抑郁，有时会突然爆发出暴力。尽管在20世纪的上半叶，费希特瑙写作之时的读者较之今日的读者而言更相信这些半科学化的描述，不过事实上，查理的这些特点，编年史家已经给我们作了描述。

我们知道皇帝非常喜欢公开演讲，甚至连崇拜他的传记作者也认为他有点啰唆。[23] 我们知道他不愿独处，要求自己的同伴不间断地武装环绕在他周围，包括他的顾问、女儿还有护卫，包括他进餐甚至沐浴的时候。来访者首先会被这种喧闹所震惊，然而查理却怡然自得。我们知道他有时对所有人都很和蔼，有时会突然爆发出怒火，显示出凶残的恶意。这里没有提到他那不指明的残暴，艾因哈德对此并不讳言，并将残暴归于查理一位王后的坏影响。[24] 我们会对诺特克的一则故事感到震惊：一天，当查理前往教堂，一位主教在旁侍候，查理骄傲地向他指出一位教士，教士正以美妙的声音唱赞歌。这位主教并不知道这位被谈论的教士是皇后的一个亲戚，他带着玩笑的口气说，他曾经听见农民在赶牛时发出这样的尖叫。愤怒的皇帝一拳把他打倒在地。这个故事也可能是杜撰的，但值得注意的是，一位作家传播这个故事，并声称自己的目的是赞颂查理的伟大。[25]

这些故事在民众中广泛传播，是由于国王爱好吹嘘。曾经，据说当他正在思考那片将他的国土与拜占庭帝国分开的海域时，他大呼："要是没有这片小池塘，我们就能分享东方的财宝了。"[26]他完全被自己的才华所折服，容易受到奉承的影响。奥尔良的狄奥多尔夫写过，皇帝的美德比尼罗河还要雄伟，比多瑙河和幼发拉底河还要宏大，比恒河还要威严，而且查理最终并没有显示出惊讶。[27]同时，皇帝也能开得起玩笑，他更信任的廷臣会对他加以更为夸张的描述。为了给国王一个展示的机会，阿尔昆向他请教，想弄清一个复杂的礼拜历法问题。查理写了一份书面回复，并假装自己是作者。阿尔昆认为回复完全错了，他建议国王下一次寻求一位不那么无知的教士的协助。[28]另一次查理又以他习惯性的傲慢说："要是我能有十二个像圣奥古斯丁或圣哲罗姆那样博学的教士就好了。"阿尔昆立刻回复道："连上帝都只有两位那个等级的人，你竟然想要整整一打！"[29]

最后一个特点，和我们已经说过的那些相比，不算过分，那就是查理经常在言行中显得粗犷甚至粗俗。一位从君士坦丁堡归来的使节报告说，巴西琉斯希望得知萨克森战争的进展。当他听到这个地区还没被平定时，说道，得知自己的儿子在这么琐碎的事情里如此困苦，他很不开心。这种称呼法兰克国王的方式可能符合拜占庭的礼节，但查理觉得很糟心。当使节提及巴西琉斯说起萨克森人时，认为他们是无足轻重、很容易被击败的民族，查理觉得情况更恶劣了。拜占庭皇帝最后向震惊的法兰克人说道："听着，我将他们赏赐给你们。"这则逸闻毫无疑问是杜撰的，是西方民族妄想东方君主之华贵的一个例子。但让我们感兴趣的是传说中查理的回答，回答带有明显的粗俗意味："他要是赏赐给你一条旅行用的内裤就更好了！"[30]

国王的家庭

查理时代的婚姻

精力充沛、耽于美色、热衷于肉体欢愉，这样的形象从对查理的描绘中浮现，并且被皇帝的两性活动所证实。终其一生，他都被多位妻妾环绕，她们接连死去或被抛弃，后来者又不断紧跟而来，最终与他同居。这种纷乱的家庭生活，呈现在所有人面前，造成了历史学家所认为的丑闻。直到后来他们意识到，查理那一代人的婚姻形式和基督教婚姻完全不同，后者随后才开始仅仅被前卫的主教们提出。同样也不要忘了，国王的家庭生活，与他的妻妾、兄弟姐妹、子女之间的关系，不仅像我们这样属于感情或肉体范围，而且有明显的政治意味。

婚姻，正如查理在其青年时所理解的那样，依旧和传统的日耳曼观念一致，人们还没有认识到婚礼的圣礼价值。婚姻纯粹是个法律的协定。国王结婚是为了生孩子，保证继承。对一个民族来说，没有什么比国王死后无嗣更可怕了。因此一个不能给丈夫生孩子的妻子注定要被抛弃（没有人想过丈夫不育的可能性）。这就是法兰克人婚姻的首要特征，这与教会所要求的截然相反。教会试图说服基督徒只娶一位妻子，甚至丧偶后也不再婚。事实上，人们普遍是草率地休妻，紧接着是第二次婚姻。

对国王来说，婚姻也是一个组成联盟的方式，因此并不需要妻子个人的同意。要考虑到，这对所有人都是成立的，因为无论你是位高权重之人还是一介农民，都要在评估个人倾向之前考虑家庭的利益。日耳曼习惯法也为此做了规定，区分了由公开约定而建立的真实婚姻与被称作临时婚姻或私下婚姻的婚姻关系。实际上，后一种婚姻就是所谓的"费德利赫"（Friedelehe），这是一个模糊的词语，我们可以将之翻译为"爱的结合"，而且只在社会地位相差很大的情况下才成为可能。一个有权势的男人会在女方家庭同意的情况下，拥有一个家庭条件逊于自己的女人，女方家庭也乐于与有名望者之间建立情谊。这不需要法律的允许，也没有真实婚姻中经济上的羁绊。这种结合仍然是合法和光荣的，但这只是单纯的个人行为，而且女性也没有借此摆脱父亲的权威而置于丈夫的权威之下。若出于家族利益，或者君主出于国家利益的需要，解除这种关系也无需繁文缛节。

据说，教会对这种习俗很反感，并且觉得这种按照"费德利赫"关系娶来的妻子和庸俗的情妇一样不可宽恕。755年的一次宗教会议规定："平信徒无论贵族还是平民，结婚都必须举行公开的婚礼。"[31] 但是以前历代主教长期无视婚姻问题，都认为此事牵涉肉体关系，令人生厌，如今的主教为此付出了代价。其结果是，教会事实上并没有关于婚礼的明确教义。婚礼还没有被定义为圣礼，对婚礼本质的反思还没有开始。加洛林的神学家会极其缜密地深思洗礼与圣餐的本质，却对婚礼一言不发。同样，关于婚礼的礼仪也是空白，这意味着在婚礼仪式中，神父的角色是不必要的。只有在涉及自己主教区管理的时候，主教们才会偶尔提到婚礼，他们这么做只是为了禁止教士参与这种亵渎的放纵狂欢。

对宗教生活的改革由卡洛曼和丕平发起，由查理继续，最终因婚姻习俗的彻底改变而结束。到皇帝814年驾崩时，关于什么是允许的、什么是禁止的之间的界限，与查理出生和加冕的时代相比并没有什么改变。"费德利赫"是最首要的受害者。权贵仍然继续与临时情妇纵情，但她们不再能轻易地与妻子相混淆。其结果是，合法妻子所生的孩子与现在被认为不合法的情妇所生的孩子，他们之间的差别变得更加明显。查理为了提升基督徒的道德的承诺而支持这一发展。而我们将会看到，这为他的个人生活带来了痛苦的结果。

国王的原生家庭

查理统治期间习俗和道德的演进，也同样清晰体现在编年史家提及他的出生时所表现出的窘迫上。艾因哈德声称，不可能对皇帝的童年做出任何的评论，因为没有人留下书面的记录，也没有在世之人能回忆起来。[32] 许多人发现，作者如此明显地抛开苏维托尼乌斯的模式，显得十分奇怪，苏氏总是会描述皇帝的出生以及童年。当然，艾因哈德的沉默可以这样解释，中世纪编年史家所遵守的方法论，偏好于区别对待自己的亲眼所见、其他亲历者所言，以及写下的记录。很显然，寻找五十年前的文字记录是非常困难的。当艾因哈德说，他不愿意写查理人生最初几年这么遥远时代的事件时，他只是遵守自己的职业操守而已。

但这种沉默也同样可能有避讳的因素。查理出生时，他的母亲贝特拉达和国王丕平并不是以公开结婚的方式，而是以"费德利赫"的私下婚约而结合的。她在几年之后才成为他完全意义上的妻子。根据当时最新的宗教观点解释，查理是婚外生子。换言之，他是个非法的孩子，一个私生子。他的继承权会受到父亲的次子卡洛曼的挑战，卡洛曼是在父母正式结合后来到这个世界的。对国王丕平和查理而言，这个问题肯定是完全次要的，他们甚至会难以理解教会解释这一问题的术语。因此我们可以排除这一观点——如一些人猜测的那样，查理对自己的不合法出生已有觉察，这造成了他的心理问题。但艾因哈德写作的时代，是虔诚者路易统治时期，教会对私人生活的影响正在大幅增强，自己父亲的出身问题会对新皇帝造成尴尬，不排除有这种可能。

我们无法得知查理的童年情况，以及他和父亲的关系，其父去世时他 26 岁。无论什么原因，艾因哈德对此都负有责任。他的母亲贝特拉达一直活到 783 年，然而她再也无法获得如同 768—770 年间那样的政治地位。彼时，她是查理与其弟卡洛曼、伦巴第国王之间关系的有力影响者。[33] 在她逝世后，国王极其隆重地将其安葬在圣德尼（St-Denis）修道院①，和丕平葬于一处。我们对他们兄弟二人童年时的关系一无所知。在他们父亲去世之前，二人之间因竞争所生的芥蒂有所缓和。我们对查理和他唯一的妹妹吉斯拉之间的关系所知甚少。查理与她应该相当亲近，任命她为重要的谢勒（Chelles）修女院的院长。查理统治期间最重要的一部赞美加洛林王朝的历史作品《梅斯编年史》（*Annales Mettenses*），就很有可能是在吉斯拉的鼓动下写成的，甚至可能实际上由她亲笔所作。[34] 我们还有一些她和阿尔昆之间的书信，这暗示着这位强势的修女院院长和比她更强势的兄长之间有持续的亲密关系。

---

① 圣德尼，古罗马时巴黎主教，法国和巴黎的守护圣徒。

妻子：希米尔特鲁德、"厄曼嘉达"、希尔德嘉德和她们的孩子

查理早期的婚姻和家庭经历是他父亲的真实写照，是教会影响力还未进入宫廷的标志。查理的第一次结合，和他父亲一样，不是和一个正式的妻子公开结婚，而是和一位名叫希米尔特鲁德（Himiltrude）的"费德利赫妻"（Friedelfrau）结合。和预想的一样，艾因哈德写作之时考虑到官方道德规范的发展，对这段关系三缄其口。[35] 但查理年轻时，事情则完全不同。教宗司提反在一封书信中提及了这场婚姻（他对此事有极大的兴趣），称其为"一次合法的结合"，也是牢不可破的关系。[36] 换言之，和贝特拉达是丕平的妻子一样，希米尔特鲁德是查理的妻子。770 年，她为查理生了一个儿子，孩子受洗，取其祖父之名丕平，这意味着查理将其视为自己正统的继承人。

对儿子名字的选择有其政治意味。新生孩子必须重复其先祖之名，确切地说，这种由名字带来的身份认定给予他们继承权。在尚有争议的时代里，这个王朝最有代表性的名字不是查理，而是丕平。这是家族创始者的名字，也是其后裔中第一位受膏为王者的名字。因此历史学家更偏好称呼这一时期的家族为丕平家族，而不是加洛林家族。当查理和希米尔特鲁德的儿子出生时，他的兄弟和竞争者卡洛曼已经有了一个儿子，很自然也取名丕平。这一定促使查理加快了行动，并且为他自己的儿子取了同样的名字，以保证自己有继承人。他并没有太多地考虑孩子是由私下婚约所生还是公开的婚姻所生。毕竟，他的父亲最终和贝特拉达公开结婚，因此查理和希米尔特鲁德之间也没有障碍，因此丕平的地位是绝对合法的。

但政治迫使他做出另一个选择，这一选择造成了难以愈合的伤痛。在他的地位还未完全巩固的动荡年份中，与伦巴第国王之间的良好关系显得尤为重要。所以查理在贝特拉达的建议下，同意与伦巴第国王德西德里乌斯的女儿结婚。我们并不知道她的名字。有些人称她为德西德拉塔，这似乎是与她父亲的名字混淆了。曼佐尼没有设置一个匿名的女角色，而是称她为厄曼嘉达，但没有历史证据来支持这一观点。[37] 无论怎样，婚姻没有长久维持，因为查理与伦巴第人之间的关系变得敌对。为了能放开手脚，他不失时机地抛弃了她，这可能发生在771年，婚后还不到一年。与此同时，这一公开的婚姻将希米尔特鲁德扫进阴暗之处，因此强化了她与查理关系的临时性。

国王摆脱伦巴第妻子如此迅速，也许能说明，从他自己的角度看，抛弃希米尔特鲁德让他多么愤恨，因为这个女人为他生了第一个孩子。他离婚后没有再和她结婚的确切原因很难说明。可能因为是希米尔特鲁德死亡或再嫁他人，使之变得不可能。总之，这件事一团糟，国王服从自己母亲的建议，也不会高兴。没有人曾经想过这件事所造成的影响，实际上恶化甚至败坏了查理的生活。希米尔特鲁德的儿子丕平还是个孩子，他完全认为自己是长子和继承人。根据艾因哈德的记载，他残疾了，因此历史学家称他为"驼背丕平"，与其他的丕平以示区分。[38]

查理想要另一位女子的陪伴，也想要更多的孩子，因此他不失时机地选出自己的新王后，希尔德嘉德。她783年4月去世，年仅25岁。去世之前，她为他生了九个孩子，四个男孩，五个女孩。她12岁就结婚了：在当时，女孩在到达青春期后就会尽快结婚，充分利用其生育能力。四个男孩理所当然地受洗了，取了传统的法兰克国王的名字。第一个名叫查理，取其父亲和曾祖父之名。第二个生于777年，继承了其叔父和叔祖之名卡洛曼。778年出生的双胞胎受洗所取的是更加古老、并非加洛林血统之名。一个名叫路易，实际上是第一位皈依基督的法兰克国王克洛维（Clovis）名字的变形。他几个月后就夭折的双胞胎兄弟名叫洛泰尔（Lothar），是另一位伟大的墨洛温国王克洛泰尔（Chlothar）名字当时的写法。显然，使用这些来自古代编年史书中的名字，表现了一种与墨洛温王朝建立联系的渴望，强调了一种王朝更迭后法兰克王国的连续性。查理可能在778年这个灾难之年，目睹了对穆斯林作战的失败和萨克森人第一次戏剧性的暴动后，迫切地意识到此举的政治必要性。

对女孩来说，名字的政治意味就没有那么严格了，她们不是继承人。然而，她们的名字也延续着家族的传统。希尔德嘉德所生的五个女儿，一个取其母亲之名，另一个叫作阿德莱德（Adelaide），两人都年幼早夭。存活下来的女儿，分别取查理祖母、母亲、妹妹之名罗特鲁德、贝特拉达和吉斯拉。

781 年危机

准确地说，由于其政治重要性，名字甚至是可以改变的，正如781年查理与希尔德嘉德的第二个孩子那样。他在此之前叫卡洛曼，现在在罗马接受了教宗的洗礼，取了新名字丕平。由于他出生在777年，这表明阿德里安教宗为他施洗，重新与他建立起教父子的关系，这一关系曾经联合了他的前任与丕平国王，象征性地强化了他与法兰克人之间的情谊。查理承诺778年带自己的儿子去罗马，但西班牙的政治情势突然发生变化，迫使他推迟了

加洛林家族世系图，中间最上者为始祖阿努尔夫，往下依次是赫斯塔尔的丕平、查理·马特、矮子丕平、查理大帝等。

亚琛宫廷礼拜堂的大厅。这座八角形的大教堂，是查理大帝长眠之地。

亚琛宫廷礼拜堂的查理大帝宝座。按照查理的安排，宝座安置在表示谦卑的西侧，与祭坛相对。

亚琛宫廷礼拜堂穹顶，马赛克耶稣像，占据着显要的位置。

塔西洛圣餐杯，铜制，镀金银，由塔
西洛公爵妻子捐制。

所谓"查理曼象棋"的象子，其原型就
是哈伦·赖世德送给查理的大象阿布·
阿拔斯。法国国家图书馆藏。

印有查理大帝仿古肖像的银币，其上有字样"KAROLUS IMPAUG"。银币上的查理
大帝头戴月桂冠。

拉特兰宫利奥三世接待厅外墙的马赛克画。中间是基督和使徒。左侧，基督将大披肩和旗帜交到跪在他面前的西尔维斯特一世教宗和君士坦丁大帝手中。右侧，圣彼得将大披肩托付给利奥三世，将旗帜托付给查理。

拉斐尔的壁画生动展现了利奥三世为查理加冕的场景，梵蒂冈藏。

伊琳娜女皇和查理大帝。女皇和皇帝的手中都托着"帝国之球"。取自薄伽丘《著名女性》（*De mulieribus claris*）的德译印刷本木版画插图，约1474年。

查理大帝和妻子希尔德嘉德，卡尔·鲍迈斯特（karl Baumeister）绘，德国布森教堂嵌板画。

亚琛大教堂马赛克画中的查理大帝，他有胡子，但下巴没有留须，比较符合真实的形象。

加洛林君主骑马铜像，卢浮宫藏。过去大家认为这是查理大帝，现在更多证据表明铜像人物的年代更晚。据推测，它可能是受秃头查理委托所作。

查理大帝和侍卫，巴黎圣母院广场雕塑。

计划，以领导跨越比利牛斯山的远征。但对教宗作出的承诺，如果没有外交上的重大变化，是不能撤销的。因此，洗礼推迟到国王有时间前往罗马之时，也就是781年的复活节。

最令人惊奇的是，当他们将孩子的名字改成丕平的时候，第一位丕平依旧健在。对此只有一个解释：教士开始对年近四十的成年国王有更强的控制。他们向他解释，现在教会认为第一位丕平是一桩不合法的婚姻所生，没有资格坐上王位。当然，希尔德嘉德必须尽自己的本分劝说她的丈夫，因为这意味着剥夺"另一个女人"的儿子的继承权，而把自己的孩子推向前台。当教会给予她如此支持的情况下，哪位母亲能抵制住这种诱惑呢？

查理让步了，就如过去他做出让步，抛弃了希米尔特鲁德，去迎娶伦巴第人；并且他尽快地创造了另一位丕平，这一次是一个合法的丕平。通过取这个名字，他让世人知道，自己的长子已经被边缘化。如果驼背同意放弃继承权，他被许诺成为梅斯的主教——这个职位曾经属于王朝的奠基者阿努尔夫。等到驼背成年有能力自己做决定时，人们不会让他境遇太糟。所以，尽管小查理已经取代了他的位置，但丕平还和父亲生活在一起，正式意义上还是长子。791年，梅斯的主教去世，压力又来了。唯一的原因就是第二年20岁的驼背丕平策划了一场针对自己父亲的阴谋。他被逮捕，后被判处死刑。国王挽救了丕平，将他送到普吕姆（Prüm）修道院，他待在那里直到811年去世。梅斯的主教教座一直空缺，似乎查理一直希望他这个叛乱的儿子有一天能屈服并接受自己的命运。

法斯特拉达、柳德嘉德和诸位姬妾

783 年，希尔德嘉德去世时，查理才刚到40 岁。他已经有了三位妻子，其中两位是合法的；他当时有四位儿子、三位女儿在世。作为国王，他的首要职责是为自己的国家生育继承人，任何身处其位之人都会对其现在的境遇感到满意，而且可能会听从教士的建议，继续独身的鳏居生活。但是查理不想这样。在他妻子过世后几个月，他从萨克森的战事中脱身回到本土，只为迎娶法斯特拉达。这位非常年轻的新娘在十一年中给他生了两个女儿，狄奥德拉达（Theodrada）和希尔特鲁德（Hiltrude）。她于794 年 8 月去世，正值法兰克福宗教会议期间。这些女性死于丈夫之前很正常，因为尽管她们避免了战争的痛苦和风险，但生孩子的痛苦和风险更大。国王的妻子更是如此，她们的使命就是为国家和王朝生育尽可能多的备选继承人，她们简直被不断的生育给拖垮了。"唉！"助祭保罗在希尔德嘉德的墓志铭中写道，"噢，国王的母亲。唉，光荣而又痛苦！"[39]

法斯特拉达对查理的影响似乎并不是正面的。786 年的哈德拉德（Hardrad）和792 年驼背丕平这两次密谋反对国王的事件，都发生在她做王后期间，这也许并不是巧合。根据王室编年史家的记载，在第二次事件中，密谋者决定采取行动就是因为王后的残暴。[40]也可能是因为夫妻间关系的日益恶化。艾因哈德极不情愿地承认，在查理与法斯特拉达的婚姻期间，一位他声称不知道姓名的姬妾为国王生了一个女儿，名叫罗泰德（Rothaid）。[41]他甚至对查理的旺盛活力表示体谅，这是我们现有的唯一提及国王正式婚姻期间有姬妾的文献。另一个事实是，查理唯一留存的私人书信，就是写给法斯特拉达的。信中，他像千百年来的战士一样，抱怨法斯特拉达给他写信不够多。[42]

法斯特拉达去世的时候，查理已经五十多岁，他再一次结婚，迎娶了名叫柳德嘉德（Liudgard）的阿勒曼尼新娘。她没有为他生下任何孩子，或者没有孩子在生命之初危险的几个月中幸存下来。在那个时代，一半的孩子在一岁之前就夭折了。在800年，加冕为帝之前几个月，柳德嘉德也去世了。她受到了憎恨法斯特拉达的宫廷学者们的沉痛哀悼。[43] 在她之后，皇帝就不再有合法的妻子，只有姬妾。可能的原因是，他的三个合法子嗣都已成年，其中两个已经有了自己的孩子。所以王国的继承权得到了保障，没有理由再生育子嗣，去使情况变得更为复杂。

艾因哈德为我们提供了这些细节，也为我们提供了查理最后一位妻子死后，他的四位女性伴侣的名字。第一位是玛德尔嘉德（Madelgard），为他生了一个女儿，罗提尔德（Ruothild）。萨克森人格斯芬达（Gersvinda）为他生了另一个女儿，阿德尔特鲁德（Adeltrude）。瑞吉娜（Regina）生了两个男孩，道戈（Drogo）和雨果（Hugo）。阿达琳达（Adalinda）为他生了另一个儿子，提奥多里克（Theodoric）。[44] 这三个儿子都是在查理60岁以后所生的，显然是庶子。也没有人认为他们能和自己的异母长兄共享继承权。他们也确实被冠以先祖之名，但都是没有成为君王的先祖。父亲死后，他们三人都被异母长兄虔诚者路易削发，送去献身神职。路易待他很宽厚。道戈成为梅斯的主教和帝国大教长（Archicapellanus）。雨果是几座重要修道院的院长，包括圣贝尔廷（St-Bertin）、圣昆廷（St-Quentin），可能还包括诺瓦莱萨，直到844年路易诸子内战时，他战死沙场。只有提奥多里克在818

年时未成年就夭折了。至少还有其他两个修道院的院长，圣里基耶（St-Riquier）修道院的里克波都斯（Ricbodus）和穆捷-圣-让（Moutier-St-Jean）修道院的伯纳德（Bernard），被确信为皇帝与不知名女子所生的儿子。但我们身处的是一个感情与性关系完全私密的王国，因此许多事情我们都已无可稽考了。

做父亲的感受

关于查理的两性欲望问题的最终总结，给人留下了深刻的印象。我们仅仅考量他那些确定存在的妻妾和子女。史料表明他有五位正妻、六名姬妾，为他生育了十个儿子和十个女儿。查理以自己的方式无度地溺爱这些孩子，从纯粹的感情角度看，他与女儿的关系比与儿子的关系显得更为重要。且不论驼背丕平的悲剧，另一位丕平和路易早在童年时，就在意大利和阿奎丹王国建立了自己的威望，他们在此的存在是象征性的，但也是必不可少的。但他们和父亲的关系并没有因此更为密切，可以确定的是比不上女儿及那些庶子。

皇帝人生的最后几年，为一连串的早逝所伤痛。意大利国王丕平，逝于810年，享年33岁。同一年查理的长女罗特鲁德去世，她曾被许配给君士坦丁六世，但随后毁约。第二年，驼背丕平在拘禁多年后，死于普吕姆修道院。更糟的是，他的嫡长子查理也在这一年去世，他本应继承法兰克王国和皇帝的冠冕。他现存的唯一男性子嗣，是从781年起就成为阿奎丹国王的路易，他存活下来，并在其父去世前一年成为共治皇帝。他的个性大概与精力充沛、耽于享乐、率意妄为的父亲相去最远。艾因哈德本想把自己心中的英雄（查理大帝）塑造成信奉斯多葛主义的古代哲人，但他也不得不尴尬地承认，查理难以以基督徒的方式接受自己孩子的早逝，而是公然表现出悲痛和哭泣。[45] 只有丕平留下了一个儿子伯纳德，还有五个女儿。祖父希望自己的孙子能继承意大利的王位，但这没能挽救他在叔父虔诚者路易统治之下的悲惨命运。

女儿们的陪伴使查理的晚年少了一些不愉快。皇帝不允许她们结婚，但是法兰克宫廷中的宽松道德意味着她们中的几位与他人可以有非正式的长期关系。罗特鲁德与伯爵曼恩的洛贡（Rorgon del Maine）有一个名叫路易的儿子，他后来成了圣德尼修道院的院长。贝特拉达与圣里基耶修道院院长、诗人安吉尔伯特（Angilbert）有几个儿子，其中一位是史学家尼塔德（Nithard）。在查理的暮年，他的这些成年女儿中又加入了意大利国王丕平的五个孤女，他希望她们在亚琛陪伴他。就是这些女性在814年1月28日操办了老皇帝的葬礼。作为她们的兄弟和叔父，虔诚者路易在急切地赶到皇宫后，立刻"赶走了一群数不胜数的女人"（正如他的一位传记作者称赞的那样）。[46] 我们只能再一次说，这父子二人有着完全不同的个性。

第 7 章

帝国的管理：制度

国王和他的臣僚

国王和司祭

"法兰克王国的基本制度就是王权本身。"[1]比利时历史学家弗朗索瓦-路易斯·冈绍夫（François-Louis Ganshof）以这么一段话完美地描述了查理时代的情况。国王在自己的王国内行使君主的权力。王国内所有居民，无论阶层和民族，都完全臣服于他的权威。最起码从法律层面来说，法兰克人与罗马人、勃艮第人、阿勒曼尼人和巴伐利亚人相比，并没有享有更多特权，至少法律方面是如此（在政治领域他们享有特权）。贵族和高级教士与其他自由民一样，自愿服从他们的国王，国王掌握着他们的生杀大权。伦巴第的国王也和法兰克一样。查理可能复述过其长辈远亲罗塔利斯（Rotharis）的话："如果国王身边的哪个人要决定另外某个人的生死，或者执行他的命令处死某人，那么他没有犯任何罪；因为我们相信国王的心在上主的手中（《箴言》21：1），为一个被国王下令处死的人辩护是不可能的。"[2]

然而这个绝对的权力并不是暴政，这是一种以以色列国王的先例为模范的有益王权。查理，即新的大卫王，是其继承者。按照习惯，基督徒们会将他们身处的世界理解为在他们之前存在的圣经世界的一个新版本。在他们眼中，一切发生过的事情都已经在《圣经》中有预示，神选之民的国王也与上帝之间有稳定的关系，上帝赐予他们的王权以一种司祭的特质。794 年，聚集在法兰克福宗教会议的主教们表达了希望国王"能够救助被压迫者，抚慰鳏寡，为不幸者带来慰藉。既是主人也是父亲，既是国王也是司祭，是全体基督徒的睿智君主"[3]。当然，国王兼司祭（rex et sacerdos）的概念严格来说只是一种修辞的说法：查理从未想过走上神坛讲解弥撒，因此不是司祭。但他被上帝授膏，被主教们以圣油祝圣（consacrato），他就和其他世俗君主不同了。

800 年的加冕，为他的王权增加了皇权成分，但在此之前法兰克诸王就知道自己必须顺应基督徒们的要求。主教们提醒他们，要以父亲般的仁爱来统治臣民，而不是用残暴的权力。尽管政治上的私欲会驱使他们使用无情的诡计和残酷的谋算，但总体而言，查理大帝竭尽所能遵循传统，可以从他对待失败敌人的方式中看出这一点。一个生活在像 20 世纪这样残酷时代的人，会惊讶于在大多数情况下，查理乐于将自己的死敌削发，送去修道院，让他们忏悔余生，例如伦巴第国王德西德里乌斯和巴伐利亚公爵塔西洛那样。他没有像同时期处境类似的拜占庭人那样，出于象征意义和安全考虑，滥用残损肢体的刑罚。

作为与上帝直接对话者，法兰克国王扮演了天堂与尘世之间的中介角色。通过每年不断重复的一系列活动，他履行这一角色；这些活动固定不变，十分有规律。在春季召集所有自由民来到国王身边，批准他的决议，聆听他的告诫。夏季发动的军事战役证明了他领导法兰克人劫掠并取得胜利的能力。感谢上帝的垂青，一直伴随着他。圣诞节和复活节这两个宗教节日，标示出漫长的冬季休整期。在两年之间的过渡期，会举行仪式庆祝上帝与国王之间的和谐。换言之，法兰克人的时间是循环的。这种时间的节奏构成了国王身边的集体事务，这些事务是一些象征性的标志，超越实际的需要。我们不应该对此感到意外，在790年夏季，当查理十分意外地发现自己没有敌人可战的时候，"为了不造成慵懒怠惰、空耗时光的印象，他沿着美因河航行到萨勒河畔修建的塞尔兹（Seltz）的行宫，再从此顺流而下来到沃尔姆斯"[4]。直到年迈迟钝之时，国王也一直未曾停歇，因为整个法兰克民族要靠他才能生存下来。

　　和更晚些时候的绝对君主不同，法兰克国王的举动不仅要对上帝负责，也要对自己的民众负责。最初，这就是春季集会的意义所在。王权的法统来自两条途径：神的意志和法兰克人的认同，二者不无含糊地共存。查理本人似乎试图寻找一种修正方式，尽管模糊且无头绪。首先国王与上帝之间的直接联系使他越来越不能接受自己要接受世俗的评判。因此春季集会的功能在逐渐消减，在查理的时代，集会的任务仅仅只是欢呼。集会倾向于变成一种宗教活动，借此年度集聚的机会可以召集主教会议。其次，国王对全体基督徒承担的责任，意味着仅仅靠法兰克人的意愿，已经不足以使他的举措合法化了。因此他需要找到另一条与自己的全体臣民建立联系的方法，不论其民族。于是他开始广泛使用集体的效忠誓言。

集会与舆论共识

三月场或称年度集会，从无法考证的时代开始起，就是法兰克民众与国王之间寻求表达、获得一致的场合。君主在漫长冬季中所考虑的法令，将在此公布。经过集体赞同后，将会生效。回溯到596年，希尔德伯特（Childebert）国王觉得需要一个书面备忘录，记录集会的决定，又命令抄写之前三年的重要决议。[5] 这证明即使在这么久远的时代，这个被史学家认为主要是军事功能的集会，也已经成为一个政治讨论的论坛。实际上，这已经成了其主要的功能。

在查理的时代，集会的性质已经在多个方面发生了改变。在他父亲丕平统治时期，3月的第一天召集集会就已经是一种传统了，但现在已经推迟到了较晚的日期。法兰克军队的成分中，骑兵的比例日渐扩大，并且更大范围的行动需要大量的牛拉辎重队伍作为后勤补给支持。因此在战役开始之前，草料必须已经堆高备足。更进一步，越来越多的主教出席原先由战士们独占的集会，这意味着在接近圣周（复活节前一周）的时候召集集会有诸多不便。

一个更重要的转变是，并不是所有的法兰克人都参加集会。现在法兰克人这一名称不再确切地在种族上表示这些入侵者的后代，而是更广泛地表示所有生活在王国内的自由民，全体法兰克人的出席变得无法想象。现在这一集会召集教俗两界的权贵——主教、修道院院长、伯爵，这意味着有数百人，每个人都有自己的随从。一些编年史家继续将这个集会称作"法兰克人的会议"或者"全体法兰克人集会"[6]，以强调这个集会代表着全民族同意国王的决议，即使这个决议是经过王国内最有权势的人思考后做出的。

查理另一项革新是把集会的频次增加了一倍。除去现在被官方称为"五月场"的春季集会（尽管经常在6月或7月举办），在秋季举办另一场集会也是很常见的。在此，国王并不召集所有的战士，或者所有的教俗权贵，而是召集所有他希望给予确切指示的人，例如委命王室使节和巡按钦差（missi dominici）执行新法规，或召集主教来讨论神学和仪式问题。晚些时候，集会已经难以和宗教会议相区别了，人们也习惯于国王召集和主持高级教士的会议。

另一个问题，就是集会能在多大程度上反对或者影响国王的意志。在这种情况下，权力的平衡是至关重要的。在像查理这样精力充沛的君主统治下，集会保有多大的自主权是个疑问。当然，编年史家经常写道，国王在"法兰克人的建议"[7]之下做出决定，而法令集的前言有时会含有"所有人同意"[8]的字眼。即使我们不想将其仅仅当作宣传考虑，这样的字眼也意味着接受了王室的意志，并承诺遵守。这显然不是某种在一定程度上可以收回、使君主的决定无效的附带条件的许可。

甚至这种公众的同意，也只有象征性意义。当国王必须做出诸如宣战这样的实践决议时就是多余的。他是国王，这就是他存在的意义。他所不能做的，就是在没有通过集会或者更广泛基础之同意的情况下，推出新的法律。803年，他向全民提出一系列国家法令的附加条款，这些法令代表着迈向帝国司法统一的第一步。查理大帝认为集会的批准还不够。至少在纸面上，这仍旧是法兰克人的集会，他必须将变革之举合法化，使之能影响巴伐利亚人和伦巴第人的法律。因此他组织了一次帝国全体居民参与的普世商议会，并且告诉自己的使节，"要询问人们关于最近添加的法条的问题，在他们都同意后，要在上述的条款上签名或打叉"[9]。他们甚至根本没有考虑有人可能会拒绝。但事实上，当修正传统律法时，尽管在组织问题上有困难，皇帝还是计划让全体臣民签名同意修改。这表明他的权力主要还是基于协商所达成的一致。

在 806 年的《分国诏书》中，查理大帝扮演了全民意志代表的角色。[10] 在深思熟虑、做出这一极其重要的举动之时，皇帝已年届六旬。他将自己的遗产划分给三个合法子嗣，他们彼时都还在世。查理小心谨慎地分配给他们，并且规定了他们其中一人逝世后的继承事宜。去世子嗣的那一份国土将分给另外两人，他确立了这次分国的确切条款。但是，他立刻补充道："如果这三兄弟中的任何一人拥有子嗣，且民众有意愿拥护他作为其父王国的继承人，朕期望他的叔父应该同意并允许该子嗣统治先前属于其父的国土。"当然，在这里是由权贵们来传达民众的意愿。然而值得注意的是，在作出如此重要的规定时，查理的意愿是令其服从于民众（populus）的许可。

效忠誓言

将合意的范围从仅仅有法兰克民族，扩大到整个多民族帝国，其中一部分是依靠频繁使用效忠誓言的方式实现的。首先，只要出生在臣服于国王的国土之上，效忠国王就是一项义务。与过去德意志史学家所支持的理论不同，王室的权力根本不是一种人身权力，而是一种领地权力，和现代国家一样。然而，根据当时的观念，在自愿缔结的前提下，个人对国王的承诺优先于对国王的忠顺。这一承诺就是宣誓。在一个确信誓言为神圣甚至具有魔力的社会中，宣誓有极其重要的政治意义。一个誓言能将一群意图组织密谋的人联系起来。在这种情况下，每个密谋者都确信，自己所做的举动较之对国王的忠诚，拥有更大的道德重要性。这解释了查理为什么不信任一切形式的基于私人关系的集体宣誓，以至于他禁止自己的臣民在建立以互助为目的的宗教社团组织时做出宣誓。[11]

他的疑心在786年的春季被证明是正确的，那时查理发现了法兰克尼亚和图林根贵族们策划的一次阴谋，领导者是一位名叫哈德拉德的伯爵，他们试图突袭拘捕国王，甚至想处死他。在实施阴谋之前他们就被逮捕了，并被分散关押在修道院中。一些人甚至被送往罗马。密谋者被强迫在圣物面前对查理及其继承人宣誓效忠，随后被判处流放，财产充公。其中的一些人被弄瞎眼睛。并不清楚他们的领导者是否被处死：艾因哈德写道，只有三位密谋者死于拒捕。[12] 即使我们认为他粉饰了现实，但他认为自己必须这么做这一行为本身，也具有重要的意义。这表明，即使在这种情况下，彰显仁慈依旧是一位基督徒国王的义务。

忠诚的问题在788年春天变得极其重要，巴伐利亚公爵塔西洛在英格尔海姆召集人马，意图反叛。这一戏剧性的冲突结果，酝酿了数十年，一方是原先独立的王公，另一方是希望强迫他承认自己臣属地位的法兰克国王。这是一个晦暗不清的事件，现在很难理解谁要为之负责，或者对抗的双方谁背信弃义。可以确定的是，塔西洛被指控违背了向查理效忠的义务，并试图劝说自己的臣民做出同样的举动："他命令自己的人在向查理宣誓效忠时有所保留，并且在宣誓时说谎。"[13] 公爵被判处死刑，随后国王宽恕了他，将其关在修道院中度过余生。问题在于集会日复一日地聆听无休止的证言和指控，同一个问题被一次次提及：忠诚和确保忠诚的方式。

这些经历毫无疑问促使查理强迫王国内所有自由民宣誓效忠。这并非完全是一件新鲜事，古代的法兰克国王也使用相似的集体宣誓，只是有时他们又停止使用。有其他的方式召集臣民，让他们公开表示忠诚。在危机时刻，统治者会命令全王国为国王公开祈祷，并特别要求每个人必须热忱参与。在哈德拉德的密谋与塔西洛的叛变之后，国王觉得祈祷还不够。789 年，王室特使被派往王国的各个省份，他们的任务是召集所有自由民，让他们背诵以下准则。尽管按照当时的拉丁语规范来看，誓言有些语法问题，但其影响力不容置疑，尤其是在教堂里一手按圣经或圣物起誓："我［起誓者］，发誓在与我的君主查理国王和其子嗣的关系中，我是忠实的，并且终生不怀叛逆和邪恶的企图。"[14]

履行这一誓言的情况一定是非常参差不齐的，显然在王国内推行这一工作本身就非常困难，王国内居住着数千万居民，他们没有任何形式的出生或死亡登记。实际上这也没能阻止另一场密谋发生。几年之后密谋在 792 年被发现，领导者是查理的合法子嗣驼背丕平。当他意识到自己的父亲试图剥夺他的继承权，转而青睐自己的兄弟时，他决定孤注一掷。当密谋者被发现并且遭逮捕时，他们否认自己背叛了誓言，因为他们没有作出那个众所周知的声明。查理对此非常关注，他将丕平拘禁在修道院中，将他的大部分追随者绞死或斩首后，立即下令采取进一步措施进行集体宣誓，这一次所有人确实要被迫宣誓了。

要求巡按钦差组织宣誓效忠，这一指令是加洛林政权推行的最引人注目的举措，它也证明了国王对此举赋予了多么重大的意义。使者首先要解释最近发现的密谋，使得宣誓急切而必要；他们也向民众保证，这并没有什么新奇的，只是一种自古以来的惯例。这为之前失败的效忠宣誓做出一些说明："使者在解释时，必须提及古代的习俗，为宣誓的必要性找出理由。那些不忠之人想要在我们君主查理的王国内造成混乱，密谋威胁他的生命，当被审问的时候，他们说自己没有发过任何誓言。"[15]

每一位使者都负责一大片区域，必须亲自安排主教、修道院院长、伯爵、王室封臣、助祭长、教士团（canonici）和其他高阶神职人员的宣誓。每位伯爵都要在王室使者的监督下，组织领地内所有12岁以上的居民宣誓，首先是公职人员和神父，随后是其他自由民，但并没有就此停止：被释放的奴隶、为王室和教会领地工作的奴隶也在此列，甚至包括那些被委以重任或者成为其主人武装侍从的私人奴隶。很难想象王室的权威还能作出更细致的要求，这超出了过往的任何一次，只有那些为私有地产主的大庄园做苦工的最卑下的乡村奴隶逃过了国王的法眼。其他所有生活在这个庞大帝国中的人，即使在法律上并不自由，也必须服从他的权威。

这一通用誓言在802年皇帝加冕后再次重复。查理认为对国王的效忠誓言必须得到保证和扩大，因为他现在的责任增加了；并且自从793年以来，许多年满12岁的年轻人还没有宣誓。这一次，使者们受命推行如下誓言：

> 我在此宣誓，从即日起忠于我的君主查理、最虔诚的皇帝、国王丕平和王后贝特拉达之子。在我与他的关系中，我

心地纯良，举止不怀欺诈和恶意。为了王国的荣誉，我按照律法的要求，尽一个人应该为君主所尽的一切。愿我得上帝之助，以及此地圣物之助。[16]

这一命令补充道，所有人都必须认识到宣誓此举的重要性和象征意义，并且意识到不服从相当于伪誓，甚至逃税也是。最起码在纸面上，这是王权观念在罗马-日耳曼欧洲所达到的最高点：服从君主不再仅仅是归属于他的民族或者居住在他的王国内这样的问题；而是强化为个人信仰承诺的问题，是个人来世灵魂的声明。尽管实际上没有人想依照对伪誓者适用的刑罚，去砍掉不忠实纳税人的双手，但从象征意义上说，皇帝凌驾于臣民之上的权威已经无以复加。

在查理大帝的暮年，集体誓言被永久确立在帝国的基本制度之中。806 年 3 月，皇帝命令所有还未宣誓的人，主要是那些当时刚成年的年轻人，必须宣誓。几天前，他确立了在自己的子嗣中划分帝国的规则，即我们所知的《分国诏书》，所以他命令所有人也必须公开声明同意这一文件。[17]最后一次重申誓言发生在811 年，皇帝去世前三年。当时使者们接到命令："让我们的人民依照早先所确立的习俗，再一次宣誓忠诚，他们要向民众解释，并阐明向朕宣誓效忠的仪式，这一仪式必须被遵守。"[18]

查理得知全体臣民宣誓效忠的消息后感到安心，但他同样感到不安的是，民众中广泛传播的是以国王及其子嗣的生命起誓。毫无疑问，那些使用这种方式的人只是觉得这样起誓，比以自己和自己子嗣的生命起誓更庄重。但现在他怎么能确定这些人中不会偶有一些背誓者？尤其在司法场合，人们被要求起誓时，这种誓言使他们可以轻易摆脱罪责。更进一步，他如何克服对这种誓言带有迷信色彩的恐惧？如果誓言是假的，会带来一些可怕的不幸，降临到皇帝和年轻的国王们头上吗？为了避免这一问题，查理大帝在803年命令他的使者，要确保届时起再没有人以这种方式起誓。[19]

中央政府

居所还是首都？

与拜占庭和伦巴第王国不同，法兰克王国并没有一个真正的首都。国王不断迁移，在当年计划发动军事行动的战区召集春季集会，并在整个夏季带领军队作战。在秋季大规模狩猎旅行之后，查理会在国土内的一处居所过冬，一般会从圣诞节一直待到复活节，有时会出于政治或者礼拜的目的，走访一些城市和其他地区。分析他的行程，会发现他的父亲喜爱纽斯特里亚的行宫，诸如韦比耶（Verberie）、阿蒂尼、奎亚兹（Quierzy）和贡比涅（Compiègne）。查理更偏爱居住在奥斯特拉西亚，默兹河与莱茵河之间：尤其是赫斯塔尔，这里是他先祖的祖产；随后是蒂永维尔、沃尔姆斯，这里的行宫在790年被焚毁后就放弃了；还有英格尔海姆、奈梅亨（Nijmegen）。从794年起，国王开始表现出居住在亚琛的偏好，几年之前，他就在这里着手建立最壮丽的宫殿。

这个新的中心距离赫斯塔尔只有一天的旅程，选择这里不是因为政治地理的考虑。其吸引力仅仅在于这里的温泉，这对于需要治疗关节炎的老年人来说是很好的。一些历史学家目眩于查理在此仿照罗马、拉韦纳和君士坦丁堡风格所建的建筑，得出结论，皇帝最终决定为自己的帝国确定一个首都。实际上，亚琛只是一处他喜爱的居所，并非固定的行政中心。这也解释了查理为什么一直没有将此地作为主教的教座之地，如果他真的想将此地打造成新罗马的话，这只是举手之劳。他长期居住在亚琛，主要原因是因为自己年岁日高。尽管出于政治尤其是军事的原因他不得不一次次迁移，但他越来越不愿意这么做。807 年以后，不论冬夏他都不愿意再离开亚琛（除了在附近的阿登森林例行狩猎出游）。810 年丹麦边境发生的事件和 811 年挪威人入侵西部海岸，他都没有亲临现场监督，要考虑到他已经年近七旬了。

行　宫

　　没有首都，国王主要的有效管理机构就是行宫（palatium）。这个称呼并不意指一处居所，而是指一整套协助君主的人员系统，他们在迁徙中一直陪伴着国王，并在骑士文学中留下了不朽的名称——圣骑士（paladini）。出于不难理解的原因，宫相的职位自从丕平的时代起就被撤销了。现在最重要职务可能就是帕拉丁伯爵，他们的职责是审查送达宫廷的那些浩如烟海的司法诉状。[20]然后还有王室总管，他的职责是管理财政，或者按照更符合那个时代的说法，是王室财库的管家。而总管，起源于负责王室餐饮的首席膳务员，后来发展为监管王室财产，保证宫廷的供给。还有一位仆役长（bottigliere）负责酒窖，也负责王室地产中葡萄园的酒类生产。马房官（comes stabuli）或称治安官照看王室马厩，因此也为军队供应马匹。

　　我们不要高估了这些臣僚的专业性，他们每个人都肯定会有大量的助手，他们会将日常管理委派给助手，而他们自己去尽政治上的责任。他们要尽力获得国王的信任，并且每日与他会面。他们会被授命执行和自己职位无关的任务，比如外交使节，或者更常见的是领导军事行动。他们中的一些领袖人物，我们料想他们会在宫廷里指导各个部门，而他们却在担任军事指挥官时战死。总管艾吉哈德和帕拉丁伯爵安瑟姆在778年死于龙塞斯瓦列斯，王室总管阿达尔吉斯勒和治安官盖洛782年死于辛特尔战役。[21]

礼拜堂和文书部

　　负责礼拜堂的礼拜神父（cappellanus）和教士是宫廷人员的一部分。"礼拜堂"这个词语在现代有非常广泛的意指，但在当时只有法兰克人使用，特指宫廷中礼拜祈祷的地方。这里有一件特别珍贵的圣物：高卢的守护圣徒圣马丁的斗篷，圣徒为了给一位穷人蔽体，用自己的剑将斗篷分为两半。每天礼拜神父们都为来此的国王准备弥撒。当他们进入宫廷效力的时候，会将自己交到国王手中，他们会立下和封臣一样的效忠誓言。不难理解，当查理想任命一位主教时，他会经常在这些人中选择；他们与他私下里很熟，并且献身为其效力。礼拜堂因此也成为大部分帝国高阶教士的训练场。

　　礼拜神父的领袖被称为大教长。圣德尼修道院的院长福尔拉都斯（Fulradus），在784年之前一直担任这一极其重要的圣职。随后是梅斯的主教安吉尔拉姆努斯（Angilramnus），791年他死于对阿瓦尔人的作战中。最后是科隆主教希尔德巴尔德（Hildebald），他是查理大帝遗嘱的第一位签名人。大教长负责礼拜，同时也在王国内拥有最高的宗教权威；国王会在教阶和教会纪律问题上询问他的意见。查理特别授予安吉尔姆努斯和希尔德巴尔德二人大主教头衔（但要注意的是，他们的教座依旧还是主教教座，他们是"神圣王宫的"大主教），并免除了他们常驻教座的义务，以便把他们留在自己身边。当一位礼拜神父被提拔为主教，大教长将处理这个程序，这意味着高阶教士职业生涯的成败都系于他之手。

对礼拜神父手握重权，也不乏批评之声。查理的堂兄弟、科尔比修道院的院长瓦拉（Wala）就谴责道："为宫廷效力的教士俗称为礼拜神父（因为他们根本不属于神职品级［ordine］）。他们在这儿只为升官发财。他们不像其他教士那样服从主教，也不像修士那样服从修道院院长，所以他们无法无天，不对任何人负责。"[22] 显然，效力于宫廷礼拜堂的这些人员享有的特权激怒了许多人，但值得注意的是，这些闲言碎语在查理死后才逐渐公开。瓦拉院长一直等到虔诚者路易统治时才作出这些指控，他比自己的父亲更愿意恭听这些针对高阶教士的批评。

一些效力于王室礼拜堂的礼拜神父被授命起草法令，可能还包括通信和教会法令集。这个团体受制于一位神职官员，他被称为首席书记官（protonotario）或文书大臣（chancellarius），尽管他的职位在大教长之下，但他掌管的文件记录在政治上相当重要。我们也不要夸大这个文书部的重要性，它还没有像中世纪晚期的公国里那样，成为真正主导政府的力量。查理统治时期只留下了数量非常有限的法令——平均每年3~4部。当然起草的法令只有很少一部分流传到我们现在，但是这和虔诚者路易发布的法令有惊人的差别，后者达到了年均25部，并且这一数值在随后几位皇帝统治时期缓慢上升。[23] 我们有充分的证据得出结论，查理的文书部相较于其继任者而言，输出文件非常节制。甚至在他自己的统治时期，文书活动就已经减少了，从早年的每年6～7部法令，到最后几年下降到一两部。一切都在表明，皇帝并不是通过文书部来进行管理。

王室编年史家在813年提到，文书部获得了一份附加的档案；编年史家还提到，在皇帝的命令之下，美因茨、兰斯、图尔、沙隆（Chalons）和阿尔勒都召集了议事会："那些想看法令的人，可在上述五座城市看到，在宫廷档案中也有一份复件。"[24] 一般认为这份档案并不很重要。例如，在查理大帝逝世十三年后，圣万德里勒（St-Wandrille）修道院的院长安瑟吉苏斯（Ansegisus）受虔诚者路易指派，收集一切能收集到的法令集，但只收集到26部，而现在我们所知的有大约100部。[25] 这意味着王室档案中只粗略保存了查理颁布法令的四分之一。然而，可能是修道院院长只选择了有效的材料，并且档案比我们通常所想的更为重要。这更符合帝国政府广泛使用书面记录的情况，我们随后会审视这个问题。

地方管理

将帝国细分为郡

正如我们已经揭示的，皇帝所能直接支配的管理者队伍十分有限。现在的问题是查理如何管理如此庞大的国土。在那个时代，交流通信只能依靠已经严重损坏的古罗马道路，以及沿大河而行的缓慢驳船，缓慢而又不可靠。解决的方法就是建立遍及帝国的高度同质化的立法和行政体系，用武力的方式将法兰克王国的地方管理模式扩展到新增的领地上。正是由于这种同一的力量驱使，加洛林帝国在所有被查理征服的土地上都留下了十分深刻而又能轻易识别的印记，尽管时间相当短暂。

在扩张的顶点时期，帝国被分为数百个行政区，每个地区在国王的代表管理之下，这代表称为伯爵。这一体系并不新奇，因为法兰克国王早已经开始利用顶着这一头衔的地方代表所组成的网络。伯爵的起源可以追溯到罗马在高卢统治的后期。因此可以确信，查理大帝并不像教科书上时常说的那样，将帝国分割成诸多郡，他所维系的是一个已经在法兰克王国地方管理中成功确立的代理人体系。与此同时，查理通过将新征服的土地划分为郡，并加强这些领地在王国内的团结，从而强化了这一体系，这毫无疑问是明智的。从774年开始，尤其是776年伦巴第人叛乱之后，法兰克伯爵被引入意大利。778—781年，基于伯爵的行政体系被引入阿奎丹，与此同时，这一地区的地位从行省转变成了查理儿子路易的王国。780年郡制扩展到了图林根，782年进入萨克森，当时国王错误地认为这里已经平定。在788年塔西洛被废黜以后，轮到了巴伐利亚。

在行政术语上，这些委托给伯爵的行政区被称为"pagus"（在法语中变为pays，意大利语中变为paese），意为村庄、领地，大致相当于一座罗马城市的领地范围，或者未罗马化地区一个日耳曼部落定居的区域；当然几块行政区处于一位伯爵权力之下的情形也大量存在。在查理的时代，另一个术语"comitatus"开始流行，现在我们将之翻译为"郡"。在高卢，尤其是意大利，郡相当于主教教区，但在较晚基督教化的地区，主教教区要大很多，包括几个郡。因此每位伯爵都有义务和一位主教共事，有时他们的比例是1∶1，另一些情况下几位伯爵对应一位主教。查理给官员的指令，从来没有试图强调与教会固定不变的合作关系，也没有强调要顺从教会的权威。

一些历史学家提出，郡制并没有覆盖一整块领地。换言之，每位伯爵都被认为是一个权力中心的代表，整合大小不同的各个区域，这几块区域可能并不毗邻。传言他们对土地和人口属于王室的地区拥有权力。但事实似乎并不一样。帝国被完全划分为明确的诸行政区域，每块区域都归入一位伯爵名下。唯一在其权力之外的是教会的产业，伯爵不能在此逮捕违法者、征税、执行判决，因为国王在此作出了妥协，这被称为豁免权。当然，这并不意味着国家的权力在此无效，因为主教和修道院院长会将这些义务托付给自己信任之人，而这些人的任命要通过国王的审查。这样的人毫无疑问在法理上要和伯爵合作。

伯爵的权力

一位伯爵统治的辖区和英国的一个郡差不多，控制起来要相对轻松一些。在郡内，伯爵的一切努力和目的都是为了代表国王：他征税，维持公共秩序，管理司法，发布并执行王室法律，在必要时召集有武装能力的人，带领他们前往军队集结地。伯爵绝不是此地的主人，他只是皇帝的代表，若皇帝愿意，随时都可以将其解职。换言之，他是一个公职人员，不过他的工作不需要资质也不需要专业的技能。然而，他需要有统率的能力、相当的手段、有影响力的人际关系。只要他没有犯严重的错误或者有公开的不忠之举，伯爵将终生保有这一职位。

实际上，在许多实例中，伯爵的职位在同一个家族中从父亲传给儿子、叔伯传给子侄，经历了几代人。奥伯莱茵高（Oberrheingau）或上莱茵伯爵的职位属于一位名叫鲁佩特（Rupert）的人，其764年去世；随后是他的儿子坎克（Cancor），死于771年；随后传给其子艾默里克（Eimeric），其785年去世。后来到795年，这个郡再次被他们的亲戚，另一位叫鲁佩特的堂兄弟掌握。他807年去世后，由他同样也叫鲁佩特的儿子继承。这种情形给史学家留下了深刻的印象。毫无疑问，在一些地区，一个富裕的土地所有者家族的支持，对国王是十分重要的。国王通过控制伯爵的职位，建立并巩固自己的世袭权威。事实上，像上文提及的这样一个家族垄断的情况，只有少数被记录下来了。大多数情况下，伯爵毫无疑问是非常富有的人，他们拥有大规模的家族地产，并且在自己的亲族关系网中处于高层，但这个职位本身并不是排外的，也没有贵族的世袭特权。[26]

查理规定，允许伯爵拥有个人收入以外的其他财源，并允许他保有所有罚金的三分之一。加洛林欧洲的经济基于土地及其收成，尤其是谷物和酒类，并不很依赖金钱。为了保证其代表人有充足的财源，国王必须将辖区内王室领地的一部分分配给他们，由其控制。不幸的是，我们对这种土地分配几乎一无所知。这一问题并不涉及任何法律文书的起草，实际上也没有改变所有权，只是临时改变了土地使用的受益者。在法律术语上，分配的这一块王室领地是伯爵职位的一部分，或者用当时的解释来说，是一种荣誉。在当时已经有一种明确的倾向，就是将这些配额纳入其他的终身薪俸，以补偿那些忠诚的追随者。这种情况广泛推广，已经享有特殊的法律地位。实际上，当时的惯例是将政府的职位与恩地／采邑（beneficium）归为一类。将来，这种关联会给帝国的管理带来灾难性的后果，但在查理的时代还没人预见到这一点。

边境指挥官与各级官员

所有的学校课本都告诉我们，和郡一样，帝国也划分为（边区）马克，并委任侯爵管理。实际上，情况略有不同。帝国各地的基本国土单位都是郡，马克只是对法兰克王国边境地区的一个通用说法，这里是基督教世界对抗异教世界之地。这些边境地区充满危险，而伯爵只能在有限的范围内行动，很难协调一致抵御军事入侵。军事指挥部沿着边境建立起来，一些博学的作家敏锐地给这些地区冠以古罗马的名称"边区"（limes）。因此就有了面对潘诺尼亚的阿瓦尔边区（limes Avaricus），后来成为东部边区（Ostmark，即奥地利）的核心地带；比利牛斯山外的西班牙边区，保护这一地区不受穆斯林掠夺；布列塔尼边区（limes Britannicus）位于与布列塔尼蛮族的边界上；等等。

这些地区比郡要大很多，但并没有取代郡，但是在协调军事行动时，包括了一定数量的郡。例如，西班牙边区包括 10 个郡。他们的军事指挥官还不叫侯爵，这一名称在虔诚者路易时期才开始使用。他们还叫伯爵或者冠以长官（praefectus）的头衔。因此战死于龙塞斯瓦列斯的罗兰伯爵，艾因哈德称他为"布列塔尼边区长官"。[27] 查理的内兄格罗尔德伯爵，在塔西洛被废黜以后被称为巴伐利亚长官，他被派遣统治巴伐利亚，直到 799 年死于对阿瓦尔人的作战中。[28] 在一些情况下，这些边境地区的行政和军事责任归于公爵这一古代的头衔。回溯到 748 年，矮子丕平的异母兄弟格里弗（Grifo）被封为公爵，并就职于勒芒（Le Mans）以监视布列塔尼边区，他管辖之地多达 12 个郡。790 年，同样的职衔暂时被授予查理的嫡长子，他的名字也叫查理。[29]

诸特克在赞美皇帝时也提到了这些军事指挥官，他说皇帝不像他那个时代的很多君主那样，"他没有给一个伯爵分配一个以上的郡，除非他们在边境上或者与蛮族接壤"[30]。似乎这一赞美并不完全名副其实，因为查理大帝确实让一位伯爵控制过一个以上的郡，最起码在他统治的最后几年是这样。808 年，召集军队的指令要求每位伯爵带领自己的封臣赶往集合地，除了两位留在后方保护自己的妻子，"还有另两位将被授命留在家中，履行自己的职责，运作朕的行政机构"。查理随后又附加道："和那两位留下来保护妻子的伯爵一样，这两位伯爵可以在家中留下足够多的人手以维持自己的职责。"这明确地表示，一位伯爵可以同时负责几个郡。[31]

王室封臣

当法令提及王室封臣时，会称其为"vassi dominici"，这似乎意味着，这些人的一切责任和目的都是国王在各省份的代表，他们直属于伯爵，比代理神父（vicari）、百户长（centenari）这些地方代表拥有更高的地位。总而言之，他们是那些土地所有者，他们的子嗣通过"推荐"为国王效力，宣誓忠于他。他们在战争中提供武器、马匹以履行效忠义务，毫无疑问还要提供一队自付开支的武装随从。只要他们在宫廷中，就受国王的支配，执行各种任务。这种组织与家仆有联系，基于一种从未被完全遗忘的原始附庸感。在晚年查理受到一位主教的指责，他指责查理过于频繁地在"宫廷里那些最贫穷的封臣"里挑选使节，这些人在他看来很容易堕落。[32] 在查理死后，瓦拉弗里德·斯特拉波（Walafrid Strabo）在王室封臣和王室礼拜神父之间划了一条界线，前者是世俗的，后者属于教士，但二者都被平等地推荐给国王，献身宫廷侍奉于他。[33]

国王的大部分封臣凭借功劳或者有影响力的关系从王室财产中领取一定的配额，是当时的惯例。以这种方式，封臣被安置在各个省份，他们通过与伯爵合作，运作司法系统，召集武装人员，从而构成了一条能够完好维持地方管理的传动带。当一个新的省份加入进来时，会任命伯爵，王室封臣也会派遣到领地上。在阿奎丹最终臣服，年幼的路易被立为国王之后，一位编年史家写道，查理不仅为这个省份送去自己信任的伯爵和主教，还有"其他许多属于法兰克民族、被称为封臣的人"。[34]系统性地引入法兰克人的封臣，让他们居住在阿奎丹的罗马人之中，以及其他被征服的地域之中，是维系帝国团结的决定性要素。

王室使节

正如查理大帝的继任者们后来发现的那样，这个体系的真正弱点，是缺乏对伯爵行为的控制。确实，他们必须出席每年的总体集会，这给了皇帝为数不多的机会，去聆听他们的建议，要求他们汇报自己的行政工作。但是唯一能限制他们滥用权力的途径就是查证他们在远方的省份是否称职。只要是某郡有一座有一定重要性的城市，皇帝就会十分倚重当地主教。813年，在无数次重复伯爵和主教要互相友善相处之后，查理申明，针对那些难以解决的冲突，尤其是牵涉宫廷的问题，伯爵必须服从主教。与此同时，主教们必须证实自己做出了正确的判断，伯爵没有收取贿赂或者做伪证。[35]

在这个制度中，那些专门负责报告伯爵表现的人被称为巡按钦差。钦差就是王室使节，被授予全权，走访那些受调查的地区。有些情况下，他被派遣执行特殊任务，例如，在一场重要的讼案中通过判决，或者带去王室决策的消息。另一些情况下他监控当地的权贵，尤其是那些曾被指控滥用职权的人。晚些时候，查理建立了一项简单而极其有效的规程：使节停驻在那些没能正确执行司法的伯爵家中，由伯爵承担开销，直到所有的错误都得到纠正。在某种程度上，用古老的术语来说，使节是国王肉体人格的延伸。实际上，武装反抗使节等同于危害王权罪（lèse-majesté），刑罚是处死。在另一种意义上，系统地使用使节，代表了查理有相当强的中央集权倾向，有一种使统治规程合理化的努力。最能揭示这一点的是，使节必须对自己的行动保留书面记录，并且在回到宫廷时出具一份任务报告。

在查理统治的漫长时间里，王室使节被授命处理突发事件时，经常是两人甚至三到四人一组。有时他们也会孤身一人，尤其是执行特殊任务时。在一些情况下，尤其是 789 年和随后 793 年组织全体臣民宣誓效忠时，王国全境被分成不同的执行区域，每个区域都任命了一些使节。这些使节在远离国王视野的遥远省份执行任务时，似乎并不总是能抵制住贿赂。798 年，奥尔良的狄奥多尔夫和里昂的莱德拉德（Leidrad）两位主教被派往南高卢执行任务。他们报告当地的贵族为他们献上丰厚的礼物，并且在他们拒绝接受后表现得非常惊讶，而之前的使节没有感到这么不安。[36]

特里尔的主教里克波都斯（Ricbodus），同样也是洛尔施修道院院长，并修撰了以此修道院为名的编年史，他表示他确切地知道为什么这些使节这么容易就堕落。国王过于偏好从宫廷中还没有分配俸禄的那些封臣中选择使节，这让他们在面对贿赂时更容易受影响。802 年，皇帝意识到了这一问题，理应表示拒绝这种人执行任务（编年史家的评论是"由于贿赂"），他转而倾向于派遣教士和伯爵，"那些不需要从穷人那里获得礼物的人"。[37] 然而在这之前，使节也经常是主教、伯爵或地方长官，所以我们不应该太过相信这一改变。此外，有大量的证据表明，甚至位高权重之人也会被腐蚀，里克波都斯之言有失偏颇。如果有什么区别的话，我们或许可以推测，802 年查理采取措施，限制成为王室使节的资格条件，并且给那些他派去监控整个行省的高级官员增加了相关特权。而那些无数的王室使节被广泛用于更小的事务，比如说收税。

使这个体系更加合理化的更重要的举动是 802 年推行的另一次革新。此举设立了"遣使区"（legazione）或称"钦差区"（missaticum）的概念，即一个特定的区域任命两名使节或钦差。[38] 这样一个区域的边界由基本的地理标准来确定，而郡和主教区的边界都只是一个已经限定的范围。使节都是主教、修道院院长和伯爵，给他们这一职位意味着他们已经在这些区域行动了，或者靠近这些区域。例如，大主教鲁昂的马吉纳德（Maginard）和伯爵马德尔高德（Madelgaud）一起被指派到一个非常大的区域，包括八个郡，从塞纳河以西到布列塔尼（Breton）地区的边界。由于他的大主教区被塞纳河一分为二，皇帝认为只把河西岸的地区划为遣使区更符合实际。其他的使节，例如桑斯的大主教马格努斯（Magnus）和伯爵戈德弗里都斯（Godefridus），被授命的是一条巡回路线，而不是一连串的郡。他们从奥尔良出发，统领远达贝桑松的广大区域，最后回到卢瓦尔河的出发点。

实际上，802 年查理授命给他最信任的大主教、修道院院长和伯爵的任务，是监督一块广大地域上整个行政和教会体系的运作，这片区域对他们来说是近便的，而他们已经在此履行日常工作。这被视为一次政策上的逆转，因为从此开始，使节不再是从宫廷里派出，或者外派前往他们自己尚未掌控的区域。实际上，在这个新的设定下，最重要的一点是他们已经在这个特定的区域有其自身的利益。但实际上，在过去查理就已经有一种偏好，即从那些官职、亲缘、经济利益都已经和自己将要去履职的地区有着很强关联的当地人物中选择使节。保证他们行为端正的并不是他们对当地情况的无知，这已经被证明是适得其反的；而是基于皇帝对他们个人的信任，实际上也基于他们必须就自己的举动亲自接受皇帝的问询。

我们也不应该夸大这一体系的内部一致性，无论是使节的构成还是他们将要行动的区域都不应夸大。事实上，802 年每个遣使区都分派了两名使节，其中一位是大主教或者修道院院长，另一位是伯爵，但也有记录表明，随后几年里，在某一特定任务所划定的区域里，会派遣三到四人。例如，804 年皇帝派遣一位神父和两位伯爵去伊斯特里亚调查当地管理者滥用职权的问题。[39]两年后，一次任务由两名伯爵和一名修道院院长组成使团；这位修道院院长同时也是帝国文书部的负责人，当他告病不得不放弃出行的计划时，两位修道院院长接替了他的位置。[40]换言之，这个体系还没有像后来虔诚者路易时期那样，正式构建成官僚体系。虔诚者路易要求每位大主教都在自己的大主教区履行使节职责。查理拥有选择使节的自由，这个选择落在了那些已经证明自己忠诚的人身上。因此，王室使节应该视为他的一项最具灵活性的管理手段。

查理大帝要求他的使节向那些将要接受调查的伯爵们发出的通知文书范式如下：

> 我们和我们君主的其他所有使节，受命将王国内截至四月中旬发生的事报告于他。包括他近些年命令要完成的那些事，以及那些被疏忽的事，以便充分奖赏那些恪尽职守之人，相应责备那些没能尽责之人。还有什么需要我们告知你的吗？他要求我们所查证的，不外乎那些符合他命令的事，那些被疏忽的事，以及谁要为这些疏忽负责。因此，我们指示你重读你的法令集，并口头提醒你所有要求你做的事。尽一切努力去获得上帝的恩典，并且从我们的伟大君主那里得到奖赏。[41]

查理大帝非常清楚地知道，他对这些人的信任只能到此为止，但他决心要保证自己的政令畅通。

书面记录的使用

正如上文所引用的这些证明所示，书面记录在帝国的管理中有着重要地位。尽管大部分人口都是文盲，但法兰克人的社会绝不是一个基于口头交流而凝聚起来的原始社会。其宗教是书面的宗教，这要求所有教士要有能力使用书面语言。尽管国家的法律诉讼程序绝大部分是通过口头执行的，其法律体系还是基于以书面形式留存的司法传统，书面证据占有相当重要的分量。同样，政府管理实践鼓励广泛使用书面文档，不过政府还是必须再三敦促此举，这一现实就暗示着政府一部分工作人员必定会有抵制或者怠政。

对书面文字的使用可以由各种层级的文件来证明。在年度集会之前，国家会起草一份议题的草案，并且会提前送给与会者。其中的一些议程留存了下来。[42] 所做出的决议会以传单的形式传递给那些执行的地方权力机关。王室使节从国王那里直接获得口头指令，也会获得冗长的书面指示。军事动员的书面命令会送给主教、修道院院长和伯爵，命令中会详细指示他们将要召集的时间和地点，以及所要携带的装备。内外使节会带着征用信出发，征用信授权他们在执行文件所规定的任务时，获得交通、食宿、补给。

查理要求他的官员所写的书面报告也很重要。每位主教、修道院院长、伯爵都必须提供公证服务，这样的需求并不少见。这样的情况并不限于司法程序中，司法程序显然需要法庭审判的书面记录。使节必须递交一份他在履职期间所委任的助理法官（échevins）、律师和公证人的名单。还有那些不履行军事义务、没有财产缴纳罚款的人员名单，进入每个区域的移民名单，那些收入来自所分配的王室财产的人员名单，并附上他们的情况报告。甚至神父也要留存自己所征收的什一税的书面记录，以及税收的用途记录，还有每年献给国王的马匹记录，附带捐献者的名单。

那些管理王室地产的土地代理人也需要保存记录。《庄园敕令》（Capitulare de villis）要求他们必须保存一切他们所消耗和花费之物的记录，并将自己的存量书面告知宫廷。每年他们都必须递交一份自己所有收成和收入逐条列举的完整报告。"圣诞节前将一切报告于朕，细分条目，以便朕知其何有，各有几何。"皇帝在结尾处如是说。[43] 显然，有可能甚至极有可能的就是，并不是所有的地方管理者都有能力履行对他们的要求。认真调查后，史料揭示出查理的管理倚重于书面文档的程度，超过了我们基于其之前时代历史条件所作的预期。

教士在治理中的角色

制度上的含混

目前为止我们已经描述了查理管理自己民众的方式，仿佛是一套现代国家机构，拥有中央政府，其领土上驻扎有地方官员。这样一种方式是合法的，因为当时也有一种明确的观念，就是公权力控制一块特定的领地，管理生活在那里的每一个人，既符合共同的利益也符合法律。不论对他们行为的管理控制是多么微弱，他们滥用权力、施行暴力是多么频繁，虽然恩地（采邑）的重要性日益提升，但我们不要混淆或忘记，从"伯爵"一词的每个意义上看，伯爵都是公职官员。

然而这样描述帝国是如何管理，有失偏颇。查理控制自己的王国，统领自己的民众，并且通过教会维持公共秩序，这种方式完全符合实际，没有人感到不妥。主教和修道院院长是公共秩序的支柱，他们对皇帝负责，因为他们从根本上说都是皇帝任命的官员。而且在制度上固有的含混，是法兰克人所建立的欧洲的特点，其原因是教士广泛涉入了政府事务中，包括司法甚至是军事行动。这种情况，以我们的观念理解有困难，这是因为我们的观点受限于中世纪的最后几个世纪，那个时代教俗之间的区分逐渐清晰。

　　国王喜好将主教和修道院院长作为有经验的政治人才来使用，他们比自己的那些世俗臣僚更有文化。他们的组织已经根植于王国领土的全境，他们习惯于在等级制度下工作，因此他们能很好地受命传播并执行他的命令。我们可以以一个极具说服力的例子来考察查理时代所固定下来的常见惯例，尽管其实际发生在虔诚者路易统治的早年。817 年，特里尔的大主教赫蒂（Hetti）写信给自己的副手，图尔的主教弗洛塔利乌斯（Frotarius）：

　　　　我们从我们的君主皇帝那里得到一条可怕的命令，根据命令我们必须布告全境内的居民，我们代表他，让他们做好准备，参加在意大利的战争。因此我命令你以我们的君主皇帝之名，立即热忱地通知所有的修道院院长、修女院院长、伯爵、王室封臣和教区的所有民众，所有这些对国王有军事义务的人，做好自身准备。[44]

　　在这个例子中，大主教像一个负责广大区域的王室使节一样，在自己的能力范围内传递国王的命令，这个区域和他自己的大主教区差不多。因此同一个人也保有两个职位，一个是教会的，一个是政府的。并且作为都主教，赫蒂认为让他的副手主教在当地执行命令也是自然而然的。所以在图尔地区，不仅是修道院院长和修女院院长，同样伯爵和王室封臣也从主教那里接受了国王的命令，以自己的行动回应他。要注意的是弗洛塔利乌斯和赫蒂不同，没有任何政府公职。他只是一个主教，但也应当涉入帝国的日常管理中，尽管这一职责十分繁重。

　　另一个更进一步的例子是在查理大帝的晚年。813 年，修道院院长阿德拉德、另一位王室使节和一些意大利的教士收到了一位神父的请愿，他被卢卡（Lucca）的主教开除了教籍并逐出了教会。修道院院长命令卢卡的主教重新调查，在调查了情况后，伯爵认定主教的程序不合法。因此他命令再次审判，这一次按照教会法的要求，要有至少另一位主教和一定数量的神父在场。为了更加保险，他还命令自己的助理法官参与审判，助理法官是为每位伯爵工作的法律专家。我们在此拥有了一个关于教会法的实例，在这个例子中，大家讨论的是教会法的规范，并且这个案子是由一位伯爵在王室使节的要求下进行监督，而这位使节恰好是一名教士。[45]

很难以更具体的方式去设想这一体系中行政与教会各等级的重叠，他们都效力于皇帝。实际上，如果区分这两套等级，将伯爵和王室使节放在一边，大主教、主教、修道院院长和修女院院长放在另一边，肯定会导致尴尬。实际上，他们清楚地知道，自己是同一个组织体的一员，位于组织体顶端的是君主，虽然他们各自从事的领域已经部分分化了（"各人对应授命与他的部分。"虔诚者路易如是说）。[46]两大等级的成员是政府公职（ministerium）的维系者，这些职位是由国王委任的。这足以让他们无条件服从。

为国王效力往往意味着，主教和修道院院长不得不处理与他们的教牧和修道使命完全无关的事务。丰特内尔（Fontenelle）修道院院长格洛尔德（Geroald）被任命为海峡港口监管，赴任国际大商埠昆托维克（Quentovic），任务是征收关税。[47]因为大部分与英格兰的贸易都是通过昆托维克，每当查理想向奥法（Offa）国王遣使的时候，一贯会借助格洛尔德。似乎这位修道院院长就再没时间祈祷了；然而，过了一代人后，这种系统地使用教会人员，使其脱离宗教职责的做法，开始使一些人感到害怕。在查理的时代，对待主教和修道院院长的习惯是首先将其视作国王的人，其他的考量则在其次。

应该加一句这样的话：要求主教应尽的政治职责无论如何都比以前减少了。在墨洛温王朝，高卢的主教们在自己的城市中被广泛授予了财政、司法和军事权力。随着王权的衰退，他们开始偶尔独立行使这些权力，逐渐形成名副其实的主教国。然而在查理继承自其父丕平的王国内，主教的权力已经急剧缩减。主教国完全被清除，伯爵担负起所有的财政、司法、军事职责。主教只保留了一些不稳定的象征性特权，比如对教士和教会雇员的审判权、三分之一或一半的税收、贸易职责和一些伯爵继续付给当地主教的罚金。

其中一些特权，尤其是关于司法的特权，会时常涉及在教会土地上工作的数以万计的农民。这相当重要，并帮助主教们确立了公共权威代表的地位。然而，在查理大帝的帝国中，为履行特殊的行政职责，以执行君主的命令，而完全将教士的人事和财产关系转变为公职关系，这样的实例并不多。特别要说的是，这一切都出于他们的自愿，包括在任何条件下传达国王的命令；涉入地方居民的管理体系中；以伯爵管理他们的方式接受国王的质询监督；最后，他们还要经常被任命为王室使节。

控制主教的任命

在绝大多数情况下，主教从属于任命者，从这个意义上讲，主教在本质上都是国王的人。西方尚未因为圣职叙任权（investiture）

的冲突而分裂；而主教的选举，名义上是地区教士们的职责，但如果君主对选举进行操纵，也没有人会感到震惊。以这种方式任命不称职或腐败的主教会导致丑闻，但事实是，如果需要有什么作为保障的话，基督教世界的最高领导者将会监控这些任命。因此我们要忘却现代天主教会的组织方式——主教的任命是教宗独有的特权，我们要设法去想象一个这样的世界：由国王选拔最合适的候选人，他这么做的具体原因是关注教会的顺畅运作，以及关心自己臣民精神领域的安康。简言之，国王往往会选择自己最为信任且有能力接受考验的人。这解释了为什么有大量的主教人选来自王室礼拜堂，这里是教士辉煌职业生涯的摇篮。这同样也意味着，任命主教的国王可以同样撤免他们。他将那些招致他不悦的人驱逐出教座，前提是需要为这样重大的举措找出充分的理由。以词源来说，"主教"一词来自希腊语的"监察者"（episkopos），诺特克称查理为"主教们的主教"，很难想象出一个更贴切的称呼了。[48]

　　显然，当一位主教去世的消息传到宫廷时，许多人都非常高兴。计划填补这一空缺的阴谋立刻就会开始。权臣们和王后在自己的亲信中都有人选，并且他们会毫不顾忌地向国王施压，影响他的决定。[49]在其驾崩后很长时间内，关于查理大帝选拔主教候选人标准的各种逸闻还在教会中流传。传说在教历中最重要的节日之一圣马丁节前夜，一位教士被告知将被提拔到空缺的主教职位上。"他心满意足，邀请了很多宫廷里的官员和来自主教区的客人，并且办了一场丰盛的晚宴。但他暴食过度，滥饮更甚，达到了溺于酒中的程度。他没有出席这个最为神圣夜晚里的晚间布道。"王室礼拜堂祷告的规则是，每个人必须吟唱特定的应唱圣歌

（responsorio）。当轮到缺席的教士时，没人知道谁该来吟唱。当大家都陷入尴尬时，祷告中断了。"嗯，来个人吟唱。"国王生气地下令道。这时一个无人注意的穷教士大胆地吟唱起圣歌，尽管大家都想要让他闭嘴，他还是继续唱到结束。可以预见到，醉酒教士的主教职位会被夺去，转而授予这位穷教士。[50]

唯一需要教宗批准的情况是那些辅佐罗马教座的意大利主教和大主教的任命。教宗是西部唯一能给大主教区授予圣职的最高权威，他将大披肩授予大主教，作为职位的象征。在这些事情上，教宗是否能勇敢地面对王室的意志，很大程度上取决于教宗的个人品格。这意味着，相较于阿德里安一世时，在利奥三世时期，查理更为轻松。在790年左右，国王任命修道院院长赖兴瑙的沃尔多为其子丕平的摄政，丕平当时还是个孩子，已经加冕为意大利的国王。作为理所当然的事，他要求阿德里安任命修道院院长为意大利王国首都帕维亚的主教。但阿德里安并不同意这一任命，尽管这并没能阻止沃尔多执掌帕维亚教区，但他一直没能正式任命为主教。[51]

利奥三世的当选引领了一个时代，一个紧密跟随法兰克国王政治纲领的时代。这在798年表现出来。查理决定将萨尔茨堡从主教区变为大主教区，使之成为对阿瓦尔人传教工作的中心。名义上，是巴伐利亚的主教们提出申请，利奥以轻慢的口吻回应道，他乐于接受他们的恳求，任命他们的同僚萨尔茨堡的主教阿尔诺为大主教。但他写信给查理时用的是截然不同的口吻："得神之庇佑的吾王陛下，命令我们为阿尔诺主教授予大披肩，任命他为巴伐利亚人省份的大主教。"他接着很谦卑地向国王保证，他已经执行了他的命令。[52]在查理统治期间，法兰克人的国王从各个方面说都是天主教会实际上的领袖，教宗差不多就是他的属下。

帝国内修道院院长的地位也是他们的君主授予的。这一范畴首先就包括查理兴建的修道院，被授予大量的王室领地。基于常理，他们的存在得益于国王，他们的生活也依赖国家的开销，因此，这些修道团体完全服从他的意志，他们接受国王任命的修道院院长，没有丝毫意见。另外也有一些修道院，包括一些非常重要的修道院，例如洛尔施和圣加尔，其院长在一些特定的时期认为将修院托付给国王，将僧侣置于国王的保护之下，更为合适。作为回报，僧侣不仅保证为国王和他的家人与军队祈祷，也允许将修道院和它所有的财产置于他的完全控制之下。

不言而喻，皇帝并不总能了解到地方上的情况，也不能完全接受教区主教和修道院院长关于候选人的建议，他们总想自己安排继任者。无论如何，查理在这一问题上制定的规则，说明了他有多么不信任这些提名：

> 无论主教还是修道院院长，都不应该因自己的喜好而偏爱无能之人。他们也不应该因为这些人与自己有关系或者迫于某种压力而授予他们职位，却瞒匿排挤更好的候选人，而把他们推荐给朕。朕命令这绝不允许发生，这让朕感到受了欺骗和愚弄。每个修道院都要提拔一名对朕有用的候选人，对举荐他们的人论功行赏。[53]

查理在结尾处提醒每个人，无论如何最终决定权都是他的。

职位同化为恩地（采邑）

教会任命的职位被同化为公共职位，这同样表现在当时的惯例中，当时人们倾向于将这些职位视为恩地（采邑）。（这一术语包含一切财产，有土地、收益和职位，职位并不被视为财产，而是作为皇帝的恩赐，他可以将其收回。）在查理大帝生命最后几年颁布的一部法令集中，使节们受命起草公共资产的清单，"他们不仅要详述主教、修道院院长、修女院院长、伯爵和朕的封臣的恩地，也要详述朕自己的王室财产"[54]。在819年，虔诚者路易颁布的一部法令规定："那些身为主教、修道院院长和伯爵的使节，当他们靠近自己的恩地时，不得受他人的供养。而当他们离开恩地后，他们有权征用供给。"[55] 当然，在所有这些情况中，声明这些恩地并不是职位，而是那些与之有关的财产，是十分合理的。实际上，二者的区别并不明显。主教区和修道院最终被视为一种恩地，国王按照自己喜好分配它们，这恰似郡的管理权，或者来自王室财产收益的终身薪俸。

在查理死后相当长一段时间内，更多灵魂人物挑战和批评将高级教士视为国王的封臣这一现象。858年，兰斯的大主教辛克玛（Hincmar）愤怒地写道："教会是上帝托付给我们的，并不是一种恩地，更不是国王可以凭一己之好随意予夺的财产，因为一切属于教会的，也奉献给了上帝。我们主教，是奉献给上帝的人，和世俗之人不同，尽管我们能让自己和教会承担维护和协助政府的义务，以提升教会组织的良好管理。但我们中不会有人隶属于他人。"[56] 但这只是孤立的观点，广泛的舆论还是认为，主教和修道院院长是皇帝的人。查理大帝的曾孙胖子查理某天夜里梦见自己进入了往生世界，经历了地狱的苦难。他首先遭遇了一些受诅咒的高级教士。"我们是你父亲和叔父的主教。"他们与他交谈，解释说他们没有缔造和平而是传播混乱，因而被放逐于此受折磨。

"你的主教们也会来这里，"他们最后说道，"如果他们继续自己现在的行为的话。"[57]"你的主教们"：尽管教会是一个与世俗世界相分离且明显不同的组织，但教士们最终应答皇帝时，就像其他政府官员应答一样，没有比这个（你的主教们）更简洁的表达了。

第 8 章

帝国的管理：资源

公共资产

王室财产

王室财产是君主统治的核心部分。法兰克人的国王在蛮族入侵的时代就确立了王室财产。并且随着每一次新的征服，以攫取并声称占有那些被放逐的首领及其追随者的财产，而将王室财产扩大。这些变成了巨大的财富：可能有一千处地产，按照当时的说法被称为"田庄"（villae）。这些地产在规模上变化很大，但平均都有几百农民作为劳动力。这意味着在广大的帝国里，有50万人为王室地产劳作，他们除了国王以外没有别的领主。他们劳动的所有剩余产品都由国王支配，而且正如我们所知，国王非常精于使用这些产品。

国王的财产在王国的腹地尤其密集。例如，在纽斯特里亚，有一份文件证实了存在超过400处的王室地产，几乎没有哪个主教区内没有国王的财产。这幅图景并不是分散的土地统一在一起，而是广泛地散布开来，在少数地区高度密集。不超过四分之一的主教区密集地居住着王室佣工。国王会时常造访这些地方，当他在这些地区巡游时，他会时常停留在自己的"田庄"中。在新近臣服的地区，例如普罗旺斯、阿奎丹、意大利和萨克森，他只会偶尔来访。在这些地方王室地产较为稀少，并且彼此相隔甚远。这可能就是"法兰克人的王国"（regnum Francorum）这一观念，在法兰克王国扩大并转型为帝国之后仍然保留的原因。

"像另一个国家"：教会的财产

王室财产，包括丕平家族的大量私人财产，也包括广大的教会地产。统计可知，查理大帝的帝国包括近200处主教区和超过600处修道院，他们的财产有时十分庞大。富尔达修道院是日耳曼地区基督教世界的前哨，雇用了大约1.5万家农户；另一个靠近阿瓦尔边区的前哨，巴伐利亚的泰根湖（Tegernsee）修道院，雇用了2万户。教会的财产依靠国王的捐赠而得到持续的支持。但如果把这种所有权的转移视为对王室财产的不断侵蚀就错了。譬如查理，和之前他的父亲与祖父一样，将教会的土地视为另一种公共资产，其收益完全受自己支配。实际上，当皇帝命令自己的皇家使节起草一份关于"在分配给他们的每一块土地上朕所拥有的一切"的清单时，这一命令并不只是关注严格意义上的王室财产，也包括教会财产。[1] 文书部设计了同一套格式来描述教会和王室地产，显然就是把它们视作同一种类型。

教会的财产并不能被国王随意没收，转交他人。这样的行为会被视为暴政，招致暴力反弹，虽然在孤立的事件中，教会的人会倾向于缄默不语，而不是和国王冲突。简而言之，查理已经习惯于将主教和修道院院长视为自己的人，他们的职位都来自自己。

他能够得到他们来自教会的收益，并用于自己认为合适的地方，这也是完全合理的。这就像一个第二公共领域："像另一个国家"（Quasi Alteram Rem Publicam），这句话来自查理驾崩几年后他的堂弟瓦拉的说法。[2] 将大地产和大量的农民从王室转移到主教和修道院院长这里，只是意味着后者被授权保证这些地产产生收益并组织运用这些劳动力，但说到底他们还是代表着国王。

王室财产的经济开发

国王的给养维持

许多王室地产，大约有150～200处，实际上是王室驻地。一般都会配有一座行宫，在必要时，有适当供给的情况下，君主和他的随从会在其中居住几个月。实现这一目标，得益于仓库中的储备，还有周围地区其他王室地产代理人的补给护送队，他们得知国王抵达后就会尽快将补给送出。这些驻地，在古代法兰克人的领地上有很多，例如在塞纳河、瓦兹河（Oise）、默兹河、摩泽尔河和莱茵河流域。驻地沿着道路有规律地间隔分布，直到边境，因此这也涉及一个有规划的行止点系统。如果查理从亚琛启程，前往萨克森或者意大利，他要能够随时在自己的居所过夜，可能有时也停留在主教区或者修道院。这一点也大体上证实了王室产业和教会产业大致上的平等地位。可想而知，当前者（至少在字面上）能够足以保证国王及其随从的供给时，主教和修道院院长依然有义务在每次有需求时，自己负担开销，向国王提供款待服务。

　　我们不要相信这样的传说，认为查理被迫不断地从一处地产迁移到另一处，消费这些地方出产的谷物、酒和火腿，其原因是因为没有足够的道路和交通手段将这些物资运送到他这儿来。确实，国王想要停留的行宫，周围都有几处庄园，以保证王宫较长一段时间的供给，而且他大体上也主要停留在拥有更多王室地产的帝国区域。但"田庄"如此众多，又如此分散，其中有些代理人从不需要招待自己的主人，这无疑极大地减轻了每个人的负担。这并不意味着谷物留在仓库里喂了老鼠，酒留在储存的木桶中任其变质。每一年，每位代理人都会收到如何处理剩余产品的确切指示。如果庄园距离皇帝计划过冬的宫殿不远，他们就会将物资转移过去；如果规划中的夏季战役有需要，这些物资就会成为供给军队的庞大后勤队伍的一部分。此外，更常见的情况是，代理人将其出售，连同明细清单一起送往宫廷。

　　管理的手段可能更为复杂。国王，和他的许多修道院院长一样，意识到将每个"田庄"分配作不同用途的价值，规定哪些供应王室亲眷，哪些供应军队。显然，这一体系意味着管理者必定有主动性：可能组织每个"田庄"劳动力的农民领班（maior）并不是这样，但那些掌管账目、为国王负责一处或一群庄园的代理人（actor）则是主动的。在管理术语上这些庄园地产被称为王田（fiscus）或者公职田（ministerium）。如果我们顺理成章地认为这些代理人有时是从领班提拔而来，并曾经当过农奴的话，就会理解这些王室地产的存在会刺激经济，也会影响整个乡村社会。

教会地产的开发

　　教会的财富也用于王室。国王时常造访的这些区域的修道院，与当地地产代理人合作，以纳贡的形式供给王室，这很快就被视为一种必须遵守的惯例。圣德尼修道院拥有大片的葡萄园，每年需要向附近的田庄供应大约 3,200 加仑葡萄酒。

更常见的是，主教和修道院院长需要每年向皇帝的居所或者年度集会地运送供给。这些供给被委婉地称作捐赠（dona）或礼物，但从各个方面来看，这都是强制且极其繁重的课税，这可以从 806 年查理大帝送给圣昆廷修道院院长的信件得知。在给武装骑兵分遣队的详细指示的末尾，皇帝补充要求修道院院长将物资运送到年度集会地。

> 关于那些你必须在集会时送予朕的礼物，在五月中旬送到朕彼时所在之地，如果你能规划好自己的行程，亲自将它们送与朕，将会甚合朕意。如果你还想保有朕的恩宠，就不要疏忽大意。[3]

还有一个故事同样揭示了这一点。查理出人意料地现身一座城市，成为主教的客人。由于是星期五，他不能吃肉，主教也找不到鱼，被迫给他献上奶酪。皇帝拿来一把刀，削去外皮，开始吃奶酪中柔软的部分。主教和其他仆从一起出席国王的宴会，他控制不住自己，说道："您为什么要这样做？您扔掉的是最好的部分。"查理是一个不喜欢被反驳的人，尝了尝外皮，发现确实好吃，他尖刻地回应道："你说的不错，每年准备两车这样的奶酪送到亚琛给我。"主教担心起自己的主教职位，说道："陛下，我可以弄到奶酪，但我不能保证和这个一样。我担心自己可能被训斥。"但查理毫不退让，结束了对话："那你就把它们切成两半，如果你发现它们和这个一样，就用锋利的长钉子把两半钉回到一起，再把它们送给我。你可以保留其他的，给你自己、你的教士或者你的仆人。"[4]

从皇帝的语调中可以清晰地看出，这些礼物完全不是自愿的。我们倾向于将其视作一种税。但我们可能错了，因为在那个时代，赠送礼物是表示承认国王权威的一条途径，并且会引发一连串的互惠举动，国王也有义务去遵守。这给了我们一个关于他选择捐赠人之偏好的真实证据。诺特克为我们提供了关于奶酪的逸闻，结局是，从此以后三年，主教遵守了国王的命令，付出了极大的代价；查理为了补偿他，慷慨地捐赠出王室土地。817年，虔诚者路易立下遗嘱，在他死后，两个幼子要臣服于长子，每年为他提供适当的礼物。但他立刻加上，长子收到礼物后，必须要赐予他们价值更高的礼物，以彰显自己拥有更大权力的现实。[5] 显然，我们会意识到，如果这仅仅是一种强制税收的话，那这种交换会很快枯竭。与主教和修道院院长一样，世俗的权贵也提供这种礼物。一首宫廷诗歌带着满足之意描述了这一场景，贵胄们以大堆的金银、装着宝石的箱子、紫色长袍、骏马作为礼物，向国王表示尊崇。[6]

但国王出于利益考虑，还有其他的手段开发教会地产。在一些像富尔达这样几乎完全由王室巨资捐赠修建的大修院的地产上，农民要像在王室地产上工作一样，在付给僧侣地租的同时，付给国王一种"森苏斯"（census）。大体上说，中世纪拉丁语术语"census"意思更接近一种租金而不是税收。尽管国王已经捐出了土地，这片土地上的人是为教会工作的，但他还是坚持从佃户这里征收"森苏斯"，和征税类似。在其他情形下，强加给修道院的义务包括让其劳工向王室金库缴纳年金。巴黎近郊圣日尔曼（St-Germain-des-Prés）修道院要求其佃户缴纳一种名叫"hostilitium"的费用，以装备供给军队的辎重车队。实际上修道院扮演了国王代理人的角色，对其佣工征收费用，送入国库，也无怪乎一些历史学家将这种征收视为一种公共税收。

当然，不是所有的修道院都有同样的义务，原则上说，这只会涉及所谓的王室修道院。这些修院是由国王创办的，或者至少受其恩惠。其他的修道院，只对当地主教甚至私人捐赠者的家族负责，在法律上不需要缴纳这种征收款。812年，皮斯托亚（Pistoia）的圣巴尔托洛梅奥（San Bartolomeo）修道院的院长，向当时在意大利执行任务的王室使节递交了一份上呈宫廷的法律申请，陈说他的修道院是私人兴建的，因此不需要纳贡。但自从修道院的所有权非法转让给一位世俗之人后，就确立了纳贡的习惯。"从那天起，他们强迫我前往军队，为使者提供食宿，向宫廷纳贡，这一切都不是法律所要求的。因为已故的盖多尔多（Gaidoaldo）建造了这一修道院，并将其留给了自己服军役的后裔。"法官裁定，这个创建者家族已经尽到其公共义务，强迫他们和修道院是错误的，因此判决支持修道院。[7]

此外，也不是所有的王室修道院必须缴纳同样多的款额。当虔诚者路易继承王位后，他发现自己被僧侣们的抱怨声所包围，他们声称自己因过度征收而陷入贫困。不久后，他收到了一份在自己保护之下的修道院的清单，现在只有一部分保存了下来。[8]在这份清单上，14座修道院需要同时为军队送去礼物、进行捐赠，16座只需要提供礼物，还有18座只要提供更少的资源，"不需要提供礼物和履行军事义务，只需要为皇帝和其子嗣的救赎以及帝国的稳定祈祷"。规则是多变的，但潜规则是，在需要时，教会必须提供君主所需。

作为补偿而对修道院进行的分配

作为更长远的手段，国王会将整个修道院作为终身的赏赐。例如，一座修道院可以作为一份恩地赏赐给一位当地的伯爵，条件是他同意用此地的收益履行自己的职责。这种让步冒着引起僧侣们不满的风险。因为尽管查理不是一个会被一时的闲言碎语所阻挠的人，但他不可能不知道这些伯爵的恶习，他们会将这意外恩赐的修道院的利益榨净。对这些修道院更为现实的使用方法是，任命那些效力国王以求回报以及那些国王希望其继续效力的人为其修道院院长。

第一批名单包括许多为宫廷效力的饱学之士。最好的例子就是阿尔昆，他在796年被任命为极为富饶的图尔的圣马丁修道院院长。在第二批的名单中，考虑到这些公职人员要继续在宫廷中为国王效力，所任命的这些修道院院长不需要前往当地到任。掌管王室文书部的文书大臣，通常会赏赐一所大修道院。777年卸任的文书大臣伊特里乌斯（Iterius）是图尔的圣马丁修道院院长，他的继任者拉多（Rado）被任命为阿拉斯的圣瓦斯特（St-Vaast d'Arras）修道院的院长。另一位获得修道院院长的任命并在多个职能上持续为国王效力的政治人物，是伦巴第人法多尔夫（Fardulf），他在792年将驼背丕平的密谋报告给了查理，获得了富饶的圣德尼修道院作为奖赏。

需要澄清的一点是，僧侣身份并不是成为修道院院长的必要条件，因为这样一种限制会削弱奖赏的价值。因此受到王室任命的修道院院长，被称为"世俗修道院院长"，尽管他们常常并不是世俗之人，而是教士的一员（例如，阿尔昆曾是一名助祭）。任命一位主教为一所或多所修道院的院长，是国王最常使用的增强其财力并强化其忠诚的方式。当时最有名的主教之一安吉尔拉姆努斯，是梅斯主教和王室大教长，同时也是基姆湖（Chiemsee）和塞诺尼斯（Senones）两处修道院的院长；希尔德巴尔德是科隆的主教，并继任了安吉尔拉姆努斯的大教长职位，又是蒙德湖（Mondsee）修道院院长；特里尔主教里克波都斯，是洛尔施修道院院长；萨尔茨堡的大主教阿尔诺，同时是圣阿曼德（St-Amand）和圣坎迪多（San Candido）修道院院长；奥尔良主教狄奥多尔夫，同时是圣艾吉南（St-Aignan）和洛布斯（Lobbes）修道院院长；我们还可以继续下去，不过其中一些例子包括了由修道院院长提拔为主教的情况。

对僧侣们而言，接受一位上面指派的修道院院长，并不总是令人愉悦的。主要是因为这些外来者会很快用光他们集体的资源。图尔的僧侣就为他们新院长阿尔昆大量的访客感到沮丧，他们以修道院的经费款待作乐："又来了一个不列颠人还是爱尔兰人拜访他的同乡。神啊，从这些不列颠人手中拯救我们的修道院吧！"[9]对于处在王室保护之下的修道院的僧侣来说，向国王请愿重新考虑这一任命，并授予他们自己推选修道院院长的权利，这并非稀奇之事。一份用来起草法律文书的标准文本集中，就包含这类请愿的模板："从您将我们赏赐给他作为圣俸的那一天起，我们就失去了您的庇佑，从那天起我们缺衣少食，没有肥皂和食物，而这些在之前都是惯例。"[10]但查理在世之时，这些悲苦的抱怨声不可能大规模实现其目的：封赏这些修道院作为主教、伯爵以及与宫廷相关的学者和官僚的补给资源，对皇帝的行政体系而言太过重要，他无法放弃。

王室财产和劳动力的组织

作为审判者的代理人

王室财产在权力的运作中处于核心地位，并不仅仅因为它们是收入的主要来源，也由于这些财产使得国王可以不通过中介，直接控制土地和人。这就是实际占有大片有人定居土地的结果，这里的每个人对国王来说不是奴隶就最起码是佣工。我们不会对此感到意外，在《庄园敕令》中，查理以难以置信的精细方式，规定了王室财产的管理，当地的代理人被称为"审判官"（iudices）。[11] 在法兰克人的传统中，这个词一般用于公职人员。但从词源学的角度考虑，这个词意指人的规训，更强调政治角色而不是经济角色。可以确信的是，王室领地上的居民，在他们违规或者提出诉讼时，直接由代理人而不是伯爵审判和责罚。当然，自由人和奴隶之间还是作出了区分，前者有按照法律接受审判的权利，后者要屈从于残酷的肉刑。

教会地产：维护人与豁免权

在这里，教会地产中同样的问题也呼之欲出了。那些为主教和修道院院长管理教会地产的得力之人被称为"维护人"（advocati）。教会法令集提到他们时，仿佛把他们当作和伯爵及其下属一样的公职人员看待。实际上，考虑到他们要规训和惩罚那些和家人一起居住在教会土地上的众多劳工，他们实际上就是公职人员。皇帝强调，维护人需要知晓律法，公正裁判。为了确保这一点，皇帝规定，他们必须由王室使节任命，最起码也要一位伯爵为其作见证。[12] 尽管他们为教会效力，但他们在公共管理领域很有影响力。对此虔诚者路易给了我们明确的构想，这一构想在查理时代就有所暗示，当他提到"朕的维护人"时，与之并提的是"朕的主教、修道院院长、伯爵和封臣"。[13]

维护人拥有审判者地位，原因是实际上主教和修道院院长通常享有豁免权。这一王室授予的特权，禁止伯爵和其他审判者进入教会的领地内审判违法者、罚款、收税、要求教会人员招待他们或者征用车辆和马匹等这些他们在其他地方允许做的事。豁免权由最早的基督教皇帝授予教会的庇护权发展而来，法兰克国王之后对其加以确认。但我们不能因其广泛的使用，而推定这一地区的全部领地和在籍人口都逃脱了公共权力的控制，因为直接的事实是，主教、修道院院长及其维护者和伯爵及其下属一样是公职人员。在拥有豁免权的土地上，公共司法还是得到了保证，给国库和军队的税款还在继续征收，但这是由教会的代理人对其负责，而不是伯爵的人。换言之，授予豁免权并不意味着放弃使用国王的权力和司法，而是在效力国王的人中，权力和司法从一些人转移给了另一些人，二者都具有公共性。

豁免权也有其特别的限制。如果窃贼或杀人犯在教会的保护下寻求庇佑，伯爵会命令主教或修道院院长将其移交。遭到拒绝的话，将会处以罚款，并会再次提出要求。第二次拒绝的话，罚款会加倍，并会再三命令移交犯罪的当事人。第三次拒绝后，伯爵有资格强行进入享有豁免权的领地，拘留被通缉的人（尽管为了降低滥用权力的风险，查理规定任何使用暴力的行为都必须优先让他知道并同意）。这个程序似乎很复杂，但实际上留下了很大的协商空间，允许双方声明自己的权利，保留颜面并且不破坏公共秩序。

显然，豁免权时常会导致冲突，就像在阿尔昆那里发生的情况一样。那时他是图尔的修道院院长，他在他的教堂里授予豁免权以掩护一名教士，后者在奥尔良犯了罪。这个人已经受到当地主教的人的追捕。这个主教被证实是狄奥多尔夫，他可能是阿尔昆在查理宫廷的学者中最有名的对手。尽管狄奥多尔夫的人出具了一份王室授权令，授权他们逮捕逃亡者，但修道院院长拒绝将其移交；并且图尔的民众因为害怕自己的会堂可能受到进攻，他们操起棍棒，威胁将这些外来者打死。愤怒的狄奥多尔夫报告皇帝，查理草率地通知阿尔昆，他犯错了。皇帝派出的使节展开了调查，使一些被控挑动暴乱的僧侣遭到逮捕、鞭笞和监禁。这场冲突不能被解释为公共司法权力试图对私人生活领域的一次侵犯：纵然逃亡者受到修道院院长的人保护，但追捕他的是主教的人。而国王倾向后者，是因为他判断是阿尔昆而不是狄奥多尔夫滥用了自己的权力，而双方都是公权力。[14]

恩地使用王室和教会地产

王室财产的一种特殊使用方式就是分配其作为恩地。最常见的是将其作为一种可撤销的终身权利。一块恩地，对一位负责管理公职地的伯爵或者一位受命为国王提供武器和马匹的王室封臣来说，带来了相当可观的资源。恩地同样也利用了教会的财产。从查理·马特时代起，分配使用教会地产的行为就有一种意味深长的称呼"王谕请求"（precariae verbo regis），"precariae"意为利益相关者提出的要求或请求，"verbo regis"代表着强迫主教或修道院院长同意的王室法令。教会对这种分配并不高兴，因为这冒着财产永久转移的危险。而查理为保留其颜面，很注意保证这些恩地最起码依法交付租金。但他肯定没有像教士们期待的那样，怀有将这个体系废除的想法。

再一次，这种不满只在查理死后才显现出来。828 年，修道院院长瓦拉在承认教会财产最基本的公共属性后，提出教会财产的使用最起码要与王室财产的使用相区分："这样国王就能拥有用于维持自己军队的公共财产，基督应该拥有教会财产，作为第二位的公共产业，为了穷人和侍奉基督者的福祉。"[15]世俗的权贵反驳说，谁也不应该干涉这个体制，如果需要干涉，更好的办法是留给主教和修道院院长仅够生存所用的财产，剩下的分配给战士们，因为基本的王室财产不能满足军事需要。修道院院长很快走到对立面并宣称，只要教会一直得到应得的尊重，在需要纳捐供应军队时，教士会继续像过去一样捐献。

在行省中代表国王权威的伯爵，以及那些宣誓成为国王的盟友并以武器和马匹在战争中为其效力的位高之人，临时授予他们教会以及王室的土地作为恩地（采邑），这种现象在查理的时代开始出现，随后变成了封建制度。以往历史学家描述这些现象时，认为这有破坏公共产业的风险，导致王权的弱化。不能否认的是，滥用职权是那个时代的风气，尽管皇帝尽一切所能将其扑灭。在阿奎丹，这块查理几乎从未涉足的异域之地，王室财产就远比其他地区稀少，并且实际上被随着征服而在此境内就任的法兰克人伯爵和修道院院长们私有化了。这种情况十分严重，当781年路易被父亲任命为阿奎丹的新国王时，他在维持自己的资源供给方面遭遇了切实的困难。但在更常见的情况下，风险是恰恰相反的：受封恩地者毫无顾忌地开发分配给他们的王室土地，并且因为他们并不认为这些财产是属于自己的，故他们将收益再投资到自己的私有财产中。查理多次命令自己的使节，要他们保证不会发生这种情况。[16]

税　收

义　务

在查理的时代，王室的大部分收入来自王室地产，这一事实并不意味着没有一个强制臣民服从的体系；这个体系尽管有着不符合时代的风险，但在一定程度上相当于税收。虔诚者路易在他统治的第一年，向那些来自西班牙并希望在比利牛斯山以北定居的难民授予了需要重新安置人口的无主之地。并且他保证他们可以在此完全自由地生活。

　　以这样一种方式，也就是类似于其他和伯爵一起在军队里效力的自由人，他们要居住在边境地区，他们不可避免地要承担侦察和监视的工作，这用通行的用语叫作守卫义务。他们在合理的限度内，受伯爵的统领和建议。此外，当朕向这些地区派遣使节和子嗣以应朕要求时，要向他们显示出应尽的好客之礼，并提供马匹。对从西班牙派遣而来的大使也是如此。但伯爵或他的任何下属和官员都不能要求他们缴纳另外的"森苏斯"。[17]

关于传统上强加给帝国居民的义务，在此我们作出并不完备的描述。国王的使节和大使、在面见国王途中的外国大使，更常见的是执行任务的各级官员，有权要求居民提供住所，并征用他们的马匹。前去参军的武装队伍被授权在当地放马，必要的话，可以征收饲料。组织供给时也需要准备车辆、牛马的配给还有食物，以此代替所要缴纳的金钱。原则上说，这些义务代表着公民参与国家的运作，且其主要落在私人土地所有者和自由佃户的身上，因为在印象中他们更容易履行义务。国王的代理人主要倾向于直接向那些在王室地产上工作的人征收，也包括那些拥有自己住所的奴隶。而教会的人在不同程度上成功地将自己的人员排除到这些义务之外。

租 金

已经提及的这些义务，还没有到构成财产税的程度。这些义务要求帝国居民的直接目标是协助行政运行，并且从不涉及缴款入帝国金库作非专门用途。但这意味着就没有如同古罗马和现代社会所理解的税收吗？最近，"财政学派"的历史学家——其论敌称其为"狂热的罗马主义者"——提出，曾经让晚期罗马帝国皇帝们获取大部分收入的财产税并没有消失。他们声称在加洛林的文献中发现了证据，只是用词发生了系统的变形。的确查理的立法十分关注被称作"森苏斯"的款项，数量庞大的臣民都要向国王缴纳这一款项，而且规定"没有人敢忘记需要缴纳的森苏斯"，"率土之滨，王室森苏斯必须缴纳，无论是针对人头的，还是土地的"，还有"无论谁缴纳王室森苏斯，都要在其父亲和祖父曾经按常规缴纳的地点缴纳"。实际上，森苏斯简而言之是一种年度租金，"那些通过请求契约（per precariam）获得朕之土地的自由民，都必须缴纳"，和王室土地上的佃农甚至获释奴隶一样。后两者要缴纳双倍作为人身依附的认定。[18]

当然，森苏斯也有和税收相似的方面。在一些情况下，也在不属于国王而是属于教会的土地上征收。其中显示出的差异可以被解释为，实际上当查理给教会捐赠土地的时候，他经常附加一个条款，规定农民应该继续向国王支付森苏斯，尽管名义上他已经不再是他们的主人。当农民的村庄完全属于诸如富尔达或者近郊圣日尔曼这样的大修院，并且所有的居民都向修道院缴付租金，同样也缴纳王室森苏斯，在这种情况下，后者最终就会被解释为一种公共税收，但这并不代表罗马财产税一直存在而从未间断。

通行费

税收的一种基本来源是在货物的流通和销售中征收的"通行费"（teloneum/toll）。这些不是横征的税收，而是当政府提供实在的服务时，作为交换要求商人缴纳的贡金，例如维护桥梁和港口、对市场进行监管。在一些情况下，查理和之前的丕平一样，规定只有实际打算用于贸易的货物才应该征税，大地主从他的土地开往宅邸的车队不在此列。他还规定不能随意设立新的税收，只能对商人征收通行费，不能针对朝圣者。并且"当人在其他地方过河不会耽误时间时，不能强迫其过桥并收取通行费。还有不能在国境中心没有桥梁或渡口的地方征收通行费"。[19] 所有这些措施证明，这些征收显然是暂时且难以控制的收入来源，地方政权倾向于增加这些征收的数额。这并非毫无意义，在查理大帝去世很久以后，伴随着帝国分裂而来的就是通行费的横征暴敛。

税收过度了吗？

强加在臣民身上以维持帝国政府的负担难以量化。在其他时代，例如戴克里先改革后的晚期罗马帝国，历史学家可以提出，帝国的税收过于繁重，阻碍了社会发展，并造成了广泛的社会问题。查理时代的税收负担给人留下的印象是相当繁重，人们认为也是如此。这给独立的小农户造成了很大问题，迫使他们向当地的教会当权者或有权势的人效忠，甚至成为他们的奴隶，以逃避所有自由民所需承受的一些义务。804 年在伊斯特里亚爆发的冲突提供了有力的证明，证实了该省份的统治从拜占庭转移到法兰克时，税收负担突然增加。[20]

那一年，由于当地对公爵约翰的抱怨，三位王室使节、一名神父和两位伯爵被派遣到伊斯特里亚；公爵在意大利国王丕平及其父皇的授意下统治这一区域。伊斯特里亚在与拜占庭人战争之前十七年就已被法兰克人占领，当地居民处于这样一种境地：迅速将"希腊人的时代"的情况和法兰克人所带来的各种境况进行对比。他们声称，当约翰公爵掌权后，他将民众放牧牲畜的森林和草地充公。当收到使节质询时，公爵坦言："你们所说的森林和草地，我认为它们属于王室，是皇帝的财产。但如果你们发誓说情况不是这样，我就不再质疑。"

但抱怨没有就此停止。

> 在希腊人的时代，我们从没有被强迫提供饲料，从没有
> 为公共庄园无偿工作，我们从不喂狗，我们从来不像现在这
> 样交钱。我们从来不像现在这样为畜群交钱，每年必须缴纳
> 绵羊和羊羔。我们不得不为远达威尼斯、拉韦纳、达尔马提
> 亚以及沿河的交通提供服务，这些我们之前并不需要做。当
> 公爵必须离开这里为皇帝作战时，他带走我们的马匹并且强
> 行带走我们的儿子。他要求他们带来运货马车，然后拿走一
> 切，再送他们步行回家。他把我们的马匹留在法兰西，或者
> 分享给他自己的人。在希腊人的时代，他们从拥有相当数量
> 羊群的人那里，百只羊取走一只，以供帝国使节之需。现在
> 任何拥有超过三只羊的人每年都要缴纳一只。我们被强力逼
> 迫，必须满足这些需求和款项，原因是我们的父辈没有这么
> 做。我们受到住在威尼斯和达尔马提亚的亲属和邻居嘲笑，
> 甚至包括曾经统治我们的希腊人。

这些伊斯特里亚居民所抱怨的征收，其中很多很可能是由约
翰公爵非法征取的。他们指控其意在为自己和家人中饱私囊，而
不是按照义务送给国王。然而伊斯特里亚民众所抱怨的税收，不
难看出其大部分为法兰克王国内强加的惯常征收。其他地区的自
由民已经对之习惯了，但生活在拜占庭统治下的人一定会视为压
迫。尽管公爵被发现行止专横、滥用职权，并且最后被迫放弃了
几乎所有受质疑的税收，但这并不意味着他所推行的统治与帝国

其他地方强行推行的统治有显著不同。出于政治原因，查理倾向于把自己的新臣民从这样的征收中解脱出来，这很快就被接受，没有其他人抗议。

同样引人注意的是针对格拉多的宗主教和其副主教的抗议，他们从受查理的统治之后就表现出一副新的态度。他们开始表现得仿佛自己是公共权力的共治者，事实上他们在西部帝国就是如此。"曾经，教会缴纳了帝国征收的所有税收的半额，但现在不再如此了。在公海上，以前所有人在此一起捕鱼。现在我们不敢再捕鱼了，因为教会的人用棍棒攻击我们，割断我们的渔网。"与同期针对约翰公爵和他的人滥用职权的抱怨一样，抱怨的冗长清单继续以一种类似的脉络，针对突然而来且傲慢无礼的主教们及为其工作的人。

在帝国的外围和被征服的土地上也是如此，加洛林政府显现出最为轻慢的一面。排除掉其他一切问题，我们不应该忘记，我们之所以了解到这些事情，是因为有一天，皇帝的使节离开亚琛，远赴伊斯特里亚调查事情的进展。这是政府机制在运行的标志，尽管是以费力的方式。同样，我们仍然拥有一幅国家管理的清楚图景，公权力与教会的代理人在其中紧密协同工作，管理着一个命令架构和税收体系，拥有彻底的、近乎专制的权力。对自由民而言，保护自己的权利并不容易，甚至当司法体系介入维护他们的利益时也是如此。

第 9 章

帝国的管理：司法体系

法　官

当地法庭

　　加洛林官方推出的主要的管理举动，就是维持法律体系，当然，这是从以军事为目的的人口组织中分离出来的。实际上有一个如同官员的概念，在当时的词汇中没有与之近似的词，通常翻译为"审判官"（indices）。法兰克教堂中所吟唱的祷文，是为国王、他的子嗣、王国的审判官以及作为整体的法兰克民族，而向上帝祈求他们的长寿。[1] 在此背景中，"审判官"一词的确切含义是泛指那些国王向其委派自己一部分权力的人。使用这一词语，可能的原因是实际上司法并不是托付给专业人士，因此它也没有构成我们现在所说的一种分立的权力。司法直接受那些代表国王的地方官员的管理，主要是伯爵。

　　每位伯爵都被要求按期主持一次公众集会，称为"马尔鲁斯"（mallus），届时，他会聆听并裁定上呈至他的案件，由一些当地人组成的陪审团协助他。这些"贤达"（boni homines）选自显赫人家，拥有实际的法律学问。遗憾的是，他们可能有利益要维护，也拥有颇具势力的亲友。每一次开庭被称为"诉讼会"（placitum）。举办一次"诉讼会"包括不菲的花销，这是当地居民应该承担的义务。查理规定，伯爵每年召开不超过三次"诉讼会"，如果没有案件需要听审，不得强迫任何人参与。[2] 在更低的地方层级里，同样的集会由更低级的官员组织，他们经常被称为"低级"（iuniores）伯爵。他们在法兰克王国里被称为代理神父或者百户长，在伦巴第王国被称为"加斯塔尔迪""斯库达伊斯""洛可波斯图斯"。他们更多地掌管各种"诉讼会"，并且处理一些不那么重要的案件。皇帝命令，所有威胁到个人财产和自由的案件，都要伯爵当面听审，无论指控涉及哪个社会阶层。[3]

这种概略性的描述，显然为各地实际情况的差异留下了余地。例如，在意大利王国，伯爵制度就只能逐渐推行，并存在一些问题。因此，伯爵经常处于侧位。在主持诉讼时，他们被当地主教甚或"加斯塔尔迪"和"斯库达伊斯"取代。在许多领域，甚至是相当广泛的领域里，居民仍旧服从公共的司法权，由不同的官员进行审判。例如，在大的王室地产上，所有人，包括自由劳工和奴隶，都听从于代理人：不出意料的是，后者在法令集中被称为"审判官"。[4] 同样，司法权也分配给了那些为主教区和修道院地产工作的人，他们以主教和修道院院长的名义行事。[5] 随之也出现了主教区法院，所有教士要受其制约，就如同在有关婚姻的法律情境下，世俗之人要坦白自己宗教上的罪过一样。尽管法庭如此多样，但是在查理的帝国中，公共司法还是涉及所有自由人，并且构成了一个统一的要素，其重要性不可低估。

宫廷法院

除了地方司法，也存在君主在自己宫廷里实施的个人司法。查理规定了几种情况下他要亲自审查的审判类型，因此这些也必须适用于宫廷。有时，人们会有这样的印象，皇帝试图把太多的事务置于自己的掌控中。其中，他要求转送被控同性恋的僧侣、没有正式结婚而养情妇的神父、那些在狗身上打上王室印记进入禁猎区非法狩猎之人。事实上，在宫廷中听审的法律诉讼要满足两方面的必要条件：一方面是宗教，承担涉及特定道德问题罪行的司法权；另一方面是政治，意图维持皇帝对其他更重要案件的控制，涉及主教、修道院院长、伯爵、一般而言的"良家子弟"等法令集所规定的人。[6]

王室宫廷也起到了全王国以及随后整个帝国的最高上诉法庭的作用，尽管权力下放的意大利王国和阿奎丹王国自身拥有具有类似功能的宫廷（palatia）。实际上，日耳曼法并没有像罗马法中流传至今的定义那样，为上诉定义一个确切的字眼。那些生活在萨利克法和伦巴第法（lex Langobardorum）之下的人，在他们觉得司法不公的时候，可以向国王提出申诉；如果申诉得到支持，不仅案件得到赦免，法官也要受到惩罚。一部法令集表述道："如果有人想说自己没有被公正审判，就把他带到朕面前。但他们并不能单独这么做，以拖延对他人的审判。"[7]这种上诉的形式是否如法律专家所认为的是蛮族式的，或者换言之，是一种倒退，这个问题我们留给聪敏的读者。这里要阐明的重要的事是，在宫廷中听审的大部分案件都是这种性质的。

宫廷司法依照一种特定的程序来管理。法律诉讼接受帕拉丁伯爵的审查，他们自己处置简单的案件，将其他的案件转交给国王。艾因哈德写道，查理大帝习惯在早晨更衣的时候接见伯爵，如果有特别紧急的案件需要听审的话，他能够让当事人加入进来，聆听他们的争论，当场作出判决。[8] 对更重要的案件，国王并不是自己作出判决，而是借助顾问们的帮助，他们被召集的人数视事务的重要程度而定。783 年的一个判决由 3 位主教、11 位伯爵、多达 44 位的顾问，以及帕拉丁伯爵签署。[9] 为了提高那些难以应付开支的穷人案件的审判效率，也为了节省自己的时间，查理规定较轻的案件应由帕拉丁伯爵审理，国王不用亲自参与。[10]

出于对社会的了解，我们发现很难相信穷人真的能接受到皇帝亲自作出的审理。然而让我们感到惊讶的是，我们有许多这样的案例，农民群体向宫廷上诉，抗议当权者对待他们的方式。他们的案件得到了最高法庭的审理。例如，800 年，当查理主持完法庭，从美因河归来时，他发现自己淹没在农民们的请愿之中，这些农民在行省里为教会和王室地产工作，他们没有被传唤到"诉讼会"。可能当地的统治者觉得，不应该让君主受到无尽的法律诉讼的搅扰；这些诉讼是关于地主土地上的农民必须提供的劳役程度之问题，但国王对此有不同观点。当他回到宫廷后，他发布了对整个省份生效的判决，预先阻止了土地所有者和他们的劳动力之间的一切争论。[11]

法律程序

书面证据

现今存在一种偏见，即中世纪的司法基于极其非理性的程序。关于中世纪题材的电影和小说反复描绘各种司法程序，其中一些审理的方式带有不同程度的野蛮折磨。实际上，查理的宫廷中书面证据才是至关重要的。任何关于财产的争论，其中一方能提供证明自己权利的有效文件，问题就能立刻解决。毫不奇怪的是，任何面对审判的人，若知道自己有过错，都会试图隐匿有罪嫌疑的文件。一部法令集清晰地就一个案件作出了规定，这个案件中，主人诈称要求收回一个已经被释放的奴隶，他首先就销毁了这个人的自由许可证。[12]

这种欺诈在审判记录中经常有记载。意大利列蒂（Rieti）的主教条托（Theuto）对他的兄弟潘多（Pando）提出了法律诉讼，他宣称列蒂的圣安吉洛（Sant' Angelo）修道院是其私有财产，他证明了修道院处于王室保护之下，因而赢得了此地。但当主教临终之时，现代社会学家所说的非道德的家族主义观念占据了上风，他向自己的兄弟和子侄移交了确认修道院的公共所有权的判决书。"然而我们，"潘多供述道，"立刻在火中烧掉了文件。"法官问他文件上写了什么时，潘多回答道："如果不是对我们不利，我们不会烧了它。"[13]

这并不意味着这种行为无足轻重，因为书面文本的神圣性在一定程度上是令人生畏的。此外，人们总是避免自己有污点，因为他们不知何时会被召去发誓言。786年在卢卡的公爵面前进行的一次审判中，名叫德伍斯多纳（Deusdona）的圣安吉洛教堂执堂（imcubent）神父，就受到另一位神父的指控。后者指控德伍斯多纳将教堂的管辖权转授给他后，就窃取了相关文件，因为德伍斯多纳想把教堂转交他人。德伍斯多纳强烈否认他做过此事，声称教士阿尔珀图斯（Alpertus）同时在教堂供职，是他想将之据为己有；他，德伍斯多纳，曾经建议他取得文件并将其销毁。

> 并且这个教士阿尔珀图斯偷走了文件，带给我说："这就是你叫我拿走的文件，现在把教堂给我。"但我告诉他："如果你不毁掉这个文件，我不能将教堂给你。"我这么说的时候，教士阿尔珀图斯当着我的面，把文件给了一位路过的不列颠朝圣者，这个不列颠人当着我们的面把文件扔进火里烧了。[14]

不出意外，文件在审判时经常遗失。同样，文件存在时，它们的有效性也经常受到质疑，因为那个时代伪造文件并不困难。此言不虚，查理的一部法令集中规定，被释放的奴隶，除了他的自由许可证及该文件的有效性证明，没有其他证据能实际证明他已被自己的主人释放。要与另两份由同一公证人签署的文件相比较才能证明，"公证人必须是被这一地区居民熟知且接受的人"。[15]

证　人

与书面文件相关的神圣性意味着，最频繁的程序也包括召唤证人。召唤可能不是恰当的词语，因为不是法官召唤证人，也没有法律强行规定要呈上证人。普遍的观念是争执的一方，通常是被告而不是原告，被要求证明己方的正当性；随后，法官会给予他一次休庭，让他换取保释以提供其宣誓的证明。审判的结果取决于出示证据并证实证据的能力，可以预计，这里会牵涉许多隐藏的阴谋。审判中并非没有令人哗然的戏剧性情节（coups de théâtre），因为曾听说过证人在对事件一无所知的情况下，被当事的一方煞费苦心地说服而临时供述的情况。[16]

真正由法庭召唤证人，只在一种特定程序下发生，这种程序被称作"证据调查"（inquisitio per testes），在伦巴第人的司法实践中已经长期存在，并且被查理谨慎地引入法兰克人的实践中。在这种情况下，法官——通常是王室使节，被派去调查未能解决的犯罪，或者审查呈交皇宫的请愿，传唤证人并调查他们与案件的关系。和一般的程序不同，证人并不是由被告召集以证清白，或者由原告召集以支持指控，而是法官从当地德高望重的人中选择。他们的证言是判决的基础，不受诉讼双方的任何影响，由使节本人宣判，或者使节向国王提供证人的证据后，由国王即时作出宣判。这一程序定然能迅速作出决定，但实际上由于不可能影响到结果，其中存在着风险，即会出现压迫性甚至可能是有害的法律强制行为。

宣誓与试炼审判

无论是否存在书面证据或是证人，被告都需要借助一种特别的宣誓而自证清白。这是一种最终手段，法官在没有其他办法解决问题时才使用。巴伐利亚法（lex Baiwariorum）规定："案件必须确凿无误地在法官掌管下进行检查和裁决。任何人不允许起誓，而且裁决必须接受。另一方面，在法官的调查没找到任何证据的情况下，就要起誓。"[17]这是一个极其形式化的程序，和我们信仰的观念相比十分缺少理性。被告的誓言是不够的：其他人需要和他一起起誓。他们从专业意义上说并不是证人，因为法庭不会就事实而对他们交叉盘问，实际上，他们只是起誓他们不相信被告有罪。法律规定了每一种指控所需的誓言数量。根据里普阿利安（法兰克）法（lex Ribuaria），一个人被指控偷窃一群羊，需要72人起誓以证清白。查理将这个数字减少到12。[18] 考虑到起誓意味着请求神为自己作证，并且以自己的灵魂做担保，所以当没有其他证据时，取信一个愿意发誓人的陈词就没有那么荒谬了。换言之，在缺乏证据时，以此来判决或罪罪更好。

只有当面临严重的指控并且证据相互矛盾时，被告会被要求以试炼（ordalia）或者"神判"来证明清白。最常见的方式要求被告将手放进沸腾的水中，或者光脚走在烧红的犁头上。如果烧伤在指定的时间内愈合，被告就被认为是无罪的。"神判"也可以以被告与原告之间竞技这种形式实施，尤其是后者不愿意接受法律所规定的特殊情形下的宣誓无罪裁决时。这意味着一场合法的决斗，但并不会导致一方死亡，因为通常是用棍棒和盾牌战斗。查理鼓励另一种不那么野蛮的方式，就是十字架审判。两名对手在十字架前举着自己的武器：先受不住放弃的一方输掉诉讼。虔诚者路易先是提倡在所有当事人不能战斗或者只是不敢战斗的情况下使用，随后又决定禁止这种试炼审判，因为这对基督的受难不敬。[19]

"神判"也用于当缺少明确证据时对财产的争执。这实际上被认为是更可取的人为判决，只在特定的环境里有效。775年巴黎的主教和圣德尼修道院院长争论修道院的所有权，他们都提交了表面上可靠的书面文件支持自己的宣称。国王决定，双方都应该提名一位代表参与十字架审判。[20] 但并不是每个人都喜欢这个方法。实际上，晚些时候有一位主教，里昂的阿格巴德（Agobard）认为，在缺乏证据时使用"神判"解决诉讼是荒谬的，并且认为在困难的情况下，要仰仗法官。法官要像所罗门王所做的那样，以明智手段发现真相，来证明自己能胜任此职。[21]

阿格巴德以其怀疑主义思想而为历史学家所熟知，但早在查理出生以前，伦巴第国王利乌特普兰德就提出严格限制使用试炼审判，并且表示，如果他个人能决定的话，他就会全部废除，"因为朕不能确信'神判'，朕听闻许多人因为决斗审判而输掉了案件，但朕不能废除这条法律，因为这是我们伦巴第民族的习俗"[22]。与之相比，查理尽管试图限制试炼审判中野蛮的一面，但实际上似乎采取了较为保守的态度。他向自己的臣民发布指令，声明在少数使用"神判"的案件中，所有良善的基督徒须相信其效力，这是大家义不容辞的责任。[23]

公共司法和争端的处置

公共司法不是和平解决冲突的唯一方式，甚至不是最常用的方式。协商解决的方式更为常见，这牵涉到友邻的参与，以及任命当事人都宣誓遵守其决定的仲裁者。只有当这个调停人无法成功地找到一个可接受的方案，或者当事的一方能够确证自己权利，并决定直面对方时，法庭的裁决才会取代和解。

国王的裁决根本上也是一种解决争端的手段，甚至应用到了我们认为应该属于刑事法律管辖的情形中。这解释了他们司法实践中一个最令人意外的矛盾：对盗窃的处罚比杀人的更残酷。779年，查理规定，初犯的窃贼要挖去一只眼睛，再犯割去鼻子，三犯将被处死。[24] 另一方面，杀人既可能实际上也能有效地以赎金免罪。这种做法可能偶尔会让理念先进的主教义愤填膺，但这似乎已经被其他人完全接受。

起初，我们可能得出结论，这个严厉而又原始的社会认为财产比人命更重要。偷窃实际上是故意且蓄谋已久的犯罪。而在这个世界中，人们随身携带武器，容易喝醉，当察觉到冒犯，随时拔刀相向，杀人一定非常频繁，不会引起真正的关注。对那时的人来说，偷窃完全是一种犯罪，必须依法进行最为严厉的处罚，而且能够将其压制，尤其是犯罪当事人反复犯罪时，能将其驱逐出社会。另一方面，杀人是犯罪的极端形式，是无法预料的，很可能是某个人或者整个家族想要解决争端然而似乎又无法解决时，诉诸暴力行为的一个结果。官方因此介入，不是为了惩罚犯罪，而是为了解决争端，终结一系列的血亲复仇。血亲复仇，大体上被认为是合法的，但基督教国王应当阻拦这种行为。最好的解决方法是强令犯罪的一方支付赔偿，受害的一方接受赔偿。这就能公开地终结争端，没有人觉得还存在冒犯，需要寻求血亲复仇；如果凶手被处死，还会有事不断发生。

查理与司法体制的改革

与腐败的斗争

查理时代司法体制的真正问题是完全不同的。最令人担忧的是审判者的不可靠。首先要指出的是伯爵，他们往往缺乏法律能力，并且毫无原则地忠于强大的家族利益。这意味着他们很容易受到个人偏好和腐败的影响。针对伯爵的数量众多的控诉，证明了事实上他们在司法行为中压制弱者，默许强者。当有重要的案件要处理，或者要为普通人提供司法服务时，他们完全能早早休庭去打猎。[25]

司法系统的糟糕状况，被如同惊险犯罪小说般的故事揭示出来。例如，一位法官受命保护一位富有的寡妇，接管了她的财产。法官篡改契据，接管了土地，如同它们是自己的。他把寡妇从自己的产业中赶走，她向皇帝申诉，皇帝派遣王室使节。不管怎样，法官以某种方式提供了证据，证明了自己的权利，案件被搁置一边。然后寡妇亲自启程前往亚琛，然而事情发生在意大利，她必须在隆冬时节翻越阿尔卑斯山。皇帝任命了一位新长官审查案件，这次是他的堂弟瓦拉。在瓦拉启程之前，法官派出杀手谋害了寡妇，然后杀手被迅速处死。瓦拉到达后，发现证人们都宣誓什么也没有发生。在费时费力地调查后，罪行被揭发，证明法官有罪。然而他受到一大群有影响力的友人庇护，他们都在意大利王国的宫廷中占据要职。[26]

这就能理解，为什么教士群体对查理有如此大的影响，尤其是阿尔昆。他们坚持改革司法体系的重要性，并提出这是构建帝国最为重要的一个方面。首先，腐败必须消除。从789年的《广训》（Admonitio generalis）开始，许多法令都三令五申，禁止接受礼品。[27] 这条禁令更加难以施行，这个社会以人类学家的研究看来，在许多方面都接近原始社会，在这里礼物代表建立互惠关系的一种正常方式。当奥尔良的狄奥多尔夫在南高卢执行任务，陈述他拒绝接受礼物时，人们是多么震惊。我们不能简单地推断所有人都习惯于贪腐，但是存在一个根深蒂固的传统，即掌权者包括审判官都以这种方式彰显自己的荣耀。[28] 甚至在圣德尼修道院和卢瓦尔河畔圣伯努瓦（St-Benoît-sur-Loire）修道院的院长之间也有争端，后者指控法官接受了其对手的礼物，而没有接受他的，因此我们可以得出结论，在当事人的眼中，法官接受礼物，既是权利也是义务。[29]

然而，历史学家认为古代社会任何广泛存在的习俗都必然被所有人接受，他们把人类学家的学说引申过头了。奥尔良的狄奥多尔夫，他生活在那个时代，显然比我们更了解他的世界，他观察到使用礼物不可避免会导致买通判决，并且当法官没有收到礼物时，他们会索贿，有时甚至会导致当事人破产。802 年，王室使节和巡按钦差改革中提出，被确定接受了礼物的官员不能正常履职。[30] 实际上，一份礼物通常会换来公开承认的偏爱，这种方式被当时的道德所接受，但这并不意味着就不存在我们所理解的腐败观念。回溯到 755 年，国王丕平下令"任何主教、修道院院长和世俗之人在作为法官时都不得接受非法贿赂，因为当开始以礼物做交易时，公正就无存了"[31]。

对皇帝而言，有效减少滥用职权和腐败的主要手段，是由自己的使节执行监察。地方法官充分意识到了这一点，并采取了对策，如我们所知的，使节委员会发出一份通告，发给他们将要巡访之地的伯爵："确保你不会和那些想要请愿的人说，'在使节走之前闭嘴，随后我们会在自己的司法机构里协商解决'，这样的话宫廷的作用就作废了。你们还不如在我们到来前就尽一切可能解决问题。"[32] 如果没有别的，就很难说宫廷官员对省份里发生的事存在错觉。

陪审体制改革

查理认定要优先做的另一事务，就是提高法律从业者的水平和数量，而不增加自由民的负担，他们已经受到了伯爵的过分压迫。毫无疑问，为了回应这一需求，更有效地与腐败斗争，在802年之后，王室使节受命，不仅监管各郡的伯爵，也要接管他们的职能。使节召开"诉讼会"达每年四次之多。出于同样的原因，法庭的组成得到改革。先前，在召集居民参加"诉讼会"时，会在每个郡内任命陪审成员。改革后，专业的助理法官陪审团建立了起来。他们终身任职，直接受到使节的监督。助理法官从郡中的低级官员中招募，他们可能是公证人员。然而偶尔也会有地方的高级官员，他们可能是文盲，但精于法律事务。他们在固定不变的团体里工作，每郡不少于七人。有时他们甚至会在负责伯爵缺席的情况下作出判决。实际上，频发给审判官的帝国指令，也可能会像对伯爵、代理神父、百户长一样，解释给助理法官。

从表面上看，改革的益处是明显的，既是因为构建陪审团的助理法官更加专业，也因为他们是真正的公职人员，在面对伯爵的压力时，会不那么脆弱。然而，有理由相信，在很多情况下，助理法官没有专业的训练，他们的推选很大程度上受伯爵影响。最为重大的进展可能是废除了在陪审团中任职的义务，这减轻了维系司法体系时给当地民众造成的负担。809年，皇帝特别命令道："除了助理法官和伯爵的封臣，自由人不被强制出席'诉讼会'或'马尔鲁斯'，除非他们自己的案件正在听审。"[33]但即使这样，措施也导致了意想不到的结果：尽管自由平民个人从费时费钱的"诉讼会"中解脱出来，但伯爵开始越来越多地使用自己的封臣来管理法律诉讼。这预示着司法体系的私人化，这对随后集体自由衰落的影响不容小觑。

法律的多样性

在许多场合，查理指示伯爵们，要基于书面法律判案，而不是基于自己一时的想法。[34] 首要就是尊重程序，即便有的案件伯爵极不情愿去浪费时间。例如，在罪犯被抓现行的时候有一个简便程序，与普通程序相比快得多，但遵守这一程序还是必要的。伯爵没有遵循程序就吊死违法者，将可能被指控杀人，并处罚金。[35]

为了遵守程序，法官必须通晓法律。因此他们必须拥有许多书籍，因为整个帝国不止一部法典，而且每个人都有权要求按照自己本民族的法律接受审判。丕平在其去世前不久已经明确确立了这一原则，他下令，在阿奎丹"全体成员应该有他们自己的法律，就像罗马人和萨利安法兰克人一样。任何来自外省的人，都在其自己故乡的法律之下生活"[36]。因此一个案子可能会根据萨利克法、里普阿利安法、巴伐利亚法或者伦巴第法来审理。而个人原则，较之地域原则，在现代世界中更为盛行。

在查理的时代，每个省份的本土居民都认为自己应该是独一的民族，以独一的司法传统来认定身份。例如，纽斯特里亚的居民都自视为法兰克人，所有的阿奎丹居民都自视为罗马人，所有意大利王国的居民都自视为伦巴第人。据此，一些学者在这种情况下选择谈论属地法而不是属人法，但这种区别很容易变为文字游戏。事实上，即使自己迁往他国，每个人也有根据自己所属地域的法律来受审判的权利。法兰克人外迁至每个被新近征服的土地，就意味着那里存在两种有效的法律体系。实际上有三种，因为有关教会的事务更偏向于适用源自简化的《狄奥多西法典》的罗马法。

因此，在审理案件之前，法官必须与当事人就使用何种法律协商一致。查理告诉一位向他询问如何明确法律费用偿付问题的人时说："阅读罗马法，你找到就按照上面所写的去做。如果是另一种情况，案件涉及萨利克法，并且你找不到该怎么做的参照时，就将问题提交给朕的大会。"[37] 然而，民族法在应对新情况时过于死板，成文形式往往不适当，仅仅依靠它们的规定来管理司法会受到许多缺陷和矛盾的困扰。因此，它们得到了帝国法令规定的补充。法令本是纯粹的行政管理性质，但常采用指令的性质，而且无论如何都应用到了整个帝国。

这并不是全新的情况，在过去，日耳曼人的国王就可能作出一般性的指示，在自己统治的整个领地内生效，无关民族，这是对民族法的补充。但只有在查理这里，这一法律——先是王室的，随后变成帝国的——变得非常复杂和系统化，完全取代了先前存在的法律。查理充分意识到介入的重要性，其目的是凝聚帝国里的各民族。803 年，在对民族法提出了一系列的补充指示后，他命令自己的使节召集民众，解释这一革新，每个人都要签名或画叉。[38]

此后不久，一些特别敏锐的学者开始发问，每个人与他们本民族的法律传统继续关联是否真的有必要，鉴于他们都是基督徒，也是同一个帝国的臣民。817 年，里昂的阿格巴德写信给虔诚者路易，指出此举的荒谬。"五个一同度日甚或列席同座的人，受到同一法律的约束，关乎他们永恒的命运，但他们涉及世俗事务时，遵守的却不是同一法律。"[39] 但这些是与下一代有关的问题，他们成长在帝国中，习惯于统一的力量。查理这一代人乐于调和民族法，这样他们就不用遵守其中的矛盾之处。与此同时，他们从每个人都遵守的本民族传统习俗中，获得民族认同感。

法律的多样性，实际上对法官实际获得真正的法律权限有复杂的影响。并不是所有的民族法都如查理倡导的那样书面成文。最重要也最具政治意味的例子就是785年萨克森法（lex Saxonum）的起草，此时萨克森人完全显示臣服，使其民众融入帝国的计划也在进行中。[40] 在此之前，他们的法律靠口头流传。已经以书面形式存在的法律体系也进行了更新，官方试图用修订文本的形式传播信息。法官日常使用的法律手册，直到虔诚者路易统治时期，才在帝国文书部的直接监督下开始标准化生产。

查理在改革中所做努力的成效，是个需要考虑的问题。法令集中所宣称的规范，更多地有道德训诫的意味，而不是现实的准则，这很常见。并且法令没有改变社会环境，这种环境使审判中盛行轻慢与腐败。当国王反复强调，命令伯爵不要在吃饭后 —— 其目的是防止他们喝醉 —— 召开"诉讼会"时，我们显然不应对司法体系的行为标准有太高的期待。[41] 然而，尽管考虑到司法体系的局限，公共司法也不仅仅是一个表象，因为所有的自由民都能够在有需要时求助于它，甚至在地方法官犯错时，直接上诉至国王。农民的境遇逐渐恶化，祖辈是自由民的人大量被奴役，这些都在查理死后发生了，其和公共司法体系的衰落和最终消失不无关系。

第 10 章

知识工程

国王的教育

查理在他的时代令人称奇，死后迅速成为传奇人物，其中一个原因就是他对知识无限好奇，他涉猎了所有的知识领域。艾因哈德写道，他不仅能轻松说好法兰克母语这种日耳曼方言，拉丁语也行。这记录是可信的，因为纽斯特里亚法兰克人的语言就是一种通用类型的拉丁语，而古典类型的拉丁语可能只是用于学术讨论，因为当时的地方语言缺少充足的词汇。同样可信的记录是，他试图学一点希腊语，这对和拜占庭的外交关系来说是必不可少的，但并不很成功，因为他很少试着去说。[1]

在学习阅读，也就是我们知道的学习阅读拉丁语之外，查理完全可能没有接受真正的正式教育。我们对他的童年一无所知。甚至在他年老时结识他的传记作者也不知道。可能宫相的儿子也有某种被认为是必要的正式教育，但这个也无法确定。他的父亲曾经在圣德尼修道院长大，但这也不能确定僧侣们为丕平提供了正式教育。因此我们没有必要推测，可能由于其不合法的出身，查理的教育被故意忽视了。这个还未被人关注的问题我们已经处理。[2] 实际上，就他那个时代的法兰克权贵而言，他的阅读能力可能绰绰有余。

然而，查理有一种永不知足的好奇心。他刚刚成年，就四处搜寻能给予他指导的学者。在征服伦巴第王国后，他让比萨的彼得来到宫廷教他拉丁语语法，这与当时的基础教育是一致的。他随后转向一位来自英格兰的学者阿尔昆，以接受我们所说的中等教育，其基础是我们所说的博雅技艺。对于"三艺"（trivium）中的人文学科，这位王室的学生尤其会研习修辞和逻辑，这些与其演说的爱好很接近，在政治中也是必不可少的。对于"四艺"（quadrivium）中的自然科学，他主要的兴趣在天文学，也曾学过数学；他以热烈的兴趣研究天体运行的轨迹。[3] 这对国王来说是非常合适的科目。天空是神的巨大的可复写羊皮卷，神在其中向人类写下自己的信息，若拥有解释它们的能力，就能对这个世界的各种事务有极大的帮助。

他对语言问题有特别的兴趣，可能是统治这个多民族帝国的艰巨任务，激起了他这种个人偏好。他刚掌握拉丁语语法，就开始为当时还没有语法的法兰克人的语言构建语法。他清楚地意识到，自己的母语正面临不再被使用的风险，连带着被遗忘的是他所属民族的古代传统。他尽己所能对其进行保护。他转录抄写颂扬古代诸王伟大功业的古代歌谣，并且他想以法兰克人的语言创造特定的词语，表示一年的十二个月和十二种风，这样提及它们时，就不再需要借助拉丁语了。[4]

现代读者可能会感到有趣的是，尽管有这些各种各样的智力活动，但查理并不知道如何书写。艾因哈德向我们证实，他尝试去学习，并且付出了极大的努力，包括在枕头下放置蜡板和羊皮纸，在受失眠困扰时，用来练习书写。但这项作业被证明对年事已高之人太过困难，他没有什么进展。[5] 在我们感到优越之前，要记住在那个时代，阅读和书写并不是可以同时学习的两种相关活动。尽管查理拥有阅读者专门为他大声诵读，这是自古就有的标准惯例；但毫无疑问的是，在必要时，他知道如何自己阅读，不过书写就是一件难事了。彼时学习不像现在这样基于书写，而是靠大声诵读和回忆练习。比如，他们可以不写一个单词就学习拉丁语。书写是一种稀少的专业行为，需要精于使用复杂的工具，并且在日常生活中没有实用目的。这是留给专业匠人的。国王唯一需要使用文字的场合就是用羽毛在书信和法令上签字，但是书写一个人的签名，被证明是每个国王都可以默记的技能。显然查理也是这种情况，他的签名和交织字母在众多的法令底部处于明显位置，发挥着效力。

宫廷学者

在文化领域，查理能仰仗一个广大圈子里的学者协助，这些学者是当时能接触的最好的学者。其中最重要的人，阿尔昆，提及这个圈子时，将之视为一个学会。[6] 尽管学会之名暗示着实际上并不存在的一定程度上的组织性和持续性，但其仍被历史学家欣然提起。这些学者大部分并不是法兰克人，这证明了当时法兰克人文化的尴尬处境。许多人来自意大利，例如语法学家比萨的彼得，曾经在德西德里乌斯的宫廷中居于要职；历史学家助祭保罗，除了其他成果，还留给我们一部名著《伦巴第人史》（*Historia Langobardorum*）；还有诗人保利努斯，后来的阿奎莱亚宗主教。另外有哥特人，来自穆斯林西班牙的难民，包括我们已讲明的几位人物，例如神学家和诗人狄奥多尔夫，查理任命他为奥尔良的主教；还有阿格巴德，另一位神学家和学者，被任命为里昂的大主教。最后，还有众多的爱尔兰人，他们引起了其他宫廷官员的怨恨，然而他们的名字现在对我们并无什么意义了。

最重要的是阿尔昆，他在自己的国家负责约克郡的主教座堂学校。他专于教学，正如他工作的头衔所示，他们主要投身于语法、逻辑、修辞和正词法。实际上几乎所有下一代的学者都曾先后是他的学生。在他的一封书信中，当谈及为宫廷提供教学时，他提到了一所宫廷学校。从此他创造了一个被历史学家所热心关注的说法。[7]但阿尔昆的影响力远远超越教育领域。有几次，查理在影响深远的重大政治问题上向他寻求建议，例如，接受萨克森人和后来阿瓦尔人的皈依，还有他加冕为帝的合法性。[8]他可能在查理统治时期最重要的几份规划文件的起草中起着决定性的作用，例如《广训》和《教化书简》（*Epistola de litteris colendis*），这是两部关于教士及民众的教育和道德的政治宣言。[9]

阿尔昆的效力得到了丰厚的回报。有不少于五座修道院分配给他，而没有麻烦他立下修道的誓言。这些修道院包括法兰克王国中最古老也最富庶的图尔的圣马丁修道院，他从796年开始就居于此。他的产业十分广大，据说他可以穿越整个帝国，并且总能够在其中的一处地产休息。托雷多（Toledo）的大主教以利班都斯（Elipandus）是其在神学上的论敌，为此严厉地批评他，提出需要两万奴隶工作才能使他保有此等奢华。[10]实际上，尽管阿尔昆的工作博得清贫的美德，那是学者的真正朋友，但实际上他充斥着财富。[11] 他晚年时开始受到这种矛盾的困扰，并且为自己的贪婪感到后悔，害怕会危及自己的灵魂。[12] 为了纠正这一点，根据当时的习俗，他将自己的一些金钱投入祈祷之中，主要方式是给故乡英格兰的教堂送去大量捐赠。

对宫廷学者慷慨回报是宫廷里的通常惯例。给那些已取得神品者授予主教职，给另一些人授予修道院，似乎是国王确保供养自己的顾问最便捷也最为实际的途径。这种对神职薪俸的便捷分配，与查理确信自己的宫廷学者是帝国力量一大支柱的观念相一致。这种分配确立了一种制度传统，在他自己的统治下起到了作用，但之后这个制度衰落了。毫无疑问以这种方式投资教会的财富很适合查理，与其说学者们称他为语法博士、修辞大师、最杰出的逻辑学家，超越加图（Cato）、西塞罗和荷马，给他带来快慰，[13] 不如说发展帝国的意识形态才是他们的责任。他们锐如刀剑的笔锋，时刻准备介入任何神学争论。

在学者群体中出现了苦斗，就如狄奥多尔夫和阿尔昆之间的那样。796年，两人都被要求为阿德里安教宗创作一篇墓志铭，镌刻在大理石板上，作为一件礼物送给他的继任者利奥三世。最后国王选择了阿尔昆的文本。两人都深入《圣经》的修订工作中，这是查理改革方案的一大优先要务。但这次，阿尔昆提交的文本又比狄奥多尔夫更为成功，而后者在现在看来无疑更为前卫。不感意外，随后奥尔良的主教心有记恨，他在讽刺文中以嘲讽阿尔昆为乐，嘲讽他在谜语中卖弄才学，嘲讽他对粥的狂热喜好，尤其是往粥里大量洒入葡萄酒或啤酒。[14] 阿尔昆在图尔任职后，如法回应，他拒绝移交一名从奥尔良逃走的获刑之人，并且在圣马丁的会堂为他提供庇护。他试图把一切丑闻归咎于狄奥多尔夫，并写信给皇帝，是他（狄奥多尔夫）而不是那个负罪之人应该锁入镣铐之中。[15]

一个经常被忽视但值得强调的事实是，这一代学者在整个查理统治时期并未一直都留在宫廷。比萨的彼得和保利努斯在776年以后才来到这里，阿尔昆、助祭保罗、狄奥多尔夫782年左右入侍王伴，随后助祭保罗在787年左右回到了卡西诺山（Monte cassino）。当保利努斯被任命为阿奎莱亚的宗主教时，他已回归自己奇维达莱的教座有些时日了。比萨的保罗似乎在790年左右回到了意大利。在790年至793年在母国英格兰长期留驻之后，阿尔昆在796年离开宫廷，就任自己在图尔的修道院的职位。狄奥多尔夫797年成为奥尔良的主教。当然他们并没有因此停止为国王工作，他们与之有许多通信，除此之外，他们可能被要求在年度集会上和其他主教和修道院院长一起定期拜访国王。但到了8世纪80年代和90年代初，这种日常的亲密关系就不再存在。这实际上是大规模介入文化领域的时代，开始产生深远的影响。语言从墨洛温时代广泛存在的语法和修辞错误中解脱出来，有意识地回归古典用法。似乎这种改革直接与阿尔昆以及其他学者的到来有关。在他们的国家，拉丁语知识比在高卢保存得更好。

当他们去世，或者我们可称之为退隐之后，阿尔昆这一代学者被他们培养的本土学者取代，他们是成长在文化与权力中心的自信青年。其中包括诗人安吉尔伯特，他自觉无愧于朋友所给的"荷马"称号，并且长期和查理的一个女儿有声名狼藉的关系；另一位诗人，莫都努斯（Modoinus），被人拿普布留斯·奥维第乌斯·纳索（Publius Ovidius Naso）的名字戏称为"纳索""奥维德"，后来成为欧坦（Autun）的主教；尤其是艾因哈德，他成了查理的传记作者。在宫廷中，艾因哈德主要以拉丁语文学的专业领袖著称，但到了查理统治的后期，他被用于重要的外交任务。例如，806 年，查理派遣艾因哈德去罗马，将自己给三个儿子划分帝国的计划知会教宗。艾因哈德的《查理大帝传》（*Vita Karoli Magni*）创作时间未知，但肯定是在查理死后，可能是许多年后，那时有关查理的回忆逐渐被淡忘。那些年，帝国开始受虔诚者路易的软弱和诸子纷争的影响。艾因哈德因此从宫廷隐退，在自己的塞利根施塔特修道院安享晚年，他一定觉得有必要整理出自己的回忆，写下自己在其麾下度过青年时代的伟大帝王之颂词。

教会改革

复兴还是有限的改革？

尽管查理对文化领域有极大的兴趣，但也不要搞混淆了：他实施的改革方案，也就是我们经常提到的加洛林文艺复兴，本质上是宗教性质的。其基本的理想是提升教士的教育水平，整顿他们的作风，这并非新事。自君士坦丁时代以来的基督教皇帝，和后来罗马-蛮族国度的君王，都曾多次订立这一目标。"不行整顿者亦不得统治。"古代晚期最具影响力的作家之一，塞维利亚的伊西多尔（Isidoro di Siviglia）如此写道。并且他进一步警告统治者，神会根据他们王国内信仰的教导情况来评判他们。以神的恩典统治基督教，查理终其一生的强烈想法就是，他最重要的责任之一就是保证教士的道德和受教育水平，他们向臣民传播上帝之言。这可能是最为重大的责任。

因此皇帝进行如此具有文化意义的改革，其首要动因是宗教。正如他们那时所言，基督教是一种基于书籍的宗教，查理认为书籍准确、经过修订是必不可少的。这不仅是正统信仰的问题，也是语言的问题，一个语法错误可能会导致人们以错误的方式祈祷，会使神不悦。"任何想以正直为人之道取悦于神的人，也一定不能忽视以正确的言谈取悦于他。"查理在一则给自己王国内所有主教和修道院院长的通告中如此写道。"确实有这样的文字，'因为要凭你的话定你为义，也要凭你的话定你有罪'（《马太福音》12：37）。"[16] 出于同样的原因，神父必须很好地掌控用来写下圣书的语言和他们用来祈祷的语言，在他们称呼上帝时，避免硬伤。789年的大法令《广训》，号召教会遵守长久以来被遗忘和践踏的古代教规。其中强调，为实现这一目标，关于拉丁语这种礼拜仪式语言的正确知识是必不可少的。因此教士要去上好学校，主教要关注神父的才智训练，甚至在广大帝国的最偏远教区也是如此。[17]

查理宫廷中书写的典雅拉丁文，和之前几个世纪的蛮族语言形式截然不同，是古典六步格诗的浮华形式。为其效力期间，作家们以这种文字接连著书。这只是他们努力的最表面的结果，他们的动机截然不同。加洛林文艺复兴可以被定义为这样一个时代：文化尤其是教育复兴了，其目的是表达改革的决心、修正教会工作的方法以及基督徒的生活方式。其目的不是创造新的东西，而是恢复理想中的纯粹，这种纯粹已经被过往岁月和人类软弱的破坏性影响所腐蚀。加洛林的知识分子，不像我们预期的那样注重原创，在神学和礼拜仪式上尤其如此。里昂的弗洛鲁斯（Florus）写下了对一次主教集会的惊讶感受，主教中的一员，梅斯的阿马拉留斯（Amalarius）被问及自己在哪里读到自己布道的教义时，"回复道，他既不是从经卷上读到的，也不是由教堂神父教导传授的，甚至也不是来自异端，而是来自自己心中"。主教们齐声回复道，"这就是错误的精神！"[18] 历史学家想要以其他词语取代"复兴"（renaissance）这个因为常被使用而变得根深蒂固的词语，不无道理；他们想换成不太会造成误导的词语"纠正"（rectificazione），即教育和行为方式的"纠正"。[19]

卡洛曼与丕平治下的改革

查理的个性无疑对改革的成功具有至关重要的作用。皇帝推行这一雄才大略的计划时，比前任投入了更多的精力和资源。但他的父亲丕平、叔父卡洛曼也曾意识到需要做些事情。741 年，卡洛曼接手了查理·马特的烂摊子，后者更专注于战争领域而不是学术和宗教领域。教育在高卢几近消失，智力生活已经减退到了十分衰弱的境地。只有屈指可数的修道院保留了一些还过得去的活力，鲜有神学和文学作品的痕迹，甚至在手稿抄写方面也是这样。王室判决甚至法令中的拉丁文，足以让最为宽松的学校教师气得发抖。

对于法兰克教会，742 年盎格鲁-撒克逊传教士卜尼法斯这么向教宗扎加利描绘它的状况：

> 据最年长的主教说，他们已经有超过八十年没有集会见面了。他们没有大主教。大部分的主教职被贪得无厌的俗人或不贞、放荡、世俗的教士占据。主教们没有谁宣称不私通奸淫的，他们酗酒，玩忽职守，狩猎消遣。助祭，或者最起

码说有此头衔的人，是生活在罪恶中的人；他们纳四五名姬妾在床，但在诵读福音书或者获取司铎职甚至主教职时毫不感觉羞耻。[20]

修道院和属于主教区的财产，在宫相与对手的斗争期间受到了大规模的掠夺，留给它们的只有贫穷和无力。因此，如果加洛林家族的宫相们想要建立一个稳定的权力根基，在基督徒的眼中成为可信的信仰守护者，那么法兰克教会的改革对他们来说绝对是首要的。

查理·马特死后，改革立刻热烈开始，由丕平和卡洛曼共同发起，可能后者牵涉的更多。最初由卜尼法斯指导改革，他被教宗授予了广泛的权力。随后是法兰克人例如梅斯的主教克洛德冈（Chrodegang）、圣德尼修道院院长福尔拉都斯。后者在查理统治早期站在他这边。两位教友起草的法令不断重申同一个举措：每座城市都需要一个主教，教区内的所有教士都要服从他。每一年，主教都要在宗教会议上会面，向君主报告他们的进展情况。从教会非法夺取的财富要归还。修士和修女不经允许不能离开自己的修院。私通奸淫的神父和助祭要降职，强行忏悔。宫相不惜使用责打、监禁且只提供面包和水等严厉方式惩处犯罪，尽全力"恢复上帝的律法，以及在过去君王时代已经沦落消散的教会信仰，以期基督徒能得到灵魂的拯救，不受错误神父虚伪欺诈的戕害"[21]。

卡洛曼和丕平毫不犹豫地将自己的官员拉入改革之战中，并且告诉他们，要把自己看成自己辖区内教会的守卫者。伯爵不仅领命根除一切残存的异教余毒，也被期待以强力保证神父被召集到年度宗教会议时服从他们的主教。当然，他们明确表示，这并不意味着伯爵可以介入教会司法，那些犯下抗命之罪的人，还要受主教的司法权管辖。但是，那些不参加宗教会议的神父被处罚的60 苏勒德斯金币巨额罚款，是由伯爵征收，并纳入王室财库。[22] 查理的童年时代就出现了一种模棱两可的情况，在他的统治时期继续存在：以宣称保护教会为名，国王及其官员实际上施行着凌驾于教会之上的权力，既野蛮又简单。然而，其结果证明总体而言是积极的，因为教会首先也最为需要得到保护，免受来自自身的侵害。

大主教教座是保证主教遵守纪律的基础，但是，正如卜尼法斯曾经抱怨的，在大主教的指导之下聚集各主教区，且副主教与主教都服从于他，这种惯例已经在高卢消失了。这一趋势被卜尼法斯扭转，他在卡洛曼同意之下，被教宗任命为大主教。为了不落后于自己的兄弟，丕平也急切地重建了两个传统的大主教教座：桑斯和兰斯。与此同时，卜尼法斯也回归了自己的本职，在美因茨建立了自己的大主教区，作为协调莱茵河彼岸传教工作的中心，并向基督教化的日耳曼任命新的主教。

查理基于《广训》的改革

因此，查理从他的父亲那里继承了一个已经在致力改革的教会，即便他发现这是一个艰巨的任务。不出所料，这位年轻国王做出的第一个举措，很大程度上就是追随父亲和叔父的脚步，主要关注教士的道德和风纪，以及先前时有调控的世俗问题，比如基于宗教立场的婚姻问题。最终，他推出了一些举措保证教会有必要的资源去体面地履行自己的使命。方式是强迫所有人缴纳什一税供养教士，"无论他们是否情愿"，正如丕平如此断然的命令所说。[23]

　　查理也完成了自己前任为恢复教会辖区所做的工作。在丕平的时代，经常发生主教职空缺或被当地修道院院长临时任命的世俗权贵攫取职位的情况。查理设法祛除陈疾，保证每个主教区都有一名真正的主教。甚至他刚登上王位就系统地着手恢复大主教的工作，几年之内，所有的古代大主教区就恢复了自己的职权。自然这不仅对教牧活动有益，也对政府有益，要考虑到大主教是连接国王和副主教之间的命令架构的一部分，他们会向副手传递来自宫廷的命令和召唤。不出意料，他们也定期被任命为王室使节。

　　从789年《广训》颁布之日起，查理与教会有关的举措，其范围较之前任突然扩大了。他不再被称作法兰克人的国王，而是全体基督徒的君主，并且呼吁遵守古代的教规，这不仅具有道德意义，同样具有政治意义。这不再仅仅是一个与法兰克教士的腐败和轻慢作斗争的问题：现在所有人，教俗两界，都卷入了教宗组织的伟大征程中，旨在普世改良。十五年前教宗阿德里安一世就为查理颁布了一部教会法令集，被称为《狄奥尼修-哈德良教令》（Dionysio-Hadriana），它构成了789年所颁布文本的主体部分。这些规定，是几世纪来由众多的教宗和公会议在国王的请求和教廷的指导下确立下来的。它们成为统一于皇帝权杖之下的西部地区基督教生活的基础。

　　在《广训》的前言中，查理已经被称为一个新的大卫、新的所罗门，并展望着《圣经》中的另一个模范，约书亚。"确实，朕在《列王纪》中读到，圣洁的约书亚试图在神赐予他的王国里恢复对真神的崇拜，他巡游全国，警省世人。我不敢自比他的圣洁，但我们必须追随圣贤的榜样。"[24] 他投身于继承自前辈的改革事业，现在它转变成了查理自己的雄心壮志，甚至是乌托邦计划：劝说基督徒真正像兄弟的团体一样生活。尽管这个计划在现实中无法实现，但这个君主向他所有的民众，无论教俗、贫富，提出并邀约，请他们生活在和平与公正之中，以福音书中的善意爱自己的邻人，其中蕴含着无可置疑的伟大。

国王提出的改革，立刻被他得力的主教们所推行。在 8 世纪的最后几年和 9 世纪的头几年，许多主教效法阿尔昆的榜样，写下小册子，向他们的教士解释主要的礼拜问题，尤其强调洗礼和赎罪。这些小册子通常题献给国王，他充分赞成他们所主张的目标，即保证主持圣礼不会退化成一种死板的仪式，而是蕴含着对礼拜仪式中神秘象征的真正理解。皮埃尔·图贝尔（Pierre Toubert）曾提出，主教制度的运行是为了"指导神父们，并通过他们的忠诚去解释文辞和圣礼仪式的含义，并引导他们穿越象征与符号的困难领域，以考验他们的教导能力"[25]。查理确切地感受到教导的使命，他孜孜不倦地将之传达给教士，尽一切努力将影响传递给全体基督教教众。

此外，皇帝并不是在搭建空中楼阁。他频繁召集会议，其显示出主教参与的固定特点。实际上，主教们通常作为国王的高级官员被召集参加年度集会，这使得确定查理统治时期召集宗教会议的确切次数变得很困难。不过我们不会太偏离事实，我们可以宣称，在总计四十六年中，最起码有十八年国王都召集并出席了一次重要的教会会议。并且像 794 年在法兰克福那样，他时常会主持会议。因此，在查理出生之时已有八十年未曾举行过会议的法兰克教会，现在在国王提议的改革之中，形成了几乎不变的集会合作惯例。在同一时期，在罗马只举行了三次会议，包括 800

年审判利奥教宗的那一次，这种对比可证实：论资质，领导西部教会的是法兰克国王而不是教宗。此外，会议所达成的结论，哪怕涉及修订教规，也通常以法令集的形式公布，因此完全具有法律效力。

晚些年推出的举措

查理首要关心的，依旧是教士的教育和道德。802 年，随着加冕为帝，君主颁布了范围广泛的举措，它们总体而言让人回想起了《广训》里的道德义务，并且在一定程度上有所超越。皇帝意识到了自己新的责任，他召集臣民与他合作，并且个人尽自己权力之内的一切所能，建立起基督徒之间的和平和正义，"因为他，皇帝陛下，不能单独躬临每个人去致以适当的关怀和纠正的举措"[26]。树立好的榜样，要取决于主教、修道院院长、神父和僧侣，皇帝专门为他们建立了一连串规定。最初的规定是一般性的，随后分类且细化，这暗示他收到来自各个省份的报告，谴责广泛存在失德行为。

这一次，不再有针对违纪、失德、非法同居、买卖圣职、滥饮、暴力、侵占挪用以及抗命等行为老生常谈般的无尽训诫。皇帝向各省份派出使节，带着特别准备的问卷，并授权他们对全体教士，不分教阶，进行彻底调查。必须全面检查他们的教义教育水平，让他们背诵祷文，检查正确性；让他们吟唱诗篇，检查他们是否遵循罗马传统。考虑到所有这些举措的目的不是其自身，而是旨在提高整体民众的教育水平，故他们也必须询问世俗之人，保证每个人都知晓信经，牢记主祷文。曾经在主显节期间，皇帝出席一大群孩子的集体洗礼，他决定检测下教父们实际准备的情况如何。他一个一个检查他们的信经和主祷文，"其中有非常多的人完全不知道这些"，结果让查理惊骇不已。[27]

但他主要关注的还是教士的行止。几年之后，811年，皇帝想开展另一次调查，这一次他想亲自来做。帝国的所有主教和修道院院长都被召集到亚琛参加年度集会。在那里他对他们询问什么，我们知之甚少，他的询问偶或变成充满讽刺的长篇激烈演说。

> 告诉朕放弃尘世生活意味着什么？你们如何识别谁放弃了尘世？谁还生活在尘世中？只是他们不能携带武器，不能合法结婚吗？告诉朕，当一个人每天都不择手段意图增加自己的财富，以天堂的极乐和地狱的永恒受难怂恿恐吓他人，清除对他们财产的无知，戕害他们的后嗣，这样的人是否真的放弃了俗务？[28]

从这些询问中呈现出的法兰克教会的形象，实在令人不敢恭维。主教与教士们依旧畜养鹰犬行猎。在一些修道院里，见不得人之事还是时有发生，在各地，神父和僧侣还是或多或少地关注个人的私事、和女人同居、携带刀剑、从事放贷、在客栈中饮酒。年迈的皇帝纠正这些糟糕现实的努力似乎成了空想，并且多年以后还需要重申同样的禁令，这一事实似乎证明了他们的徒劳。一些学者甚至提出，从811年的质询之后，教会中的违纪行为在增多，因此帝国权威有一定的崩溃。他们得出结论，查理大帝统治的最后几年，要视作一段衰落和失败的时期，这位老人针对这些现象的责骂，只是无能为力的一个标志。[29]

实际有所不同。皇帝所认定的众多教士的举止问题，在任何时代都存在，没有理由相信事情在临近他814年驾崩的那些年里明显恶化。因此802年和811年推行的举措，是皇帝特定意向的产物，而不是外部环境的产物。这些意向建立在他深思熟虑、坚信不疑的信念之上。他多年来追求这些信念，通过阅读帝国法令的文本，很容易确定它们的发展路径。一个例子足以说明：在像他的前任一样发布命令，要求帝国内的所有僧侣应该遵守本笃会规章之后，查理大帝显然开始有一些疑虑，试图在高卢寻找，是否有僧侣在推行这套规章之前就众所周知是出身于意大利的。当证明有这种人后，他想从教士那里查明他们曾经遵守的是什么规章，"因为朕曾经读到，圣马丁是一位僧侣，他手下有很多僧侣，生活在圣本笃生前很久远的时代"[30]。

有的主教和修道院院长更关注教士的数量而不是质量，更偏爱擅长唱诵而不是为人诚实的教士。在他针对这些主教和修道院院长的斥责中，可以发现同样平静而理性的倾向。

> 要明确，唱诵和阅读的技能，在教会中并不是完全被轻视的，其实在任何时候都应该被鼓励。然而，万物是平等的，我们的观点是吟唱中的瑕疵比为人的瑕疵更能被接受。尽管教堂的建筑美丽是一件好事，但善行的装饰比建筑更美好。因为朕相信，教堂的构造确实与旧约相关，而严格来说，对举止的提升，属于新约和基督的教导。[31]

这个时代，绝大多数人都以极其正式的方式体验宗教。这些论证所揭示出的区分形式和实质的能力，已经足以证明查理对作为基督徒意味着什么的思考有多么深刻。

皇帝后来采取的举措显然反映出了一些先知的风格，这需要引起一些关注。我们会跳到结论，认为在这个阶段，这个老人已经无法再控制世界，他与它脱节了。但在下结论之前，我们要思考他是否是故意冒着乌托邦般的过火风险。让所有基督徒真正生活在神圣的律法之下、生活在福音书所传达的和谐之中，我们无须质疑这一计划的乌托邦本质。但是历史上是否存在一个时刻，值得去冒这个风险，并且就是此时？西部的基督教再一次在上帝授膏的皇帝领导之下，他四周的异教徒都在基督胜利的旗帜下低头。如果不是此时，更待何时？

礼拜仪式与教育的改革

礼拜仪式的标准化

在改革的氛围中，查理主要关心的一点就是修正礼拜书籍，这是帝国无数教堂中神父每天举行的复杂仪式的基础。仪式的正确进行，是使上帝满意的核心，这样他就会向自己的子民展现出善意。尽管艾因哈德告诉我们，查理和其他信众一样，避免在礼拜期间诵读，并且只低声伴唱圣歌，但他非常关心文本在文献学上的正确性和圣歌的确切发音，自己亲身参与，并成为真正的专家。[32]《广训》中说道："一些想更为得体地向上帝祈祷的民众，却因为不正确的书籍而错误地祈祷。"此外，出于同样的原因，也要阻止初学者在阅读和书写神圣的文本时向文本中引入错误，"如果需要誊写福音书、圣诗和弥撒文，要由成年人书写"[33]。

　　尽管当时人们的想法不像马基雅维利之后那样，认为区分宗教和政治是有用处的，但这些举措也有政治性的一面。考虑到帝国是一个整体，即基督教世界，各地的礼拜仪式都必须以统一的方式主持。鉴于宗教法统是基于与罗马教宗的联盟，推行罗马礼拜仪式最为合适。这个决策也意味着抵制一切拜占庭的影响，这明显也富含政治意义。丕平国王在过去就意识到了这一点，如今官方效仿他的范例，要求帝国内所有教堂的神父都要以罗马仪式唱诵圣诗，由政府出资为他们提供抄本。这意味着法兰克放弃了在高卢发展了几个世纪的本地传统。

　　改革并没有这么简单。785 年，查理请求教宗送给他一份关于格里高利圣礼的抄本，陈述在罗马施行的礼拜仪式。[34] 但是，当珍贵的手抄本送达后，人们就意识到在制作副本之前，需要一次重大的修订。罗马送来的文本实际上是五十年前的，已经不再反映永恒之城实际使用的礼拜仪式情况。也许教宗误解了查理的事由，认为他想要一份礼物而不是一件工具，因此送给了他一份价值昂贵但过时的古抄本。修订花费了几年的工作，主要由阿尔昆组织。格里高利圣礼必须与正在使用的礼拜仪式文献对照。遗失的篇章要补充，文法的错误要修正。为了给遍及整个帝国的礼拜仪式实践创造一个有效的标准化工具，所有这些努力都是必要的。

　　不要高估改革的结果。一个世纪后，诺特克提及这些举措时，感到惊奇甚至是难以置信。"这些事，"他写道，"我们当代人会觉得很难相信。实际上，我自己写下它们时，鉴于我们的圣歌和罗马人的之间有巨大不同，我也倾向于不去相信。"[35] 这位日耳曼僧侣继续写了一个故事，即教宗在查理的要求下，送来了十二位精于唱诵圣诗的教士，向法兰克王国引入罗马的礼拜习俗。"由于希腊人和罗马人总是嫉妒法兰克人的荣耀"，教士们商定在各地教授另一种有弊病的仪式。在骗局被揭穿后，法兰克教士隐姓埋名前往罗马去研习这些习俗，并将其带回故土；否则恶意的罗马人会使他们永远也无法解决这一问题。这个故事显然是伪造的，但是其至少证明了国王试图根除陈习、为其多民族的教士们施加统一模式时所遭遇的困难。

修订《圣经》

所有用于圣礼的文献中，最为重要的显然就是《圣经》。查理一直关心制作一个改进校正过的《圣经》版本，以取代当时教士们所使用的充满错误、有失偏颇的文本。这一挑战吸引了许多学者，尤其是那些具有学术能力又拥有资金和组织资源的人。所有这些提交自己版本的人物中，一些人不太有名，例如科尔比修道院院长莫德拉姆努斯（Mordramnus）、梅斯的主教阿吉尔拉姆努斯。其中也有一些优秀的学者，如奥尔良的狄奥多尔夫，还有阿尔昆自己，他人生的最后几年都致力于这一工作，当时他是图尔的圣马丁修道院院长。

现在，我们认为狄奥多尔夫版文本的价值超过其他人的。他的作品十分具有现代性，在传统手抄本中每一段诵读起点的页边空白处都提供了注释。现代学者对阿尔昆的版本嗤之以鼻，但他的作品在当时大获成功。原因与他作品的文献质量关系不大，更多取决于他在宫廷中享有的支持，最重要的是可供他支配的巨额财产。市场被阿尔昆版《圣经》所充斥，图尔誊抄室生产的抄本十分奢华，大开本，插图丰富，非常适合作为厚礼，所以我们现在拥有这一版本的数量远多于狄奥多尔夫在奥尔良监制的版本。后者使用小开本，书写紧凑，配备的批注显然超过了当时的需要。

增加学校出勤

学习拉丁文的教科书也和《圣经》、礼拜仪式文献一样重要，因为要培训有教养且见多识广的教士主持教堂，它们至关重要。在知会王国内所有主教和修道院院长的通告，也就是我们所知的《教化书简》之中，查理谈及，他经常收到一些修道院的来信，在其中他感受到了那些为他祈祷的僧侣们的热忱。他说，他们的意图是好的，但是语言充满了错误，笔者的学识不堪配自己的虔敬。"因此，朕担心他们的写作不够熟练，可能对神圣经典更不熟识，朕深知不正确地使用文辞是危险的，意思的错误是最为危险的。"[36] 查理继续论述，《圣经》不是由简单的语言写就的，而是充满了修辞手法。任何想要理解其精神含义的人，首先必须进行文学训练。国王随后明确命令道，从即日起，神父和僧侣都要投身研习拉丁文，以其为他们的宗教义务之首。

在这个背景下，复兴教会学校变得势在必行。789 年，《广训》命令神父召集男童进行指导，无论男童是自由人还是奴隶出身。随之开办学校教授"圣诗、注解、唱诵、教会历法和文法"[37]。尽管还要经过一段时间，这个潦草的指示才能被视作真正的教育改革，但已经存在一个明确的战略目的。后来由奥尔良的狄奥多尔夫发布的教区法令证实了他们的实际行动。[38] 所有的神父都被要求在基础教育中授业，这意味着用拉丁语阅读。想要继续学业的男童被送到主教城市的教堂学校和修院学校。在接下来的几年中，法兰克的宗教会议时常会讨论开办和维持乡村学校的问题。他们顾虑颇深，暗示这绝不是一个轻松的工作。[39]

唯一不依赖于教会组织的学校，就是在帝国宫廷中为官宦子弟可能还包括仆从开办的学校。诺特克讲述的故事中最有名的一则就是描述查理忙于纠正这些孩子们提交的作业。那些出身低微的孩子学习努力，远超过预期。那些来自高贵家庭的则很懈怠。皇帝模仿末日审判中的基督，将最好的学生唤到他的右侧，鼓励他们再接再厉："我会赐予你们最富庶的主教区和修道院，我会一直以你们为荣。"他直率地告诉其他人，自己毫不在意他们的贵族出身，他们如果认为仅凭自己是要人的子弟就能拥有成功的事业，那就大错特错了。[40] 这则逸闻很好地阐释了查理的体制下宫廷学校的真正意义。这里是教会最高级官员的摇篮，他们要热忱地为皇帝效力，而各主教堂学校要根据各地的水平复制其培训体系。

书籍与图书馆

制书业

和教育改革一样，查理同样也为图书馆殚精竭虑。在当时，鉴于羊皮纸的花费和所需的专业劳动力，做一本书需要相当可观的投入。国王的政策鼓励这样的投入，在必要时资助那些意图扩大自己图书馆的修道院。首先，要在宫廷里建设一座图书馆，据我们所知，查理即位之时在宫廷里几乎找不到一本书。这项工作在 8 世纪 80 年代才开始，那时宫廷成为学术讨论和文学作品创作的中心。国王发出通知，要求所有拥有古典作家和教父作品的人，要将作品或其抄本作为礼物献给他。[41] 一旦宫廷图书馆建成，就可以整理那些全国之内国王想使用的文献的可靠副本。其中既有助祭保罗专门受托而作的劝诫书，也有查理在卡西诺山亲自下令颁行的本笃会规章，据信这份规章是圣本笃亲笔书写的文本的副本。[42]

在保持精工细作的同时，制书业在加洛林时代经历了一次相当大的扩张。基督教最初的八百年为我们提供了总计 1,800 份拉丁文手稿，而 9 世纪保存下来的就超过 7,000 份。《圣经》和礼拜书，是教士工作必不可少的工具，他们也是这次运动的主要受益者。例如，圣马丁修道院的誊抄室每年就至少出产两套《圣经》，这些《圣经》通过帝国宫廷，分配到最偏远的主教和修道院。如果我们考虑到仅仅制作一部《圣经》的羊皮纸需要宰杀数百只羊，就能理解这项工作的浩大。装帧也花费不菲。查理将一片森林连同其中的鹿群一起捐赠给了圣德尼修道院，这样他们就有皮革来装订修道院图书馆的书。[43]

图尔出产的每一份手抄本都需要一个僧侣团队的艰苦努力，僧侣和修女共同做的这一系列工作被其他作坊的文献记录了下来。一部圣奥古斯丁《三位一体》(De trinitate) 的抄本，就由一个 14 位修女的团队制作出来，她们在书籍装订时，要同时处理 33 折不同的书稿。[44] 单独一个抄写员也可以负责整部手抄本，例如阿伽姆伯特 (Agambert) 在抄写完成圣哲罗姆的《评注》(Commentarii) 之后，加入了一条注释，说他在 34 天内就完成了工作，从 806 年 7 月 1 日到 8 月 4 日，平均每天 11 页。[45] 大部分抄写者是僧侣，但有理由相信为主教座堂工作的教士，有时甚至是专业的世俗之人也被动用来生产手抄本。

制书的增长不只适用于《圣经》，也适用于教父的作品。当时编年史家和圣徒传记的作者发现自己的作品也得到了重视和传播，同样的还有古典时期拉丁语作家的作品，它们因为加洛林抄本而保存至今。除了神学文献，查理的图书馆也囊括了卢坎（Lucan）、泰伦斯（Terence）、尤维纳尔（Juvenal）、提布鲁斯（Tibullus）、贺拉斯（Horace）、马提亚尔（Martial）、西塞罗、李维和撒路斯特（Sallust）的作品。许多这类文献都在宫廷里复制，供给重要的修道院图书馆。对古代世俗文学的兴趣是查理时代的特征之一，至少在表面上证明了"复兴"之名得自加洛林时代的文化复苏。

与传说相反，古典文献并没有埋没于修道院的图书馆，而是流通了起来。主要的学者，往往是一所或多所修道院的院长，他们互相闻名，似乎忙于借还图书，用于抄写复制。费里埃（Ferrières）修道院院长卢普斯（Lupus）写信给当时塞利根施塔特修道院院长艾因哈德，为不能归还奥卢斯·革利乌斯（Aulus Gellius）的《阿提卡之夜》（Noctes Atticae）而道歉，因为另一位修道院院长，富尔达的拉巴努斯·毛鲁斯（Rabanus Maurus），正用其为自己的图书馆制作一本副本。[46] 主要的修道院图书馆的目录是公开的，所以图书管理员可以查阅它们，开始通过繁杂手续借阅他们感兴趣的手抄本，并进行抄写。古代晚期的文学作品读起来令人愉悦，宫廷诗歌被认为直接追随了这一传统，并且依旧具有生气，不只是如人文主义者那般模仿。由奥尔良的狄奥多尔夫口述的对查理的赞美诗，即使放在狄奥多里克大帝位于拉韦纳的宏伟宫廷之中，也不失其度。[47]

　　文化并没有被教会中人所独占。然而查理身边的学人大部分是教士，他们几乎所有人最终都成为主教、一或多处修道院的院长，少数人名义上是俗人。一个例子就是安吉尔伯特，他与查理的一个女儿有着长期的关系（他们的一个儿子尼塔德成了史学家）。他向圣里基耶修道院捐献了两百本书，他已就任院长，这是个非常可观的数字。[48] 书籍在贵族家庭中也没有消失，大部分是宗教书籍，可能主要是由妻子和女儿来使用。比起发展修道院，建立代代相传的永久图书馆的冲动则没有那么明显。在他的遗嘱里，查理大帝亲自规定，任何想要购买他的书籍的人，都要出合适的价格，所得钱财要发放给穷人。[49] 手抄本的高昂价格显然会影响他们的认知方式，也意味着其价值不仅限于自身所包含的知识。但在今天，学者的藏书经常在自己死后就流散了。

加洛林小写字体

　　加洛林文化复兴留下的遗产之一，就是我们今天仍用于印刷的字体。查理成为国王之时，抄写员最常使用的字体是刻意复杂化的，满是草书、花体和数不尽的笔锋，只有高卢少数修道院的抄写室尝试用更为实用的字体。这种字体字母统一、整齐对称，最重要的是清晰易读。这种字体专业名称为加洛林小写体（minuscola），在查理的时代取得了空前的成功，逐渐取代广阔帝国领地内之前使用的各种字体。正如巴托里·朗热利（Bartoli Langeli）所说，这引导并创造了"一种欧洲字体，在随后的众多世纪里于一切书写实践中都留下了印记，直到今日。无人知晓还会继续多长时间"[50]。这就是加洛林字体，其有意模仿古代文字，文艺复兴时期的早期印刷者青睐这种字体，现代字体也源于它。

专业人士倾向于否认将加洛林小写体的成功归功于查理的特别要求，我们也没有直接证据证明存在这种情况。毫无疑问，皇帝十分关心不称职的抄写员给神学文献带来的错误。因此创造这种尽可能清晰易读的字体，很可能与他自己的目的一致。尽管没有刻意谋划，但实际上加洛林的学者在宫廷效力一段时间后，经常被调往远方的主教区和修道院。他们随身携带书籍，在那里他们会致力于增加书籍的生产，抄写宫廷图书馆里的作品。这就足以解释，尽管在查理的时代各地变体字依旧存在，但一种统一的书写形式还是逐渐确立下来。新字体的传播可以完全看作推动帝国宗教和智力生活统一的工作之一部分，是加洛林历代帝王们卓有成效的政策。

甚至我们今天使用的标点，本质上也是那些聚集于查理宫廷的学者们的遗迹。阿尔昆、科尔比修道院院长莫德拉姆努斯致力于让他们抄写室的抄写员采用一种统一的符号体系，代替之前因人而异的任意标准。问号在这个时代的手稿中第一次出现，一个弯曲的形状明确预示了其现今通行的样式。

守护信仰

保卫正统

查理频繁介入神学领域，与教宗竞争，并时常与他有分歧，这证实了其在宗教领域的治理计划。他认为必须介入的第一个问题就是"嗣子说"（adoptionism），这个学说由西班牙主教托雷多的以利班都斯和乌尔戈尔的菲利克斯（Felix di Urgel）提出，据此观点，基督只是神的养子。两位高级教士，后者定居在近期并入法兰克王国的比利牛斯边区，然而前者是一位"不信教之地"（in partibus infidelium）的主教，在极其艰难的条件下在阿拉伯人统治的西班牙核心区工作。不是教宗，而是法兰克国王组织了针对他们学说的讨论。这证实了，甚至在加冕为帝之前，查理就已经认为自己是西部基督教的最高权威。

值得注意的是，在穆斯林统治下的西班牙，基督教会继续运行，并不是处于地下状态，而是享受着阿拉伯政权的宽容政策。这个教会的主教必然和比利牛斯山彼侧的教友联系很少，这就解释了为什么他们的神学能采用其他地区认为不正统的形式。托雷多的以利班都斯无法被管到，但792年，乌尔戈尔的菲利克斯被邀约现身雷根斯堡的王室行宫。在那，法兰克主教会议斥责他的学说为异端，随后将他送往罗马，让他在阿德里安教宗面前放弃自己的错误。菲利克斯回到故乡后，恢复了原先的信仰，随后在塞普提马尼亚（Settimania）、现在的朗格多克（Linguadoca）开始传播学说，这里有许多来自西班牙的难民。也就是在此时，查理开始公开表明自己是正统的守护者，与离经叛道的拜占庭作斗争，他一定对传入耳中的惊人指控十分恼火。

794年的法兰克福宗教会议集会讨论希腊人的神学地位问题，并涉及圣像崇拜问题。议程中添加了"嗣子说"问题，对之进行了充分谴责。之后，阿尔昆等人持续写信给以利班都斯和菲利克斯，敦促他们放弃自己的学说。两位主教不为所动，甚至798年，当教宗利奥三世决定涉足此事，公开宣布将此新异端逐出教门时，他们还是如此。第二年，国王召唤菲利克斯前来，并在亚琛证明他的举动合法。宫廷中的学者们毫不质疑这些出自国王权威的举措。阿尔昆给菲利克斯写信道，他必须前来，并"向国王解释自己所信仰的教义"[51]。正如克劳迪欧·莱昂纳迪（Claudio Leonardi）评论所言，是国王来检验并压制离经叛道之说："宗教法庭在宫廷之中。"[52] 应该说，这就是一个宗教法庭，只是完全没有之后时代的残酷。就如菲利克斯，他在与阿尔昆的公开讨论中落败后，安然回到西班牙的家中，多年来继续向愿意聆听他的人传布自己的学说。这里重要的一点是，查理认为自己要亲自为正统信仰负责，教宗只是他身后一个辅助的角色。

法兰克福宗教会议非常具有象征性，法兰克国王的角色现在成了西部基督教的首脑。这次宗教会议，应国王的要求而召集，讨论他的议程，清楚地意图成为一次普世公会议。意大利、盎格鲁-撒克逊和西班牙的主教与法兰克主教并席而坐。然而地点的选择史无前例，这证明了基督教世界的概念严重偏向法兰克王国。讨论的确实是普遍关注的问题，包括嗣子说，也谴责了787年东部主教们在尼西亚集会时所宣称的圣像崇拜。[53] 如果我们思量这次国王召集的普世公会议①是如何决定谴责尼西亚的结论、公开反对教宗所声明的底线，我们就能判断查理所冒的风险有多大，他设法让教会阶层接受他作为教会的真正领导，甚至事关纯粹的神学问题时也是如此。

皇帝涉足所谓的"和子说"（filioque）问题，同样也是很大胆的。今天，几乎没有天主教徒在背诵信经时会意识到，他们是在重复查理大帝亲自确定的教义。最初在325年的尼西亚公会议

---

① 此次会议并非天主教会公认的普世公会议。

中，对于怎么解释第一次用希腊文写下的传统文献，基督徒中就存在分歧。正教的教士认为，圣灵自圣父通过圣子而出。西部拉丁教会倾向于相信圣灵同等地自圣父和圣子而出。拉丁语"filioque"意为"和（来自）圣子"，尽管这一术语在希腊文文献中并不存在，但还是被引入了信经的教义中。查理加冕为帝几年之后，在耶路撒冷附近橄榄山任职的法兰克僧侣与圣撒巴（St. Sabas）修院的僧侣起了争论，并请求教宗介入，问题就在于帝国礼拜堂的礼拜仪式是基于"和子说"的教义。

　　那时罗马处于正教基督徒之中，在此有更多古老的教义还在使用，因此教宗认为法兰克僧侣是错的。但这个问题意义重大，他想听听查理关于这个问题的看法。皇帝没有考虑这个已经由教宗宣判解决的问题，而是于 809 年在亚琛召集了一次法兰克教会会议，会议毫无疑问地认定利奥是错的，并确立"和子说"的正统性，之后查理煞费苦心地写信给教宗，告知他这一错误。利奥三世为了维护自己的声望，拒绝承认这一决定，继续在罗马使用传统的教义。但是在西部教会的其他地区，亚琛会议的决定被自然而然接受了。在接下来的两个世纪，罗马教会使用的礼拜仪式和其他拉丁教会保持着不同。这种差异最终调和了，以弥撒时背诵信经的形式传遍了查理的帝国，与此同时古代诵经的方式只在洗礼时使用，并在罗马依旧盛行。最终，大约到接近 1000 年时，罗马让步了，并将信经引入弥撒中，使用西部其他地区使用的形式，也就是"和子说"的形式。直到今日，天主教徒会说，"我信仰圣灵，其由圣父和圣子所发"，就是依据查理大帝所推行的教义。

异教徒皈依

从查理祖父的时代开始，改革法兰克教会的想法，就与向萨克森人和北方的弗里斯兰人传播福音联系在一起。那些越过基督教世界的边界去执行传教任务的人，同样需要高卢主教和僧侣的品质，即为了恢复纪律和礼节而培养精力，进行文化训练。不出所料，在查理·马特和随后卡洛曼与丕平治下的第一次教会改革中，最重要的教士和缔造者是一位传教士卜尼法斯。卜尼法斯欣然接受了法兰克宫相的友谊，他们为其在日耳曼履行使徒使命提供必不可少的政治和军事支持。这就是为什么卜尼法斯同意在晚年接手法兰克教会改革的原因。随后他在八旬之年回归自己的真正使命，754 年被弗里斯兰的异教徒所杀。

据我们所知，在查理统治下，使异教徒皈依的问题是以更为激进的方式处理的。然而对法兰克国王和他的教会顾问来说，使萨克森人皈依基督教从来不是简单地在刀剑的指点下，强迫他们受洗这么简单。实际上，这一任务需要大量的传教工作和教会组织工作，这些工作要随着这一地区的军事臣服而同时推进。误解产生了，争执日起，需要持续的政策调整。最初，被征服的地区被规划为传教区，主要委托给法兰克诸修道院的神父和僧侣。单单富尔达修道院就在 775—777 年间向萨克森派遣了不少于 70 名或 80 名传教士。

被征服之地的信仰前哨站长期以来持续暴露在暴动的威胁之下。只有后来，当领地被稳固控制以后，才可能将重要的传教区转变为主教区，同时将先前存在的部落领地转化为郡。787 年，传教士维利哈德（Willihad）被任命为不来梅（Bremen）和韦尔登的主教。约 796 年，在明登（Minden）任命了一位法兰克主教。

到799年，在帕德伯恩，这个新征服土地心脏地带的王室居所，也任命了一位主教，并且更具有重要意义的是，主教人选第一次是萨克森人，即哈图玛。因此萨克森从政治和宗教管理两方面都可以说全面成为法兰克王国的一个省份，尽管直到查理去世后很久，划分主教区的边界才变得可能。

传教士的主要目的是为异教徒施洗，编年史家在几处都记录了大型的洗礼。洗礼并不总是暴力强迫的，哪怕洗礼紧随在军事击败之后，过去常有这类情况。当日耳曼人不能以战斗保护自己的时候，他们通常表现出愿意放弃自己信仰的诸神，从这一点看，可以证明法兰克人的神更为强大。同样，我们也不要轻视一个事实，那就是有些传教士，例如卜尼法斯自己，是盎格鲁-撒克逊人：萨克森人共同的记忆记录了移民海外和留在大陆的萨克森人之间的先祖的联系。他们的语言十分相似，所以这些传教士会被认为是远房的兄弟，他们的布道会有特别的影响。

然而萨克森人仍然如故，在被强迫受洗后，利用第一次机会反叛了。值得注意的是，每一次叛乱都以焚烧教堂、屠戮神父开始。在782年的大暴动之后，查理对这些暴行十分恼怒，渴望寻求一个最终的解决方案，这促使他颁布了骇人听闻的《萨克森法令》，他宣称其目的是保证"现在正在萨克森建设的基督教会奉献给上帝，使其荣耀超过虚伪的偶像庙宇，要得到更多更好的崇拜"。实际上，他实现这一目标的方式是施行恐怖统治，将死刑的刑罚不仅加于杀人犯和暴徒，也加于拒绝受洗、继续秘密施行异教仪式、在四旬斋期间违背斋戒义务的人。[54]

即便在查理的近臣中，也并不是所有人都赞成这个恐怖的政策。阿尔昆写道："信仰来自意愿，而不是强制。你可以说服一个人去信仰，但你不能强迫他。你能够强迫他去受洗，但这对于向他灌输信仰无益。"[55] 阿尔昆的批评十分刺耳，在当时伴随军事胜利的是基督徒的横征暴敛，以胜利者身份掠夺萨克森人。萨克森需要"布道者，而不是掠夺者"。以阿尔昆的观点，在王国内普遍存在的什一税制度，在新征服的土地上拓展得太快，其结果是萨克森人将基督徒的征收理解为暴力勒索："他们说，什一税摧毁了萨克森人的信仰。"他设想，如果基督派遣使徒外出传布他的语录，而使徒却向自己的听众榨取什一税，那会发生什么？[56]

这些思考，在组织另一个被击败的民族 —— 阿瓦尔人皈依时，发挥了作用。796 年为此召开了一次主教会议，大家在议程中谴责了运用于萨克森的方式。法兰克人现在必须避免重复同样的错误。急切的大规模受洗不再是目的，大家明白现在需要一个更巧妙的方法。阿奎莱亚的宗主教保利努斯与萨尔茨堡的主教阿尔诺一起主持了会议，并受命协调对阿瓦尔人的传教工作。保利努斯写道，尽管他们是"野蛮而无理性的民族，总而言之无知、目不识丁，所以他们去理解神秘的事物时，只会不情愿且困难重重"，然而，没有先进行开导和劝说，是不会对他们施洗的，同时教导也更多地基于爱而不是恐惧。必须提及地狱的受难，但同样也要提及天堂的欢愉，无论如何也不以武力强行推行圣礼，只有自己提出要求的人才会受洗。至于什一税，阿尔昆向国王强烈建议，对新皈依的教徒要推迟征收，他强调，像他这样一个生而为基督徒并且受了如此高的教育的人，完全缴纳税款也非易事。[57]

这个会议的影响是巨大的，不仅在潘诺尼亚可以避免过去的错误，而且在萨克森也立刻改变了政策。次年，国王为萨克森人颁布了新的法令，废除了先前的法令并急剧缩减了恐怖体制。例如，先前杀害神父要被判处死刑；现在，像所有日耳曼法律体系中通常的情形那样，同样的罪行可以作为普通犯罪，缴纳"赎杀金"（wergeld）赎罪。[58] 尽管在如阿尔昆和保利努斯这样的学者的通信和诗歌中，他们对自己的恩庇人长篇累牍地无耻吹捧时常让我们震惊，但我们要记住，在这件事上，这些学者知道针对这一最为微妙的问题，如何表达极具批判性的观点；而国王也反过来准备接受这些批评。

与迷信的斗争

他们不仅要向萨克森人和阿瓦尔人传播信仰。查理大费心力培养教士，是因为他们负责给他所有的子民进行宗教指导。生而为基督徒，仅仅为了有意识地体验信仰是不够的。在《广训》中，国王提醒主教，他们本人的职责就是向民众布道，并且组织他们的神父布道。他甚至细致到了明确确定需要向信众布道些什么。他们必须教导所有人，圣父、圣子、圣灵是一个统一的全能的神，要依据查理亲自推行的信经，避免出现异端的危险。他们要解释道成肉身的神，所有人都会回归他的权威之下，他会根据人的功过审判所有人，查明他们是否真的相信死后重生，这样他们就会通过肉体体验到福报和惩罚。[59]

传播福音是最为急切的任务，因为查理从马太和保罗的警示中得知，伪先知（pseudodoctores）会在世界末日之前出现，试图引导基督徒远离正途。尽管据他们所知。世界末日非常遥远，但一些伪先知已经现身，以混淆信仰。在查理出生之前，某一位叫阿德尔伯特（Adalbert）的人就突然获得了巨大的名望。他在田野和泉水处竖立起十字架，聚集民众，即兴举行祈祷集会。我们不知道他布道的内容，但他肯定取得了巨大的成功，受到了当权者极大的关注，因为744 年，丕平下令焚毁所有他竖立起来的十字架。[60]

每一代人都注定会有自己的伪先知。近半个世纪之后，传言自天堂降下充满神圣启示的书信，消息开始散播，一些神父宣称曾见过它们。国王禁止阅读和讨论这些文字，下令将之烧毁，避免其他任何人再接触到类似的思想。可能因为宗教沉迷的情绪有点太过疯狂，查理下令，对那些四处游荡，声称受上帝启发；或者带着锁链裸身蹒跚，声称以苦修赎罪的无家可归者和法外之人，要保持控制。国王对这些人没有同情，地方当权者必须阻止这些流浪者，尤其是那些想向民众布道的人。如果他们想要苦修，就要通过工作来实现，而不是浪费时间在乡间游荡。[61]

在查理眼中，这些受欢迎的布道者，他们所推行的这些做法，比如在靠近树木和泉水的地方露天祈祷，是十分危险的，接近异教习俗。这正是他煞费苦心通过武力要从萨克森人中根除的问题，而其遗存却甚至在法兰克人中留存了下来。这个问题在他父亲和叔父的年代更为迫切。卡洛曼命令他的主教和伯爵们齐心协力"让神的子民不要沉迷于异教的做法，抵制排斥所有异教信仰的秽行"，又补充了一长串异教仪式和迷信行为的清单。[62] 总体而言，查理没有表现得如此关切，但在他整个统治期间，他颁布了多部法令，更新禁止行为的名单。例如，禁止随意翻开《诗篇》或者《新约》中的一页，寻找预兆，从牛马的粪便中解读未来，为钟施洗，或写下咒语挂在杆子上以避免冰雹。[63]

这些习俗与其说是异教信仰的遗存，不如说揭示了普通人对大众宗教的体验，他们天真无知，意识不到宗教、迷信和魔法之间的区别，对受过教育的人而言这些是截然不同的。在查理的圈子里存在一种基本的理性思想，这将引导我们将这些镇压举措归因于对迷信无知的恼怒，而不是对异教信仰越来越有可能回归的担忧。当天空中的新月暗淡之时，民众会喊道"努力啊，月亮！"这是因为他们相信天体正陷于苦战，需要帮助。[64] 但807年，当太阳的光辉因黑斑而变得暗淡时，查理宫廷中年鉴的作者写下了他的计算，他确定这个黑斑是水星。随后他以一种明白无疑的超然科学的口吻记录道，他观察这一汇合现象已经八天了，"但由于云层的原因，我们还不能记录何时进入汇合，何时走出"[65]。几乎不出所料，统治者居高临下地看待那些声嘶力竭地喊叫以表达自己支持月亮的贫苦百姓，最终这个习俗还是加入了被禁迷信行为的清单中。

在与迷信的斗争中，最伟大的人物可能是里昂的主教阿格巴德，他是查理最年轻的门客（protégés）之一。他被民众的无知和愚昧所震惊，写了一本小册子谴责常见的信仰错误。810年一场动物传染病在帝国全境传播，导致了极其严重的牛类疫情。阿格巴德告诉我们，当时在民众间立刻就有流言说，贝内文托公爵格里默德散布带有有毒粉末的瘟疫传播装置，污染草场和水源，为的是杀死牛类。和预期的一样，许多人因被指控传播带病粉末而被处以私刑，而主教看到的更不可思议的是，一些人设法说服自己，认为这些人真的曾传播毒物。

这种信念如此普遍，几乎没有人意识到其中的荒谬。他们从来没有用理性想过，如何才能制造出这样一种粉末，会导致牛类死亡却对其他动物无害？并且他们如何设法在如此广大的领土上传播？即使生活在贝内文托的每个男女老幼都驾着装载粉末的大车离开自己的国家也不可能。但这个可悲的世界受到了白痴的压制，基督徒愿意相信甚至连异教徒也不信的谬论。[66]

　　尽管查理和他身边的学者做了所有这些努力，但保护他的基督徒不受错误的戕害，依旧任重道远。

第 11 章

法兰克人的军事机制

我们已经树立了这样一个观念：尽管偶有挫折，但法兰克人总体而言战胜了自己的敌人。在法兰西与日耳曼所有教堂中香烟缭绕的空气里，传出了祷告，祈祷查理的军事努力取得胜利。但祈祷不是这些接连不断胜利的唯一原因。首要的原因一定是皇帝的军队在数量和组织上的优势。这些战士行军越过阿尔卑斯山和比利牛斯山，与伦巴第人战斗，直面阿拉伯人，兵临潘诺尼亚平原消灭阿瓦尔人，多年间纵横北日耳曼的森林和沼泽地追寻萨克森人，逐渐将国王的权威和他们的宗教远拓至波罗的海沿岸。是时候去探索他们的征兵和战斗方式了。

法兰克人如何战斗

入侵时代

考虑到大部分法兰克人以务农为生，不是草原民族那样游牧的牧人，显然最初绝大部分法兰克人只能徒步作战。从技术视角来看，他们是一个发展迟缓的社会，其中的个体甚至缺少地间劳作的金属工具，农民不得不制造使用木质锄头，因此他们的军事装备也一定同样比较低级粗陋。尽管在法兰克人的社会里战争如此重要，他们愿意花费大量财富以获得高质量的武器，但这就是普遍的情况。

在蛮族入侵的时代，法兰克战士携带的主要武器是长矛；其次是战斧，斧子很受他们欢迎，罗马人称之为"法兰克斧"（francisca）；还有一或多支投矛，通常是一种强化的样式，称为"安戈矛"（ango）。他们也熟悉刀剑，但只有富人能买得起重型的罗马"斯帕达剑"（spatha），而广泛使用的是类似单侧开刃的短剑，罗马人称之为"半斯帕达剑"（semispathae），法兰克人称之为"猎刀"（scramasax）。防御武器只有一面木质圆盾，大多数装有金属凸钮加强。只有那些指挥的人能用得起钢铁头盔；可能还有"洛瑞卡甲"（lorica），这是一个罗马词语，表示覆盖着金属板的锁甲衣或皮甲，这可能模仿自草原游牧民。

因此克洛维时代的法兰克军队可以被概括为一支多样化的步兵部队，枪矛林立、木盾森严，他们能够在对手靠近之前就投掷斧子和投矛，予以打击。他们由少数几乎同样装备的骑马战士支援，这些人拥有更多的财富，意味着他们能负担得起一匹坐骑、一把长剑，可能还有一顶头盔和一套"洛瑞卡甲"。这一幅图景得到了里普阿利安法的证实，其较古老的版本里规定一匹种马价值12苏勒德斯金币，一匹马3金币，一顶头盔6金币，一套铠甲（brunia）高达12金币，一把带鞘的剑7金币，然而2金币就足以装备一支矛和一面盾。[1] 显然在大规模动员的情况下，较之徒步作战的人，骑兵的数量必须尽可能少。即使绝大部分战士装备一支矛和一面盾，其花费金额也不可小视：相当于一头牛或一匹马价格的三分之二。这也就明确了为什么只有拥有一定财产的自由民才能配得起作战的装备。

查理治下对骑兵的武装

到了查理的时代，法兰克人作战的方式发生了深刻的转变，不仅仅是一些武器消失，而另一些武器广泛使用这么简单。总而言之，步兵的装备与骑兵之间有了巨大的差距，骑兵开始被称为骑士（caballarii）。在 793 年的一部法令中，偶然可见武装的封臣环绕在有权势的人身边，有时也包括一些由主人为其提供装备的奴隶。装备包括"马、骑枪、盾、长剑和短剑"[2]。这些都是传统的武器，但有意思的是它们是作为一整套而提及，似乎可以明确，每个骑兵，无论地位多低，一般都全部拥有这些装备。

十几年后，806 年，查理大帝向圣昆廷修道院院长福尔拉都斯发布一份召集令，确定了一名骑兵参战所需的装备。这一清单和十三年前的完全相同，证明了这就是标准装备。但是其中添加了一样让人好奇的东西，一套弓箭："因此每位骑士都要拥有盾、骑枪、剑、短剑、弓和一袋箭。"[3]拜占庭编年史家阿嘉提阿斯（Agathias）声称原始的法兰克人并不熟悉弓箭。受他的影响，历史学家推测，是与阿瓦尔人作战的经验说服了查理，为骑兵装备弓箭有用。甚至他的这一想法可能是源自罗马军事理论家维吉提乌斯（Vegetius），其著作当时刚被重新发现。[4]

实际上，没有理由相信弓箭是一项革新，因为在墓葬中发现的箭头表明法兰克人对这一武器绝非无知。萨利安法兰克人与里普阿利安法兰克人的法律中包含频繁提及弓箭使用的内容，超过了其他任何武器。[5] 可能会有人提出，弓箭对骑兵来说是一项革新，但即使这种情况也有先例。在查理出生五十年前，伴随他曾祖父赫斯塔尔的丕平的武装侍从就装备有"洛瑞卡、头盔、盾、骑枪、剑和装满了箭的箭袋"[6]。显然当时的法兰克骑兵就已经和查理时代的相似了，包括弓箭，与草原骑兵的冲突并没有教给他们什么不曾知晓的东西。

骑兵装备中最为重要的就是铠甲。肖像画经常呈现给我们的就是加洛林战士穿着的这种外套，一种覆盖有金属鳞片的皮质短上衣。铠甲如此昂贵，并不是所有查理的骑兵都能负担得起一件，但皇帝决定将其变成所有拥有相当财产的人的义务。805 年的一条法律规定，所有至少拥有十二户农民为其工作的人，在应召从军时都需要穿着铠甲。[7] 从无到有配备一件铠甲必定是难以小视的付出：一位名叫罗达卡尔（Hroadachar）的巴伐利亚贵族，就以自己一部分土地为代价，向弗莱辛（Freising）的主教换取了一件铠甲。[8]

我们可以因此得出结论，查理的军队拥有一群核心的武装骑兵，其中可能有几千人的着甲骑兵，还有人数更多的无甲骑兵，但鉴于他们的武器装备，也不能认为他们是轻骑兵。此外，我们不应该对这两个群体作出明显的区分，因为政府能够给大量负担不起铠甲的骑兵提供一套铠甲。主教和修道院院长为他们的人提供铠甲和刀剑。查理命令他们将这些分配给可信的随从，或者仅凭他的许可分配给外人。如果他们的装备在武装自己所有的封臣后还有剩余，他们就要将此情况直接告知他。[9] 如果我们考虑到与这些规定同时存在的，是再三禁止将军事装备卖到国外，尤其是铠甲，就能明确在查理的时代，配备武装不再是私人举动，现在被政府管理所关注。[10]

对步兵的武装

那些不需要提供马的人必须有一支矛、一面盾、一张有一根备用弦的弓和十二支箭。国王补充说，只备有一根棍棒的人不可向军队报到，这种情况显然会发生。那些负担不起更多的人至少要装备一张弓前来。[11]这些规定告诉我们，和骑兵不同，步兵的武器比以前退步了。考古学家已经证实步兵武器装备已经减少到了最基本的程度。曾经在法兰克人中十分受欢迎的战斧，和称作"安戈"的短投矛，自 7 世纪初开始都不见踪迹。甚至剑，无论长短都变成了骑兵的装备，他们如果自己没有，就会从主人那里得到一把。似乎可以理所当然地认为，如果一名战士的财富足以拥有一把剑，他也能负担得起一匹马。

最引人注意的是坚持要有一张弓，查理大概认为这是步兵的基本装备，实际上也是最穷步兵的唯一装备。这个观点被《庄园敕令》所证实，其中指示管理者如何准备供应军队的大车：每辆大车装载的既有面粉或酒，也包括"一面盾、一支矛、一个箭袋和一张弓"，推测是武装护卫用的。[12]查理的举措可以与伦巴第国王阿斯图尔夫的法律作可行的比较，后者颁布于 750 年。其说明，所有负担不起一匹马的战士"如果有一面盾的话，就应该有一张弓和装有箭的箭袋"[13]。我们在这里可以发现，该法律将一副弓箭作为步兵单一的基本装备，而半个世纪后我们可以在皇帝的法令中发现同样的意图，此时伦巴第人的军事组织已经完全整合到了加洛林的战争机制中。

采用弓作为步兵的首要武器，证实了骑兵已成为军队最重要的部分。在火药发明前，一支战术力量依赖步兵的军队必须为其战士装备枪矛和刀剑以提供战斗力。只有凭借这些武器，步兵才能在几乎无法得到骑兵支援的情况下占领并守住阵地。相反，装备有弓箭的步兵，只能在骑兵代表军队战术核心的情况下，为其提供必要的支援。查理的军队中越来越多的步兵装备弓箭，证明了在皇帝漫长的一生中，骑兵的重要性正在不断增加。这一倾向可能早年已经在伦巴第人中存在，但在查理去世前的法兰克人中才清晰可见。

重骑兵：一场革命？

还存在其他迹象，表明装备有骑枪和剑、以铠甲和头盔保护的骑兵，与众多徒步作战的士兵相比，已经获得了相当大的优势。甚至远溯到755年，丕平统治时期，每年军事战役之前对法兰克贵族和战士的召集，就从3月转到了5月：军事动员中马匹的数量增加，因此有必要等草长到足够喂养它们之时。编年史家反复记录军事行动中因饲料供给能力而造成的限制。798年，萨克森人趁着罕见的荒年影响，在初春时叛乱了，"此时军队由于缺少饲料，不能开始作战"[14]。

气候的不确定性和行动的缓慢解释了为什么召集经常发生在6月或7月，转而也解释了为什么法兰克人必须延缓某些作战行动，比如791年针对阿瓦尔人的作战：因为季节太晚，马匹再也找不到食物。[15] 此外，辎重队中拉车的数千头牛也必需饲料。法兰克人的军队如果想深入敌境并维持数月，这些笨重的护卫队必不可少。在战略规划中保障资源的这种方式，证实了在这支军队中，马匹至关重要。

没有必要再解释马镫的引入带来的改变，美国历史学家小林恩·怀特（Lynn White Jr.）已经做过分析了。[16] 我们并没有发现马镫在查理的时代被法兰克人广泛使用，也极少发现确定可以追溯到 8 世纪的马镫。甚至在虔诚者路易的时代，手稿中的插图描绘了没有马镫的战士在马背上战斗。在皇帝逝世相当长一段时间后，诺特克叙述了一则口头流传到那时的逸闻：查理曾向一位年轻的教士许诺一个主教的职位，教士欣喜地离开宫殿，无视仆从为他提供的上马凳，一跃而上马背。皇帝通过大门看到了这一切，认为此举对主教来说不够庄重，他叫教士回来，告诉他战场上更需要这么矫健的人，而不是在教会里。因此他暂缓了主教的任命，转而任命他为礼拜神父以跟随自己参加军事战役。不考虑实际是否真的如此，这则逸闻证明当时并未使用马镫。[17]

事实是，法兰克骑兵所承担的更大的战术重要性，并不依靠单一的革命性技术而发展，而是反映了社会能够利用更多的财富，能够在战争中经常使用马匹。但在过去，广泛使用马匹曾遇到客观存在的限制。加洛林时代经济的逐渐繁荣，同时反映在缓慢但逐渐传播的各种技术革新（包括无可置疑的马镫，还有铠甲），以及更强大的马匹使用能力上。不出所料，8 世纪初起草的里普阿利安法新版本中所有武器的价格没有变化，但一匹马的价格从 12 苏勒德斯金币大幅降到了 7 金币。同样一头公牛的价格从 3 金币降到了 2 金币，一头母牛从 3 金币降到了 1 金币。[18] 因此这不是一次突然的急剧发展，而是以重武器、重护甲来装备骑士的能力增强了，这使查理部署一支日渐庞大、装备精良的骑兵成为可能。

比起导致这些武器和战术发展的原因，更为重要的是这些发展导致的加洛林军队中社会成分的变化。马匹和铠甲更加实用，意味着较为贫穷、不能负担起装备花费的小土地持有者所能做的贡献变得不那么重要了。与其让他们拿着棍棒，皇帝更愿意规定使用弓，这种武器显然比其他武器便宜。然而，存在另一种可能，那就是一概免除他们的军事义务，而强迫他们以其他一些方式为战争作贡献。加洛林时代发生的这些变化，并不仅仅关乎法兰克人武装和作战的方式，也关乎军队征募的原则。

征　募

缩小社会基础

严格来说，在受到召集时，为其君主作战是所有自由民的义务。这一原则对有些民族来说非常牢固，比如伦巴第人，他们的自由民被称为"阿利马努斯"（arimannus），其日耳曼语词根与现代德语的"Heer"（军队）和"Mann"（人）相对应。这个术语在拉丁语文献中很容易被翻译为"exercitalis"（军队），它不仅有军事意义，也有政治和法律意义。实际上同一份原始材料中也称伦巴第民族为"幸运的军队"（felix exercitus）。同样，在高卢的教堂里唱颂的连祷文，会祈求基督保护国王查理、他的子嗣、他的审判官"和法兰克人的整个军队"，其中的术语"exercitus"，意为"军队"，也与"民众"同义。[19]

显然这并不意味着在每一次召集中，每个自由民都必须参战。但简言之，如果国王和其地方上的代表认为有必要的话，原则上可以召集所有人。真正的大型征兵活动，可能只在一个地区直接受到入侵威胁时才会发生，这种征兵在晚些时期的法令里被称为

"兰特维里"（lantweri），这一术语类似 19 世纪普鲁士的"卫国后备军"（Landwehr）。[20] 除了字面上相似，这种情况也确实在查理的时代发生了：例如 778 年萨克森人沿莱茵河突袭，793 年阿拉伯人入侵塞普提马尼亚，北欧人袭击西部海岸，800 年之后阿拉伯人越加频繁地进攻地中海诸岛。另一方面，当几乎每年法兰克人计划入侵敌国时，军队通常都是从邻近的区域召集。只有在一些更具开拓性的作战中，比如 778 年越过比利牛斯山和 791 年对阿瓦尔人的作战，我们才知道存在所有省份同时征兵的情况。

那些地方官员收到命令，需要召集起一切有能力作战的男子组成军队，如果他们太轻易地授出免除兵役权，将会受到严厉的处罚。这种管理征兵的气魄，表现在特里尔大主教赫蒂写给自己的副手图尔的主教弗洛塔利乌斯的一封著名的信件中：

> 我们从我们的君主皇帝那里得到一条可怕的命令，根据命令我们必须布告全境内的居民，我们代表他，让他们做好准备，参加在意大利的战争。因此我命令你以我们的君主皇帝之名，立即热忱地通知所有的修道院院长、修女院院长、伯爵、王室封臣和教区的所有民众，所有这些对国王有军事义务的人，做好自身准备。[21]

在通常的观念中，命令涉及所有人；而具体实际中，只涉及那些需要承担军事义务的人，二者之间存在矛盾。这个矛盾意味着什么呢？

事实是，接近查理统治后期时，他的指令开始将携带武器参战的义务限定在拥有充足财产的人之中。皇帝使用的标准是为每个土地所有者工作的农户数量。只有那些拥有三至四户奴隶或佃农为其工作，因而享有一定程度经济保障的人，需要自付开销承担军事义务。其他人免除兵役，但必须组织起来，共同汇集资源以供给战士。因此，根据808年作战的指示，每四位拥有自己的土地但没有奴隶、自己耕种土地的农民，必须达成一个协议，其中一人应征入伍，其他人为他提供装备。[22]

根据即将进行作战的不同情况进行装备，经济基础是必要的，尤其是战争期间。这证明了主要的花费在于食物的供给。806年，在萨克森，命令六个人为第七人进行装备，为远及西班牙的军事出征做准备；而针对邻近的斯拉夫人的出征，只需两个人为第三人做准备即可。[23]一些学者提出，因此每组中受援助的人可骑马应征，以这种方式征募成为轻骑兵，他们构成了法兰克军队的主体。但是数据并不支持这一解释。在某个特定情况下，在算入那个前去作战的人的捐税后，装备一位战士的所有花费是5或6苏勒德斯金币。[24]考虑到开销的很大一部分花费在食物上，可以明确，根据上述里普阿利安法中提及的税率，即使我们取配给的最小值，也不足以武装一名骑兵。因此显然军资并不宽裕的战士将徒步前往参战。

关于乡邻如何汇集资源，以获取武器、配给、交通工具的问题，一份巴伐利亚的文档也许能为我们提供关于这一体制的早期例子。有三个人，拉特帕德（Ratpald）、奥德尔曼（Odalman）和凯珀特（Kerperht）向蒙德湖修道院院长奥珀图努斯（Opportunus）出售了几块土地，换取了一匹公马、两匹母马、一头母牛、六头公牛、一些盾牌和一支骑枪。[25]显然他们比查理的规定之后所针对的那些人的社会阶层要高：尽管我们看到军队使用了大量的公牛，但用公牛仅运送一名战士，就太过了，并且总体的花费相当于武装一名骑兵的花费，而不是一名贫穷的步兵。我们可以推断，每一次拿起武器的命令到达一个省份，那些必须获取必要武器和供给的人，就会发起许多这样的交易。

集结封臣加入王室军队

征募方式的改变，随之明显减少了步兵或者最起码说无装备步兵的人数，伴随着另一个同样重大的变化。它反映了隶属关系在法兰克社会中承担的重要性。每位有权势的人身边都环绕着一群封臣，他们效力的方式首要的是军事性质的，包括持有可能是领主赐予的武器和马匹，以及有关使用武器和马匹的知识。对于这些人，查理认为没有必要浪费时间统计他们的财产规模，并据此调整他们的军备。在他看来，属于封臣的一员意味着成为一名受过训练的战士，尤其是他们领受了来自领主的恩地。他们应召从军，无须多言。807 年，皇帝下令，"首先，那些拥有恩地的人都要从军"[26]。

但情况没有这么简单。这帮封臣各自组成了受过训练的战士团体，他们习惯共同作战，所以将他们分开是不明智的。皇帝因此下令，每个其财富足以承担义务的人，应征参军时，如果他有领主，就可以成为自己领主侍从队的一员。只有那些没有保护人或者其效力的领主没有参战的人，可以依据传统习俗加入集结地当地伯爵的随从队伍。自然，命令也提及了自由民，但有理由相信，武装随从的散布实际上修改了将自由民定义为能够携带武器的人这一传统规则。之前提及的 793 年法令，想当然地认为存在大量的"由其领主赐予封臣身份的奴隶，并可以拥有马匹和武器、盾和矛、长剑和短剑"[27]。他们要和自由民一样宣誓效忠领主，如果他们作为一个整体加入军队，却在他们领主所率的单位之外，将会十分奇怪。实际上，查理并没有对那些身为自由民和奴隶的随从加以区分，并且规定，一般而言他们都要跟随他们宣誓效忠的伯爵、修道院院长或主教。

与此同时，他宣布号召武装帝国全境所有自由民，皇帝单独向每位教会的和世俗的权贵发去指令，要求他们亲自为自己的封臣负责。一个例子就是806年写给圣昆廷修道院院长福尔拉都斯的贺信，给我们提供了一个了解军队实际集结方式的好方法。

> 你应该知道，朕今年已经在东萨克森的伯特河（Bote）边叫作施塔斯福特（Stassfurt）的地方召集了将领集会。因此朕命令你带着自己的人于六月十七日整装到达此地，备好武器装备和战争所需的所有食物和衣物。每位骑兵应该有盾、骑枪、剑、短剑、弓、装有箭的箭袋，你的车辆应该装有各种工具，即斧、刨、钻、短柄斧、锹、铁铲和其他军队所需的工具。作为储备，应该有从该日期起三个月的配给，和供六个月之用的武器和衣物。[28]

拉教士服军役

以这般强制的语气将召集从军的命令送达修道院，我们不应感到意外。教会应负的军事义务也是法兰克军事事业不可或缺的一部分，甚或是至关重要的一部分。从查理·马特时代起，教士所拥有的广大地产就为宫相和后来的国王所用，他们以此安置自己的武装随从，随从因此有了财产为自己配备武器、铠甲和马匹。为这些土地工作的农民依然是主教和修道院院长的正式佣工，他们缴纳年租以作回报，但他们的工作最重要的是供养和装备那些受到特许的武装之人。随着时间的推移，这些外来者宣誓效忠于以土地给他们提供收入的主教和修道院院长。因此教士给那些被吸引到他们身边的武装之人提供恩庇（patronatus），其方式与国王和世俗人物对围绕在身边的封臣没有什么区别。显然，国王后来认为这类高级教士要为这些武装之人负责，更加确定的是，他们必须亲自领导自己的人从军。

在国王看来，将高级教士卷入自己的军事事务中，符合自己权力的宗教性质，并且他确信神的恩典庇佑法兰克人之剑，鼓励他们加入针对异教徒的正义战争。然而，正如一位编年史家所痛斥的那样，一些人并不喜欢这些腰悬刀剑、脚蹬皮靴马刺、传达圣意的强势教士。[29] 查理最忠实的追随者之一，阿奎莱亚的宗主教保利努斯，以充满敬意而又坚定不移的辞藻写信给他，说明与上帝可见的敌人作战是国王的职责，他应该单独留下教士去与那些不可见的敌人斗争。教士所要挥舞的是精神武器，而不是钢铁武器。他们所需的营地，是上帝的隐喻之营，而不是国王的持械之营，即使国王受神所爱也是如此。[30] 查理的老盟友阿德里安教宗也表达了同样的忧虑，他乞求他不要强迫他的主教拿起武器：如果他们必须陪伴他作战，他应该让他们单独去从事祈祷、布道和告解。[31]

不得不说，没有证据证明主教和修道院院长被强迫血洒沙场，但国王明显对他们有更多的期望。参与军事远征是一件费力之事，包括离家数月漫长的劳师之苦，以及供给人员和马匹的沉重开销。实际上几乎不可能卷入战斗。然而对于涉身其中数年的人来说，这是一件危险而劳苦的工作。阿尔昆写信给他的朋友美因茨的大主教利库尔夫（Riculf），说他"非常担心你即将参加远征的旅程，因为在这种情况下，人会遭遇很多危险"[32]。在791年对阿瓦尔人的作战中，两名主教死于军队陷入窘境之时，但他们死于疾病或衰竭，而不是战场。非常重要的是，当我们得知队伍预备作战时，他们的指挥官是伯爵或宫中的大臣，从来不是主教。前者战死疆场有无尽的描述，如总管艾吉哈德、宫廷伯爵安瑟姆和布列塔尼边区长官罗兰，他们都殒命龙塞斯瓦列斯战场。还有王室总管阿达尔吉斯勒、治安官盖洛和四位伯爵死于辛特尔之战。[33]但在查理漫长的统治期间，没有主教或修道院院长死于战场的记录，而这在他的孙辈内战期间时常发生。

处理逃避者

军事义务如此沉重，各地的人们都在试图逃避。查理的法令集非常清晰地训诫他的伯爵，要求"无人敢大胆到无视他们的君主即皇帝的从军召唤，没有伯爵敢独断专行，免除那些需要离家参战人的义务，因为这可能是受强大关系的影响，或者收受了贿赂"[34]。规定十分细致，要求每位伯爵最多只能免除两位封臣的军事义务，留在家中保护妻小，另两位接管他的职责。如果一名伯爵管辖一个以上的郡，他可以在每个郡留下两个人。主教和修道院院长在正式意义上不允许拥有妻室，只可以授权留下两个人。[35]

现实中，不合理的军役免除极其频繁；实际上，这是地方权贵施行自己"黑手党式"权威的最有力工具。他以此偏私自己的人，损害那些不遵从其规矩的人。一篇法令斥责这些权贵，他们滥用权力，征召那些他们想要毁灭的人服军役，以夺取他们的土地：

> 人们说，拒绝将土地交给主教、修道院院长、伯爵或审
> 判官的人，他们会找到途径责难他，他们一般会送他参战，
> 直到他陷入贫困，并无论自愿与否都被迫放弃财产为止。另
> 外那些已经放弃土地的人，留在家中，无人去打扰他们。[36]

但也有"另一些人说，他们强迫最穷的人从军，而那些付得
起钱的人，留在家中"。实际上，小土地持有者为了避免这一义
务，愿意做任何事。义务每年都无情地重复，强迫他们保有昂贵
的装备，花费大量资财用于供给，无意义的繁重劳动，还有可能
失去马匹，离家数月，更不要说丢失生命、损害肢体的危险。由
于广泛出现的严重情况，皇帝甚至禁止自由民将自己的人身和财
产捐献给教会，"因为朕听闻他们中的一些人并不是出于奉献，而
是为了躲避军役以及其他对国王应尽的义务"[37]。同样也有一些
人与权贵联合，甚至臣服于他而做奴隶，仅仅是换取帮助他们留
在家中的承诺。这种现象在随后的年份里变得越来越常见，所以
811 年，皇帝在集会的议程中加入了"人们无法完成军事义务的
原因"[38]。预备材料中包括了明确的断言："整体而言，与过去相
比，居民们更加不服从伯爵和使节。"事实是，在多年的战争后，
法兰克人厌倦了作战，作战的辛劳超过了荣耀，更重要的是，开
销超过了战利品所得。

名义上，任何不能完成自己军事义务的人，需要缴纳巨额罚
金"赫里班"（heriban）或称军队罚金。王室使节被鼓动征收罚
金，要不留情面，此举或更是为了避免他们受贿。一般会认为他

们进入有罪者家中，不仅没收他的金钱，也没收他的牲畜和动产，包括衣物（"但这并不意味着他们的妻儿要被剥去衣物"，查理谨慎地建议道），相当于一个相当富裕的人一半财产的价值，对于不太富裕的人这一比例会逐渐降到四分之一。无法缴纳罚金的人的名字会被记录下来，在报告皇帝之前暂缓执行程序。最糟的情况是，他们将会被迫作为奴隶为王室效力，直到他们付清自己所欠的所有罚金。对罪行的惩罚如此严厉，其意图是使他们再不敢这么做，而又不完全毁掉他们，"所以下一次他们就能够武装备战，为神和朕的利益效力"[39]。

为了避免征收"赫里班"变成又一次滥用权力的机会，此举绝不包括没收土地、建筑或奴隶。此外，征收罚金的工作绝不托付给地方伯爵，而是托付给王室使节和称作"赫里班按察使"（haribannitores）的专门官员。这造成了无法预见的结果，使伯爵召集军队变得更难了。因为考虑到此事不再处于他们的司法权之下，他们辖区里的人会或多或少不守信用加以抵制。[40]那些迟到营地的人，会根据他们迟到的天数，惩罚他们在和迟到天数一样的时间内只得到面包和水。没有许可擅离军队，实际视为逃兵，"在日耳曼语中我们称为'赫里斯利兹'（herisliz）"，要被处以死刑并没收所有财产。[41]这一现实在类似查理的帝国这样严重依赖庇护者的社会中继续存在，尽管再三训诫，还是会充斥着滥用权力的行为。集体的厌倦和他个人的懈怠，也许解释了，如我们所知的那样，为什么皇帝在他的晚年表现得不再像他年轻时那样好战。[42]

战 略

后 勤

查理的时代征兵的另一个特征，可以从他写给修道院院长福尔拉都斯的那封信中显现出来，那就是将军队召集起来要花费漫长的时间。鉴于在他召集人员和供给后，从圣昆廷修道院前往伯特河需要两个月，故武装的召集令必须在行动预期开始日期前几个月送出。显然夏季作战的目标必须在很久之前就预先决定下来，可能要提前到前一年秋季的集会。同样，征募的方式也必须和召集大型军队相符合，从容不迫，以攻击敌境为目的，如此法兰克人就能够决定行动的时间和地点。查理在世之时，这一体制卓有成效，因其能够做出充足的战略准备，以召集有巨大数量优势的军队，这足以应对任何单一对手可能在战场上造成的任何情况。

许多学者试图统计帝国所能提供的军事力量的总体规模，但这一尝试得到了有分歧的荒谬结果，其范围从五千至五万骑兵不等。这一结果的意义是反映了一个事实，即一个国家越大，则它在任何特定时刻，与人口和经济资源成比例，投入战场的武装力量就越少。在像查理大帝所创造的这么一个庞大帝国之中，在召集人员、行军至敌境并在作战期间对他们提供充足的供给中出现的实际困难，毫无疑问首先会限制行动中的军队数量的扩张。这明显不可能充分发掘人的潜能，人类的潜能相形之下是无限的。

较之统计帝国中能够征募的骑马战士的人数，考虑万余人在行军中的困难更有意义。其中一些人会沿着一条单一的道路徒步行军，通过一条狭窄而又人烟稀少的走廊进行补给，因此敌人会在此采用焦土政策。上述所说的是军队的最佳规模，即使在大型战役中，两三支军队同时动员，从不同的方向在敌境内集合的情况也是如此。人员和马匹的总体动员能力允许查理在规划联合行动时留有最大的机动空间。当每一位地方指挥官都能保证自己有充足的军事力量击败自己面对的敌人时，这一能力也能允许同时组织行动面对不同边境的不同敌人。根本上说，这就是法兰克人胜利背后的秘密。正如拿破仑很久以后意识到的那样，事实就是，神站在拥有更大兵营的一方。

限制军队规模的一个因素是所需车辆和拉车牲畜的惊人数量。如我们所知，查理的军队携带着为持续数月作战所需的充足供给，否则作战无法进行。战士们毫无疑问会尽己所能从当地居民那里征用补给，而牲畜可以在路边牧养。然而，当他们还在帝国境内时，征用范围被限定为草料、木材和水源；一旦他们进入敌境后，就可以更自由地获取供给，而庄稼经常在入侵者到达前已经销毁。因此他们别无选择要携带面粉作为口粮，为了保持马匹的良好状态，需要给马补充谷物，草和干草可以沿途获得。

行军队列沿着纵横于帝国内的罗马大道延绵数里，进入敌境后道路通常会更糟糕，甚至消失。队列的巨大规模应该要归功于辎重车队。普通两轮大车通常由共轭的两头牛拉动，能够装载半吨面粉，几乎是 500 人一天的口粮。因此运 1,000 人超过三个月作战所需的口粮，需要 180 辆大车和 360 头牛。还有葡萄酒，这在当时是社会各阶层的日常饮品，并且算是重要的热量补充。鉴于一辆车可以装载 130～160 加仑，同样的 1,000 人在作战时需要另外 180 辆车。一匹马每天需要 22 磅饲料，其中的一半可以是草或干草，而另一半必须是大麦或燕麦。因此 100 匹马在超过三个月的时间里需要消耗另外 90 车的装载量。这还没有计算运送武器和装备的车辆，以及军队从自己的家乡到行动集合点之间漫长旅途所需的供给。

计算结果非常直接：一支约 1.2 万人的军队，其中 3,000 人骑马，从进入敌境时算起要伴随着 1.2 万头公牛拉动的 6,000 辆车！这解释了查理战略的一些特点，比如将大军分为两三支，分开线路行军。然而在一些情况下，比如 773 年入侵意大利，就有意识地使用钳形运动绕开敌人的防御。更常见的是，这种分开军队的方式，是既能发挥法兰克军队的数量优势，而又不快速耗尽他们所经地域有限的草、干草和水源的唯一现实的方式。显然，在可能的时候，查理会使用水路，在驳船上为军队运送特定战略行动所需的补给，代价是限制了战略行动。比如 791 年针对阿瓦尔人的作战，就是沿着多瑙河两岸进行的。

显然，辎重车队限制了机动。军队不是按照步兵的节奏，而是以更慢的拉车牛的节奏行军：在可能的最好情况下也不超过一天 9～10 英里。在敌境内大半径的攻击破坏，是由骑兵小队实现的，他们离开主力军队，将给养携带在马背上而不是大车上。鉴于每匹马能承载 220 磅，每天消耗 11 磅，同时骑手消耗 2.2 磅，理论上一小队骑兵能够以平均每天 19～25 英里的速度独立作战 10 天。因此他们可以入侵的整个地域是十分广大的。

军队的主体依赖于牛，故我们必须发问，年度集结从 3 月推迟到 5 月，是不是因为给牛寻找草料的需要，而并不是为了马匹？这个理论似乎合情合理，不仅因为牛比马多，而且因为马至少一部分甚至在必要时可以完全以大麦或燕麦来饲喂，而牛只能在草地上放牧饲养。在最终的分析中，卑微的牛对查理的计划产生了巨大的影响，远超过高贵的马，但显而易见的是，刀剑相交之时，重装骑兵是法兰克军队的主力。

要塞与围攻

在讨论查理的战争时，我们应该经常避免将战斗等同于对阵战。在古代和现代欧洲，对阵战都有其重要性，这意味着我们往往没有意识到从长时段来看，对阵战并不是战争的核心。查理的时代就是一个这样的时期。查理统治超过半个世纪，并每年组织一或多次军事远征，然而这个时期，以现代观念可以计数的战役可以用一只手数过来：778 年的龙塞斯瓦列斯，782 年的辛特尔，783 年的代特莫尔德和哈瑟河战役。其原因是查理的战役几乎总是以优势兵力入侵，敌军更偏向于退到筑有防御工事的区域进行防御。尽管伦巴第人、阿瓦尔人、萨克森人和西班牙的阿拉伯人的作战传统和方式各有不同，但他们都采取了这种战术。

因此作战的目的不是野外会战，敌方无论如何也不愿意面对查理的装甲骑兵和众多为其提供支援的弓箭手。作战就是通过围攻敌人的要塞并将之夺取，以占领这一区域。查理·马特和丕平在阿奎丹作战期间，文献资料所提及的成功围城战十分普遍，我们必须得出结论，蛮族军队曾经十分困扰于无法围攻被要塞坚守的阵地，而现在他们已经克服了。与此同时，他们通过建立永久的要塞，以实现征服，尤其是在像萨克森和阿奎丹这样少有人口中心的区域。其意图是在大军归乡后保证被征服土地的防御。它们也起到了未来战役的前进阵地和供给仓库的作用。

问题出现了，法兰克人是否仿效拜占庭人和阿拉伯人而掌握了先进的围攻技术？不过这种技术也许不是皇帝的秘密武器。坦白说，文献资料很少直接提及对工程器械的使用，尤其是投石机。

第一次明确提及法兰克人使用这一装备，要回溯到虔诚者路易统治时期。[43] 集合军队的法令，通常会十分细致地说明每个人需要携带的武器和物资，却在攻城器械方面完全无记载。然而王室编年史家证实，在围攻查理建造在莱茵河右岸的要塞期间，萨克森人使用了投石机，我们可以确信排除这些异教徒具有超过皇帝的技术的可能性。[44] 我们必须得出结论，法兰克军队也使用类似的装备。因此法令中对器械的省略，可以被解释为，投石机和其他机械，是在决定了需要围攻夺取要塞之后在战地建造的。这恰好解释了，法令要求车辆携带军队特别声明所必需的木工工具的意义。

我们必须考虑到攻城器械在技术上的限制，其效力因所要进攻的要塞种类的不同而变化。在查理作战期间，法兰克军队经常轻而易举地夺取了敌人的要塞。例如，791 年和 796 年两次入侵阿瓦尔人的领地和 786 年针对布列塔尼人的行动中，建造在森林和沼泽地的城堡和要塞都被征服了。810 年，意大利国王丕平在海陆协同作战中占领了威尼斯潟湖中的群岛。但所有这样的要塞都主要是由土木建造的，和那些法兰克人自己建造的要塞一样：当需要围攻由石墙守护的古罗马城市时，这就是个非常困难的问题了。

在对伦巴第人作战期间，帕维亚与维罗纳都是在极长时间的围城后，因为城内敌人饥困而夺取的。帕维亚围攻持续了几乎一年。在翻越比利牛斯山作战期间，萨拉戈萨和随后的巴塞罗那也在疲困的围城之后陷落。巴塞罗那之战由皇帝的儿子虔诚者路易指挥，编年史家厄莫都斯·尼格鲁斯（Ermoldus Nigellus）在对此次围攻的记载中描绘的唯一战争器械是破城槌，其对城市坚固的

围墙毫无作用。如奥尔多·塞提亚（Aldo Settia）尖锐地指出，他
所描绘的路易王子骑马至城下，猛然掷出长矛扎入石墙，既是在
表达一种蔑视的姿态，也是在承认无能。[45] 可能是他作为阿奎丹
国王，在比利牛斯山以南的西班牙这么一个满是罗马城市的地区
作战，这种经历促使路易大量投入，以置办攻城器械。在他的统
治期间，一位编年史家第一次描述了在围攻另一座西班牙城市托
尔托萨期间，军队使用了投石机；从此时起，投石机开始在中世
纪战争中经常使用。[46]

第 12 章

一种新的经济

封闭式经济的神话

20 世纪关于加洛林经济情况的历史编纂，长期受制于一种令人不悦的偏见。根据亨利·皮朗的理论，在阿拉伯人入侵后，西方曾经一度被剥夺了入海口，其经济退化到了被个体消费所支配的纯粹农业生产的水平，长距离贸易几乎完全消失。贸易的弱化甚或消失，必然意味着封闭经济的说法广泛地被教科书接受，其中描绘了一幅偏狭沉闷的农业生活场景。因此学界也很难认为加洛林时代是繁荣的，即便更温和的或者那些皮朗之前的经济推动主义历史学家倾向于接受并承认查理在政治和军事上的胜利这一显而易见的结论。"彻底缺乏技术，土地失去控制，几乎没有建立起定居点，稀有且极其普通的剩余物资被少数享有特权的人用于交换，生产结构机能几乎完全失调，至少生产效率很低"：直到 1981 年，像罗伯特·福西耶（Robert Fossier）这样伟大的历史学家才觉得有责任这样总结一下加洛林帝国的经济现实。[1]

但是这一次，存续了半个世纪的正统说法受到了挑战，正如福西耶自己一定也曾意识到的那样，他补充道，"但除此之外，同样的事实是，人口数量可能增加了，少量的迁移，货币多了一点，存在一种渴求更好的愿望"。如今，这些以他的观点来说还不足以称为成长的现象，得到了更好的认识，并且倾向于形成一种显然更为积极的历史解释。更为重要的是，这些解释成功地提供了一幅各方力量角逐的全景：从生产组织到大地产所有权，从帝国政府的经济和财政介入到大修道院的推动作用。因此这允许我们将加洛林经济看作查理的治理中充满活力的一部分，而不只是一种被动的背景。

这就是我们对其的设想。农业主宰了经济，农民占人口绝大多数。其中许多人是小土地持有者，居住在自己的住宅里，在自己的土地上工作。我们对他们所知甚少，可能这些农民真的生活在个体消费的基础之上，食用自己生产的面包和猪肉，饮用自己的酒。大地产主则是完全不同的角色。他们雇佣的农民数量庞大，可能占据了大多数的农民人口。这些大地产和古代的大庄园（latifondi）不同，倾向于用一种历史学家称为封建庄园（maniera）制度的新方式来自我组织。总体而言，大地产必须为其所有者提供食物，通常是修道院甚或国王。但它们也在一个比我们之前认为的更为系统化的基础上生产剩余物资，这些剩余物资用于贸易。

考虑到这些贸易活动，从地理布局偏好来说，大规模的王室、贵族、主教区和修道院的地产都位于卢瓦尔河和莱茵河之间的帝国核心地带。在失去了地中海的出海口之后（正如皮朗所指出的），法兰克人统治的欧洲并没有停滞在个体消费经济之中，而是将其贸易线路指向了西部和北部。817 年，本笃会僧侣被授权使用猪油和牛油以替代橄榄油；按照规定他们应该使用橄榄油，但其在帝国的很多地区几乎无法获得，这一惊人的现象标志着贸易线路的转向。牺牲地中海水域，转而偏向北海，并不导致贸易规模全面缩减。与此同时，修道院坚持要求免除他们运送农产品的代理人的通行费，国王在价格和货币领域立法；布伦（Boulogne）港口的古罗马灯塔得以修复，提高了航行的安全性；受到王室许可保护的商业中心不断涌现，遍布纽斯特里亚和奥斯特拉西亚的河道流域，以及佛兰德和弗里斯兰海岸。这吸引了为大地产主效力的交易商（negotiatores），他们搜寻自己主家的土地所不能生产的产品。盎格鲁-撒克逊、弗里斯兰和斯堪的纳维亚的商人提供鱼、奶酪、纺织品、皮毛和奴隶以换取谷物、酒、武器和陶器。而像马赛这样的旧地中海港口逐渐衰落，沿着罗讷河的交通已经停滞。像塞纳河口的鲁昂、英吉利海峡边的昆托维克、莱茵河口的杜尔施塔特（Dorestad）这些新的贸易中心开始在基督教世界声名鹊起。

因此，在对传统解释的壮观的反转中，大型庄园农场占据优势，不再意味着欧洲陷入了个体消费经济的悲惨境地之中。欧洲最终形成了一张新的城市定居点组成的密集网络，政府有意于维护道路和河流的联系，并推行财政改革，以保证一种遍及整个西部且易于管理的统一货币流通。正如朱塞佩·彼得拉利亚（Giuseppe Petralia）所正确指出的，"皮朗所理解的没有贸易出口的封闭经济处境，已经转变为另一种处境，西欧不可阻挡的活力正在其中孕育"[2]。从这个观点来看，查理的立法行动和统一政策，正是中世纪晚期和现代欧洲繁荣发展的起点。

庄园地产

庄园或"田庄"

经济的最核心部分，是依照庄园模式组织起来的大型农业地产。在我们近距离研究商人和贸易之前，这必须是我们的起点。应当明确，最近几十年的历史研究已经说服了我们，我们认为帝国各地出现了大量独立的农民，他们经营的经济和大地产经营的经济并不一样。他们为自己工作，然而更可能的是，在许多地区，村落和耕作以庄园的形式组织起来，它们是特例而不是一种制度。然而，这种组织形式引起了我们的好奇，因为一般认为，大地产而不是独立的农户，是整个经济的推动力量。这并不意味着我们对农民如何生活、吃什么、如何工作没有兴趣。我们从书面资料中无法得知的这些情况，现在开始从考古调查中显现，我们随后将会见到。然而，要理解加洛林经济如何运行，我们必须首先描述庄园地产。

皇帝、大修道院、主教和贵族家族拥有大片的土地，其中有数千奴隶、获释奴隶和佃农。这些地产分布在广大的地域中，同时在皇帝看来，这些领地也恰好是帝国领土本身——大约40万平方英里。对一个修道院院长或一个伯爵来说，在距离他们主要的居所数百英里之外拥有土地并控制着劳工是十分常见的。出于管理的原因，这些土地无论位于何处，都组合而成农业复合体，以当时的拉丁语称作"库尔特"（curtes）或"田庄"，其中每一处地产都由一位代理人负责，并作为一个有机的整体得到管理。随之而来的是，这些大土地所有者拥有不止一处而是多处"田庄"，可能有几十处；如果是皇帝，有数百处。例如巴黎的近郊圣日尔曼修道院，拥有多达25处"田庄"，大部分位于卢瓦尔河和塞纳河之间，总面积超过12.4万英亩。

这些田庄至少在两个方面和古代的大庄园不同。首先，其在地理上并不是紧密相连的地产：拥有谷物和橄榄树的田地，目力所及之处都属于同一个主人。不同的是，"田庄"的田地、葡萄园、草地和森林不一定毗邻，但出于管理的原因，组合成一体。当然，和所有社会中一样，大地产者倾向于进一步扩大土地，并吸纳周围毗邻的小地产，这样在一处或多处农民的定居点，大部分的土地或实际上所有的土地都会属于同一位土地所有者，并在同一个"田庄"内组织起来。大型王室地产或当时文件中所称的"王田"，尤其喜欢采取这种形式。在法国，一个现代公社的领地，甚或两三处相邻的公社，它们的边界和古代的王室地产一致。"田庄"几乎总是包含着分散的地产和各自孤立的劳作者，而和一些属于其他大土地所有者的地产一样，农民的小地产在主人的田地之间保留了下来。

劳动力

庄园地产和古代大庄园的第二个不同是，最起码在其典型形式下，其所有者不再拥有足够的奴隶在基础极其广阔的全部土地上工作，以此迎合市场的需求。在查理和其继任者的时代编制的少数大型修道院持有地产的清单显示，不到一半的劳作者是奴隶。在此我们并不关心相关的奴隶人口减少的问题，这种情况在罗马帝国晚期就已经发生了，但这只是土地所有者所采取的反制手段。基本上来说，这牵涉到维持地产上指定区域直接管理的决议，这些区域继续通过奴隶劳工进行开发，而剩余的区域划入农场之中。

根据最后几位罗马皇帝统治时开始传播的习俗，每一个农场都被托付给一个农民家庭，他们向土地所有者承担一系列义务，而其中支付租金并不总是最重要的义务。

这促进了分散化组织的兴起，分散组织成为庄园地产的典型。每个"田庄"都有部分土地直接由一队奴隶耕作，收益归主人；而另一部分土地在农民中细分，他们或多或少能独立地组织劳动。前者被称为"dominicum"（直领地）或"pars dominica"，即"主人的部分"；后者被称为"massaricium"（佃农地）或"pars massaricia"（佃农的部分），来自术语"massarius"，该词表示居住在土地上的佃农。这并没有说明土地是差不多平均划分的。租出的土地和直接管理的土地之间的比例极易变动，不过在查理的时代，分割成小农场的那一部分可能已经趋向于大于主人留存的那一部分，这一倾向还在继续。

这种发展是特定政策的产物，倾向于将奴隶转变为在其自己土地上独立劳作的农民。他们的工作若出于这一动机，将会更有成果。出于宗教的原因，法律要求地主允许他们的奴隶结婚并尊重他们的婚姻。这进一步成为给每个人分派一所房屋的原因。宗教也鼓励释放奴隶，他们的人数不断减少，宗教的作用并非无关紧要。奴隶拥有者总是会选择一种方式，有条件地释放奴隶，并保证释放的奴隶受主人的约束，迫使他们作为小土地持有者在庄园内劳作。

"份地"

"田庄"的本质，是通常并不互相毗邻的地产的集合体，它们拥有不同品质的土地，并不总是适合同一种类型的耕作方式，而且"田庄"倾向于将大部分土地转变为佃户的农地,当时的文献称之为"份地"(mansi)。术语"份地"意味着居住的房屋以及一户或更常见的多户农民所耕作的土地。这个词的词源可以回溯到居住的概念,仅此而已。这个词并没有告诉我们什么,比如所有权的形式。提及"份地"的文献主要是大地产的财产清单,其中每块"份地"都归入一处"田庄"。另一方面,查理的法令集中经常提及的小土地或中等土地持有者,只能拥有一至三块"份地",它们可以被租给同样数目的农民,而并不在庄园地产内组织生产。一户在自己的土地上劳作的自由农民的居所和农田也可能被称作"份地"。实际上,在添加了形容词"indominicatum"(土地所有者的)之后,这个词同样可以指代一处"田庄"中保留给土地所有者进行大规模耕种的土地,也可以称作庄园农场。

可能归于一处地产之下的"份地"最终成了一个主要的管理概念,而不含有任何地理上的意义,因为一户农民可以分配到村庄中的一所房屋、所有居民共同耕种的大片土地中的一份、未开垦的放牧牲畜的土地中的一份,还有养猪以及从森林中取用木柴的权利,可能还有在河中捕鱼的权利。所有的这些财产和权利构成了土地所有者眼中的"份地"。在另一些情况下,"份地"代表了我们所说的农场(podere),字面含义是指一连串与农民所居住的房屋相连的小块耕地。不论独立的小农户还是大地产主的佃户,其"份地"并没有任何区别。

如今,再没有人提出"份地"规模的问题,这个问题曾长期被税收史学家所关注。我们同样也很难理解他们对同一"田庄"内"份地"规模的巨大差异表现出惊奇。即使今天在乡村区域里，也能发现老人在小块土地上辛苦劳作，紧邻着的是十或二十倍大的繁荣农场，由兄弟两三人合伙经营。所以将土地划为"份地"，并不是一种人为的义务，而是反映了社会的自然推动力，这种划分将会产生广泛不同的变化。此外，土地的肥力还存在着显著的不同，不同的区域适合耕种粮食作物、辟为葡萄园或者养牲口。所有这些差异都对"份地"的规模和性质产生了重大影响。然而当时的测量和会计技术还十分原始，帝国的统治者不顾其可变性，将"份地"视为衡量地产和财富的最有效的单元。按照皇帝的命令起草本院财产清单的修道院，以及在某一区域的地产主中分配军事义务负担的地方官员，都将他们的统计建立在"份地"数量的基础上，这些"份地"组合成每一处"田庄"，或者归属于每一位土地所有者。"份地"被用作衡量耕作土地并收取地租的单位，也成为统计政府征收税负的单位。很容易就能想到，这一定会导致许多不公正和不平等。但税收体制不就是这样吗？

徭 役

分散的庄园系统为什么能普及？为什么大地产所有者在必须将自己土地的一部分转变为小地产时，并没有将他们的一些"田庄"完全分开，而将另一些完整保留，并将之置于直接管理之下？这些都有另一个决定性的原因。为什么每个独立的"田庄"都既有直接耕种的土地，也有租种的土地？其原因是，在一个技术资源有限的社会里，农民们的劳动很大程度上要服从于季节的规律。一位希望在广大地域里大规模耕种的土地所有者，比如在"直领地"或大"田庄"里的庄园农场，在收获和割草季节都需要

查理大帝像，丢勒绘。他左手拿着拿着象征皇权的"帝国之球"，头戴神圣罗马帝国皇冠，其上方是德意志单头鹰纹章和法兰西百合花纹章。这是后人心目中建构的皇帝形象。

阿尔昆版《圣经》内页。

9世纪的斯图加特圣咏集插图，展现了农民耕地情景。

阿瓦尔人的金酒杯，可能模仿了拜占庭圣餐杯，制于约700年，大都会艺术博物馆藏。

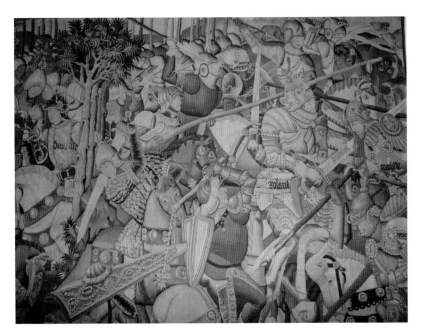

龙塞斯瓦列斯之战，右边持长剑者为罗兰。图尔奈挂毯画，维多利亚和艾尔伯特博物馆藏。

6世纪的法兰克士兵，
安格斯·麦克布莱德
（Angus McBride）绘。

加洛林军队对抗维京人，安格斯·麦克布莱德绘。

神圣罗马帝国皇冠，本是奥托一世加冕所用，另名查理大帝皇冠。

查理从罗马带回的精美古石棺。

查理大帝圣骨箱（上、下图），腓特烈二世皇帝命人制作，安放查理大帝的遗骨。

查理大帝胸像圣骨盒，查理四世皇帝捐制，安放查理大帝的头盖骨。

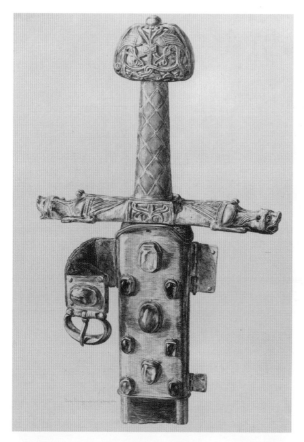

传说属于查理大帝的"欢乐"宝剑，三年铸成，可令对手失明。查理死后消失，法王腓力三世登基时重现。大都会艺术博物馆藏素描。

虔诚者路易加冕，手抄本插图，法国国家图书馆藏。

数量庞大的劳动力，但最少的劳动力就足够使用的月份也会很多。因此雇佣数量最少的"雇工"（prebendarii）就有其意义，正如人们所说，奴隶无论自己工作与否，主人必须全年养活他们。在需要更大规模劳动力的时节，例如收获时节，土地所有者就会召集他们的佃农来协助。同时他们强迫佃农在需求最多的时节尽其所能地犁地，并且将收成运送到市场和主人的住所，也就省下了在"直领地"里维护犁、大车和牛的费用。

　　因此居住在一块"份地"上的农民，承诺向土地所有者提供自己的劳动力，达到一定的天数，如果有必要，还需用上犁和大车。这种承诺提供劳动力的义务，被称为徭役（Corvée），大体上取代了领薪劳工。领薪劳工在其他时代被认为是解决问题的方法，但在查理的时代很少使用。原因是当时缺少流通的货币，同时国家人口较少，总体上也意味着劳动力短缺。因此就难以形成大规模的无地劳工阶层，愿意出售自身劳动力换取薪资。可以毫不夸张地说，在土地所有者需要保证耕种并且运送收成的所有土地上，以徭役形式无偿提供的劳动力是必不可少的。这随后成为庄园经济的核心。

　　这些劳役并不只有经济的目的，或者说它们的作用远超过了纯粹经济的范畴。因为佃农被契约所束缚，契约通常是口头的，并且父子相传；因为他们在主人的土地上肩并肩地和奴隶们一起工作，尽管只是特定的时段，但经常包括繁重的苦工，他们会发现自己无论是象征意义上，还是实际意义上，都依赖于自己主人。尽管他们生来是自由的，但他们是土地所有者的人——以一种和奴隶不同的方式，确实如此，不过实际比较起来没有那么不同，但在社会共识上，不能将其描述为一种同化。之后存在着获释奴隶的后代的问题。这些"自由"（liberti）或被释放的奴隶，世代受其主人的束缚，需要为他工作，崇敬他。因此，一旦他们都定居在农场里，开始自己耕种之后，他们很快就变得和那些受奴役的人没什么区别了。那些所有在大地产里为一个主人卖力的人都渐渐被看作一种大规模的隶属劳动力，或者，让我们使用这个词语"农奴"来描述他们。这种趋势至关重要，其终结了古代奴隶制度，又产生了一种新的制度——农奴制。在此制度之下，大量的农民失去自由，持续许多个世纪。

地产的管理

"田庄"在规模上变化很大，从 500 英亩至 5 万英亩不等，然而最常见的情况是 2,500 英亩至 5,000 英亩。因此直接雇佣的劳工数量也相应地变化。农户的数量可能从几十到数百。最大的王室地产之一位于意大利的贝内·瓦吉恩那（Bene Vagienna），其组织了超过 3,300 名劳工为其工作，他们连同自己的妻儿，在这一区域就相当于 1.5 万人。很自然，这一规模并不是静态不变的："田庄"和所有类型的地产一样，是一种活跃的组织，因此也在变化中。荒年、疫病折磨或者边境之地战争的破坏，会彻底摧毁难以代替的农民家庭。修道院的财产清单会经常提及"空缺份地"（mansi absi）或"无人居住的土地"，不过不得不说，这些"份地"还是经常被人莫名其妙地耕种。

无人居住的"份地"出现，可能也反映了一种不间断的重组甚或是开垦新土地的活动，这些新地佃农们还无法永久居住。尽管帝国总体而言人口稀疏，但人口还是倾向于增长。当劳动力增加的时候，主人就会下令开垦新土地：清理灌木丛林地、砍倒树林、排干沼泽地以开辟新的农田。在拥有劳动力进行耕作的前提下，不存在土地短缺。这一切都意味着在加洛林时代这种开拓精神是广泛存在的。不过在大规模提高土地使用率上，这种开拓精神并没有起到划时代的作用，土地使用率的大增直到下一个千年的早期才发生。

很长一段时间，历史学家相信，所有的"田庄"都以同样的体制进行组织，不考虑当地的条件，生产主人所需的一切。这种情况下，那些为主人消费而留存的土地，必须包含大量不同的产品，从酒到麻类、从牧养牲畜的草地到采伐薪炭并养猪的林地。代理人会一直居住在庄园里，他代表着地产的管理中心。紧邻庄园的是畜棚、谷仓、马厩、仓库，生产奶酪、咸肉、啤酒的场地，以及菜园、养鸡场和渔场。有时候还会有作坊，其根据古代的惯例被称作"内室"（gynaecea），在这里工人的妻子们为全体劳工的家庭织布制衣，这成为一种劳役的形式。

如今，我们拥有了一幅更为复杂的图景。越来越多的证据显示出，大部分的"田庄"属于那些另外还拥有许多"田庄"的业主，他们能够以确定的预判来专门规划生产。显然，代理人会根据自己是否要准备接待主人在此过冬、是否为军队准备辎重队或者是否将收成出售而将收益送给主人，来有区别地组织自己人的工作。尽管"田庄"是独立管理的，但其仍然是一个大型生产循环中的一个不可分割的部分。大型王室地产的情况是，几处相邻的"田庄"将会置于同一位代理人的权力之下，管家（maiores）和工头都要对其负责。

当地的条件也会影响到土地里生长的作物类型。在特别合适的区域，主要的庄园农场专门生产葡萄酒和橄榄油，这涉及相关设备的重大投入。在气候和土壤适宜的地方，庄园农场会被指派完全用于牧养牲畜。在边境地区或者难以进入的地带，农民们必须和稠密的灌木丛或者沼泽地作斗争。例如波河下游流域，这里几乎所有土地都需要拓殖，土地所有者经常会决定将庄园农场的规模减到最小，让定居者从事繁重的劳动，以犁开垦新地。与之相反，在土地肥沃的广阔平原，一个大土地所有者通常会倾向于在大范围内种植大量的谷物。为了做到这一点，他需要建立一个大型的庄园农场，并且残酷地剥削自己佃户的自由劳动力。

在大地产中耕作，人们会在有250英亩至500英亩农田的大片区域里种植谷物，其目的是为了储存而不是立刻消费。这种特点明确地表现在庄园农场所偏好种植的谷物类型上。在所有地区里，最珍贵的谷物是小麦和黑麦，高卢北部大地产中的庄园农场主要种植大麦和斯佩尔特小麦（spelta），还有另一些现在已经消失的谷物。哪些谷物容易保存下来，可以说明他们偏好哪些谷物。他们在大地产中耕种的偏好，是低风险且适合储存的谷物。回溯到罗马帝国的时代，边境守卫就在他们的仓库里主要储备斯佩尔特小麦。有人认为僧侣和贵族食用以大麦或斯佩尔特小麦制作的面包，这是不太可能的，所以庄园仓库里储备这些谷物，只能被解释为一种精打细算，以建立起持久的储备，供养奴隶，为每年前去作战的军队提供补给，甚至必要时在公开市场中出售。引人注意的是，在查理的时代之后，奴隶的数量进一步减少，大型军事作战变成了一种久远的回忆，贸易也变得越加危险和困难，庄园农场就放弃了大麦和斯佩尔特小麦，偏向于生产黑麦和小麦。

交换经济

贸易在大地产管理中的作用

为了理解加洛林经济的动力，我们必须抛弃先入之见，即多多少少自动把贸易和现实的城市联系起来。在查理的时代，古代的罗马城市屈指可数。其中有许多城市，可能多达一百，只存在于意大利，比如帕维亚和罗马，它们保持了重要的地位，并拥有超过几千的居民。其他城市仅有的现实意义就是有一位主教或偶有一位伯爵居于此地。让·法维耶（Jean Favier）曾经指出："当时的城市是什么？视野之内是一座教堂，大教堂；环绕其周围的是一些房屋，一层或两层，很少有三层的。偶或有一道城墙或者其他什么残存的东西……12 公顷［共 30 英亩］土地以及两三千居民构成了一座城市。"[3] 重要的沿海和沿河港口发展成为北部海岸交通十字路口的重要商贸中心，并且它们逐渐有了城市的意识，但它们的喧闹和兴盛本质上是乡村经济发展的副产物。人口和武装是在乡下缓慢增加的，在那里森林被砍倒，沼泽地被排干，为耕犁开道；也是在那里，货币开始流通，尽管总额依然非常小；还是在乡间，市场开始涌现，其中最为成功的市场随后转变为城市。

在乡间，民众劳作、生产、消费、储存并且再次大规模地投入，这些是我们之前所相信的，在这里有一种决定性的推动力从大型修道院地产中产生。它们是唯一被文献充分记录下来的案例，在其中我们了解了土地的清单、设备、农民，在少数幸运的情况中，甚至还有主人与其代理人之间的通信。无论我们何时了解到它们的信息，我们都能认识到，修道院院长有非常清楚的想法，知道如何去运作他们的产业，并且他们肯定不乐于仅仅被动地消费地方代理人送给他们的剩余物资，隐退到自己祈祷和反思的世界中。当然，他们并不像中世纪晚期的生意人，更不像现代的资本家。这些修道院院长的动机显然不是逐利，在财务方面依然很少获益，但毋庸置疑，他们有更多的企图，决心要让修道院的产业尽可能出产更多东西。

修道院院长不是生意人，这值得重申，但教规要求他们为自己的僧侣提供衣食，慈善需要他们帮助穷人，而且国王的命令要求他们为朝圣者，偶尔为国王自己和使节们提供容身之所，同样也要派出整装的骑兵小队奔赴战场。所有这些都要求仓库装满谷物，地窖里装满成桶的葡萄酒、啤酒和油，食品间装满猪油和盐，柴棚里装满原木，有大群的马和牛。随后，所有这些产品都必须运送到修道院，有时距离十分遥远，数量令人吃惊。科尔比修道院每天消费一吨谷物！

修道院院长不能仅仅坐等，以自己的收入为生：他们必须积累、分配、规划并投资。使用最广泛的政策构建在预算修道团体所需消费的基础上，并且提前预估修道院所拥有的每个农场所需要的供给。在计算日常制作面包所需的谷物后，科尔比修道院院长就会确定有多少谷物必须来自庄园农场的收成，又有多少必须来自修道院所拥有的磨坊的收入。圣德尼修道院院长给每年僧侣餐饮所需的所有产品进行估价，他会在一定数量的"田庄"中分配供给的任务，并且命令剩余的"田庄"提供僧侣的衣物。圣万德里勒修道院的院长列出了修道院地产所能生产的一切，按照省区进行分类，将一年中各个月供养修士团体的任务各分配给一两处"田庄"，并且分别计算还需要获取的必需品，以补充给修道院土地的产出。近郊圣日尔曼修道院院长在评估修道院的财产"直到每一只鸡每一个蛋"之后，将其分割，分派一部分供给僧侣，另一部分供给国王的军事活动，最后一部分留给修道院院长个人消费。[4]

尽管计量的技术可能还是原始的，不过可以明确的是，对大地产的理性管理以及一定程度内对需求的预算，代表了一种对僧侣的关注。为了使体制运作起来，修道院院长需要有能力通过陆路或水路长距离组织并运送供给。因此他们设定了路线，护卫可以沿着路线行动，在属于修道院的地产里停歇；他们装备了驳船，为合适的当地农场配备港口设施，为驿马和辎重车队雇佣劳动力，并且不断向国王请愿，希望他能够保证道路的安全，并且免除修道院代理人的通行费和市场义务。这一稠密的交通网，其自身就足以反驳封闭经济的说法，即便人们广泛认为自给自足是一个值得追求的理想。

买卖和以物易物

然而，这一理想可能很难进入实践。这就是货物运送在何处变成贸易。有一份修道院的列表：圣瓦斯特、圣里基耶、圣贝尔廷、近郊圣日耳曼、圣万德里勒、费里埃。这些修道院试图在大港口昆托维克甚至其周边地区购买仓库，以此作为他们经营贸易的基地，没有什么比这个更有说服力了。当然，这不仅仅是为了购买和出售，因为费里埃修道院的例子证明了以物易物也是其中的一部分。阿尔昆也是靠近卢瓦尔河的这所修道院的院长，查理曾赐予他一块位于佛兰德海岸的泥炭沼泽地的地产，就在滨海圣约瑟（St-Josse-sur-Mer），距昆托维克很近。从此，修道院就能获得蜜蜡、衣物、蔬菜、奶酪以及干鱼、腌鱼的供给，能够履行皇帝要求的接待的公共义务。在查理死后，一位继任国王收回了这一恩赐，于是新的院长卢普斯，突然发现自己无法为72名僧侣提供得体的衣食："我们穿着磨损且布满布丁的衣服，仆人几乎裸体受冻，我们不得不困于饥饿，食用花园中的草药。"[5]

显然，僧侣可以在自己当地获得所需，实际上他们最终也决定这么做：卢普斯院长在通信中不厌其烦地无数次提及，需要在奥尔良的市场购买蔬菜、谷物和啤酒来供养自己的团体。所以就存在一个市场，有补给品出售，也有货币去购买货品，不过有些阶段，货币用光了，院长被迫出售教堂里的珍贵器具。对卢普斯而言这不是运作一种良性经济的方法：系统性地用金钱购买产品对他而言似乎最为可耻，并且长此以往注定会让修道院变穷。甚至以前曾经产自滨海圣约瑟的物资也显然主要从昆托维克的市场购买，但这就存在一种不同的逻辑：那一地区的修道院产业，使得创造剩余产品并将其放在市场上交易变得可能，大体上不需要用到货币。

同样顺理成章的是，使用原始的赠予和回报体制，以弥补市场的缺陷和现金的缺乏；没有这些，想购买货物和服务会极其困难。费里埃的卢普斯的通信里充满了请求。有一次，他请求一位朋友赠予他20根长树干，并向他提供一些木匠。他要让他们和自己的木匠一起建造一艘船，他指出要做得更好，要超过他见过的待售的船。随后他请求普吕姆修道院院长送给他一些昂贵的衣物，他想将其送给教宗。然后他写信给英格兰国王，乞求他将盖教堂屋顶要用的铅送到昆托维克，他的代理人将会在那里接收。所有这些情况里，他们从未提及偿付问题：这暗示了在这些通信者需要费里埃修道院院长效力的时候，院长会回报他们。不论这一体制如何原始，它终归起效了。这既是交易，也是一种稠密的社交义务网，任何人若试图用更现代的偿付体制来取代它，都会面临冒犯与之交往的人的风险。这就是在费里埃的卢普斯身上切实发生的情况。当他请求科尔比修道院院长偿付那艘最重要的船（他最终设法造出来了）的租金时，他遭到了愤然的拒绝。[6]

货币在加洛林的经济中只有辅助的作用，然而今天它是交换货物和服务最为关键的途径。甚至对那时的富人来说，他们的理想是个体消费，而不是获利，更不用说社会中的其他人了。在任何可能的场合，赠予和以物易物都会在需要货币交易的地方使用。然而，尽管货币可能是边缘化的，并且经常匮乏，但在市场上购买其他手段无法获得的产品或者交税时，还是需要货币。更有先见之明的修道院院长会通过出售他们剩余的粮食和酒来储蓄货币，以应对艰难时期。代理人也受命出售牲畜、磨坊里收的面粉、菜园里的蔬菜。实际上，有时出售意味着用粮食或酒以物易物，以成桶的酒或成车的盐来偿还债务，虽然如此，但还是有一些货币在流通。虔诚者路易下令，欠教会的什一税通常以产地的一部分收成或牲畜来缴纳，但他补充道，如果主教更愿意，他们可以以货币来征收。[7]通过此举，他证明了那个时代对货币在经济中的作用的完美理解：它可以被称为一种可选择的资源，严格说来并不是绝对必要的，但实际上还是被许多人珍视并追求。

在一定程度上说，货币只是更便捷，比大宗的食品更容易流通。在帝国的所有地区，修道院都倾向于要求那些居住较远的农民用货币缴纳地租，而那些在附近工作的农民用实物缴纳。比如科尔比修道院院长期望他的佃户用实物来缴纳地租，并将其送至修道院的仓库，但他允许那些居住较远的人出售货物，以货币缴纳来履行自己的义务。[8]缴纳的方式无甚差别，主教和修道院院长乐于和征收成包的粮食、成桶的酒一样征收货币。这给佃农带来了压力，他们被迫积累成打的银币，每年缴纳给他们的上家。

因此乡民也成了市场的一部分。从国王到最卑微的劳工都毫无疑问有着共同的个体消费理想，但其可行性在实际中是有限的，我们必须对两者加以区分。当然，农民不必像教会一样为做蜡烛而购买蜜蜡，也不必像贵族一样购买高质量的酒。农民依靠土地供养自己的能力，在各家各户、各乡各村都会有所变化，这可以从近郊圣日尔曼修道院院长伊尔米诺（Irmino）下令所写的清单中，那冗长的佃农列表中得见。因此，在各个村庄及相邻的村庄之间，交易货物是很常见的。但不排除偶尔有些富裕的农民凭借靠近可通航的水路之便，将自己的剩余物资，通常是酒，进行长距离贸易。乡下商人的资料记录在各地都多少有所留存，他们并不只是和修道院的代理人以及有权势的人交易。查理曾经禁止他庄园里的劳工浪费时间去逛市场，这就意味着市场是农民们聚集的场所，他们并不是只会在那里目瞪口呆。[9]

商人和集市

本地贸易一部分由农民组织，而长距离贸易由商人管理，他们以贸易为生。在帝国的一些地区，他们构成了一个富裕而又有影响力的群体。一个例子就是意大利，在这里波河为来自亚得里亚海的盐和由威尼斯商人进口的东方布料提供了天然的流通线路。当查理还是孩子的时候，伦巴第国王阿斯图尔夫颁布法令，要求每个与他的财产有关的臣民都需要持有武器装备，他囊括了"那些并不拥有实体产业的商人"[10]。显然，他认定富有的商人能够和大地产主一样购买马匹和盔甲。

商人密度最高的区域是弗里斯兰人居住的北海沿岸。尽管近期才臣服并基督教化，但这一地区已经成为"法兰克人的王国"不可分割的一部分。实际上，并入加洛林政权可能是弗里斯兰商贸活力的顶点，其成功建立了位于杜尔施塔特的商贸中心，这里是通往盎格鲁－撒克逊和斯堪的纳维亚世界的真正门户。为了向北方的市场出口以获利，来自法兰克人腹地的货物必须装上船，而拥有专门装货技术的人就是来自海边的弗里斯兰人。这解释了他们对国际贸易的实际垄断。

少量来自东方市场的奢侈品依然进口到了高卢，它们掌控在犹太商人的手中。他们主要居住在罗讷河沿岸的城市中，并且不是通过海路进口货品，而是通过穆斯林的西班牙。有迹象表明，政府出于道德原因而不是政治原因对他们的存在表示关切。806年，皇帝命令主教和修道院院长看管好教堂里的珍宝，"因为犹太商人还有另一些人夸口说，他们能买到自己想要的一切"[11]。随后里昂的主教阿格巴德诉苦，为了取悦犹太人，有必要变更集市的日子，之前是在周六。[12] 但是阿格巴德此举是怀有恶意的，因为犹太商人在查理治下十分成功，在虔诚者路易时期更甚，他们向宫廷供应葡萄酒、香料和纺织品，并享有广泛的特权。这包括他们有权按照自己的法律接受审判、雇佣基督徒，甚至在帝国宫廷里也能奉行自己的宗教。

关于通过陆路向斯拉夫人和阿瓦尔人居住的广大东欧平原出口的情况，我们所知甚少。随着皇帝作战胜利，逐渐强迫这些民族屈服，出口贸易变得越发重要。805年，在准备与易北河沿岸的斯拉夫人作战时，查理颁布了严格的限制令，限制商人在这一区域的行动，禁止他们出口武器和盔甲，违反此令的代价是没收全部财产；并且指定了沿边境的十个口岸，禁止他们在此越境。在每一地，都专门任命了一位帝国官员来保护商人，同时也监管他们的贸易。[13]

保护臣民，包括保护国际贸易，是君主的一项专门职责。在和麦西亚国王奥法的谈判中，查理要求当"朕的商人"在英格兰活动时要给予优惠条件。[14]后来虔诚者路易恩赐那些供应宫廷的商人，除了昆托维克和其他边境地区的关税义务，也免除他们帝国内所有的税负。[15]这显示出，皇帝对那些愿意冒险、出海从事大规模进出口的臣民态度慷慨，并且意图鼓励他们的活动。另外，他也不是唯一重视商人的国王。808年，丹麦国王戈德弗里德（Godefrid）攻击了居住在易北河口的斯拉夫人，并且摧毁了加洛林欧洲和波罗的海地区进行贸易的商贸中心。随后他强迫所有商人迁移到海特哈布（Haithabu）这一新据点，位于他的王国边境，在这里他已经建成了一个商贸中心。[16]尽管他的方法很不正派，但这昭示出商业战概念的诞生，其目标是欧洲北部的兴旺贸易。

较之重要的国际贸易者，在地方活动的商人更少被人了解；尽管他们并不同样拥有致富的机会，但看起来地方商人并不缺人。一位8世纪的圣徒传作者讲述了一个故事：一个穷人的财产只有一头驴，他和这头动物从一座城市游荡到另一座，他在一地购买物资，在另一地以更高的价格卖出。圣徒传作者毫不犹豫地称他为商人（mercator），他载着盐从奥尔良到巴黎，显然是为自己工作。可能还有许多像他一样的人，我们很少有机会能从资料中发现他们，除非是完全碰运气。[17]

关于那些代表修道院进行贸易并受其保护的商人，我们有一点更多的信息，他们享受通行费豁免，这是国王慷慨赐予修道院团体及其代理人的特权。775 年，在重新授予圣德尼修道院的特权时，查理特别规定，免税适用于所有属于修道院的食品，无论它们是以大车、船、驮畜还是搬运工来运输。对那些来自僧侣地产以外来"经营或买酒"的买主，以及所有属于修道院并在其保护下活动的交易商，免税政策都适用。[18]

确实，圣德尼不是随便一所修道院。自古以来，在 10 月 9 日那里就会举办一次集市，即圣德尼节庆。那天，商人从各个国家来到这里，特别是盎格鲁－撒克逊人和北方的弗里斯兰人，他们购买葡萄酒再出口到遥远的国家。这个集市孕育出活跃于整个巴黎盆地的河流贸易。修道院本身就是一个规模庞大的葡萄酒生产商，在组织和监督集市方面起着决定作用。它享有王室特许的权利，可以保留所有相关的税收，税收范围不仅有修道院周围的集市区域，而且包括整个巴黎郡。

圣德尼集市的普及，以及鲁昂、奥尔良、杜尔施塔特和昆托维克这些沿海、沿河的商贸中心，也和贸易最根本的弱点有关联。大量商人和买家聚集在这个地方，因为他们往往不能在其他地方买到自己所需之物。艾因哈德在老年时成了两所修道院的院长：美因河畔的塞利根施塔特和根特（Ghent）的圣巴冯（St-Bavon），它们的位置相隔有百里之遥。一次他在塞利根施塔特写信给在根特的代理人，要求他提供这里无法提供的蜂蜡，因为接连两年的坏年景已经毁掉了养蜂业。[19]贸易不是所有人都喜好的经济行业，或者说任何人，只要可以，没有贸易也过得去，这种情况不足为奇。但是贸易和货币不顾一切地持续发生和流通，这种固执恰恰证明了，不充分考虑到这些因素，就不可能理解加洛林经济。

国王的政策

经济的繁荣，很大程度上归功于国王的积极有为。某种程度上说，这些只是对经济的间接关注，但其影响并不小。查理需要让教会的经济资源为其所用，因此宫廷使节要求将教会的财产列出清单。这反过来劝服了主教和修道院院长，他们觉得必须去规划好他们土地的管理，使之建立在更稳固的基础上。最终，这一压力导致了庄园体制的普遍化。但是国王的直接介入也同样重要，并且他的介入证实了对经济问题以及政府在这一领域的可能作用的认识在逐渐提升。有时会有一般的规定，旨在控制商业活动，保证消费者利益。例如，禁止在夜间交易金银盘子、珠宝、奴隶、马匹和牲口——换言之，所有可能欺诈买主的物品。在日落之后，只有必需的补给品和干草能在客店卖给旅行者。[20] 查理推出的其他措施，涉及重要而复杂的计划，树立了一种自觉的意图，即在更细微的层面介入经济体制：这些改革影响到了度量衡、通货和食品价格。

度量衡

查理持续关注的一点，就是对帝国境内使用的度量衡进行标准化。其出发点和往常一样，是道德。他想要保证没人会被欺诈，依据《圣经》里的诚言，针对那些使用"各色度量衡"[21] 的人。当务之急是秩序、稳定与和谐，这些似乎主导了查理的立法，这些立法随后在市场中产生了作用。这意味着介入经济，首先是为了监察，随后是控制。当丕平还是宫相的时候，他曾命令每位主教都要监管当地市场使用的度量衡。[22] 他的儿子更进一步，想要在自己的整个王国强行采用标准度量衡。

他可能在 787 年就已经在思考此事，他巡访意大利，并在卡西诺山修道院停留，归来后他写信给修道院的院长，请求他送来曾由圣本笃确定下来的一磅面包和一份酒。[23] 其当下的目的是为了给王国的数百家修道院里的僧侣确定食物消费的标准，但查理不失时机地扩大了他的计划的范围。794 年，推出一种新的容量标准，液体和固体，或者用更实际的说法，即酒和谷物都适用。这种容量被称作"公斗"（publica modius），与之前使用的"斗"（modius）相区分。同一年，法兰克福会议命令所有人使用同样的度量衡即"最近推出的公斗"，以确定市场价格。[24] 新的"斗"比之前的标准大不少。802 年，皇帝下令，从此起，以前缴纳三斗地租和税款的人，现在只交两斗。[25]

改革成功与否，存在一些不确定。查理命令所有王室地产的代理人都要在家中保留一个之前所说的"斗"器，其形制和宫廷中的一样。[26] 然而，对实际使用中五花八门的度量衡的抱怨，三令五申使用官方的"斗"而排除其他度量衡，这些证明了旧的度量衡仍在使用。甚至在 822 年，当虔诚者路易努力使人们最终接受他父亲的改革措施时，科尔比修道院院长并不掩饰他的愤怒："这种新'斗'是我主皇帝强加给我们的"；与此同时，他命令自己的磨坊工对旧斗和新斗进行比较，计算两者尺寸的比例。[27] 对变化的本能抵抗，以及执行中的实际困难，共同抵制着加洛林皇帝试图统一的雄心壮志，欧洲必须等到拿破仑和十进制的时代，才得以在整个大陆上推行统一的度量衡制。

货币流通

对度量衡的标准化，同样也牵涉到所谓的修道院改革，实际上是一系列由丕平发起，并由查理继承的立法措施。在这个领域，皇帝能够以一种全面而又系统的方式继续执行并扩大他父亲的政策。改革首要是推行一种基本单位制体系。在商业交易中只使用银币，以取代从罗马帝国那里继承的金银币共用体系。从这些方面看，改革似乎像皮朗所认为的那样，是一种货币流通和贸易减慢甚或衰败的结果。毕竟，尽管这些当地铸造的金币与拜占庭和阿拉伯的金币相比，难以立足，但是墨洛温王朝从未停止过金币的流通。而加洛林王朝的国王认定不值得再铸造金币，似乎他们认识到有一种突如其来且不可转变的衰退。

然而持续铸造货币其本身并不是经济大繁荣的证据；实际上可能相反。在几乎整个 7 世纪，法兰克国王只铸造金币，忽略银币。因此流通中最小的单位是金"特瑞米斯"（tremis），其推算的重量是 0.053 盎司，其价值能让一个人生活数月。看上去这并不是一个对小规模商业交易有利的时代。当加洛林的宫相开始在高卢铸造并流通一种新的银币"迪纳厄斯"（denarius）时，这显然并不意味着危机，反而是贸易的复兴，尤其是在地方层面。

丕平以及随后查理推出的立法，并没有局限在鼓励并监管银币的铸造，而显然更加看好新的通货及其所能带来的潜在统一性。改革为整个西欧带来了唯一的通货，其基本地位一直持续到法国大革命时期，在英格兰直到 1971 年。如今，我们略带调侃但并不挖苦地谈论查理的"原始欧元"。这一体系的基础是决定按照固定比率铸造货币，所有的铸币都要遵守此比率。一磅银子铸造 240

枚迪纳厄斯银币。迪纳厄斯银币是帝国内唯一铸造的货币。尽管在交易中会使用多倍的迪纳厄斯，但多倍单位只是纯粹用于计算，并不对应实际铸造的货币。罗马帝国使用的苏勒德斯古金币，被指定价值等于12迪纳厄斯；而"利布拉"（libra）在英语里被称为"镑"，显然就等同于240迪纳厄斯或20苏勒德斯。

查理所采取的最重要的举措就是在8世纪90年代提高了迪纳厄斯和利布拉的重量。从远古时代起，迪纳厄斯的重量是0.045盎司左右，依照罗马-日耳曼欧洲使用的重量体系，相当于20粒大麦的重量。查理决定将其转变为一种基于小麦颗粒重量的体系，因为如今小麦已经是最有价值的作物品种。他规定迪纳厄斯银币重量是32粒小麦，即0.047盎司。考虑到利布拉相当于240迪纳厄斯，这就意味着将利布拉的价值改为14.5盎司。这一改变的重要结果就是，在帝国内流通的国王硬币更大、更重，比他的前任者的货币更受重视，这无疑是政治的副产品。

改革也想恢复王室对铸币的垄断，前几个世纪是大量的独立铸币，主要是教会的团体，他们铸币没有任何形式上的控制。国王的名字取代了铸币者在货币上的印记，并且从那时起，是国王而不是制造者来保证货币的质量。授权铸币者的数量从几百急剧下降到数十，即便是这些保留铸币权的修道院和主教区，也必须采用王室的铸币印记，停止在货币上使用他们自己的名号。自从唯一类型的迪纳厄斯在全帝国流通以来，教俗两界的地方权威必须保证所有人都接受这种"君王货币"（dominica moneta），违反者将失去自己的职位。

借此，查理大帝给予自己的帝国一个统一的货币体系，保证了通货的品质，因此其能在各地流通。只有贸易在其中具有特殊地位的经济环境，才能解释这种意图。当然，即使新的银币是用皇帝的名号和肖像来保证的，它也不是与东方贸易的最佳手段，然而，这一点简单地证实了贸易路径的重新定向。地中海贸易算不上什么了。重要的贸易是在北海，那里盎格鲁-撒克逊和斯堪的纳维亚的商人很乐于接受用查理的银币来支付。实际上，他们的国王立即开始在自己的铸币上模仿法兰克人的迪纳厄斯，这是通货领导权的确切标志。

查理决定使用单一的金属货币，这并没有阻止黄金流通于帝国里那些与地中海开放贸易的地区。在靠近博洛尼亚（Bologna）的雷诺河（Reno）的河床里，有人发现了一名来自南意大利的商人的行李。他是在查理统治的最后几年渡河时溺毙的。他的包裹里只有金币，大部分是拜占庭的和贝内文托公爵领的；剩下的是阿拉伯的。[28] 劣质金币仿造查理为正式场合制作的金质奖章，被人欣然用于哄骗来自北方的商人。因此强行推行银币，从根本上可以被解释为企图在庞大的帝国内统一基本的经济活动，而并不去压制数不胜数的地方特性。

为了消除从这种描述中可能产生的乐观看法，必须强调，尽管有加洛林改革，但西部仍然缺少真正用于日常交易的小额货币。794 年，迪纳厄斯银币是帝国境内大部分地区流通的最小额货币，其价值相当于 12 条小麦面包或 15 条黑麦面包。我们不知道他们只购买一条面包时该怎么处理。可能所有人，包括不在土地上工作的人，都需要获取成袋的面粉，通过向面包师支付一定比例的面粉来换取自己的面包。广泛而言，虽然没有证据，也可以认为那些去市场买卖鸡和鸡蛋的人也是凭着信任这么做的。小商贩能够在熟客的基础上算账、支付。这种做法，在一个人们之间互相熟识的乡土社会中被证明是方便可行的。

食品配给政策

尽管在查理统治时，可以确定农村没有受到令人绝望的贫穷的压制，但在有些年头，坏气候会导致穷困；如果不是大灾之年，帝国各地实际上还有收成。这时饥馑就会到来，面包的价格涨到惊人，这会让少数投机商从穷人的苦难中发财。这种范围的饥荒在查理统治期间发生了两次，第一次是 792 年到 793 年，第二次是 805 年到 806 年。第一次可能更为严重，因为有编年史家记录了有人沦落到同类相食的事件，记录了在一些区域出现集体幻觉，饥民们认为自己看见庄稼不仅生长在田野里，也生长在丛林和沼泽中。他们甚至感到自己能碰到这些庄稼，"但没人能吃到"[29]。两次饥荒中，政府都积极介入，减少饥荒的影响，缓解穷人的苦难，尽管我们不知道取得了什么成果。

我们不要感到可笑，他们采取的第一项举措是共同祈求神，让饥荒远离基督徒的土地。民众确信神会具体介入人间的事物。即使出于难以理解的原因，神决定让他们接受考验，他们悔悟的样子也可能会感动神，让神心生怜悯。792 年春季，国王命令王国内所有神父要举行三次弥撒，第一次为国王自己；第二次为"法兰克军队"，或者换个说法，法兰克人民；第三次"为了当下的苦难"，以终结饥荒。教士也被要求斋戒两日，伯爵、王室封臣和他们的仆从也是如此。更具体的是，每个人都要承担起供养饥民的责任，直到下一次收获到来。[30] 和往常一样，他们也采取了切实的宗教举措，并不是以神秘主义的方式，因为他们对自己的举措的效力有信心。在教士之外，民众被授予免除斋戒义

务的机会，他们可以根据他们的财产支付金钱，作为基金帮助
"饥民"。

805 年秋季，皇帝采取了更为实际的措施，讲明在饥荒、疫
病或其他灾祸的情况下，无须等待王室敕令，每个人都必须自己
向神祈祷。鉴于当前的问题是饥荒，查理大帝命令所有的土地所
有者要尽力养活自己的民众，低价出售自己的粮食。他同时也禁
止食物从帝国出口。[31] 稍后，皇帝和他的顾问们决定还是组织共
同的祈祷比较好。歉收的消息从各地纷至沓来，气候也没有改善，
饥饿的幽灵正在逼近。查理给主教们送去了一份通知，要求所有
信众遵守每月三天的斋戒，持续三个月。[32]

更有意思的是那些预防性的举措。查理在 794 年的法兰克福
会议中规定了谷物的最高价格，当时饥荒还是一种悲惨的记忆。
无论粮食充裕还是短缺，都不能超过这个价格。他规定在危机时，
王室公共储备（annona publica domni regis）将会以低价慎重地投
入市场：大麦和燕麦是官方价格的一半，黑麦是三分之二，小麦
是四分之三。[33] 换言之，大规模王室地产的目标并不只是供给国
王和他的臣僚，并为军队提供食物；它们也积累储备，在饥荒时
救济民众。诺特克曾夸口说，在查理人生的最后几年，他甚至将
"欧洲的财富，就是小麦、酒和油"，送给非洲的埃米尔们，以救
济他们的饥民。这可能是纯粹的宣传，但这证明了积累并分配食
物是官方的政策。[34] 在寻常年份，主教们也被鼓动建立储备，并
且他们并不只是使用自己土地上出产的谷物，也以固定价格从农
民那里购买收成。这一政策激起了不满，但其肯定有助于在坏年
景里减轻饥荒的毁灭性影响。

涉及王室地产管理的规定，著名的《庄园敕令》也许能反映

查理在792年至793年饥荒后的心境，可能他意图阻止另一场类似的灾难，或至少试图缓和其严酷的后果。国王命令自己的代理人，确保"行为不端的人不会在地下或其他地方藏匿朕的谷物种子，以致没有充足的收成"[35]。他的这种关切泄露了接连的坏年景中的情况，王室地产里工作的仆从可能会做出藏匿之事。

806年3月，在另一次饥荒的高峰期，皇帝颁布了法规，一部分内容重复了法兰克福会议决议，一部分进行改进。所有拥有储备的人都不能在仓库里囤积储备，等待价格升高，而要在为自己人保留足够储备之后，立即将它们以固定价格出售。但是806年的固定价格要高于794年。这显示出，经验告诉查理，人为强行规定太低于市场的价格是困难的。但是新的举措也展现了断然惩罚的企图。主教和伯爵必须养活自己的穷人，不允许他们游荡行乞。流浪者必须免费得到供养，但他们也必须去工作。[36] 可能饥荒中最可怕的事情就是其所造成的社会动荡，因为在道路上会涌现大量的穷困民众，他们很难控制，并且给征兵工作制造大量问题：受灾区域的征兵义务需要专门免除。[37] 这解释了在查理大帝的最后几年里推出的预防举措为何越来越多。这些措施要求主教和伯爵给穷人派发粮食，让他们免受饥饿之苦，并且重申了土地所有者必须养活所有为其工作的人，无论他们是自由民还是奴隶。禁止在收获之前就预购农民的作物，因为在新的收成到来之前，这是令人绝望的几个月，是饥荒时期特别困难的时刻，此时贱价出售还在生长中的谷物，会导致许多人完全毁掉自己，落入投机商的掌控中。[38]

查理时代的村庄

目前为止，我们考察了查理时代的经济，大土地利益的组织分配，贸易的发展，修道院长关心的管理以及皇帝所采取的正确举措。我们还需要知道社会的底层是什么样的：农民们的生活与工作情况，西部的经济体系最终依赖于他们的劳苦。书面材料告诉我们的很少，但有时，一种新兴的科学，中世纪考古学，帮助我们更多地了解这一问题。近些年有一个村庄被耐心发掘，重见天日。

维勒耶-勒-塞克的定居点

在法兰西岛（Île-de-France）的维勒耶-勒-塞克（Villiers-le-Sec），考古学家已经发现了留存的三座农民房舍，每一座都和周围的附属建筑一起组成居住单元，附属于圣德尼修道院的一块"份地"。[39] 房舍高大宽敞，木质框架，建筑在一个矩形平面上。墙壁的格子里填充着黏土，屋顶覆盖着茅草。它们之间间隔100英尺，并且距离从巴黎到亚眠的重要道路有250英尺。这不是临时定居点。此地从高卢-罗马时代起就持续有人居住，并且这一定居点可能还包括许多这一类型的其他"份地"。它们之间都相隔得足够远，保持一种分散的乡村定居点的样子，不是一个紧密的聚合村庄，更不是一个筑有防御措施的村庄。这幅图景证实了我们对查理的时代乡村定居点的一般认识，即一连串在教堂或城堡周围的房舍组成的村庄还没有普及，在许多地区流行的是小村庄，只有少量的家庭，甚或是孤立的住所。

这三座房舍的尺寸都是类似的：长只有40英尺，宽是一半。

这足够大，可以推测建筑的一部分被用作牛棚，直接通向人居住的部分，这种传统直到最近在农民的世界里还有所保留。炉灶是在地面挖出坑，用石头砌出边界。它直接位于茅草屋顶的一个洞下方，以便烟排出。第一所房舍附带有一个铁匠的熔炉。第二所周围有一间和主建筑一样大小的谷仓，还有其他几座外围建筑，包括一个地下的烘焙坑，用一块木料和草秆做的构件保护着。第三所有一个坚固的矩形谷仓，用极厚的树干制成；还有一间单坡屋，下面是一条40英寸深的沟渠，在其中建有一架织机。从遗址中发现的众多细节来判断，女性会在这里纺织麻布和一些羊毛。下部的构造是为了在纺织麻线时保持必要的湿度。

这些木材、黏土、草秆建成的建筑给人以宽大的印象，但较之高卢–罗马时期的砖石类型建筑，还是显得不够稳固，甚至比之乡间砖石建筑也是如此。但它们是坚固的建筑。承重梁是用橡木制成，最差也是榉木，墙上的格子用的是榛木、悬铃木、泥灰和柳条。可以明确的是木材十分充足，珍贵的橡木在炉子中燃烧这一事实也可以证明。黏土取自当地，拌入切碎的草秆，随后在格子的内部和表面凝固成块，直到格子表面像覆盖了一种石膏一样。在这些编条和涂料干燥之前，会用木质的泥铲修整光滑。屋顶可能是用黑麦秆制成，比小麦秆更长也更坚韧。尽管墙和屋顶很薄，但还是能在地上生起火的情况下提供一些避寒作用。

房舍也有窗户，用木质的窗板关起来；至少有一扇门，用木质的框架固定。在他们的建筑中金属的作用不可忽视，不只是铰链、门闩、锁、链子，将木质结构连接在一起的钉子和两爪钉也都是铁制的。不必说窗户没有玻璃，因为最有可能的是，天冷时窗户是保持封闭的。然而，房舍并不完全是黑暗的，因为除了炉火，还有红陶油灯，还同样使用便宜的牛油烛台。

在每个房舍之外，都有挖入地下、开口狭小的洞，其容量大约有 1.3 立方码[①]，用于储藏谷物。一旦装满了，粮洞就会用一层草秆加一层黏土密封，在较好的条件下，能将谷物保存相当长一段时间。地面谷仓和地下粮洞共存的情况，可以解释为，谷仓是用于保存还需要去脱粒的谷物，或者饲草和草秆；当脱粒完成后，在地下保存就更为安全。磨粉，在古代是用手推石磨完成的，现在通常是把成袋的粮食送到水力磨坊，磨坊为一或多个定居点服务。水力磨坊使用得越来越多，代表了中世纪一个主要的技术进步。

在烹饪的时候女性可以选择方式。面包是在紧邻房舍挖空泥土的烤炉里烤出的。尽管这种方法很需要技术，并且能生产出精美的面包，但这种烤炉用不了很久，因为迟早土壤会崩塌将其掩埋。有人曾计算过这种烤炉平均可以烘烤二十次，假设一星期烤一次面包的话，最多也就是几个月。随后他们就必须再挖一个。汤是在家中的炉火上做出的。烹饪是在红陶器皿里完成的，几乎完全没有金属锅具。这些器皿形状像圆形的瓶子，被直接放置在火上，下方用石块支撑，或者是一些来自古代高卢-罗马建筑的砖块。一些器皿有把手，但我们不能得出结论，认为它们是用链子吊在火上的；这在晚些时候才得到广泛运用。

人口和田间劳动力

居住在这些房舍中的农民的身体外貌是什么样的？墓地里挖

---

① 1 码约 0.9 米。

掘出的骨架，平均身高男性是5英尺5英寸，女性是5英尺1英寸，在工业化时代之前，各地的身高记录基本都是这样。这说明中世纪人身材较矮的观念是谎言：他们比我们矮，但是和20世纪早期的征兵标准差不多。当时高死亡率同样是常态。根据埋葬在维勒耶－勒－塞克的骨架年龄来判断，不到60%的人活过了20岁，超过20%的孩童在5岁前死去。这些数据很让我们吃惊，但必须澄清这在前工业时代的人口中是正常的，并且和假设的"黑暗时代"无关。在法国"太阳王"统治时期，数据大体上相同。在那些到达成年的人中，骨骼疾病和关节炎十分常见，牙齿的情况也很糟。很显然这些农民缺乏任何医疗保护，总体而言易于生病，健康状况很危险，尽管他们基本上身材健壮。

最可能的情况是，在考古学家发现的每一座房舍下，都居住着一个家庭，由一位农民、他的妻子、他们的孩子组成。在集体想象中广泛接受的观念是，在过去特定的条件下，农民的家庭会扩大。比如意大利现代时期的"佃农"（mezzadri），但研究认为他们不属于中世纪。在查理的时代，家庭通常由五至六人组成，那就是父亲、母亲、三四个孩子。卫生和经济条件不允许更高的人数；而且尽管他们不太可能使用避孕措施，女孩结婚也很早，大约十三四岁，但据我们掌握的所有信息，可以确认，一对夫妻很少能超过这个生育率。当然，存在两三个兄弟长到成年，继续一起在父亲的"份地"里工作这种情况。这些人口过剩的"份地"为学者们所熟知，并且学者证明，尽管他们生活的条件很困难，人口还是倾向于增加。但即使在这种情况下，每个兄弟也都各自组成了自己的独立家庭，或者按照当时的话说，各起"炉灶"。

通过分析花粉，考古学家可能重构出村庄周围的植被。在查理的时代，维勒耶-勒-塞克的耕地增加，侵害了林地。然而橡树和榉树依然很常见，较早时期具代表性的栗子树和酸橙树消失了。在房舍周围，农民们种有樱桃、苹果、梨、胡桃和榛子树，还有覆盆子和黑莓，这些帮助他们丰富食谱。菜园提供胡萝卜、蚕豆和豌豆，显然没有马铃薯、菜豆和西红柿，这些将来自美洲。但他们食谱里的主食，是周围田地里出产的谷物。

　　农民们使用的工具极其原始，并且主要是木质的。金属工具是收割庄稼的镰刀、割草的长柄大镰刀，还有伐木的斧子。但是锄头，我们认为这种工具显然除了木把手以外就是金属，但其实它几乎完全是木质的，只有一条铁质的边，以便更好地切入地面。安纳佩斯（Annapes）的大型王室地产覆盖接近7,500英亩的土地，饲养超过100头牛，几乎同样多的马，超过800只绵羊、山羊和猪，然而其财产清单上罗列的所有金属工具只有两把长柄大镰刀、两把镰刀、两把铁边锄头。随后加上"必要的木质工具"字样，似乎这些并不需要像铁制工具那样列入清单，铁是珍贵的金属。[40]

　　我们不应该夸大中世纪的落后程度：实际上高卢-罗马时代的农民也使用木锄。至于王室地产里缺乏金属工具，可以明确的是佃农都拥有他们自己的长柄大镰刀和镰刀，这些不包含在清单中。但我们也肯定不能说这是进步，他们使用的犁的类型可以显示出这一点。犁很轻，有一个把手，仍然完全是木制的，或者最多装配有金属犁头。需要用共轭的两头牛拉动且装有轮子的重犁，在法兰克人的土地上还无人知晓；并且我们不知道它们是否装有犁板以翻转土地，犁板算是一种意义重大的技术进步。可以谨慎地推断，大多数农民没有这种先进的工具，因此他们的大部分工作都是用锄头完成的，这是轻犁不可缺少的从属工具。

谷类作物耕种

查理的时代，种植的谷物广泛而多样。它们包括耐受力较强的黑麦、价值更高的小麦、数量较少的燕麦和大麦，后两者都适合饲喂动物，也能做成汤粥或啤酒的形式为人所食。实际上，啤酒被认为是保存谷物的一种可选手段。土壤和气候有所变动，同样的谷物在整个帝国都有种植。另一种重要的谷物是斯佩尔特小麦，尽管在维勒耶－勒－塞克没有发现斯佩尔特小麦，但因其易于保存，故在庄园农场中经常种植。田地并不只用于种植谷物：特定的区域留作种植麻类，尤其是亚麻，女性用其制作衣物。

在维勒耶－勒－塞克区域，和整个帝国的北部一样，有利的气候条件允许农民一年种两季。在夏季犁过的地，在秋季播种黑麦、小麦和大麦，而冬季犁过的地在春季播种，有时候是麻类和蔬菜，但基本上是燕麦。这是三年轮耕制，得益于冬春季谷物的轮替，允许农民每年留下三分之一的耕地休耕，避免肥力耗尽。他们的祖辈，甚至同时代居住在帝国地中海一方这样气候不适宜春种作物地区的人，被迫保留一半的土地休耕。三年轮耕制有利于跨年分配工作和变换作物，有助于避免颗粒无收，而耕种燕麦使得维持更大数量的马群成为可能。但是考古学家相信农民们实际上使用另一种耕作体系，即"内外田"（infield-outfield）体系。内部区域是充分施肥、永久耕作的土地；外部区域是不集中耕作的土地，经常留作休耕或用于放牧。

这一理论尤其引人注意，因为这让我们回到了关于产量的古老争论：出产粮食的数量与播种数量之间的关系。对加洛林农业最为消极的解释基于这么一种统计：根据大庄园农场和王室地产的清单，可确定产量是种子的1.5倍至2倍。说得更明白一些，2

比 1 的产量意味着一半的收成必须储存用作下一次播种。甚至假定在更好土地的产量提升到 3∶1，这依旧很低，并且在一次坏收成后就会将许多人置于饥荒的边缘。显然，如果干旱或大风使作物减半，产量就会从 3 倍跌到 1.5 倍。但无论如何，其中 1 要留作播种，只有 0.5 维持消费，这是正常总量的四分之一。

　　近代的经验证明了，集中一切可能的人力畜力，在小块土地上施肥并且集约劳作，可能获得高得多的产量，可达到 10∶1，甚至 20∶1。这就是"内外田"体系中实际发生的情况。因此庄园地产中的佃农生产出了大量的粮食和大麦，其代价是在靠近他们住所的土地上进行非常集约的劳动，在不近便的土地上不那么勤勉，在好年景种上少量富余的黑麦和燕麦。这种体系基于个体消费，不排除偶尔进入市场出售剩余物资，以此保证了佃农的生存。大土地所有者可以自由地使用另一套逻辑，涉及庄园农场中的大规模农业；在那里，由于经济规模的原因，他们还能从 2 或 3∶1 的产量中获益，这对于独立小农户来说是难以为继的。

家养动物

　　对维勒耶-勒-塞克遗留动物的分析，得出了关于经济活力和饮食习惯极其有用的信息。狩猎和捕鱼似乎基本微不足道，除了偶尔有一些野兔和鸽子，这就是它们在农民食谱上的地位。发掘的动物遗迹中，野味和鱼总计只有 1%。这一比例与城市或贵族遗迹的发掘物相比有显著差异，在后两种遗迹中野生动物的骨骼在总数的 5%～10% 之间变动。因此有理由相信，在查理的时代，农民们已经逐渐遵守义务，将野味留给大土地所有者，并没有自己食用。在这一点上，他们可能和自己对应的几个世纪前的人群有所不同。

　　总体而言，家养动物比我们今天所见的要小。狗在古代高卢是没有剩余食物来喂养的，当时已经用作守卫和垃圾清理。虽然有较大的个体，但它们的平均高度不超过20英寸。一头公牛平均高度是46.5英寸，重约550磅，这并不是很大。检测公牛骨骼后我们发现，曾经在高卢-罗马时代存在的饲养技术消失了。绵羊和山羊也变小了，而猪的大小是合理的，但现代的猪更肥。听起来重复的是，马、驴甚至鸡都比现代的小很多，但也和高卢-罗马时代差不多。这显示出古代文明缓慢而又无聊地逐渐消解，在养殖技术上造成的影响比耕作领域更为严重。尤其是马的身高，不仅在维勒耶-勒-塞克，而且差不多在所有的加洛林考古遗迹中，都表现出大约55英寸，甚至通常更矮。这意味着，当我们认为重甲骑兵构成了查理军队的中坚时，这种动物绝不像我们所设想的那么雄壮。

　　至于食谱，猪肉是文献和图像中最为强调的肉类，但在维勒耶-勒-塞克的发掘显示，最广泛消费的肉类是牛肉，猪肉和羊肉居于次位。农民们也吃马肉和驴肉，而禽类的作用较小。我们可以排除掉小牛肉的消费，按照我们今天的饮食习惯，我们会专门养殖小牛，并在它们最为柔嫩的时候宰杀食肉。过去不到三分之一的牛在年幼时被宰杀，并且绝不会在15～18个月大之前，而大多数的情况是古人只在它们幸苦劳作一生后食用，等到十岁或更大。同样的情况发生在马身上，值得注意的是在幼年被宰杀的马数量与牛相近，这迹象表明马肉也很珍贵，并非只是备用品。唯一普遍也习惯于在幼年宰杀的动物是猪，通常在一岁至一岁半之间宰杀，但更小的时候宰杀也并不罕见。在一定程度上，羊羔和小山羊也是如此，有一大半是在一岁半宰杀。其他地区的发掘显示出截然不同的习惯，比如在大约两岁半左右宰杀猪和绵羊。从这个巨大帝国的一端到另一端，从地中海延伸至波罗的海，各地农民显然有非常不同的本地习俗，将它们简化为一种模式是荒谬的。

无论如何，对肉类消费的这一分析都引导我们，对维勒耶-勒-塞克的农民食谱不应该有过于乐观的看法。分析他们骨骼后我们发现，其中存在很高比例的缺乏蛋白质而造成的营养不良，所以我们目前讨论的各种肉必须看作宴会日的菜肴，是对日常食谱非常不规律的补充。日常食谱主要是汤、面包、奶、蛋、黄油和奶酪，加上从热量角度考虑很有价值的葡萄酒和啤酒。最后，当今考古学家使用的高度精密的技术已证实，考古发现显示在绝大多数情况下，肉是炖煮而不是炙烤的。由于动物通常较老，这也是有可能的，并且无论如何，炖煮也是最不浪费营养的烹饪方式。

第 13 章

恩庇与奴役

基于恩庇的社会

法律分类的不健全

　　曾经有一位王室使节，请求查理大帝阐明一桩疑难案件。案件涉及一个奴隶和一个"女隶农"（colona）的子女的法律地位问题，后者是因世袭义务而为王室地产工作的女农，但她在字面上和真正的奴隶不同，这一规则可追溯到罗马皇帝统治时期。查理回复使节道，不要太严苛的定义，也不要简单地把这个母亲当作一个奴隶，"因为只存在自由民和奴隶"[1]。回复如此明确，我们可以尝试把这作为一把理解当时社会的钥匙。当时古代的奴隶制实际上还有效，因此在判定社会环境时，自由民和奴隶在法律上的区别可能是决定性的要素。

　　现实有一些不同。在开始时，这个明晰的回复，反映了查理对使节的气愤态度，他看上去一点也不满意。进一步，在回复另一个问题时，他甚至命令道："朕已经口头命令你去做这事，但你还是不明白！"另外，只存在自由民和奴隶，这个断言不是他的原创，只是一句来自罗马法律的引文；仓促选择这句话，不是为了追寻普适的社会理论，仅仅是作为针对个别案例的实际解决方法。总而言之，这个概念并不明晰，在接下来的篇章中我们会论证，拉丁语"servus"是否更应翻译为"奴隶"，而不是译为类似"农奴"这样的模糊术语。尽管奴隶制在查理的帝国中极其重要，但是法律分类不是去理解这个时代的农民的最佳途径。

同样，对作为社会另一极的贵族也可以这么说。不用怀疑，帝国中存在一个极其富有的家族组成的圈子。他们之间都有一定程度的关系，通常和皇帝自己也有关系。在他们所在的省份，他们的话语就是法律；他们专横地命令农民，垄断了类似伯爵和主教这样的高级职位。我们同样可以确定，许多这样的家族吹嘘自己的古老世系，鄙视那些不属于他们圈子的人，甚至是那些因受皇帝偏爱而有钱有势的人。一位名叫埃博（Ebbo）的新人，出身于为王室地产做苦力的农民之家，是一个获释奴隶。当虔诚者路易任命他为兰斯的大主教时，特里尔的主教特甘（Thegan）当时就批评道："皇帝也许能让你成为自由民，但他没有让你成为贵族，因为那是不可能的！"[2]

这个例子也显示出，皇帝的统治阶层不仅仅是由贵族组成的。此外，特甘和与他类似的人所声称的贵族也没有像随后中世纪中的那种法律地位。贵族意味着出生在一个不仅富有而且有名望和影响力的家族。这意味着在合适的位置有朋友和关系，并且他们的交往建立的时间越长越好，但他们无权享有法律认可的特权。至少法兰克人中的情况是如此；而其他的民族，比如萨克森人，其贵族就明显与低等级的自由民不同，他们的地位得到了法律的认可。[3]显然这些在皇帝看来是例外，而皇帝的法律架构总体而言反映了法兰克人的法律传统，并没有为贵族作出区别对待的规定。

相互依赖的社会关系

因此审视不同类型的法律地位，并不是描述查理时代的社会的最佳途径。当查理试图考虑自己治下的民族构成时，他从不用这种标准。让他最为震惊的是这么一个事实，即所有人，无论贵族或平民，自由民或奴隶，都牵涉进效忠关系中，其中一些是世袭的，另一些是自由选择的，这通常导向某种恩庇模式。正是这种个人的效忠，而不是其他任何东西，决定了社会身份。例如，我们可以考虑一下793年国王组织集体效忠宣誓时使用的标准。[4] 查理命令他的使节去让众人宣誓，首先是主教、修道院院长、伯爵、王室封臣、副主教（vicedomini，主教的助手）、助祭长（每个主教区内最高级的教会权贵）以及教士团，换言之，就是教俗两界的高阶管理人员。

紧接着是生活在团体里的僧侣和教士，他们实际上被免除了宣誓，因为和他们自己的誓言相冲突。但他们必须在他们的修道院院长面前许诺忠诚，院长将会给国王一份详细的报告。"随后是维护人、代理神父、百户长、俗界神父。"查理继续说道。这再一次证明了这两个阶层是如何交叠的。因此，不只是管理教会地产和他们仆从的那些维护人，还有作为整体构成了教会低级管理层的神父，与之并行的是对伯爵负责的地方官员。至于"作为整体的民众"，国王下令所有超过12岁的身体健壮之人都要去宣誓，他按照社会阶层自上而下将他们列出："独立的小土地持有者，随后是所有主教、修道院院长、伯爵或其他领主的人，还有所有王室土地的仆从和'隶农'，还有那些接受主人委任和俸禄的奴隶：

让他们宣誓。"

换言之，社会各阶层都充满了对另一些人宣誓效忠的人，这种效忠决定了他们的社会地位。这不是一种死板的定义：一个人的阶层是由其效忠的类型决定的，无论是自由选择效忠的封臣，还是那些更普遍的选择一个恩庇人的人，或是那些逐渐混为一谈的接受世袭效忠的获释奴隶和事实奴隶。臣民与恩庇人之间的信任程度也是意味深长的，这会导致国王任命一位"忠实的"（fideles）伯爵或主教，或者导致一个土地所有者提拔他的一个奴隶，将一处地产的管理托付给他。但总之要紧的是那些作为效忠对象的个人或组织的身份，因为对自由和武装的封臣以及在土地上劳作的奴隶和获释奴隶而言，成为国王的人，还是修道院的人，或只是私有土地所有者的人，是非常不同的。

只有一种范畴脱离了这种相互依存的人际关系。翻译过来即我们所称的"独立小土地持有者"。他们是普通的自由民，最初构成了法兰克民族的中坚，除了在军中作战和交税，没有别的义务。正如我们在本章结尾将会看到的，他们在查理的时代毫不意外地处于危险之中，可能甚至处于快速消亡途中。这些不是非常富有的人，维持他们在社会、经济甚至司法上的独立性都已经变得很困难了，在未来将会变得不可能。

所有国王的人

权　贵

在顶层，法兰克社会是由那些获得国王信任、取得职位的人来管理的，在世俗或教会的管理中都是如此。他们是伯爵、王室封臣、主教和修道院院长 —— 那些当时的文献十分正式地称为"权贵"（potentes）的人。但他们到底有多少？在帝国扩张的最高点，有189个主教教座，因此也有同样数量的主教，查理本人都了解他们，甚至自己任命他们。[5] 修道院的数量更多。有超过500座，但并不都是处在国王的直接保护之下。那些受他直接保护、由他任命院长的修道院大概有200座。至于世俗的权贵，皇帝在各省份的代表有差不多200～250名伯爵，都由他亲自任命，至少还有1,000名王室封臣。

除了受到皇帝信任的个人关系，这些精英也以其占有的巨大财富而与一般人相区分，尽管各人的财富是明显不平等的。当793年下令特别捐赠以缓解饥荒的影响时，查理主张那些能付得起的主教、修道院院长、修女院院长支付20苏勒德斯，那些不太富有的支付10苏勒德斯，最次等的支付5苏勒德斯。至于伯爵，最富有的也要拿出20苏勒德斯，其他的10苏勒德斯。那些拥有至少200处产业的最富有的王室封臣（一种非常重要的人物），也必须捐赠10苏勒德斯，那些至少有100处产业的交5苏勒德斯，随后那些只有二三十处产业的也按比例减少。[6] 这意味着最穷的国王封臣也有二三十户农民为其工作，最富有的拥有几百户。伯爵、主教和修道院院长可以轻易拥有1,000户农民，实际上最富有的也超越了这个门槛。近郊圣日耳曼修道院拥有超过1,600户佃农，他们大多是自由民。如果我们算入他们自己、其家人还有庄园农场的奴隶，有超过1.5万人为这个修道院工作。

那些来自伯爵或主教职位的实际天赋资源，为财富的积累做出了重要的贡献，但实际上大部分权贵人物是生来富有的。那些大土地所有者，他们所拥有的财富在古代被称为大庄园，现在以"田庄"的形式加以组织，有深厚的传统，便于管理。毕竟，在一个几乎仅从事农业的社会，在土地上工作的奴隶和佃农受他们的土地所有者的极大束缚，他们运营一座地产，同时也意味着统治并奖惩这里的人。不出意料，国王会主要在这个圈子里选拔他的伯爵、主教、修道院院长以及更基层的王室封臣。经济上的至高地位自然会伴随着公共服务的义务，他们对此不会一丝不苟，这就意味着几乎他们所有的人都有机会快速扩充自己的财富。

自然而然的是，这个阶层的人倾向于在本阶层联姻。当时还不存在长子继承权和父系家系这种概念，也没有姓氏和盾形纹章这些中世纪晚期和"旧制度"（ancien régime）时期才存在的典型贵族标志。贵族的亲属关系包括一个由联姻和血亲关系联合而成的灵活核心家族，大量的叔伯、姑姨、子侄、连襟妯娌和堂或表兄弟姐妹，经常会把继承权从一人转移到另一人。这样一种对亲属关系的灵活组织增加了优势，有助于家族稳固长久，同时避免了因为人丁因素而消失的危险。只有在挑战政权这样的事件上选择了错误的一方，涉及死刑和没收财产这样的灾难才会终结一个大家族的命运。除此之外，即便没有与生俱来的法律特权的保证，这些家族显然也会持续存在。

权贵的财产能够成为其政治权力的基础，这一事实偶尔可以得到一些文件的证实。739 年，为查理·马特统治普罗旺斯的阿伯恩（Abbon）留下一份遗嘱，将丰厚的遗产遗赠给诺瓦莱萨修道院，它位于阿尔卑斯山的意大利一侧，连同其他教堂一起都由阿伯恩创立。[7] 他首先列出了自己位于苏萨山谷的财产，这是他从父母处继承的，通常托付给代理人，这些人通常是奴隶或者获释奴隶；又费心地列出了他们的家庭。在阿尔卑斯山的另一侧，遗产清单拓展到了后来被称为萨伏依（Savoy）、多菲内（Dauphiné）、里昂和勃艮第的地区，并继续沿着罗讷河谷远及地中海。第一个评注遗嘱的人乔万尼·塔巴克（Giovanni Tabacco）注意到了一些情况：

> 一系列"绝对所有权土地"（allodia）［不臣属于某一上级］在各地涌现，它们以不同的方式购买或继承而来。它们在清单上不同的地方被称为"我们的本有地"（ingenui nostri）、"我们的自由地"（liberti nostri），随之一起出现的是表示这些"绝对所有权土地"来源的卖主名字和先祖或旁系亲属的名字。这些都证明了权贵亲属群体和其从属人口的普遍而长久的历史，后者主要是奴隶出身，例如阿伯恩的母亲鲁斯蒂卡（Rustica）把获释的奴隶（他的妻儿也被记录了下来），从日内瓦的村庄（pagus）转移到了盖普（Gap）的村庄。[8]

但在继承和购买而来的"绝对所有权土地"的边上，突然提及了"奉上谕"（per verbo dominico）或者说奉宫相的命令授予阿伯恩的地产。一般说来，这些地产是从那些反抗法兰克人征服的南高卢权贵处没收而来，他们和阿伯恩不一样，选择了错误的一边。

确切说来，站队导致了德国历史学家曾提出的"帝国贵族"（Reichsadel）的形成。这是个家族圈子，查理从中选择自己的合作者，他的父亲和祖父也曾这么做，这也反映了他广阔的国际活动范围。在大多数地区，在加洛林王朝之前，权贵家族就已经存在。在深度罗马化的南高卢，甚至有声称血统源自古代元老院贵族的家族。随着王国和之后帝国的规模扩大，这些亲属集团不断发现自己也有发展的机会，他们侍奉新王朝的忠心得到了慷慨的回报。因此他们计划在不同省份甚至不同王国里获得并维护地产，他们所获得"田庄"的位置有时相隔几百里，在离他们家族起源地较远的地区也自然处于一种托管状态。与此同时，他们也会涉入复杂的联姻网络，与地理上源出不同地区的同一阶层的家族结盟。

奖励与封臣制度

根据习俗，伯爵、主教和修道院院长从他们任职的那一刻起就宣誓效忠国王。他们屈从于国王的保护之下，并许诺侍奉他。他们以"基于恩庇"甚或"黑手党式"的形式臣服于国王，这种做法在罗马帝国时代就非常盛行，此时依旧风行。但他们并不是唯一臣服于国王保护的人。尽管不论目的和意图如何，习俗都使之成为一种义务，但显然这不是一个简单的礼仪而已。实际上，只要他们不束缚在世袭而来的奴役（世袭的奴役束缚着奴隶和获释奴隶）之中，任何牵涉进与国王的关系并以自己的能力为国王效力的人，都必须公开地臣服于他的仁德。如此，他们正式成为最强大的一个恩庇体制中的一部分。

从属于王室礼拜堂的教士，进入了这种形式的效忠关系之中，和那些以武器、马匹效力的战士一样，他们通常被称作封臣。一位贵族希望自己的儿子为皇帝效力，或者一位修道院院长希望皇帝能关注他最看好的年轻修士，他们会将候选人带至宫廷，将他推荐给皇帝，可能同时带着君主熟知的另一位权贵人物或学者的一封介绍信。当有一个职位空缺或者一处恩地（采邑）可用时，查理就会从这一群在宫廷中与他同起居的、背景强大的年轻人中，选择新的教会官员和王室封臣。

那个时代的一些精英人物的书信得以保存，例如艾因哈德，这些书信显示出恩庇人与受助者之间的交换是多么密集而复杂，一个年轻人的职业有多么倚重于正确的情谊，那些侍奉国王得力的人或者仅仅只是与高层有足够联系的人，国王能够分配给他们的财富有多少。⁹他通过从王室和教会地产里安排出恩地来分配财富。这种授予，严格法律意义上被称为"请求"（precarium），因为这样的需求需要递交公开的申请书。通常使用的术语是"恩地"，因为显然对所有人而言，这些特许只能来自国王的恩惠，凭借忠诚、有权势的朋友甚至赠予才能享有。无论如何，都很难想到一个术语，能更精确地表达这种以恩庇为基础的对权力和王室地产的运用。

这种人情、受保护者、宠信和效忠的网络随后被所有的权贵人物效仿。这并不牵涉到国王，也没有去破坏支撑着国王的社会支柱。然而，查理决定改变这种私人恩庇关系的一个方面。通常，一个像伯爵、主教这样的权贵或者一个低级官员、大地产主身边都聚拢着一队武装的人。如果这些人是自由民而不是他花费组织的武装奴隶，他们就会屈从于他的保护，并向他宣誓效忠。这种极其古老的法兰克古代传统被称作"亲兵队"（trustis），其日耳曼语词根是信任和忠诚，这构成了恩庇习俗的军事方面，在罗马-日耳曼社会中广泛传播。

查理并不想让这些武装的受保护者成为一种颠覆性的角色，他下令这种惯例要根据封臣的程序来合法化，这种程序是他用来约束他的封臣的。这意味着公开宣誓效忠，并且任何进入这种臣属关系的人不仅要效力于自己的领主，也要效力于皇帝。封臣在每次他的领主被召集作战时，必须也在皇帝的军队里作战。然而，恩地的广泛使用反映了社会的习俗大体上基于恩庇关系。封臣关系的广泛使用出自国王试图控制并规范恩庇纽带的愿望，或者最起码暗示着军事意味，给予他们一个不会被错误理解的公共意义。

王室和教会地产上的工作者

目前我们讨论了社会中的那些成功者，那些出身良好或者最起码有正确关系的人。因此他们从恩庇体制里收到了实际的利益，然而对大多数人来说，这仅仅意味着盘剥和苦难。换言之，我们只看到了受保护者而没有看到那些卑躬屈膝者。后者包括奴隶、获释奴隶和被束缚在土地上的劳工，他们在一起代表了一个可观比例的人口，甚至可能是农民的大多数。"servi"一词严格意义上还是意味着真正的奴隶，和古时候一样。但这个词也已经用于一些情况，表示所有那些屈从者，他们屈从于土地所有者的程度相当于农奴的程度。在这里，根据环境不同的程度而确切定义的法律地位，又一次不足以描述社会地位。那些农民所必须效忠的主人，仍然和其自身的法律地位一样重要。那些生来就要在王室或教会地产（它们的情况几乎相同）上工作的人，会昂首睥睨那些在私人所有者的土地上受苦的人。那些为王室或教士工作的人能享受一点国王反射出的荣耀。

查理将奴隶、获释奴隶和一切束缚在私人地产上工作的人排斥在他793年组织的宣誓之外，事出有因。[10]这些人没什么重要性，并且国王不需要他们的忠诚，只要有他们主人的忠诚就足够了，但国王自己的人和那些教会的人的情况就不同了。所有的"纳税者"（fiscalini）和"教会劳动者"（ecclesiastici）都要和所有"隶农"（coloni）一样宣誓效忠。术语"纳税者"和"教会劳动者"从法律视角来看都有些模糊，但从社会的角度看是准确的，基本表示了所有的农民，无论是奴隶还是获释奴隶，在王室地产还是教会土地上工作。[11]甚至在古代法兰克的法律中，他们就归于特权的地位，在许多情况下他们与自由民是平等的，更不要说奴隶了。他们的地位和查理时代的一样。当然，我们必须在他们中间加以区分：那些在远方省份的王室地产上和其他穷人一起工作的人，依然没有什么地位；而那些设法获得一个管理职位、负有一些职责的人，会转变成一个当地的知名人士，比许多自由民更有权势。

不出意料的是，一些人用自己的职位谋利，以各种方式滥用权力获取财富。毕竟，能够滥用权力犯罪而又不受惩罚，是成功的标志。查理禁止王室农奴将在王室地产上工作的奴隶出售给代理神父或百户长这样的地方官员，因为奴隶显然是王室的财产。他的命令揭示出一个违法、密谋、滥用权力的网络，而宫廷很难进行阻止。[12]伊斯特里亚先前属于拜占庭，查理兼并了此地，在教会土地上工作的人也受到了类似机会的诱惑。他们突然变得自大起来，就像当地居民在804年抱怨的那样："在希腊人的时代，他们不敢惹怒一个自由民，或者用棍棒打他；实际上，他们从不敢坐在自由民面前。但现在，他们殴打我们，并用刀剑威胁我们，而我们不敢抵抗我主皇帝的威严，只恐他们做出更恶劣的行径。"[13]当然，只有极少人能效仿埃博的人生，他出身获释奴隶，最终成为兰斯的大主教。但有些人有希望成为神父或者自己所工作农场的工头。查理时代的社会存在的流动性是如此之小，可以毫无疑问地断言，较之私人地产，在国王或教会控制的地产上更是如此。

农民的世界

庄园及其当地的实际

除了极少的例外，只有少量富有的精英能够竞争国王分配的高级职位。查理巨大的阴影，覆盖着人数巨大的民众，他们的经济和法律地位更适中。在王室和教会地产上工作的奴隶和获释奴隶，反而只是更大的社会领域的一部分——其中更稳定、更少被严酷盘剥的那一部分，而其余部分由为私人地产工作的广大农民组成。在一些地区，这些不幸的人构成了全部的农村人口。

他们的法律地位有些不同，并不仅仅只是在纯粹规范的层面。奴隶和获释奴隶二者的权利和机会存在实际的不同。那些被迫定居在农场的"隶农"，与持有书面契约、最起码理论上拥有和土地所有者缔结契约自由的"契约佃农"（libellarius）之间也存在着不同。在审视这些范畴之前，值得再一次强调，在查理的时代甚至可能在此之前，这些人地位上的不同就逐渐消失，他们进入一种共同的压迫之中，这种义务是由土地所有者和法律强加给每个人的。这种义务更多地塑造了现实境况，在这种境况中农民发现了自身这个阶级，而不是他们之间在法律上的区别。

将大地产组织成"田庄"促进了这一倾向。某一特定农场的所有者，一旦建立农场之后，就不太可能再改变他所要求的地租和劳役。多年以后，农民死去，他的子辈接手经营这处小土地，但是对土地所有者的义务没有改变。农民不再具有契约的效力与他们重新谈判，而土地所有者倾向于遵照古代的习俗，保留管理上的便利。另一方面，这些义务在各省有所变动，根据实际耕作的类型，以及省份的大部分居民所属的法律传统是法兰克人的、罗马人的、萨克森人的还是伦巴第人的等不同情况而变化。实际上，从一处地产到另一处，义务就会根据土地所有者所投资的类型和农民中奴隶所占比例而变化（对奴隶会加以更繁重的义务）。

这样一种人人遵守的习俗，在所有的私人地产中确立下来，最终被供奉进入法律之中。在一些情况下，法律明确介入，并作出规范。800年，查理在这一年有许多其他的事要操心，他还必须处理美因省在王室和教会地产上工作的农民上陈宫廷的抱怨。他们谴责代理人所要求的高压徭役，"因为事情组织的形式不同，有一些人被迫整周劳作，另一些人是半周，还有一些人是两天"。皇帝颁令于全省，那些为王室或教会地产工作的人，如果他们拥有足够的牛去拉犁，就要为主人的土地犁一天，而那些没有牛的人将要提供三天的人工劳动。"朕以这种方式作出规定，这样地产上的农民就不能逃避上述的义务，但是同样土地所有者也不能要求更多。"[14] 但即使缺乏这样强制的介入，当时的政策普遍规定，为地产工作的农民，包括那些签订了契约的自由民，必须在有争议的事情上接受土地所有者的司法裁决。因此他们所必须面对的义务，逐渐脱离了协商，转变成永久的习俗，而土地所有者依照法律成为习俗的保证人。

奴 隶

奴隶依旧是那些为主人工作的农民的重要组成部分，尽管不像古代那么重要。在庄园农场里工作的"雇工"不是在"田庄"里工作的唯一奴隶；还有那些被分配小土地的人，他们被允许成家。在一些大的修道院地产（我们唯一能评估的）中，在土地上工作的农民，略超过一半是自由佃农，大约有三分之一是已成家的奴隶，剩余的是"雇工"。因此布雷西亚地区的圣朱利亚（Santa Giulia）修道院为庄园农场里的3,000人提供了工作，并为小土地中超过5,000人提供了工作，其中3,000人是自由的，剩下的是奴隶。[15] 显然这些数据在大地产中是合理的，但并不反映社会整体的奴隶比例，因为在小土地广泛分布的地区，奴隶的人数远远要少。查理减轻了那些"发觉自己如此贫穷，既没有奴隶也没有土地，依自身的权利本有这些"的人的军事义务，这意味着甚至一个小土地持有者也可以拥有少量奴隶协助其工作。[16]

从法律上说，奴隶依旧是其所有者的财产，可以像罗马世界里一样转移和出售。806年，当他确立规则，以控制将要继承帝国的三个儿子的关系时，查理大帝声明他们不得在另一位兄弟的领地上购买不动产，例如土地、葡萄园、森林"和那些已经成家的奴隶"，而他们可以购买黄金、白银、宝石、武器、衣物和"还未成家的奴隶，换言之，所有商人买卖的货物"[17]。在经济术语中，奴隶是商品，一些商人贩卖他们致富，尽管宗教在法律的支持下再三限制这种贸易。分开出售夫妻会被劝阻，将基督徒卖出基督教世界是明确禁止的。[18] 为了避免各种各样的虐待，远溯到779年，查理命令每次出售奴隶都要在主教、伯爵或者至少一名可靠的证人面前进行，并且他禁止将奴隶出售到帝国边境之外。[19]

多年以后，他的儿子丕平在意大利重申了这一法令，并且规定秘密购买奴隶、将他们走私到其他地区是非法的。[20]

为了避免这些限制，奴隶贸易倾向于关注来自查理对异教徒的胜利中的战俘：萨克森人和随后的斯拉夫人。历史显示出这种贸易构成了向穆斯林西班牙出口贸易的主要部分，而进口奴隶没有显著改变帝国内奴隶的人口层次，可能日耳曼地区是例外。在那里，可能奴隶劳动力主要由斯拉夫人构成，这导致一种词源学发展，最后延伸至所有西方语言，由此种族的名称"斯拉夫"（Slavs）成了"奴隶"的同义词。一份巴伐利亚的文献将为圣埃默拉姆（Sankt Emmeram）修道院工作的农民划分为"巴伐利亚人和斯拉夫人，自由民和奴隶"；最后，这两种表述简化成了一种："自由民和斯拉夫人。"[21]但在高卢和意大利，大多数奴隶是土生的：他们和主人说同样的语言，像他们一样受洗，不过在取名字的习惯上有区分，奴隶通常使用小词尾。从种族的观点看，他们被看作法兰克人和伦巴第人，尽管严格说来，这些词语是留给自由民的。

能够将自己卖身为奴，增加了奴隶的供应量，这种做法得到了法律的许可，并在受饥荒的农民中实际发生了。当无法支付罚金的时候，犯事者会成为王室的奴隶，可能是基于一种临时的基础，直到罚金被付清。丕平曾规定，如果一个已婚的自由民不论何种原因降格为奴，他的妻子有资格离开他，另嫁他人，"除非他是出于贫困、迫于饥馑而出售自己，而她也同意了，并因为出售自己丈夫的价钱而免于饥馑"[22]。在这种情况下，一个妻子由于自己配偶这般牺牲的代价而得到拯救，她应该向他表示，当他处于奴役中时还保证留在他这一边，这样是正确的。查理有时也会阻止这种情况，比如，随着对意大利的征服，他得知许多穷人出售自己或妻儿以躲避战争导致的贫困，所以他撤销了所有这样的交易。[23] 但这只是政治姿态，不是决定性的原则，并且卖身的实践继续广泛存在。

对奴隶贸易的最大限制在于其经济性质。正如时常发生的那样，当一个土地所有者为一个奴隶家庭提供一块小土地来安家时，他显然没有任何兴趣去出售他们。他可能会在出售土地时这么做，因为任何买家都会有兴趣获得连同土地一起的劳动力，但除此之外他不会有这种想法。如果他将土地捐献给教会以拯救灵魂，他也要转让在那里工作的农民，可能要释放他们，将他们转变为教会的获释奴隶。换言之，成家的奴隶实际上有了终身的保证，不会被赶出自己的土地。在先前提及的查理大帝 806 年的规定中，就明确了这一点，他们转变成了不动产，或者不可移动资产。这种发展在人类尊严方面可能并不好，但实际上代表了一种对他们的重要征服。

随着家庭的建立，奴隶也获得了保有少量收益的机会，他会设法通过努力工作来储蓄。这一权利首先被习俗所接受，随后是法律。甚至有些奴隶设法通过自己的积蓄做一些小生意。当查理推行新的通货，并且命令所有的贸易者无理由地接受时，他规定了一项针对自由民的罚金："但如果他是处于奴役中的，并且他是用自己的财产贸易，他将会失去自己的生意，或者在众人面前被公开鞭笞。"[24] 对一处小土地或者生意的责任，将负责的奴隶置于与自由小土地持有者并无不同的社会境况中，允许这些奴隶像他们一样自由规划自己的工作甚至拥有自己的奴隶。不平的一条法律中提及了奴隶将自己的女性奴隶收作妾的情况，并承认他有权离开她去迎娶"一个和他同等的人，一位属于他主人的奴隶女子，但如果他自己还养着奴隶则更好"[25]。但这只是纯粹在主教指导下的形式上的同意，主教其实是反对离婚和一夫多妻制的。

我已经暗示了另一个依然惊人的进步。正是由于奴隶是基督徒，他们才有资格结婚，他们的所有者必须尊重他的婚姻。伦巴第国王利乌特普兰德曾经规定，如果一个奴隶所有者强奸了他的一个已婚女性奴隶，她和她的丈夫将获得自由。[26]不平判决，如果一对奴隶夫妻被分开出售，神父就会向他们两人布道，讲述以基督徒的坚毅接受必须贞洁的义务，同时他也说明要尽一切可能使两人重新结合到一起。[27]查理更进一步，规定如果分属不同主人的男女两人要结婚，只要他们以适当的形式结合，并得到主人的同意，就不能再将他们分开。[28]不过奴隶中一直存在滥交，尤其是纺织业中存在大量女性劳动力的时候。诺特克提到，在亲身伺候皇帝的奴隶之中，"在科尔马（Colmar）的女性住所里有两个私生子出生了"，这展示了一种和千年以后工业革命时代所造就的工厂生活类似的情况。[29]

基督教的影响也导致废除了所有者决定奴隶生死的权力。当然，那些可怜人，除了设法养少量牲畜，并在市场出售他们的出产来积攒少量金钱，此外一无所有，他们依然会因为最轻的错误而受到肉刑处罚。他们会受到责打的处罚，更严重的情况是绞刑，而自由民在同样情况下是交罚金。但只有王室法官能通过死刑的判决，而奴隶所有者若因严酷的责打而致奴隶死亡，则会被惩罚。奴隶制的严酷依然体现在屈从于肉刑，这标志着自由民与奴隶之间的区别；区别如此之大，以至于在审判中证明一个人曾经被"像奴隶一样责打"的证据，在确定一个人身份的时候是至关重要的。[30] 但是，在前基督教时代对奴隶灭绝人性的待遇，现在已经走向终结。

获释奴隶所期待的命运

获释奴隶的数量甚至超过奴隶，他们的社会身份却没有很大不同。我们已经审视了在王室和教会地产上工作的获释奴隶，但还有很高比例甚至大部分的在各处大地产中工作的农民是由获释奴隶组成的。被释放的奴隶，依旧对其先前的所有者保持着屈从的关系，现在所有者成了他的恩庇人，拥有和上古时代相似的地位。但是在基督教的统治下，释放奴隶是一种深受基督教鼓励的正义之举，并迅速发展。与此同时，奴隶对恩庇人的义务逐渐加重，束缚着奴隶，这样其所有者就不会在经济上有所损失。所有的日耳曼法都接受不同形式的释放；最严肃的形式，是在国王面前用书面文件举行释放，这使得一个获释奴隶成为拥有所有权利的自由民，他本人不再对恩庇者有任何义务。其影响就是，完全释放的案例极其罕见。一般而言，获释奴隶必须生活在主人的土地上，为其工作，缴纳租金。没有他的新恩庇人的允许，他无权离开。

这并不一定是不好的解决方法。一个获释奴隶将自己置于没有小土地的情况下来劳作，没有恩庇人保护，这会使最贫穷的农民阶层膨胀起来；尽管农村的人口依旧足够少，足以让每个人最终都找到工作，但还没有少到可以决定环境的程度。在虔诚者路易时代，列蒂地区有几十名奴隶出于当地一名"加斯塔尔迪"的遗愿而被同时释放，他们接受了来自法尔法（Farfa）修道院的小土地。他们必须接受极其严厉的合约条件，这意味着在每年最忙的季节，两周中就有一周要在庄园地产上工作，同时还要缴纳繁重的地租。[31] 获释奴隶构成了名副其实的乡村无产阶级，尤其是在那些第一次犁种的地域里，他们的工作对庄园体制经济繁荣的贡献并不小。因此绝不能肯定，他们的释放提升了他们的生活条件。

在大部分情况下，获释奴隶依旧被束缚于曾经释放他们的所有者。法律将之转变为一个道德问题。伦巴第国王阿斯图尔夫曾疑惑，为什么没有迹象表明获释奴隶敢于背弃他们的恩主。国王曾经被告知，如果奴隶所有者不能确定他能够依赖奴隶的劳动时，他会犹豫是否释放他们。因此国王规定，即使在完全释放的情况下，一个获释奴隶因此全方位地成为一个伦巴第人，前所有者依然有资格在自己的余生要求获释奴隶来侍奉。[32] 法兰克人没有这样明确的举措，但普遍的实践是一样的：获释奴隶被称为"利图斯"（litus），不是自由民，而是有义务成为他的恩庇人的人。

这种条件下获释的奴隶的真正悲剧在于，他们和奴隶之间只有名字上的差别，再无其他。实际上，鉴于他们仍旧需要永久地留在恩庇人的土地上，无论他何时有何种需求，都要为他效力，不能像自由农民那样协商更好的合约条件，获释奴隶发现他们自己其实和先前一样受压迫。无数的叙述都证明了一个获释奴隶的社会境遇近似奴隶，而不是真正的自由民。754 年，丕平颁布了一条针对乱伦的法律：犯罪的一方，如果他是自由的，必须要付沉重的罚金；如果他不能支付，他将被监禁。但"如果他是一个奴隶或获释奴隶，他将被多次责打，他的主人也不应再允许他犯错"[33]。802 年，查理大帝命令所有受到挪威突袭者威胁的北部海岸居民，在当地政府召集行动时，都要立刻前来。那些未能履行的人，如果他们是自由民，就要向国王缴纳罚金；但如果他们是奴隶或者获释奴隶，"他们会在背上承受王室罚金"，或者换言之，更多的责打。[34]

因此，随着时间过去，奴隶与获释奴隶之间的区别，对那些掌权的人以及文字工作者来说无足轻重，那些文人在羊皮纸上塑造了我们对他们社会的印象。"Servus"是最广泛使用的定义古代奴隶的词，也是被高卢和意大利当地方言保留下来的唯一相关词语，开始被无差别地同时用于奴隶和获释奴隶；且不说还有其他类型的乡村从属劳动者，例如"隶农"，他们是人身自由的农民，但他们和他们的后代似乎要永久地居住在小土地上。查理的时代这种混淆开始出现，甚至逐渐进入法令中。但长期来看，这会导致欧洲乡村古代奴隶制的消失，并创造出一种新形式的从属关系，叫作农奴制。农奴制囊括了绝大多数从属于土地所有者的农民，他们都同样臣服于当地庄园所强加的条件。

权贵与贫民（pauperes）

皇帝对获释奴隶的命运毫无兴趣，正如他对犹豫不决的使节的著名回复清晰地指出："只存在自由民和奴隶。"在本章开头将"女隶农"当作奴隶对待的那个语境中，我们所引用的这句直白的评论，绝对清晰地证明了，多数农民的隶属关系自身并不是一个政治问题。尽管有些情况下，查理自己关心他们的主人是否正确地对待他们，并且尊重他们的权利，将之当作自己的义务。折磨着自由小土地持有者的困难是完全不同的问题。他们被国王提出的要求压垮了，并且对有权势的人滥用权力作恶毫无办法。虽然有着巨大的差异，自由的小土地持有者依旧构成了军人和纳税人的大多数。实际上他们中太多的人被迫变卖家产还债，为一个主人效力，这令人极其不安，并造成了政治上的影响。

因此，查理的法令集中保护穷人免受滥权伤害的举措激增。这种情况下的"穷"并不是指真正的贫穷。奴隶和获释奴隶受他们主人的盘剥，但在传统观念中，自由民构成了法兰克民族的中坚力量。毋庸置疑，最有效的举措是免除兵役，但皇帝并不是让人觉得他会允许人逃避兵役。如我们所知，他严厉地对待逃避者；而且请求当地官员，不要从兵役中获利，不要毁掉这些人，令他们失去自己的土地，尽管可能没什么效果。[35] 另一方面，查理并没有承诺自己会减轻司法管理的负担。他废除了所有自由民必须出席"诉讼会"的义务，不过这造成了纵容伯爵及其亲友将公共司法当作纯粹私人事务的风险。[36] 最后，皇帝规定，那些自由身的穷人可以支付罚金，将判决转变为责打，以此"用他们的脊背"来偿付他们欠王室的债，避免牲畜被抄没，不然这将会把他们置于穷困的境地。[37]

但这些举措大部分都不过是警告，表示皇帝将不再容忍当权者对穷人的各种滥权。[38] 不幸的是，我们有理由相信这些指责往往也是形同虚设。在整个帝国，自由民都让自己顺从于强大恩庇人的仁慈，不是做武装封臣，而是做依附者。还有更多的人，出于饥馑，实际上卖身为奴隶。并不是说前者的命运就与后者不同，如我们所知，要考虑到地方的习俗逐渐倾向于将整个农民阶层等同于单一形式的臣服者。这一时期，农民群体期望宫廷重新确认他们的人身自由，反对想把他们当奴隶一样对待的主人，这种诉讼案件的增多，证明这并不是巧合。偶尔农民会获胜，更常见的情况是他们会输。

查理死后，法律本身恶化了为主人工作的自由民的境遇。虔诚者路易重申了曾经推行的举措，尽管他再次申明他们被认为是自由的，但他们不能为法庭提供证据，因为他们没有土地，如果是伪证的话就不能对他们采取措施。[39] 事实证明，没有任何形式的经济所支撑的自由，在实践中越来越难得到维护。长期来看，法兰克人和伦巴第人的法律都曾规定，长期居住在他人土地上的自由民，对土地所有者负有责任；如果他犯罪了，他的主人要逮捕他，并移交给当局。[40] 农民与土地所有者的合约，甚至那些在意大利依旧使用的书面合约，都应该在理论上给予农民更多的保护；但即使是这些合约，也规定了在无法实现合约的情况下，农民自愿服从土地所有者所执行的司法。

夹在恩庇与奴役这两个世界之间，自由小土地持有者的存在逐渐岌岌可危。更多富裕的人，拥有一些奴隶，能够买一些武器和马匹，训练去使用它们；他们能进入当地的恩庇网络中，可能成为王室封臣，获得有保障的地位。一旦查理保证的相对安宁消失，其他人逐渐就会发现他们不得不臣服于滥权，卖掉他们的财产，加入逐渐增长的为领主工作的农奴阶层。

第14章

老年与死亡

查理大帝的失败？

查理大帝统治的最后几年，常常表现为一段衰退的时期，几乎好像君主身体的逐渐恶化和他所创造的帝国命运相似。老病的皇帝基本不走出他在亚琛的宫殿，他被一个小团体以及一伙作威作福的奉承者所包围，他们企图瞒着他而为自己谋求财富。[1]他的合法子嗣互相怀疑地看着对方，等着老人死去，他们以便继承。在他们每个人的心中，都包藏着有幸排除掉兄弟而由自己统治的想法。但讽刺的悲剧是，死亡带走了三个可能的继承人中的两个——长子查理和意大利国王丕平，留下较弱的阿奎丹国王虔诚者路易，这一系列丧亲之痛，使他们的父亲生命最后几年十分酸楚。长期以来的征服战争，创造了统一、积累了财富，现在战争结束了。而挪威沿海的袭击者开始出现，这是一个可怕的侵略征兆，会在查理大帝死后加速帝国的崩溃，将基督教世界蛮族化。年迈的皇帝在他后期的几部法令集中的政策，已经被解释为遏止腐败蔓延和帝国道德崩溃的绝望而不成功的尝试。

这幅令人遗憾的场景并不完全是虚假的，不过要分解成各种各样的要素。从军事角度说，不可否认，后面几年皇帝不复自己先前的进取心。801 年，他立刻同时接受了巴西琉斯尼基弗鲁斯和科尔多瓦的埃米尔提出的和平提议，他们都已经厌倦了战争。事实上，与埃米尔的协议确认了阿奎丹国王路易在比利牛斯山以外取得的进展，将帝国的边界拓展至埃布罗河。但同样是事实的是，为了与拜占庭缔结和平，查理同意归还威尼斯潟湖，这里刚被征服。同样，丹麦人在陆地边界上挑起的事端，也没有导致皇帝像早年那样去入侵他们的国土，以清除掉这些使人恼怒的邻居。他在沿着易北河的边界上修筑要塞，与他们的国王谈判。811 年，他不辞远途签署了双边协议，仿佛双方是平等的。这种政策上无可置疑的变化，仅仅是皇帝年事已高的表现，还是法兰克贵族（他们在先前的胜利中已经获得财富，比他们最疯狂的梦中想象的还要多）共同的决定，这还需要探查。他们现在可能偏好更为谨慎、较少冒险的政策。

至于查理，当然他已经年迈，不再热衷于离开亚琛。甚至800 年他在圣彼得教堂加冕的时候，他已经接近60 岁，在当时已是个老人。一些人提出，他只从水路出行，是因为关节炎甚至痛风导致他不能骑马，这似乎不足为信。恰恰相反，尽管他频繁高热，腿部疼痛，但他直到去世前几个月仍旧继续狩猎。然而，有些时候，他曾偏好让自己的儿子们领导军事作战。远溯到796 年，毁灭阿瓦尔汗国的行动是由意大利国王丕平执行的，他在随后的几年断断续续地监视着东部边境拜占庭人和南意大利贝内文托公爵的举动。同样，阿奎丹国王路易指挥了在比利牛斯山另一侧旷日持久的作战，领导了对巴塞罗那的围攻，并将其征服。在这种情况下，将这一区域的责任托付给他所信任的人，是再自然不过的了，恰巧这个人是他的儿子，他任命其为国王正是出于这个目的。至于最年长的继承人查理，他将会继承法兰克王国。很自然，他从年少时就被训练如何指挥，受命独立控制对萨克森人的行动；800年之后，他经常受命在对抗斯拉夫人和丹麦人的中央前线独立指挥作战。皇帝逐渐老去，他有三个强大的年轻儿子，他们会在军事行动中有效地代替他，肯定不会有危机的迹象。

此外，我们对查理人生最后几年的负面印象，也受到不公正记录的影响。记录者是他儿子路易的编年史家，尤其是诗人厄莫都斯·尼格鲁斯，他声称，臣民们以极大的热情欢迎新皇帝，他立即着手改正他父亲犯下的错误，释放囚犯，召回流放者。[2] 根据这些作家的记录，查理在最后几年里，极度衰老，与世隔绝。即使那些还没有腐败的顾问，也坚持认为他应该把更多的责任交与他还存世的儿子手中。当然，所有的这些都有一定的真实性，但不足以说明那些年是个衰落的时期。在更近的时代，另外一些活到高龄的皇帝的经验，例如维多利亚女王和弗朗茨·约瑟夫皇帝，表明君主身体甚至精神的衰落都并不必然反映在帝国的管理上。尽管总是存在一帮不耐烦的支持者聚集在他的继承人周围，准备庆祝年老的在位者死亡，将之视作一种解放。

将查理最后几年的法律行动解释为一种失败，这尤其令人难以接受。在805年至813年间，皇帝颁布了一系列新的法令集，不断致力于追求改革的成效。尤其在813年，见证了对法兰克教会前所未有的动员，查理召集了五次教省会议，它们的记录全都保留了下来。[3] 这些年的法令集，是极具意识形态意义的法律举动，传达出对帝国权力的深刻反思。似乎老君主曾经仔细考量了

"奥古斯都"这个最初引起自己关注的新称呼，他逐渐相信其带来的与基督教民族相关的责任。他用来针对法官腐败和教士缺陷的尖锐挖苦，以及近乎偏执地坚决主张和谐（concordia）、共识（consensus）、一致（unanimitas），最重要的是博爱（caritas），将鼓舞政府的行动，提升臣民之间的关系。这些批评和主张可能会被解释为虚弱和衰老的迹象，但是，查理希望坚持遵从继承自基督教帝国概念中的道德意涵，我们难对此加以责备。

与海盗的斗争

在查理统治的最后几年，他的王国产生了一种新的威胁，对此有许多要说的。威胁来自海盗，他们逐渐开始袭击帝国的海岸线，令海上旅行和贸易变得不安全。实际上这些袭击一直持续，并在他死后加剧，达到了使基督教世界屈膝投降的地步。后世来看，年迈的皇帝采取的举措是不充分的。我们必须避免用五十年或一百年后发生的事情的角度来看待这个时代的事件。靠近来审视，查理大帝对海盗袭击所采取的反应，就当时所能判断的威胁规模而言，似乎是合适的。实际上这证实了他的精力和远见卓识，这对于那个时代一个70岁的衰老之人来说是非凡的。

挪威人

最危险的敌人是来自斯堪的纳维亚的挪威人，他们更多地被称作维京人。[4]793年，维京人的第一次侵袭冲击了林迪斯法恩（Lindisfarne）的修道院，这是一个远离英国海岸的岛屿。他们屠杀僧侣，焚毁修院，震惊了基督教世界。消息传到查理的宫廷，来自这一地区的阿尔昆试图安慰他，认为这一灾难是神对盎格鲁-撒克逊民族罪孽的惩罚。[5] 很快他们就会发现，无人能从神圣的愤怒中幸免：针对英格兰、苏格兰和爱尔兰的袭击开始蔓延；不久，799 年他们袭击了加洛林帝国的大西洋海岸。[6] 从那时起，在英吉利海峡中航行就不再安全了，而英格兰是帝国最重要的贸易伙伴之一。809 年，一名派去会见诺森布里亚国王的教宗使节，在渡过海峡返回罗马时被海盗擒获。

一切都表明，查理非常清楚地认识到问题的性质，因为他没有仅仅满足于在北部海岸地区推行一个快速动员武装人员的体系，还命令在北部港口建造战船。[7] 811 年，他坚持亲自检阅停在根特和布伦的锚地里的舰队。从后来的眼光看，我们可能会认为他在船舰建造上投入得不够，尽管海军力量是最难以提升的。然而，皇帝在死前肯定深信他已经处理了威胁。实际上，海盗的进攻只是他与丹麦国王关系这个更复杂问题的一个方面；稍作犹豫之后，查理投入他盛年的全部精力对此采取决定性行动。

自从法兰克人降服了萨克森人，将他们的边境转移至北海，丹麦人就发现自己处在帝国的边界上。他们的国王，戈德弗里德，立即表明自己不打算容忍法兰克的威胁。804 年，当查理站在自己的军队前头，越过易北河去清除最后一个萨克森人的核心据点时，戈德弗里德在标志着两国边界的河口，聚集起他的舰队和骑兵。在这一次宣示武力之后，我们并不知道丹麦国王是否同意将叛乱者移交给皇帝，但我们知道皇帝向他正式提出了这一要求。

从那时起，法兰克人知道他们必须谨慎对待丹麦人，纵然艾因哈德可能有所夸张，他声称戈德弗里德"变得如此膨胀，妄想自己征服整个日耳曼，并吹嘘自己很快就能现身亚琛"[8]。更严重的是，生活在易北河口附近的斯拉夫部落受到了丹麦人的持续进攻。因为他们曾帮助法兰克人对抗萨克森人，查理大帝将他们视作保卫帝国的卫星区。808 年，戈德弗里德洗劫了他们的海岸，征服了他们的要塞，吊死了他们的一个领导者，驱逐他们背井离乡。他击败这些部落后，立刻强迫他们纳贡，他快速在自己的王国边境建立起防御。很快，查理准备效法他的对手，投入自己大部分资源沿着边界建立起自己的防御，甚至允许开始谈判。他的谨慎可能被认为是软弱的标志，因为 810 年，一支丹麦舰队出现在弗里斯兰，这里距亚琛的宫殿只有几天的行军路程；这些袭击者强迫沿海的民众支付高达 100 磅白银的贡金以免遭掠夺。

拖延的时候过去了，年迈的国王最终决定像他年轻时候那样做出反应，准备自己亲自指挥，对丹麦人发动一次闪电战。810 年夏季开始的时候，他在莱茵河畔的利珀汉姆（Lippeham）准备召集军队，当时传来了戈德弗里德被刺杀的消息。丹麦王国卷入了内战，武装干涉的必要已经消失，因为临时出现的领导者乐于与皇帝签署和平条约以示善意。后世看来，会认为没能入侵丹麦使得帝国付出了沉重代价，但在当时，没有参战就让这么一个危险的敌人表现出无害，这是人人都高兴的。查理开玩笑说"我没能见到我的基督徒与这些狗头人（cynocephali）作战是多么遗憾啊"，间接提到了地理学家所说的传说：在北方冰冻而神秘的荒野中，居住着长着狗头的人。[9]

这并没有阻止诺特克在 887 年写作时，称赞皇帝拥有战略远见。这位圣加尔的僧侣告诉我们，当查理访问一个高卢的港口时，一艘挪威人的船出现在海岸，第一次探索这个地区。这些维京人一得知皇帝本人在那里，立刻就溜走了。但查理没有很高兴，他长时间站在窗前，眼中带泪。他随后向自己惊慌的随从们解释说，他的眼泪并不是因为害怕敌人会对他怎么样，因为他若在世，他们不敢袭扰海岸；但他意识到自己死后，他们会给自己的继承者带来难以言表的恐怖。[10]似乎远在《罗兰之歌》之前，就有了传奇的查理大帝哭泣的故事。在那些后来者的印象中，随着他的去世，基督教帝国所承受的巨变太过剧烈，无法粉饰并改变他们对皇帝最后几年的看法。

穆斯林海盗

同一时期，基督教世界的南边正在经历摩尔人海盗的第一次突袭，他们接下来制造了长达千年的危险和不安。[11]最初，帝国尤其是意大利王国的组织能力似乎能提供一定程度的防御能力，甚至海军力量也是如此。因此我们还不能说阿拉伯人主宰了地中海。798年，摩尔人洗劫了巴利阿里群岛（Baleares），但接下来的一年，一队法兰克人的舰艇协助岛民击退了另一次入侵，并缴获了海盗的徽章，立即呈送给了皇帝。806年，摩尔人攻击科西嘉岛，并击败了意大利国王丕平派去拦截他们的舰队，杀死了指挥官热那亚伯爵。但接下来的一年，另一支基督徒的海军力量成功击败了他们，俘获13艘船。然而，这样的成功在接下来的年份里逐渐稀少，而袭击逐渐扩散。

812年，基督徒中传言，非洲和西班牙的萨拉森人准备了一支庞大的舰队来掠夺意大利。皇帝似乎意识到在地中海投入海军防御的资源不足，他派去他的堂弟瓦拉，任务是解决这个问题。他采取的措施取得了一些成效，因为有一队穆斯林的舰艇在撒丁岛沉没了，但同时另一队洗劫了科西嘉，没有遇到抵抗。下一年，海盗在马略卡岛（Majorca）附近受到了安普利亚斯（Ampurias）伯爵指挥的一支基督徒舰队的拦截，损失了8艘船，超过500名奴隶重获自由。总体而言，意大利和阿奎丹的国王没有办法主宰海洋，以地中海港口为基地的海军纵然可以让海盗的日子不好过，但无法保证海岸的安全。813年摩尔人再来，他们第一次现身陆地，袭击了远至尼斯和罗马附近琴托切莱（Centocelle）等地的市镇。甚至在查理去世前，基督教世界在地中海就处于守势，但审视这些行动，这些一连串的胜利和失败证明了法兰克海军争取主导的能力和意愿，超过了我们通常的认识。

继位的规定

806年对王国的划分

在查理人生的最后几年，最给他增添忧愁的是如何在诸子中划分继承权。法兰克法律规定，每个男性都有资格分得父方的产业。没有人，甚至是皇帝，能够无视这一点。806年，在蒂永维尔大会（Dieta）上，查理颁布了我们所知的《分国诏书》，规定在他死后，他统治的国土划分成三个王国，赐予他三个在世的儿子：查理、丕平和路易。[12]真正的长子驼背丕平还在世，他因为针对父亲的阴谋而被托管在修道院里。他早已被决定排除到遗嘱之外，因为教会颁布的婚姻新规定和查理自己的法令集都认为他是非法生子。[13]

有些人解释说，这次划分证明皇帝基本上是不在意皇帝头衔的，或者至少是不愿在自己死后还让其存续。当时正处在与拜占庭帝国关系糟糕的时候，没有迹象表明东部愿意接受这个新的头衔。仿佛在面对自己急切的继承需求时，查理突然忘记了支撑着自己后期法令集的那些关于帝国权力性质的高谈阔论，开始将帝国视为自己的私有财产，按照他的意愿在继承人中划分。实际有些不同，精心构建的《分国诏书》证明了查理苦心努力以保护自己儿子的权利，同时保护自己耐心构建多年的政治大厦不被毁坏。

为了理解查理分国计划的性质，我们需要把它当成一系列长期决议的产物来分析。由于皇帝不知道他还能活多久，他关注自己的继承问题已经有一段时间了。回溯到781年，计划的轮廓就已经显现，那时他最小的两个儿子，后来变作丕平的卡洛曼是四岁，还有路易是三岁，分别受膏成为意大利和阿奎丹的国王。他的合法长子查理，并没有被授予一个王国，但这并不意味着他失宠了。即使他们是国王，而他不是，但在教会诵读的连祷中，他的名字依然优先于他的兄弟。显然小查理注定要继承他父亲最为重要的王国，法兰克王国，781年的两子加冕显然是一个关于继承的政治声明。一部编年史记下了这一事件："国王在他的诸子中划分了王国。"[14]

丕平和路易被安置在自己的王国，由导师和顾问辅佐，在那里成长，逐步学习当地事务；他们的兄长查理留在家中父亲身边，逐渐扮演他的副手的角色，承担军事和外交责任。800年，他23岁时，陪伴父亲前往罗马，加冕为国王，被教宗一并涂油。[15]他是唯一在永恒之城举行自己加冕礼的法兰克国王。六年后的《分国诏书》，不过是对早已在实际中实现的继承权划分盖上橡皮图章。因此，意大利和阿奎丹两个王国都有部分的自治权，尽管查理大帝已经尽可能减少兄弟间的不平等，但它们依旧臣属于法兰克王国。丕平被授予他已经拥有的意大利王国，还有巴伐利亚。而路易的阿奎丹王国扩展至包括塞普提马尼亚、普罗旺斯和一部分勃艮第。所有的这些合并，在地理意义上都有理可循，并且绝不能侵占传统的法兰克王国架构，那是属于小查理的，与此同时他们的内心也因法兰克人传统的平等主义而有所缓和。

813 年虔诚者路易的加冕

806 年颁布《分国诏书》时，皇帝已年过六十，他有资格期望这一划分不再变化。但天命自有安排，查理经历了自己的两个儿子接连去世，810 年的意大利国王丕平和 811 年将要继承他的法兰克宝座的查理。当他从这个沉痛的打击中恢复过来后，年迈的皇帝认识到，接手继承的任务现在完全落到了路易的肩上，并且他想让自己幸存的儿子的事情尽可能简单。813 年 9 月 11 日，在出席法兰克权贵和主教的全体大会时，查理承认他的儿子为他的继承人，将皇帝冠冕加于他头上，使他与帝国联系起来，并命令现在起人们要以奥古斯都的头衔称呼他。

授予路易帝国继承权，并不完全意味着 806 年蒂永维尔的决议就无效了。阿奎丹王国已经是路易的，实际上失去了自治权。查理保护了意大利王国，因为前一年他承认将国王头衔授予自己的孙子——丕平之子伯纳德。伯纳德的加冕典礼于 813 年 9 月在亚琛举行，紧接在虔诚者路易的加冕礼后。帝国与王国之间的关系基于一种变动的几何学，使二者能够根据皇帝家族的需要来分割和合并。而臣服于皇帝是无须讨论的。因此尽管伯纳德接受了国王头衔，但没有接受保留给法兰克国王的受膏礼。

在父亲还在世时，为皇帝的儿子加冕这一习俗，是为了通过一段时间的联合统治，让帝国处于两个君主的统治之下，从而实现顺利过渡。这起源于东部帝国，毫无疑问查理有意识地加以仿效，在他为路易加冕时复制了拜占庭的仪式。812年，与巴西琉斯的关系回归正常，尽管咬牙切齿，但来自君士坦丁堡的使节还是接受了查理的皇帝头衔。随后，可能是通过对两位皇帝的类比得出了合理的结论：他们都是罗马皇帝，他们和平地共享对基督教民族的统治，一个在西部，一个在东部。从这个观点看，路易813年的加冕失去了警告甚至急迫的含义，这些是过去的历史学家很容易加以曲解的。恰恰相反，这是另一个事实，证实了一个观点：查理大帝死期不远，他确信已完成自己的使命，将一个有秩序、安全的国家交给他的儿子。

查理大帝的遗嘱

除了帝国，查理大帝还留下了大量的私人财产，他可以按照自己的意愿处置，并不一定要留给继承人。我们在此不是要讨论大量的王室地产。当时的人们没有与君主的个人财产相区分的公共财产概念，对此已经讨论得太多了。实际上，我们知道，出于充分理由，由于"公共事务"（res publica）是属于王室的，查理大帝从未想过将其作为私人事务处理。但他觉得他可以按照自己的喜好处置财宝：亚琛宫廷中的那些数量巨大的珠宝和钱币，来自外国大使以及他自己伯爵、主教、修道院院长的赠礼，还有来自军事作战的战利品，尤其是阿瓦尔人的黄金。

艾因哈德告诉我们，皇帝试图口授一个正式的遗嘱，依据罗马法的规范，为每个女儿和非正式婚姻所生的儿子留下一份遗产，但这是一个长期而复杂的事务，查理已经太晚了，并没有设法完成他的遗嘱。但是在811年，他签署了一份差不多等效的文件，尽管不那么正式，但是给出了分享财宝的指示。[16]这份文件，有11位主教、4位修道院院长、15位伯爵签名，声明将所有保存在皇帝宝库内的黄金、白银和宝石分成三份。其中两份进一步分成21份，对应帝国分成的21个大主教教座。皇帝死后，它们被分给21个大主教，他们将其进一步分配给自己的副手。

留下的第三份是为查理大帝将来所用。在他死后，它被分成四份，一份平均分给21位大主教，一份分给他的子女和孙子女，一份分配给穷人，一份赐予宫廷中的仆从。所有铜质和铁质的炊具和餐具以及武器、衣物、毯子和家具都一并添入第三份的金银中，增加捐赠的规模。至于图书馆内的书籍，想要的人必须付出所值的价格，这些收益要赐予穷人。书籍可能并没有被拍卖，而是被他的继承人赎买了，据我们所知，路易至少拥有父亲的一些书籍。艾因哈德在虔诚者路易统治时期写作，他因为皇帝的这笔财产而蒙受皇帝之惠。他断定在查理死后，新皇帝获知了这份文件，并且他谨慎地遵守了文件。[17]

查理大帝之死

在中世纪和在古代，如苏维托尼乌斯充分证明的那样，皇帝去世前总是会有凶险的预兆。中世纪没有什么不同，查理大帝也不例外。[18]从806年起，日食和月食的次数突然增加，有一次，一个黑点使得太阳的光芒黯淡了整整一周。即使这些现象能得到天文学家的解释，不会引起不理性的恐慌，但它们是引人担忧的因由，因为人们坚定地相信，神操纵着宇宙的奇迹，他试图向人类展示一些非凡之事。在军事作战期间，查理自己也曾留心天体的运动。一次在与萨克森人作战时，他写信给阿尔昆，询问他火星与巨蟹座相交是否被认为是坏的预兆。[19]但现在战争已经结束，鉴于皇帝的高龄，不可能在预兆的意义上欺骗他。

没有什么预兆不是源自宇宙的规律。耶稣升天节那一天，连接到王室礼拜堂大厅的柱廊突然崩塌了。艾因哈德的回忆可能有混淆，因为年鉴记录这一事故发生在817年，查理大帝死后三年，并且将原因归于糟糕的木工质量。[20]美因茨的莱茵河大桥火灾也被解释为一个坏预兆。这座大桥花了十年来建造，三个小时内就被火焰摧毁。随后又有几次震颤震惊了亚琛的宫廷，在皇帝起居房间的天花板里传来不吉利的声音。不清楚这种震颤是来自地震，还是仅仅由于建造皇帝住所用的劣质材料。更严重的是，除了这些凶险的预兆，查理在810年远征丹麦期间发生了事故。一支燃烧的火炬出现在他的面前，他受惊的马失足，拖拽他摔了下来。几天之内，他的大象阿布·阿拔斯死了。这头动物是哈伦·赖世德赠送的礼物，在旅途中一直跟随着皇帝。

然而数年中查理大帝都从这些预兆中幸免，在他为儿子路易加冕四个月后，他进入垂死状态。我们试图去设想，在确定了继承之后，他感到自己的工作已经结束，可以离世了。但是史料反驳了这个浪漫的解释。[21]仪式一结束，查理立刻派遣路易前往阿奎丹王国，他在此已经统治了三十年；然后自己欣然前往靠近亚琛的阿登森林狩猎，就如他每年都做的那样。这是秋季，理想的狩猎季节，狩猎也是他主要的娱乐，既是游戏，也为他提供最喜欢吃的菜肴。面对这些诱惑，高龄显然不足以使查理大帝止步。

但他在狩猎期间受了风寒，不得不在亚琛的宫中卧床。他斋戒，相信这能像过去那样退去高热。但反而，他感到肋中格外疼痛，毫无疑问这是肺炎，而老人的身体已经由于缺乏营养而虚弱，再坚持不住了。814 年 1 月 28 日上午九时，他在领了圣餐之后去世。他的遗体按照习俗清洗装裹，送至王室礼拜堂。皇帝没有为自己的埋葬地留下指示，但大家都认为没有什么地方比他自己出资修建的宏伟会堂更合适的了。他于同一天被安葬在自己从罗马带回的精美古石棺中，他的坟墓上镌刻着拉丁铭文，写道：这里停放着查理的遗体，"伟大而正统的皇帝"[22]。

查理大帝去世了，统治了四十六年。一些人，尤其是那些与新的君主亲近的人，肯定把这一消息视作乐事。时代变化了，先前受阻的事业现在可以进行，新的机会为那些先前被紧紧束缚的人们敞开。另一些人，可能是大多数人，会若有所失，因为查理活着的时间长到所有人都能记住他。只有非常老的人能回忆起他的前辈，但帝国的绝大多数臣民都算年轻，只知道这一位君主。但也没理由惊恐。在天意佑助之下，皇冠已经传给了他的合法子嗣，没有挑战、异议，或者过去经常发生的内战威胁。至于未来，那是在神的手中。

注 释

前 言 帕德伯恩，公元799年夏

1. 参见第4章，公元800年的加冕，以及 *Alcuini*, 178。
2. *MGH, Epistolae Karolini aevi*, 2:138.
3. *MGH, Poetae Latini aevi Karolini*, 1:366–81.
4. M. Bloch, "Problèmes d'Europe," *Annales* ÉSC 7(1935): 476; L.Febvre, *L'Europe:genèse d'une civilization* (Paris,1999).
5. *Nascita dell'Europa ed Europa carolingia: un'equazione da verificare* (Spoleto, 1981).

第1章 法兰克人的传统

1. *Chanson de Roland*, v. I.
2. 西多尼乌斯·阿波利纳里斯的描述发现于 A.Ebenbauer, *Carmen historicum: Untersuchungen zur historischen Dichtung im karolingischen Europa* (Vienna, 1978), 5:237–50。
3. *CFR*, 10.
4. Einhardus, 30.
5. *ARF*, 140.
6. Einhardus, 31.
7. 这一问题由 K. F. Werner 重新提及，"Das Geburtsdatum Karls des Grossen," *Francia* 1 (1973): 115–57，《佩塔维安编年史》(*Annales Petaviani*)中声称查理出生于747年的一段文字引起了他的注意。但是这一原始材料是孤立的，尤其和查理宫廷中提供的三份文献相比，

缺少可信的权威。M. Becher 在 "Neue Uberlegungen zum Geburtsdatum Karls des Grossen," *Francia* 19 (1992): 37–60 中注意到，编年史家按照东部的方式纪年。因此如果查理出生在 4 月 2 日，所提供的日期将会是在 748 年而不是 747 年。这对于反驳 747 年 4 月 2 日这一日期很有用。这一天是复活节周日，如果真的是查理的生日，这一巧合不太可能不被注意。所以归根到底，如 Becher 所提出的，偏向 742 年这一传统的日期，似乎比推迟到 748 年更符合逻辑。

8. *Quellen zur Geschichte des 7. und 8. Jahrhunderts*, ed. A. Kustemig (Darmstadt, 1982), 84.

9. *Corpus Inscriptionum Latinarum*, 3:3576.

10. *CC*, 10.

11. *CC*, 12–13, 39.

12. *MGH*, Leges, IV/2:2–9.

13. *MGH*, Scriptores, 2:264.

14. *Quellen zur Geschichte des 7. und 8. Jahrhunderts*, ed. H. Haupt (Darmstadt, 1982), 272–324.

15. *ARF*, 8. 很好奇，如此重要的文档居然在《加洛林法典》(*Codex Carolinus*) 中缺失了，在查理的命令下，教宗致法兰克宫相和国王的书信集被归拢一处。

16. *CC*, 14.

17. *CC*, 33.

第 2 章　对伦巴第人的战争

1. *ARF*, 29.

2. *ARF*, 33.

3. *MGH*, *Epistulae Karolini aevi*, 2:501–5.

4. *CC*, 1–2.

5. *CC*, 10.

6. *ARF*, 31.

7. 厄曼嘉达是阿历山德罗·曼佐尼大获成功的浪漫主义悲剧《阿德尔奇》(Milano, 1822) 中最为著名的一个角色。也见于他的作品 *Discorso sopra alcuni punti della storia longobardica in Italia* (Milano, 1822)。

8. *CC*, 45.

9. *Regesta Ponitificum Romanorum*, ed. P. Jaffé (Leipzig, 1885), 2396.

10. *Cronaca di Novalesa*, ed. G. C. Alessio (Torino, 1982), 146–49.

11. Einhardus, 6.

12. *ARF*, 36; *Annales Mettenses Priores*, ed. B. von Simson (Hannover, 1905; vol 10 di *MGH, Scriptores*), 60; *Le Liber Pontificalis*, ed. L. Duchesne (Paris, 1955), 1:495.

13. *Cronaca di Novalesa*, 148–51.

14. *Liber Pontificalis*, 1:498.

15. *Codice diplomatico Longobardo*, ed. L. Schiaparelli, Fonti per la storia d'Italia no. 38 (Roma, 1933), 291；V. Fumagalli 已经在 *Il Regno italico* (Torino, 1978), 3–4 中提出对 "tempore barbarici" 一词的解释。

16. *ARF*, 44.

17. *MGH, Scriptores rerum Langobardicarum*, 224.

18. Ibid.

19. *CC*, 59.

20. *CRF*, 88.

21. 参见第 6 章，"781 年危机"。

22. W. Pohl, Die Awaren: Ein Steppenvolk in Mitteleuropa, 567–822 (München, 1988), 323.

23. Notker, 2. 17.

24. *Cronaca di Novalesa*, 168–73.

25. Manzoni, *Discorso sopra alcuni punti*.

26. 这一错误由 E. Delaruelle 在 "Charlemagne, Carloman, Didier et la politique du mariage franco-lombard," *Revue historique* 170 (1932): 216n 中指出，但他没有意识到是曼佐尼，也没能找出其起源。

第 3 章　对异教徒的战争

1. Einhardus, 7.

2. *Vita Lebuini*, in *Quellen zur Geschichte des 7. und 8. Jahrhunderts*, ed. H. Haupt (Darmstadt, 1982), 388.

3. A. Barbero, "Interpretazionidi Carlo Magno nella crisi della democrazia tedesca," (2002): 23–32.

4. *ARF*, 41.

5. *CRF*, 26.

6. *Alcuini*, 107, 110, 111, 113; *MGH, Concilia aevi Karolini*, 1: 172–76.

7. *ARF*, 94.

8. *CRF*, 27.

9. *MGH, Scriptores*, 2: 376.

10. K. Brandi, "Karls des Grossen Sachsenkriege," in *Die Eingliederung des Sachsen in das Frankenreich*, ed. W. Lammers (Darmstadt, 1970), 5.

11. *ARF*, 44 .

12. Einhardus, 8; *ARF*, 64–67.

13. 对这次战役，有充分的描述，实际上是一段离题的文字，见编年史的修订版（*ARF*, 61–65）。

14. 关于狄奥多里克伯爵和图卢兹的威廉，见E. Hlawitschka, "Die Vorfahren Karls des Grossen," in *KdG*, 1: 51–82。

15. 主要的西方史料是*ARF*, 48–49。

16. *CC*, 61.

17. *ARF*, 50.

18. Einhardus, 9.

19. *ARF*, 51; Einhardus, 9.

20. 见第11章，"集结封臣加入王室军队"。

21. Einhardus, 13.

22. Paulus Diacolus, *Historia Langobardorum* , 4:1 and 37.

23. Ibid., 4:12, 20, 24 .

24. 关于后续事件的主要史料，都出自法兰克人一方，即*ARF*, 74–85；Einhardus, 11；以及*CRF*, 28。

25. *ARF*, 83.

26. *Alcuini*, 6.

27. *ARF*, 87.

28. Einhardus, 13.

29. *MGH, Epistolae Karolini aevi*, 2: 528.

30. Einhardus, 13 .

31. *L'oro degli Avari: popolo delle steppe in Europa*, ed. E. A. Arslan e M. Buora (Udine, 2000).

32. *MGH, Concilia aevi*, 1: 172–76; *Alcuini*, 107, 110, 111, 113.

33. *MGH, Epistolae Karolini aevi*, 2: 528–29.

34. Einhardus, 13 .

35. 英译"Youmiserable khagan! Your kingdoms are destroyed; you won't reign any more! King Pepin is approaching with a strong army; he will occupy your lands and slaughter your people " (MGH, Poetae Latini

aevi Karolini, 1:116–17)。

36. W. Pohl, *Die Awaren: Ein Steppenvolk in Mitteleuropa*, 567–822 (München, 1988), 323.

第 4 章　帝国重生

1. *ARF*, 112; *Alcuini*, 214.

2. *CC*, 1–2.

3. *ARF*, 8.

4. *CC*, 60.

5. P. Jaffé, *Regesta Pontificum Romanorum* (Leipzig, 1885), 1:2448.

6. Einhardus, 19.

7. *Libri Carolini*, A. Freeman e P. Meyvaert ed. (Hannover, 1998; in *MGH, Concilia*, II/1).

8. Alcuini, 174.

9. *ARF*, 100.

10. *ARF*, 104.

11. *Alcuini*, 159, 173, 179.

12. *Alcuini*, 136, 148, 177, 185, 200, 202.

13. *CC*, 41, 111, 118, 121–22.

14. Fichtenau, capi. 2n81.

15. Einhardus, 26.

16. *Alcuini*, 145.

17. *Alcuini*, 174 e 177.

18. *Alcuini*, 179.

19. *Alcuini*, 179, 184.

20. *Ammales Laureshamenses*, in *MGH, Scriptores*, 1:38.

21. *ARF*, 112.

22. Einhardus, 28.

23. Erchempert, *Historia Langobardorum Beneventanorum,* in *MGH, Scriptores rerum Langobardicarum*, 236.

24. Migne, *Patrologia Graeca*, 108:952.

25. *ARF*, 136.

26. *MGH, Epistolae Karolini aevi*, 4:556.

27. F. Dölger, *Regesten der Kaiserurkunden des ösrimischen Reiches 565–1453* (München-Berlin, 1924), 408.

28. *MGH, Epistolae Karolini aevi*, 5:385–94.

29. *CRF*, 45.

30. *CRF*, 22.

31. *MGH, Epistolae Karolini aevi*, 2:503.

32. *Libri Carolini*, 98.

33. *MGH, Epistolae Karolini aevi*, 2:137.

34. *MGH, Poetae Latini aevi Karolini*, 1:523–24.

35. *ARF*, 119.

36. *CRF*, 45.

37. Einhardus, 33.

38. *Annales Laureshamenses*, in *MGH, Scriptores*,1:38.

39. *ARF*, 114, 131; Einhardus, 16; Notker, 2.8–9.

40. *ARF*, 116, 117, 131.

41. Einhardus, 16.

42. Dicuil, *Liber de mensura orbis terrae*, G. Parthey ed. (Berlin, 1870), 55.

43. *ARF*, 123–24; Einhardus, 16.

44. *ARF*, 112; Alcuini, 214.

第 5 章　查理大帝与欧洲

1. *MGH, Poetae Latini aevi Karolini*, 1:366–81.

2. H. Pirenne, *Mahomet et Charlemagne* (Bruxelles, 1937), trado. da B. Miall come *Mohammed and Charlemagne* (London, 1939).

3. K. F Werner, *Karl der Grosse oder Charlemagne?* (München, 1995), 3.

4. Einhardus, 23.

5. *MGH, Leges*, IV/2: 2–9.

6. Liutprand, *Relatio de legatione constantinopolitana*, 12, in *Die Werke Liudprands zvon Cremona*, J. Becker ed. (Hannover-Leipzig, 1915; vol. 41 in *MGH, Scriptores*), 182–83.

7. *MGH, Concilia aevi Karolini*, 1:288.

8. E. Ewig,"Volkstum und Volksbewusstsein im Frankenreich des 7. Jahrhundert," *Settimane* 5 (1958): 648.

9. "Romans are foolish, Bavarians are clever" (R. Aman, "Medieval maledicta," *Maledicta: The International Journal of Verbal Aggression* 12 [1996]: 28).

10. *Die althochdeutschen Glossen*, E. Steinmeyer e E. Sievers ed. (Berlin, 1879–1922), 3:610. "Gallia, land of the *welsch*. Aquitania, land of the Basques, Germania, land of the Franks. Italy, land of the Lombards. Ager Noricus, land of the Bavarians."

11. Einhardus, 33.

12. Pirenne, *Mahomet et Charlemagne*.

13. 引文见于G. Petralia,"A proposito dell' immortalita di Maometto e Carlomagno (o di Cotantino)," *Storica* 1 (995); 49.

14. 讨论见于C. Wickham, "La chute de Rome n'aura pas lieu," *Le Moyen Age* 99 (1993): 107–26。

15. G. Bois, *La Mutation de l'an mil* (Paris, 1989).

16. 关于普瓦提埃之胜，参见*MGH, Auctores Antiquissimi*, 11: 362, 关于Catwulf的信件，参见*MGH, Epistolae Karolini aevi*, 2:503。

第6章　个人及其家庭

1. Einhardus, 22.

2. P. E. Schramm,"Karl der Grosse im Lichte seiner Siggel und Blla sowie der Bild- und Wortzeugnisse über sein Aussehen," in *KdG*, 1:15–23.

3. Erchempert, *Historia Langobardorum Beneventanorum*, in *MGH, Scriptores rerum Langobardicarum*, 236.

4. Fichtenau, capi. 1n2.

5. *CRF*, 74, 98.

6. H. Thomas, "Frenkisk: Zur Geschichte von *theodisus* und *teutonius* im Frankenreich des 9. Jahrhunderts," in *Beiträge zur Geschichte des Regnum Franorum*, R. Schieffer ed. (Sigmaringen, 1990), 67–95.

7. Einhardus, 25.

8. Notker, 1.31.

9. Notker, 1.34.

10. Notker, 2.17.

11. Notker, 1.11.

12. Notker, 2.6.

13. Notker, 1.12.

14. Einhardus, 24.

15. Fichtenau, capi. 1nn92–99.

16. Einhardus, 22.

17. *Alcuini*, 262.

18. *Die Gedichte des Paulus Diaconus*, K. Neff ed. (München, 1908), nos.21–22. G. Gandino, "La dialettica tra il passato e il presente nelle opere di Paolo Diacono," in *Paolo Diacono e il Friuli altomedievale* (e V7-X) (Spoleto,2001), 74–77.

19. *MGH, Poetae Latini aevi Karolini*, 1:488.

20. *MGH, Poetae Latini aevi Karolini*, 1:485–86.

21. Notker, 1.7.

22. Fichtenau, capi. 1nn5–11.

23. Einhardus, 25.

24. Einhardus, 20; 比较 *ARF*, 91.

25. Notker, 1.19.

26. Notker, 1.26.

27. *MGH, Poetae Latini aevi Karolini*, 1:484. 我受惠于 Fichtenau (capi. 1nn22–23) 对此的分析及其随后的文本。

28. *Alcuini*, 143–45.

29. Notker, 1.9.

30. Notker, 2.5.

31. *CRF*, 14.

32. Einhardus, 4.

33. Einhardus, 18; 另见第2章，关于法兰克人与伦巴第人自古以来的敌意。

34. J. L. Nelson, "Gender and Genre in Women Historians of the Early Middle Ages," in *L'Historiographie médiévale en Europe*, J.-P. Genet ed. (Paris,1991), 156–60.

35. Einhardus, 20.

36. *CC*, 45.

37. *ARF*, 31; *Cronaca di Novalesa*, G. C. Alessio ed. (Torino, 1982), 168–73.

38. Einhardus, 20.

39. *Die Gedichte des Paulus Diaconus*, no. 26.

40. *ARF*, 91; 比较 Einhardus, 20.

41. Einhardus, 18.

42. *MGH, Epistolae Karolini aevi*, 2:528.

43. *Alcuini*, 197–98.

44. Einhardus, 18.
45. Einhardus, 19.
46. Astronomus, *Vita Hludowici imperatori*, E. Tremp ed. (Hannover, 1995; vol. 64 in *MGH, Scriptores*), 23.

第 7 章　帝国的管理：制度

1. F.-L. Ganshof, "Les traits généraux du système d'institutions de la monarchie franque," *Settimane* 9 (1962): 94.
2. *Rothari*, 2 (in *LL*, 14).
3. *MGH, Concilia aevi Karolini*, 1:142.
4. *ARF*, 87.
5. *CRF*, 7.
6. *ARF*, 14, 18, 48.
7. *ARF*, 34, 74.
8. *CRF*, 20, 27.
9. *CRF*, 40.
10. *CRF*, 45.
11. *CRF*, 16.
12. Einhardus, 20.
13. *ARF*, 80; cf. *ARF*, 74–85; Einhardus, 11; e *CRF*, 28.
14. *CRF*, 23.
15. *CRF*, 25.
16. *CRF*, 34.
17. *CRF*, 46.
18. *CRF*, 80.
19. *CRF*, 40.
20. 参见第 8 章，关于作为"审判官"的代理人。
21. 参见 *ARF*, 61–65。关于狄奥多里克伯爵和图卢兹的威廉，参见 E. Hlawitschka, "Die Vorfahren Karls des Grossen," in *KdG*, 1:51–82；以及 Einhardus, 9。
22. Paschasius Radbertus, *Vita Walae*, in *MGH, Scriptores*, 2: 550.
23. R.-H. Bautier, "La chancellerie et les actes royaux dans les royaumes carolingiens,"*Bibliothèque de l'école des chartes* 142 (1984): 5–80.
24. *ARF*, 138.
25. *Die Kapitulariensammlung des Ansegis*, G. Schmitz ed (Hannover,

1996; in *MGH, CRF*, n.s., vol. 1).

26. 奥伯莱茵高伯爵他们后来自称罗伯特家族人（Robertingians），其家谱可以在R. Le Jan, *Famille et poroir dans le monde franc* (Paris, 1995)，254 e 440 中找到。另一些家谱在该作的其他部分有所讨论，然而几乎没有证据证明，在查理的时代官职是世袭接替的。这少量例子同样被一些人常常提及，他们是贵族领导权长期确立观点的支持者。这些家族有巴黎伯爵、莫城（Meaux）伯爵，还有圭多尼德家族（Guidonides）出身的布列塔尼边区的伯爵及侯爵。并且其中个别家族绵长的福祚反映出其与统治王朝之间较近的亲缘，如王后希尔德嘉德的兄弟与子侄，其中一人是边区长官拜奥阿伊·格罗尔德。实际上，这不足以证明作者对官职世袭问题的强调，以及他对排斥贵族领导权（这是目前占据优势的观点）的偏向。而一种相反的开放性观点，着眼于加洛林王朝官员的社会出身和职业生涯，得到了如下支持：D. A. Bullough, " 'Leo qui apud Hlotharium magni loci habebatur' et le gouvernement du Regnum Italiae à l'èpoque calonienne," *Le Moyen Âge*, 67 (1961): 221–45；以及 D. A. Bullough, " 'Europae Pater': Charlemagne and his achievement in the light of recent scholarship," *English Historical Review* 85 (1970): 59–105。

但是必须承认，即使我们使用了最新的群体传记学（prosopographico）技术，史料的缺乏仍是一个固有而难解的问题。例如，根据R. Le Jan ("Prosopographica neustrica: les agents du roi en Neustrie de 639 à 840," in *La Neustrie: les pays au nord de la Loire de 650 à 850*, H. Atsma 编辑 [Sigmaringen, 1989], 1: 231–69) 所绘列表，在8世纪初至虔诚者路易统治时期之间有86名纽斯特里亚的伯爵留存有文档证据。在他们之中，有多达12人被证明属于统治王朝的旁系分支，至少关系密切；剩下的74人中只有6人确定是伯爵的子嗣。即便我们再加上3或4名可能的人，依然可以清晰地表明，查理的时代并未显示出伯爵职位的世袭接替是惯常现象。然而如果不去审查我们所知的所有伯爵，而是将我们的考察限制在那些已经知道是父子关系的伯爵中，这幅图景会迅速改变；并且在统计之中，伯爵的官职在一个家族中保留超过两代人的情况会更频繁地出现。在这种情况下，方法论上的选择能够使文献或多或少地说出我们所想要的信息，因此将此问题悬而不决可能是正确的。

同样应该注意的是，在这些相关的考察报告中，在同一个样本中会发现帕拉丁伯爵的出身比诸省伯爵要低微，16人中只有一人可以确定是伯爵的子嗣，并且无一人是国王的亲属。

27. Einhardus, 9.

28. Einhardus, 13.

29. J.-P. Brunterc'h, "Le duché du Maine et la marche de Bretagne," in *La Nenstrie*, 1:29–128.

30. Notker, 1.13.

31. *CRF*, 50.

32. *Annales Laureshamenses*, in *MGH, Scriptores*, 1:38. e J. Hannig, "Pauperiores Vassi de infra palatio? Zur Entstehung der karolingischen Konigs-botenorganisation," *Mitteilungen des Instituts für österreichische Geschichtsforsbung* 91 (1983); 309–74.

33. *MGH, CRF*, 2:515.

34. Astronomus, *Vita Hludovici Imperators*, E. Tremp ed (Hannover, 1995; vol. 64 in *MGH, Scriptores*), 3.

35. *CRF*, 78.

36. *MGH, Poetae Latini aevi Karolini*, 1:498.

37. 见上, 注释32。

38. *CRF*, 34; 但请参见 W. A. Eckhardt, "Die Capitularia missorum specialia von 802," *Deutsches Archiv für Erforschung des Mittelalters* 12 (1956): 498–516 随后所做的编辑和评论。

39. Manaresi, 17.

40. *CRF*, 85.

41. *CRF*, 85.

42. *CRF*, 71–73.

43. *CRF*, 32.

44. *MGH, Epistolae Karolini aevi*, 3: 277–78.

45. Manaresi, 16 and 26.

46. *CRF*, 150.

47. 该院长是 "procurator ... per diversos portos ac civitates exigens tributa atque vectigalia, maxime in Quentawic" (S. Lebecq, "La Neustrie et la mer," in *La Neustrie*, 1:405–40)。

48. Notker, 1.25.

49. Notker, 1.4.

50. Notker, 1.5.

51. D. A. Bullough, "Bajuli in the Carolingian Regnum Langobardiae and the

career of Abbot Waldo," *English Historial Review* 77 (1962): 625–37.

52. *MGH, Epistolae Karolini aevi*, 3: 58–60.

53. *CRF*, 33.

54. *CRF*, 80.

55. *CRF*, 141.

56. *MGH, CRF*, 2:297.

57. Harilf, *Chronicon Centulense*, F. Lot ed (Paris, 1901), 144–48.

第 8 章 帝国的管理：资源

1. *CRF*, 80.

2. Paschasius Radbertus, *Vita Walae*, in *MGH, Scriptores*, 2: 548.

3. *CRF*, 75.

4. Notker, 1.15.

5. *CRF*, 136.

6. *MGH, Poetae Latini aevi Karolini*, 1: 396.

7. Manaresi, 25.

8. *CRF*, 171. 只有一部分列表留存下来。

9. Vita Alcuimi, in *PL*, 100:102.

10. *MGH, Leguam sectio K, Formulae*, 262.

11. *CRF*, 32.

12. *CRF*, 102.

13. *CRF*, 152.

14. *Alcuini*, 245–49.

15. Radbertus, *Vita Walae*, 2: 548.

16. *CRF*, 46, 49, 59, 80, 140.

17. *CRF*, 132.

18. *CRF*, 33, 44, 80, 140, 144. 参见 W. Metz, *Das Karolingische Reichsgut* (Berlin, 1960) 中的讨论。

19. *CRF*, 20, 44, 57, 58, 61.

20. Manaresi, 17.

第 9 章 帝国的管理：司法体系

1. E. H. Kantorowicz, *Laudes regiae: A Study in Liturgical Acclamations and Mediaeval Ruler Worship*, 2a ed. (Berkeley, 1958), 15, 43. 其使用的 *iudices* 一词与同时期其他作者的意思相同：例如参见 *Le Liber*

Pontificalis, L. Duchesne ed. (Paris, 1955), 1: 495–97。

2. *CRF*, 40, 61, 102, 104.

3. *CRF*, 64–65, 80.

4. 参见第8章,关于作为"审判官"的代理人。

5. 参见第8章,关于教会地产的维护人与豁免权。

6. *CRF*, 79.

7. *CRF*, 69.

8. Einhardus, 24.

9. *MGH, Diplomata Karolinorum*, 1: 148.

10. *CRF*, 80.

11. *CRF*, 31.

12. *CRF*, 39.

13. Manaresi, 5.

14. Manaresi, 7.

15. *CRF*, 104.

16. 参见 *Codice diplommatico longobardo*, IV, C. Brühl ed. Fonti per la storia d'Italia no. 65 (Rome, 1981), 1:78–83 中776年斯波莱托诉讼会 (Spoletine placitum) 的例子。

17. *Lex Baiwariorum*, IX, S. 18 (in *MGH, Leges Nationum Germanicarum*, V/2: 381).

18. *CRF*, 41; cf. *Lex Ribuaria*, S.19 (in *MGH, Leges Nationum Germanicarum*, II/2: 81).

19. *CRF*, 134, 135, 138.

20. *MGH, Diplomata Karolinorum*, 1: 102.

21. *MGH, Epistolae Karolini aevi*, 3: 158–64.

22. *Liutprand*, 118 (in *LL*, 186-88).

23. *CRF*, 62.

24. *CRF*, 20.

25. *CRF*, 23, 49.

26. Paschasius Radbertus, *Vita Walae*, 1: 26, in *MGH, Scriptores*, 2:543ff.

27. *CRF*, 22, 33, 35, 61, 78.

28. *MGH, Poetae Latini aevi Karolini*, 1: 498.

29. *Miracula Sancti Benedicti*, 24, de Certain ed. (Paris, 1858).

30. 参见第7章,注释32。

31. "Quia, ubi ipsa dona currunt, iustitia evacuator": *CRF*, 14. 另见 *Alcuini*,

254。

32. *CRF*, 85.

33. *CRF*, 61.

34. *CRF*, 33, 57, 60.

35. *CRF*, 52.

36. *CRF*, 18.

37. *CRF*, 58.

38. *CRF*, 40.

39. *MGH, Epistolae Karolini aevi*, 3: 158–64.

40. 并不是所有人都同意785年这个时间：参见F.-L. Ganshof, "Charlemagne et l'administration de la justice dans la monarchie franque," in *KdG*, 1: 395。

41. *CRF*, 23, 35, 40.

第 10 章 知识工程

1. Einhardus, 25.

2. 对此问题的无端疑虑，参见第6章，注释32之后的文本。

3. Einhardus, 25.

4. Einhardus, 29.

5. Einhardus, 25.

6. *Alcuini*, 170 e 308.

7. 参见 *MGH, Epistolae Karolini aevi*, 2:177n。

8. 参见 *Alcuini,* 107, 110, 111, 114, 173, 174, 177；以及 *MGH, Concilia aevi Karolini*, 1:172–76。

9. *CRF*, 22 e 29.

10. *MGH, Epistolae Karolini aevi*, 2:302.

11. *Alcuini*, 53.

12. Fichtenau, capi. 3nn77–83.

13. 这就是那位帕德伯恩的诗人：*MGH, Poetae Latini aevi Karolini*, 1:367–68。

14. *MGH, Poetae Latini aevi Karolini*, 1:486–88.

15. *Alcuini*, 245–49.

16. *CRF*, 29.

17. *CRF*, 22.

18. *PL*, 119: 82.

19. P. E. Schramm,"Karl der Grosse: Denkart und Grundauffassungen; Die von ihm bewirkte *Correctio* ('Renaissance')," *Historisches Zeitschrift* 198 (1964): 306–45.
20. *MGH, Epistolae Karolini aevi*, 1:298–302.
21. *CRF*, 10.
22. *CRF*, 13.
23. *CRF*, 17.
24. *CRF*, 22.
25. P. Toubert, "La théorie du mariage chez les moralistes carolingiens," *Settimane* 24 (1977): 270.
26. *CRF*, 33.
27. *CRF*, 122; 130.
28. *CRF*, 72.
29. F.-L. Ganshof, "Note sur les 'Capitula de causis cum episcopis et abbatibus tractandis' de 811," *Studia Gratiana* 13 (1967): 3–25. 另见第14章对查理统治的评价。
30. *CRF*, 72.
31. *CRF*, 72.
32. Einardus, 26.
33. *CRF*, 22.
34. *CC*, 89.
35. Notker, 1.10.
36. *CRF*, 29.
37. *CRF*, 22.
38. *PL*, 105: 196.
39. *MGH, Concilia aevi Karolini*, 1: 471, 581, 632, 675.
40. Notker, 1.3.
41. 这种通告并不存在，但在B. Bischof, "Die Hofbibliothek Karls des Grossen," in *KdG*, 2: 42–62 中，作者以充分的理由假定它为前提。
42. *MGH, Epistolae Karolini aevi*, 3: 509–14.
43. *MGH, Diplomata Karolinorum*, 1: 87.
44. R. McKitterick, "Nuns' scriptoria in England and Francia in the eighth century," *Francia* 19 (1989): 7–10.
45. R. McKitterick, *The Carolingians and the Written Word* (Cambridge, 1989), 256.

46. *MGH, Epistolae Karolini aevi*, 4: 17.

47. *MGH, Poetae Latini aevi Karolini*, 1: 483–89.

48. Hariulf, *Chronique de St. Riquier*, F. Lot ed. (Paris, 1894), 88.

49. Einhardus, 33.

50. A. Bartoli Langeli, "Scritture e libri da Alcuino a Gutenberg," in *Storia d'Europa*, vol. 3: *Il Medioevo*, G. Ortalli ed. (Torino, 1994), 946.

51. *Alcuini*, 193.

52. C. Leonardi, "Alcuino e la Scuola palatina: le ambizioni di una cultura unitaria," *Settimane* 28 (1981): 488.

53. 参见第 4 章,"查理与拜占庭之间的冲突"。

54. *CRF*, 25.

55. *Alcuini*, 113. e 110.

56. *Alcuini*, 107, 110, 111.

57. *MGH, Concilia aevi Karolini*, 1:172–76; *Alcuini*, 107, 110, 111, 113.

58. *CRF*, 27.

59. *CRF*, 22.

60. *CRF*, 12.

61. *CRF*, 22, 35.

62. *CRF*, 10.

63. *CRF*, 19, 22, 23, 33, 35, 96, 108; Alcuini, 268, 290–91.

64. *CRF*, 108.

65. *ARF*, 123.

66. Agobard, *Contra insulsam vulgi opinionem de grandine et tonitruis* (in *PL*, 104: 16).

第 11 章 法兰克人的军事机制

1. *Lex Ribuaria*, S 40;参见 E. H. Kantorowicz, *Laudes regiae: A Study in Liturgical Acamations and Mediaeval Ruler Worship*, 2a ed. (Berkeley, 1958), 15 e 43。

2. *CRF*, 25.

3. *CRF*, 75.

4. B. S. Bachrach, "Procopius, Agathias and the Frankish military," *Speculum* 45 (1970): 435–41.

5. *Lex Salica*, S 13.3 e 17.2; *lex Ribuaria*, S 5.7.

6. *Vita Landiberti episcopi Traiectensis*, in *MGH, Scriptores rerum*

Merovingicarum, 6:365.

7. *CRF*, 44.
8. 引文见 W. Störmer, *Früber Adel* (Stuttgart, 1973), 145。
9. *CRF*, 74.
10. *CRF*, 20, 40, 44.
11. *CRF*, 77.
12. *CRF*, 32.
13. *Ahistulf*, 2 (in *LL*, 250).
14. *ARF*, 103.
15. 参见第 3 章，关于 791 年对阿瓦尔人的战争。
16. L. White Jr., *Medieval Technology and Social Change* (London, 1962).
17. Notker, 1.6.
18. *Lex Ribuaria*, S 40.
19. Kantorowicz, *Laudes regiae*, 15 e 43.
20. *MGH, CRF*, II/1: 204.
21. *MGH, Epistolae Karolini aevi*, 3: 277–78.
22. *CRF*, 50.
23. *CRF*, 49.
24. *CRF*, 48.
25. Störmer, *Früber Adel*, 145.
26. *CRF*, 48.
27. *CRF*, 25.
28. *CRF*, 75.
29. Astronomus, *Vita Hludovici imperatori*, E. Tremp ed. (Hannover, 1995; vol. 64 in *MGH, Scriptores*), 378. 我十分受惠于 F. Prinz, *Klerus und Krieg im früheren Mittelalter* (Stuttgart, 1971) 中对此的分析和随后的文本。
30. *MGH, Epistolae Karolini aevi*, 2:525.
31. *CC*, 88.
32. *Alcuini*, 25.
33. *ARF*, 61–65; Einhardus, 9.
34. *CRF*, 33.
35. *CRF*, 50.
36. *CRF*, 73.
37. *CRF*, 44.

38. *CRF*, 73.

39. *CRF*, 44 e 74.

40. *CRF*, 57 e 73.

41. *CRF*, 74 e 98; *ARF*, 80.

42. 参见第 14 章, 关于查理大帝统治的末期。

43. Astronomus, *Vita Hludowici imperatoris*, 330.

44. *ARF*, 44.

45. A. A. Settia, "La fortezza e il cavaliere: tecniche militari in Occidente," *Settimane* 45 (1998): 570.

46. Astronomus, *Vita Hludowici imperatoris*, 330.

第 12 章　一种新的经济

1. R. Fossier, "Les tendances de l'economie: stagnation ou croissance?" *Settimane* 28 (1981): 273.

2. G. Petralia,"A proposito dell'immortalità di Maometto e Carlomagno (O di Costantino)," *Storica* I (1995): 76.

3. J. Favier, *Charlemagne* (Paris, 1999).

4. J.-P. Devroey," 'Ad utilitatem monasterii' : mobiles et préoccupations de gestion dans l'économie monastique du monde franc (VIIIe–IXe s.)," *Revue bénédictine* 103 (1993): 224–40.

5. *MGH, Epistolae Karolini aevi*, 4:nn11, 42–62, 71, 83, 88, 92. e J.-P Devroey, "Courants et reseaux d'échange dans l'économie franque entre Loire et Rhin," *Setimane* 40 (1993): 341.

6. *MGH, Epistolae Karolini aevi,* 4:nn13, 14, 66, 68, 75, 85, 111–12. e Devroey, "Courants," 353.

7. *CRF*, 150,

8. *Corpus Consuetudimum Monasticarum* (Siegburg, 1963), 1: 388–403.

9. *CRF*, 32.

10. *Ahistulf*, 3 (in *LL*, 250).

11. *CRF*, 46.

12. *MGH, Epistolae Karolini aevi*, 3;182–85.

13. *CRF*, 44.

14. *MGH, Epistolae Karolini aevi*, 2:145.

15. *MGH, Leges,* V, *Formulae*, 315.

16. *ARF*, 126.

17. *Translatio S. Germani Parisiensis*, in AASS maii, 6:782.

18. *MGH, Diplomata Karolinorum*, 1:93.

19. *MGH, Epistolae Karolini aevi*, 3:137.

20. *CRF*, 55.

21. *CRF*, 22.

22. *CRF*, 12.

23. *MGH, Epistolae Karolini aevi*, 2:511.

24. *CRF*, 28.

25. *CRF*, 35.

26. *CRF*, 32.

27. *Corpus Consuetudinum Monasticarum*, 1:375, 379.

28. P. Grierson, "Carolingian Europe and the Arabs: the myth of the *mancus*," *Revue belge de phiologie et d'histoire* 32 (1954): 1064.

29. *Amales Mosellani*, in *MGH, Scriptores*, 16: 498.

30. *CRF*, 21.

31. *CRF*, 44, 46.

32. *CRF*, 124.

33. *CRF*, 28; 46.

34. Notker, 2.9.

35. *CRF*, 32.

36. *CRF*, 46.

37. *CRF*, 48.

38. *CRF*, 46, 48, 62, 63.

39. 随后的段落基于一个法国团队1981年至1987年间所做的考古发掘：参见 *Un Village au temps de Charlemagne: moines et paysans de l'abbaye de St-Denis du VIIe siècle à l'an mil* (Paris, 1988)。

40. *CRF*, 128.

第13章　恩庇与奴役

1. *CRF*, 58.

2. Thegan, *Gesta Hludowici imperatoris*, E. Tremp ed. (Hannover, 1995; vol. 64 in *MGH, Scriptore*), 232.

3. *CRF*, 26, 27.

4. *CRF*, 25. 比较第7章，"效忠誓言"。

5. 对政府机构规模的估算，见 K. F. Werner, "Heeresorganisation und

Kriegführung im deutschen Königreich des 10. und 11.Jahrhunderts," *Settimane* 15 (1968): 818–20，在K. F Werner, *Naissance de la noblesse* (Paris, 1998), 130 中有部分调整。

6. *CRF*, 21.

7. *Monumenta Novaliciensia vetustiora*, C. Cipolla ed., Fonti per la storia d'Italia no. 31 (Rome, 1898), 1: 20–38.

8. G. Tabacco, "La connessione fra potere e possesso nel regno franco e nel regno longobardo," *Settimane* 20 (1973): 141–42. P. Geary 的著作 (*Aristocracy in Provence: The Rhône Basin at the Dawn of the Carolingian Age* [Stuttgart, 1985]) 同样也非常倚赖Abbo 的证词。

9. *MGH, Epistolae Karolini aevi*, 3:109–45.

10. 参见注释4。

11. A. Barbero, "Liberti, raccomandati, vassalli: le clientele nell'eta di Carlo Magno," *Storica* 14 (1999): 22–28.

12. *CRF*, 77.

13. Manaresi, 17.

14. *CRF*, 31.

15. *Inventari altomedievali di terre, coloni e redditi*, Fonti per la storia d'Italia no.104 (Rome, 1979), 41–94.

16. *CRF*, 48.

17. *CRF*, 45.

18. *CRF*, 20, 90, 105.

19. *CRF*, 20.

20. *CRF*, 102.

21. 引文见 J. Schmitt, *Untersuchungen zu den Liberi Homines der Karolingerzeit* (Frankfurt am Main, 1977), 152.

22. *CRF*, 16.

23. *CRF*, 88.

24. *CRF*, 28.

25. *CRF*, 16.

26. *Liutprand*, 140 (in *LL* 202).

27. *CRF*, 16.

28. *CRF*, 105.

29. Notker, 2.4.

30. 关于类似"batebant eum pro servo" 这样的表达的含义，我不支持B.

Andreolli and M. Montanari, *L'azienda curtense in Italia* (Bologna, 1983), 103 中的解释，他们将之视为一种公开的售卖而不是公开的责打。同样参见 F Bougard, "La justice dans le royaume d'Italie aux IXe–Xe siècles," *Settimane* 44 (1997): 149n。

31. *Liber Largitorirs vel Notarius monsterii Pharphensis*, G. Zuccheti ed. (Rome, 1913–32), nos. 7, 9, 15, 17, 21.

32. *Ahistulfi Leges*, 11 (in *LL*, 254).

33. *CRF*, 13.

34. *CRF*, 34

35. *CRF*, 73；参见第11章，"处理逃避者"。

36. 参见第9章，注释30。

37. *CRF*, 34.

38. *CRF*, 34, 35, 44.

39. *CRF*, 165; CRF II/1: 193.

40. *CRF*, 93–94; *Liutprand*, 92 (in *LL*, 174).

第14章　老年与死亡

1. 802年后阿尔昆即是：*Alcuini*, 254。

2. Ermold le noir, *Poème sur Louis le Pieux*, E. Faral ed. (Paris, 1932), 60–64.

3. *ARF*, 138; e *MGH, Concilia aevi Karolini*, 1: 245–306.

4. 随后事件的主要史料被逐年记入ARF。

5. *Alcuini*, 16.

6. *Alcuini*, 184.

7. *CRF*, 34, 74.

8. Einhardus, 14.

9. Notker, 2.13.

10. Notker, 2.14.

11. 随后事件的主要史料再一次被逐年记入ARF。

12. *CRF*, 45.

13. 参见第6章，"781年危机"。

14. *Annales Sancti Amandi*, in *MGH, Scriptores*, 1:12.

15. *Alcuini*, 217.

16. Einhardus, 33.

17. Einhardus, 33.

18. 后续参见 Einhardus, 32；以及 *ARF*, 122–37。
19. *Alcuini*, 155,
20. *ARF*, 146.
21. Einhardus, 30.
22. Einhardus, 31.

参考文献

参考文献分为两部分。第一部分是关于查理大帝的所有主要史料，当今使用的版本和关于它们的最近的参考文献。第二部分，由与书中章节相对应的段落组成，包括一份关于查理大帝统治的参考文献，有注解且更新过。

所用文献缩写如下：

BEC	*Bibliothèque de l'école des chartes*
BISIMeAM	*Bullettino dell' Istituto storico italiano per il medioevo e archivio muratoriano*
CRF	*MGH, Legum sectio II, Capitularia Regum Francorum,* vol. 1. ed. A. Boretius (Hannover, 1883)
DA	*Deutsches Archiv für Erforschung des Mittelaters*
EHR	*English Historical Review*
FMSt	*Frühmittelalterliche Studien*
HF	*Historisches Jahrbuch*
HZ	*Historische Zeitschrift*
KdG	*Karl der Grosse: Lebenswerk und Nachleben, 4 vols.* (Düsseldorf, 1965–67)
MÂ	*Le Moyen Âge*
MGH	*Monumenta Germaniae Historica*
RBPH	*Revue Belge de philology et d'histoire*
RH	*Revue historique*
RSI	*Rivista storica italiana*

Savigny	*Zeitschrift der Savigny-Stiftung für Rechtsgeschichte,* in three sections, Germanistische (Germ.), Romanistische (Rom.), Kanonistische (Kan.)
Scriptores	*Scriptores rerum Germanicarum in usum scholarum*
Settimane	*Settimane di studio del Centro italiano di studi sull'alto medioevo,* Spoleto

史　料

最重要的一部编年史是《法兰克王室年鉴》(*Annales Regni Francorum*)，存在两个版本：第一个是官方的，从公元787年起由查理直接控制，可能由不止一个人撰写。而第二个重订版与艾因哈德的文本极其相似，艾氏的文本可能基于此，也可能是其来源。刚提到的是F. Kurze 的版本 (Hannover, 1895; vol. 6 in *MGH, Scriptores*)。第二种重要史料是艾因哈德的《查理大帝传》，写于公元817年至831年。我使用的版本是L. Halphen per *Les Belles Lettres* (Paris, 1938)。关于查理大帝统治后期，同样非常重要的是Thegan, *Gesta Hludowici imperatoris* 和Astronomer, *Vita Hludowici imperatoris*，现由E. Tremp 出版了单卷本 (Hannover, 1995; vol. 64 in *MGH, Scriptores*)。另一本著名的编年史，是《梅斯第一编年史》(*Annales Mettenses Priores*, ed. B. von Simson [Hannover, 1905; vol. 10 in *MGH, Scriptores*])，在公元802年之后不久写成，可能是应查理大帝的妹妹，修女院长吉斯拉之邀，作于谢勒。

之后所作，但在收录逸闻方面无与伦比的，有诺特克 *Gesta Karoli Magni imperatoris*, ed. H. F. Haefele, Berlin, 1959; vol. 12, n. s. in *MGH, Scriptores*)。

关于加洛林历史修撰的介绍，参见M. Innes e R. McKitterick, "The Writing of History," *Carolingian Culture: Emulation and Innovation*, ed. R. Mckitterick (Cambridge, 1994), 193–220 及其参考文献。关于艾因哈德，及其作品中依旧有争议的日期，参见H. Löwe, "Die Entstehungszeit der Vita Karoli Einhards," *DA* 39 (1983): 85–103; *Einhard: Studien zu Leben und Werk*, ed. H. Schefers (Darmstadt, 1997); K. H. Krüger, "Neue Beobachtungen zur Datierung von Einhards Karlsvita," *FMSt* 32 (1998): 124–45。关于《梅斯编年史》，参见 J. L. Nelson, "Gender and Genre in Women Historians of the Early Middle Ages," in *L'Historiographie médiévale en Europe*, ed. J.-P. Genet (Paris, 1991), 156–60。

另外的官方史料是 A. Boretius 收集整理的法令集，收于 *CRF*；A. Werminghoff 出版的 *concilia* (Hannover, 1906; vol. 1 in *MGH, Concilia aevi Karolini*)，加上重要的 *Libri Carolini*, ed. A. Freeman e P. Meyvaert (Hannover, 1998)；E. Mühlbacher 等人出版的特许证书，*Die Urkunden Pippins, Karlmanns und Karls des Grossen* (Hannover, 1906; vol. 1 in *MGH, Diplomata Karolinorum*)。

这些史料中最为深思熟虑的毫无疑问是法令集，它们的版本也有很多缺点。除了 F-L. Ganshof, *Recherches sur les capitulaires* (Paris, 1958) 中所做的日期考据的必要工作，同样值得注意的是 A. Bühler 的观察评论，"Capitularia relecta: Studien zur Entstehung und Überlieferung der Kapitularien Karls des Grossen und Ludwigs des Frommen," *Archiv für Diplomatik* 32 (1986): 305–501, H. Mordek 与 G. Schmitz 所做的补充，"Capitularia relecta: Studien zur Entstehung und Überlieferung der Kapitulariensammlungen," *DA* 43 (1987): 361–439, 由 H. Mordek 为新版本而作的卷本，*Bibliotheca capitularium regum Francorum manuscripta* (München, 1995; vol. 15 in *MGH, Hilfsmittel*)，其中有一篇拓展的参考文献，并收录了 H. Mordek 的诸文章，*Studien zur fränkischen Herrschergesetzgebung* (Frankfurt am Main, 2000)；有 C. Azzara 和 P. Moro 为意大利而作的版本，*I capitolari italici* (Roma, 1998)。关于 *concilia*，可以从 W. Hartmann 开始，*Die Synoden der Karolingerzeit im Frankenreich und Italien* (Paderborn, 1989)。

关于通信，参见 *MGH, Epistolae Karolini aevi* 头四卷，尤其是 I: 469–657，包含了《加洛林法典》以及教宗与法兰克诸王之间的通信集，以及 2: 1481 包含阿尔昆的通信。关于诗歌，见 *MGH Poetae Latini aevi Karolini* 的四卷。对加洛林诗歌的介绍，尤其是其政治意义，参见 A. Ebenbauer, *Carmen historicum: Untersuchungen zur bistorischen Dichtung im karolingischen Europa* (Wien, 1978) 以及 P. Godman, *Poets and Emperors: Frankish Politics and Carolingian Poetry* (Oxford, 1987)；更具文学性的研究方法，参 F. Stella, *La poesia carolingia* (Firenze, 1995)。

日耳曼民族的法律已发布在 *MGH* 的相关部分中：*Legum section I,*

Leges Nationum Germanicarum; 但关于伦巴第法，参见 C. Azzara e S. Gasparri, *Le leggi dei Longobardi* (Milano, 1992) 的最近版本。

文献指南

前 言 帕德伯恩，公元 799 年夏

营建帕德伯恩对查理的政策的重要性已经由 Karl Hauck 的研究所证明，最近的研究见 "Karl als neuer Konstantin 777: Die archäologischen Entdeckungen in Paderborn in Historischer Sicht," *FMSt* 20 (1986): 513–40。

关于查理与利奥三世的会面，参见最近在帕德伯恩的展览的目录和研究，*799—Kunst und Kultur der Karolingerzeit: Karl der Grosse und Papst Leo III in Paderborn,* ed. C. Stiegemann e M. Wemhoff (Mainz, 1999)。

直到几年前，所有人都将所谓《帕德伯恩叙事诗》(*Paderborner Epos*) 的时间定在 799 年，但今天受到了猛烈的挑战。许多人倾向于称其为《亚琛叙事诗》(*Aachener Epos*)，在 801 年之后的某个时间作于亚琛。但是，也没有强有力的理由来抛弃传统的理论。作为最近看法的回顾，见 E. D'Angelo, "Carlo Magno e Leone III: osservazioni sullo *Aachener Karlsepos*," *Quaderni medievali* 36 (1993): 53–72; 以 及 C. Ratkowitsch, *Karolus Magnus—alter Aeneas, alter Martinus, alter Iustinus: Zu Intention und Datierung des "Aachener Karlsepos"* (Wien, 1997)。

关于 1979 年"斯波莱托会议"(*Settimane* 28 [1981]) 中所出现的分歧观点，可与 Karl Ferdinand Werner 讲座的结论"关于会议的主要问题：加洛林世界所起到的作用，是否对欧洲的出现至关重要？我们将借此回答：在政治制度领域，是的"("À la question générale du Colloque, si le rôle du monde carolingien a été essential dans l'éclosion de l'Europe, nous répondrons donc, pour le domaine politico-institutionnel: Oui")，以 及 Robert Fossier 的 "由此，我需要回答本周议题所强调的问题：中世纪欧洲来自加洛林欧洲，在最近的将来，就经济上而言，我会坚定地回应说：'不！'"("Puisqu'il me faut répondre à la question qui soutient le theme de cette 'semaine': l'Europe médiévale est-elle issue de l'Europe carolingienne, dans l'immédiat, et en ce qui concerne l'économie, je réponds fermement: 'non'!")做比较。作为一个更为平衡的总结，参见 G. Tabacco 的开幕讲座"加洛林欧洲的形成进程"("I processi di formazione dell'Europa carolingia," ibid., 15–43) 以及 O. Capitani 的结论 (ibid., 973–1011)。

关于查理大帝在塑造现代欧洲方面所扮演角色的近期观点，对其的考察，见 *Carlo Magno: le radici dell'Europa*, ed. G. Andenna e M. Pegrari (Roma, 2002)。

在查理大帝现存的众多传记之中，我们只提到最近的：M. Becher, *Karl der Grosse* (Munich, 1999)，一部综合的短作；D. Hägermann, *Karl der Grosse: Herrscher des Abendlandes* (Berlin, 2000)，内容充实的著作；J. Favier, *Charlemagne* (Paris, 2000)，同样内容充实但时间不是近期的。

第 1 章　法兰克人的传统

法兰克民族起源的历史编纂视角，一段时间内受种族进化学支配，其认为主要日耳曼民族的起源是一个较小且通常异质的部落核心（nuclei/ *Stämme*）的集合。其基本著作是 R. Wenskus, *Stammesbildung und Ver- fassung: Das Werden der frühmittelaterlichen Gentes* (Cologne, 1961)；同样见 S. Gasparri, *Prima delle nazioni: popoli, etnie e regni fra antichità e medioevo* (Roma, 1997)。

关于法兰克民族起源最近的综合著作是 P. Perin e L.-C. Feffer, *Les Francs* (Paris, 1987) 与 E. James, *The Franks* (Oxford, 1988)。同样参见 T. Anderson, Jr., "Roman Military Colonies in Gaul, Salian Ethnogenesis and the Forgotten Meaning of Pactus Legis Salicae, 59.5," *Early Medieval Europe* 4 (1995): 129–44；H. J. Hummer, "Franks and Alamanni: a discontinu- ous ethnogenesis," in *Franks and Alamanni in the Merovingian Period*, ed. I. Wood (San Marino, 1998), 932。

对墨洛温时代的总体分析，有一份遵循传统世系的可靠文献，见 I. Wood, *The Merovingian Kingdoms 450–751* (London, 1994)；涵盖查理统治较简明的版本是 S. Lebecq, *Les Origines franques: Ve–IXe siècle* (Paris, 1990)；一部更复杂也更发人深省的著作是 P. Geary, *Before France and Germany: The Creation and Transformation of the Merovingian World* (Oxford, 1988)。关于"长发王"问题，参见 A. Cameron, "How did the

Merovingian Kings wear their hair?" *RBPH* 43 (1965): 1203–16。

关于查理·马特，参见论文集 *Karl Martell in seiner Zeit,* ed. J. Jarnut e U. Nonn (Sigmaringen, 1994)。

关于法兰克王国的分裂，其称呼随着时间在变化，见 E. Ewig 在 *Spätantikes und fränkischen Gallien* (München, 1976) 中的文章，同样见 "Überlegungen zu den merowingischen und karolingischen Teilungen," *Settimane* 28 (1981): 225–53；关于主要的两个王国，各见 E. Cardot, *L'Espace et le pouvoir: étude sur l'Austrasie mérovingienne* (Paris, 1987) 以及 H. Atsma ed., *La Neustrie: les pays au nord de la Loire de 650 à 850* (Sigmaringen, 1989)。

特洛伊起源的神话，在古代和中世纪有着极其重要的意识形态意义；对这一问题最近的阐明，参见 A. Giardina, "Le origini troiane dall'impero alla nazione" *Settimane* 45 (1998): 177–209。关于法兰克人是神选之民的观念，发祥自查理·马特的时代，参见 E. H. Kantorowicz, *Laudes regiae: A Study in Liturgical Acclamations and Mediaeval Ruler Worship*, 2a ed. (Berkeley, 1958)；R. Schmidt-Wiegand, " 'Gens Francorum inclita': Zur Gestalt und Inhalt des Langeren Prologes der Lex Salica," in *Festschrift A. Hofmeister* (Halle, 1955), 233–50；E. Ewig, "Zum chrislichen Königsgedanken im Frühmittelalter," in *Das Königtum*, ed. T. Mayer (Konstanz, 1956), 7–73。

关于查理大帝的宗谱，参见 E. Hlawitschka, "Die Vorfahren Karls des Grossen," in *KdG*, 1:51–82；E. Hlawitschka, "Merowingerblut bei den Karolingern," in *Adel und Kirche: Festschrift G. Tellenbach* (Freiburg, 1970), 66–91。

关于加洛林家族的家族传统和宣传，见 O. G. Oexle, "Die Karolinger und die Stadt des heiligen Arnulf," *FMSt* 1 (1967): 250–364；I. Haselbach, *Aufstieg und Herrschaft der Karlinger in der Darstellung der sogenannten Annales Mettenses Priores*(Lübeck, 1970)；M. Sot, "Historiographie épiscòpale et modèle familial en Occident au IXe siècle," *Annales ÉSC* 33 (1978): 433–49；W W. Goffart, "Paul the Deacon's *Gesta episcoporum Mettensium* and the early design of Charlemagne's succession," *Traditio* 42 (1986): 59–93；M. T. Fattori, "I santi antenati carolingi tra mito e storia: agiografie e genealogie come strumento di potere dinastico," *Studi medievali* 34 (1993):

487–561；G. Gandino, "La memoria come legittimazione nell'età di Carlo Magno," *Quaderni storici* 94 (1997): 21–41。由官方历史编纂者归于加洛林家族身上的神圣魅力，较之虔诚者路易将家族宗谱与墨洛温家族相联系，更有说服力（参见 E. Hlawitschka, "Die Vorfahren"）。

关于丕平加冕和法兰克君主与教宗之间联盟起源的参考文献不胜枚举。若要考察，可从 T. F. X. Noble, *The Republic of St. Peter: The Birth of the Papal State, 680–825* (Philadelphia, 1984) 和 C. Azzara, "L'ideologia del potere regio nel papato altomedievale (secoli VI–VIII)," *Settimane* 44 (1997) 开始。关于丕平在 754 年所做保证的争议性质，之后由查理在 774 年重申，参见 P. E. Schramm, "Das Versprechen Pippins und Karls des Grossen für die römische Kirche," *Savigny* (Kan.) 27 (1938): 180–217；A. M. Drabek, *Die Vertrage der fränkischen und deutschen Herrscher mit dem Papsttum von 754 bis 1020* (Wien, 1976)；J. Jarnut, "Quierzy und Rom: Bemerkungen zu den 'Promissiones Donationis' Pippins und Karls," *HZ* 220 (1975): 265–97；A. Angenendt, "Das geistliche Bündnis der Päpste mit den Karolingern (754–796)," *HF* 100 (1980): 1–94。

受膏仪式，与长期以来认为的相反，并非模仿教会受膏仪式，后者在后来才被引进；而是通过明确参照《旧约》与《新约》，在国王与教士之间建立起明确的并列关系；参见 A. Angenendt, "Rex et sacerdos: Zur Genese der Königssalbung," in *Tradition als historische Kraft*, ed. N. Kamp e J. Wollasch (berlin, 1982), 100–18；以及 J. Jarnut, "Wer hat Pippin 751 zum König gesalbt?," *FMSt* 16 (1982): 45–57。

关于教宗成为君王子女的教父所创生的父亲关系（compaternitas），参见 A. Angenendt, *Kaiserherrschaft und Konigstaufe* (Berlin, 1984)。

关于罗马人执政者头衔的辩论，参见 J. Deér, "Zum Patricius-Romanorum-Titel Karls de Grossen," *Archivm Historiae Pontificiae* 3 (1965): 31–86，以及 H. Wolfram, *Intitulatio* (Graz, 1967), 1: 225–36。

关于将法兰克国王视为新大卫，以及广泛运用旧约模范，激发加洛林王权，参见 W. Mohr, *Studien zur Charakteristik des karolingischen Königtums im 8. Fahrhundert* (Saarlouis, 1955)；W. Mohr, *Die Karolingische Reichsidee* (Münster, 1962)；W Mohr, "Christlich-alttestamentliches Gedankengut in der Entwicklung des karolingischen Kaisertums," in *Judentum im Mittelalter*, ed. P. Wilpert (Berlin, 1966), 382–409；A.

Graboïs, "Un mythe fundamental de l'histoire de France au moyen âge: le 'roi David' précurseur du 'roi très chrétien' " *RH* 287 (1992): 11–31。

第2章 对伦巴第人的战争

查理与卡洛曼之间的关系以及他们对伦巴第王国的政策，已经是一个精细分析的课题，尽管总是受阻于史料的缺乏，以及对存续的那一方有所偏袒。参见 M. Lintzel, "Karl der Grosse und Karlmann," *HZ* 140 (1929): 1–22；E. Delaruelle, "Charlemagne, Carloman, Didier et la politique du marriage franco-lombard," *RH* 170 (1932): 213–24；M. V. Arv, "The Politics of the Frankish-Lombard Marriage Alliance," *Archivum Historiae Pontificiae* 19 (1981): 7–26；J. Jarnut, "Ein Bruderkampf und seine Folgen: Die Krise des Frankenreiches (768–771)," in *Herrschaft, Kirche, Kultur: Festschrift F Prinz* (Stuttgart, 1993), 165–76。

对法兰克人与伦巴第人以及教宗之间关系的全面审视，已经颇有成果：参见 R. Holtzmann, "Die Italienpolitik der Merowinger und des Konigs Pippin," in *Das Reich: Idee und Gestalt, Festschrift F. Haller* (Stuttgart, 1940), 95–132 以及 T. F. X. Noble, *The Republic of St. Peter: The Birth of the Ppal State, 680–825* (Philadelphia, 1984)。

关于查理带领军队进入意大利选择的路径，参见 G. Tangl, "Karls des Grossen Weg über die Alpen im Jahr 773," *Quellen und Forschungen aus italienischen Archiven und Bibliotheken* 37 (1957): 1–15。关于"要塞"，参见 E. Mollo, "Le Chiuse: realtà e rappresentazioni mentali del confine alpino nel medioevo," *Bollettino storico-bibliografico subalpino* 84 (1986): 333–90 以及 A. A. Settia, "Le frontiere del regno italico nei secoli VI–XI: l'organizzazione della difesa" *Studi storici* 30 (1989): 155–69。关于罗斯高德和利文扎战役，参见 H. Krahwinkler, *Friaul im Frühmittelalter* (Vienna, 1992), 119–43；P. Moro, *Quam borrida pugna: elementi per uno studio della guerra nell'alto medioevo italiano (secoli VI–X)* (Venice, 1995), 32–35。关于伦巴第精英对于王国陷落的反应，参见 K. Schmid, "Zur Ablösung der Langobarden-herrschaft durch die Franken," *Quellen und Forschungen aus italienischen Archiven und Bibliotheken* 52 (1972): 1–36。

关于伦巴第人时期与加洛林时代的意大利历史，参见 C. Wickham, *Early Medieval Italy: Central Power and Local Society* (Ann Arbor, Mich.,

1989)，以及极有原创性的新作：P. Cammarosano, *Nobili e re: l'Italia politica dell'alto medioevo* (Roma, 1998), *Storia dell'Italia medieval: dal VI all' XI secolo* (Rome, 2001)。这些著作较之那些唤起回忆的作品更为可取，如 V. Fumagalli, *Il Regno Italic* (Torino, 1978) 以 及 G. Albertoni, *L'Italia carolingia* (Roma, 1997)。

关于意大利的国王丕平，基本的分析来自 E. Manacorda, *Ricerche sugli inizii della dominazione dei Carolingi in Italia* (Roma, 1968)，同样在细节上分析了意大利的法统。关于后一问题，同样参见 G. Tabacco, "L'avvento dei Carolingi nel regno dei Longobardi," in *Langobardia*, ed. S. Gasparri e P. Cammarosano (Udine, 1990), 375–403；以及 *I capitolari italici* (Roma, 1998)，这是意大利法令集一个近期的版本，由 C. Azzara 和 P. Moro 从拉丁文翻译成意大利文。

加洛林王朝对意大利王国的统治已经得到了多角度的分析。关于人员的征募，尤其是高阶人员，参见 D. A. Bullough, "Leo qui apud Hlotharium magni loci habebatur et le gouvernement du Regnum Italiae a l'époque carolingienne," *MÂ* 67 (1961): 221–45；D. A. Bullough, "Bajuli in the Carolingian Regnum Langobardiae and the career of Abbot Waldo," *EHR* 77 (1962): 625–37。关于政治高层的法兰克人员调转，参见 E. Hlawitschka 的人物传记分析 *Franken, Alemannen, Bayern und Burgunder in Oberitalien (774–962)* (Freiburg, 1960)；同时关于法兰克人在意大利的地方官职和封臣的调动，参见 A. Castagnetti, *Minoranze etniche dominant e rapporti vassallatico-beneficiari: Alamanni e Franchi a Verona e nel Veneto in età carolingia e postcarolingia* (Verona, 1990)。关于在王国的行政中持续存在的伦巴第贵族以及自由民，参见 S. Gasparri, "Strutture militari e legami di dipendenza in Italia in età longobarda e carolingia," *RSI* 98 (1986): 664–726。关于教会在加洛林的意大利统治中的独特地位，可能最重要的革新举措在伦巴第人时代之后就已引入，参见 O. Bertolini, "I vescovi del regnum Langobardorum al tempo dei Carolingi," in *Vescovi e diocesi in Italia nel medioevo* (Padua, 1964), 1–26, 以 及 J. Fischer, *Königtum, Adel und Kirche im Königreich Italien* (Bonn, 1965)。作为概要，参见 P. Bonacini, "Dai Longobardi ai Franchi: potere e società in Italia tra i secoli VIII e IX," *Quaderni medievali* 35 (1993): 20–56。

关于意大利郡体系拓展的争论，由 P. Delogu, "L'istituzione comitale

nell'Italia carolingia," *BISIMeAM* 79 (1968): 53–114 开启，作者受到当时主流德国历史研究趋向的影响，提出这一体系的应用方式是无规律且间歇的，提出乡村的"加斯塔尔迪"拥有持续的自治权。今天，盛行的说法强调加洛林国王的集权化决心，不顾地方上的不同情境，以及"加斯塔尔迪"逐渐受到伯爵的压制，成为臣属，这得到了一些审慎研究的证实：V. Fumagalli, "Città e distretti minori nell'Italia carolingia: un esempio," *RSI* 81 (1969): 107–17；A. Castagnetti, "Distretti fiscali autonomi o circoscrizioni della contea cittadina? La Gardesana veronese in epoca carolingia," *RSI* 82 (1970): 736–43；以 及 V. Fumagalli, "L'amministrazione periferica dello stato nell'Emilia occidentale in età carolingia," *RSI* 83 (1971): 911–20。关于这些结论的总体解释，参见 V. Fumagalli, *Terra e società nell'Italia padana: I secoli IX e X* (Torino, 1976)，以 及 A. Castagnetti, *'Teutisci' nella 'Langobardia' carolingia* (Verona, 1995)。

司法体系的运作，已经在之前提到的著作中得到了广泛的研究，现在是 E. Bougard 专门研究的主题：*La Justice dans le royaume d'Italie: de la fin du VIIIe siècle au début du XIe siècle* (Rome, 1995)；同样参见他的文章，"*La justice dans le royaume d'Italie aux IXe–Xe siècles*," *Settimane* 44 (1997): 133–76。

第3章　对异教徒的战争

关于查理向异教徒发动战争的旧约精神，E. Delaruelle, Essai sur la formation de l'idée de croisade," *Bulletin de littérature ecclésiastique* 42 (1941): 24–45 依旧具有参考价值，现已收入 E. Delaruelle, *L'Idée de croisade au moyen âge* (Torino, 1980)；同样几次提到这一主题的是 G. Fasoli, "Pace e guerra nell'alto medioevo," *Settimane* 15 (1968): 15–47；但首先见 E. Cardini, *Alle radici della cavalleria medievale* (Firenze, 1981),148–69。

没有单独关注查理的战争的著作。对主要战斗的简要分析，见 J. F. Verbruggen, "L'armée et la stratégie de Charlemagne," in *KdG*, 1: 420–36；敏锐的洞察之作，见 B. S. Bachrach, "Charlemagne's cavalry: myth and reality," *Military Affairs* 47 (1983): 120。在更为宽广的政治与文化背景中，T. Reuter 提供了有趣的评论，"Plunder and tribute in the Carolingian Empire," *Transactions of the Royal Historical Society* 35 (1985): 75–94，以 及 T. F. X. Noble, "Louis the Pious and the frontiers of the Frankish realm," in

Charlemagne's Heir: New Perspectives on the Reign of Louis the Pious, ed. P. Godman and R.Collins (Oxford, 1990), 333–47。

关于对萨克森人的战争，参见论文集 W. Lammers ed., *Die Eingliederung der Sachsen in das Frankenreich* (Darmstadt, 1970)，除了分析军事作战和基督教化，还论述了三十年代意识形态的孕育对德国历史编纂的作用，令人印象深刻。尤其是在评价维杜金德与查理各自的作用、"凡尔登大屠杀"、"堕落的历史编纂"等方面（参见219、238、242）。关于当今德国历史学争论（Historikerstreit）问题的总概，参见 A. Barbero, "Interpretazioni di Carlo Magno nella crisi della democrazia tedesca," *Il Mulino* 51 (2002): 23–32。同样重要的是收于 M. Lintzel, *Ausgewählte Schriften* vol. 1 (Berlin, 1961) 中的文章，其中推出了著名的理论，声称在民众与偏向查理的萨克森贵族之间存在分裂。更近的评论，参见 H.-D. Kahl, "Karl der Grosse und die Sachsen: Stufen und Motive einer historischen Eskalation," in *Politik, Gesellschaft, Geschichtsschreibung: Festgabe F. Graus* (Köln, 1982),49–130。

关于维杜金德的洗礼，参见 G. Althoff, "Der Sachsenherzog Widukind als Mönch auf der Reichenau: Ein Beitrag zur Kritik des Widukind-Mythos," *FMSt* 17 (1983): 251–79, 其中提出这位萨克森领袖被强迫受洗，成为一名僧侣。相反的观点，参见 A. Angenendt, *Kaiserherrschaft und Königstaufe* (Berlin, 1984)。

关于查理大帝及其继承者的"东方政策"，参见 M. Hellmann, "Karl und die slawische Welt zwischen Ostsee und Böhmerwald," *KdG*, 1: 708–18; L. Dralle, "Wilzen, Sachsen und Franken um das Jahr 800," in *Aspekte der Nationenbildung im Mittelalter*, ed. H. Beumann and W. Schröder (Sigmaringen, 1978), 205–27; 更近期的是 M. Innes, "Franks and Slavs c. 700–1000: the problem of European expansion before the millennium," *Early Medieval Europe* 6 (1997): 201–16。

关于在伊比利亚前线作战的全面分析，参见 B. S. Bachrach, "Military organization in Aquitaine under the early Carolingians," *Speculum* 49 (1974): 1–33; 以及 P. Sénac, "Charlemagne et l'Espagne musulmane," in *Carlo Magno: le radici dell'Europa*, ed. G. Andenna e M. Pegrari (Roma, 2002), 55–80。更专于778年跨越比利牛斯山军事远征的论文，R.-H. Bautier, "La campagne de Charlemagne en Espagne (778): la réalité historique," in *Ron-*

cevaux dans l'histoire ,la legende et le mythe (Bayonne, 1979), 1–47。同样参见 J. Horrent, "La bataille des Pyrénées de 778," *MÂ* 78 (1972): 197–227；P. Aebischer, "Roland: mythe ou personage historique?," RBPH 43 (1965): 849–901 特别关注了艾因哈德所提到的"罗德兰都斯"问题。

关于阿瓦尔人，必须提到的著作是 W. Pohl, *Die Awaren: Ein Steppenvolk in Mitteleuropa*, 567–822 (München, 1988)，根据最近的人种理论写成。其涵盖了最近关于查理针对阿瓦尔人军事作战的讨论，其中有差异明显的解释。同样值得注意的是 J. Deér 的传统记录："Karl der Grosse und der Untergang des Awarenreiches," *KdG*, 1: 719–91。关于阿瓦尔人的武器，存在极具分歧的观点：B. S. Bachrach, "A Picture of Avar-Frankish Warfare from a Carolingian Psalter of the Early Ninth Century in the Light of the Strategicon," *Archivum Eurasiae Medii Aevi* 4 (1986): 5–27；G. Fasoli, "Unni, Avari e Ungari nelle fonti occidentali e nella storia dei paesi d'Occidente," *Settimane* 35 (1988): 13–43。考古发掘的回顾，带有拓展参考文献，见 I. Bóna, "Die Geschichte der Awaren im Lichte der Archäologischen Quellen," *Settimane* 35 (1988): 437–63。关于莱茵河与多瑙河之间的运河，见 H. H. Hofmann, "Fossa Carolina," *KdG*, 1: 437–53。

关于塔西洛与法兰克君王之间的关系，有相当多的历史研究；最近的是 M. Becher, *Eid und Herrschaft: Herrscherethos bei Karl dem Grossen* (Sigmaringen, 1993) 以及 P. Depreux, Tassilon III et le roi des Francs: examen d'une vassalité controversée," *RH* 293 (1995): 23–73。

关于针对布列塔尼人的战争，参见 J. C. Cassard, "La guerre des Bretons armoricains au haut moyen âge," *RH* 110 (1986): 3–27, 提醒法兰克人针对布列塔尼发动的战争包括掠夺、围攻与伏击，作者似乎认为，与其他战区的战争方式没有不同。

第 4 章　帝国重生

在 20 世纪 60 年代之前，关于查理加冕为帝存在激烈的历史争论。参见随后的综述：F.-L. Ganshof, *The Imperial Coronation of Charlemagne: Theories and Facts* (Glasgow, 1949)，该文后发表于 *The Carolingians and the Frankish Monarchy* (London, 1971), 41–54；以及 H. von Fichtenau, "Il concetto imperial di Carlomagno," *Settimane* 1 (1954): 251–98。随后是 R. Folz 几乎同时出版的概述，*Le Couronnement imperial de Charlemagne*

(Paris, 1964) 以及 P. Classen, "Karl der Grosse, das Papsttum und Byzanz: Die Begründung des karolingischen Kaisertums," *KdG*, ed. ampliata vol. 1 (Sigmaringen, 1985)，争论很大程度上已消散。

总体而言，教宗的倡议对加冕为帝具有相当决定性的作用，尽管他并不是独自行动的。关于教宗转让先前保留给巴西琉斯的荣誉特权，见 P. E. Schramm, *Die Anerkennung Karls des Grossen als Kaiser*, *HZ* 172 (1951): 449–515, 他声称在公元800年的加冕之前查理就已经是一个有影响的皇帝了；相反的观点是 J. Deér, "Die Vorrechte des Kaiser in Rom," *Schweizer Beiträge zur allgemeine Geschichte* 15 (1957): 5–63，目前可在 *Zum Kaisertum Karls der Grossen*, ed. G. Wolf (Darmstadt, 1972), 30–115 中读到。关于教宗铸币的政治意义，参见 P. Grierson, "The Coronation of Charlemagne and the Coinage of Pope Leo III," *RBPH* 30 (1952): 82533。

关于教宗的倡议更近期的研究评价，一部丰富细致的例子是 G. Arnaldi, "Il papato e l'ideologia del patere imperiale," *Settimane*, 28 (1981): 341–407。对教宗国长时段政策最为细致的重构是 T. F. X. Noble, *The Republic of St. Peter: The Birth of the Papal State*, 680–825 (Philadelphia, 1984)，其将查理晋升帝位归于教宗的周密计划，其目的是在意大利获得政治特权。关于查理与教宗之间的关系，同样参见 A. Angenendt, "Das geistliche Bundnis der Päpste mit den Karolingern (754–796)," *HF* 100 (1980): 1–94；以及 G. Thoma, "Papst Hadrian I und Karl der Grosse: Beobachtungen zur Kommunikation zwischen Papst und König nach den Briefen des Codex Carolinus," *Festschrift E. Hlawitschka* (Munich, 1993), 37–58。

有理论认为加冕为帝对于查理而言是必要的预备，用于审判和惩处袭击利奥三世的行凶者。关于这一点的考察，参见 O. Hageneder, "Das crimen maiestatis, der Prozess gegen die Attentäter Papst Leos III, und die Kaiserkrönung Karls des Grossen," in *Aus Kirche und Reich: Festschrift F. Kempf* (Sigmaringen, 1983), 55–80。

关于利奥三世委托而作的马赛克，参见 C. Davis-Weyer, "Das Apsismosaik Leos III. In Susanna," *Zeitschrift für Kunstgeschichte* 28 (1965): 177–94, 以及 K. Belting, "Die Beiden Palasttaulen Leos III. im Lateran und die Entstehung einer päpstlichen Programmkunst," *FMSt* 12 (1978): 55–83, 凡是作者提到的都有涉及。可能左侧的人物是圣彼得而不是圣西尔维斯特。

关于君士坦丁赠礼的争论范围很广，甚至在此进行简略概括也不可能，但是一段时间盛行的解释是，无论其何时所写，都没有证据表明其在查理时代对教宗政策有影响。对该问题的概括，参见 H. Fuhrmann, "Das frühmittelalterliche Papsttum und die Konstantinische Schenkung: Meditationen über ein unausgeführtes Thema," *Settimane*, 20 (1973): 257–92。

法兰克人在加冕为帝中的独特作用，我们能够在阿尔昆的信件以及其他宫廷诗人的作品中找寻到细节，这些细节也存在于查理的建筑计划中。20 世纪中叶一些德国学者提出了这一理论，其推出的法兰克帝国概念与教宗主张的罗马帝国概念存在争执，最近对这一问题的辩护，见 H. Beumann, "Romkaiser und fränkisches Reichsvolk," in *Festschrift E. Stengel* (Münster, 1952), 157–80；H. Beumann, "Nomen imperatoris: Studien zur Kaiseridee Karls des Grossen," *HZ* 185 (1958): 515–49；H. Beumann, "Das Paderborner Epos und die Kaiseridee Karls des Grossen," in *Karolus Magnus et Leo papa: Ein Paderborner Epos vom Jahre 799* (Paderborn, 1966), 1–54。更近的尤其重要的著作，与下列研究相关：K. Hauck, "Die Ausbreitung des Glaubens in Sachsen und die Verteidigung der römischen Kirche als konkurrierende Herrschersaufgaben Karls des Grossen," *FMSt* 4 (1970): 138–72；K. Hauck, "Karl als neuer Konstantin 777: Die archäologischen Entdeckungen in Paderborn in historischer Sicht," *FMSt* 4 (1970): 513–40；其中提出，效仿君士坦丁的观念，早在查理 774 年行至罗马时就已提出。同时，他的建造一座新首都的观念也在帕德伯恩开始成形，早于亚琛。该观点最近的一个变种提出，加冕为帝为查理统治萨克森提供了原初的合法性：H. Mayr-Harting, "Charlemagne, the Saxons and the imperial coronation of 800," *EHR* 111 (1996): 1113–33。最近对法兰克人帝国观念的全面讨论，参见 H. Anton, "Beobachtungen zum Fränkisch-Byzantinischen Verhältnis im Karolingischer Zeit," in R. Schieffer ed., *Beiträge zur Geschichte des Regnum Francorum* (Sigmaringen, 1990), 77–119。

亚琛宫殿群的意识形态意义主要由如下文章探究：H. von Fichtenau, "Byzanz und die Pfalz zu Aachen," *Mitteilungen des Instituts für österreichische Geschichtsforschung* 59 (1951): 1–54；以及 H. Löwe, "Vom Theoderich dem Grossen zu Karl dem Grossen," *DA* 9 (1952): 353–401。这两篇文章的结论分别被 L. Falkenstein, *Der 'Lateran' der karolingischen Pfalz zu*

Aachen (Köln, 1966) 以及 H. Hoffmann, "Die Aachener Theoderichsstatue," in *Das erste Jahrtausend* (Düsseldorf, 1962)1: 318–35 做出考察。同样参见 L. Falkenstein, "Charlemagne et Aix-la-Chapelle," *Byzantion* 61 (1991): 231–89。关于帝国意识形态对查理的影响，一种不同的研究方法可见 C. Heitz, *Recherches sur les rapports entre architecture et liturgie à l'époque carolingienne* (Paris, 1963)。

几乎没有人追随 Ohnsorge 的理论，即拜占庭帝国在基督教世界中有持续的中心地位，西方的任何意识形态规划都必须符合这一地位。这不仅合乎利奥三世的情况，人们认为他是希腊出身；也符合查理自己的情况，皇帝的头衔，是一种将法兰克国王上升至与巴西琉斯同一级别的方式。参见 W. Ohnsorge, *Das Zweikaiserproblem im früheren Mittelalter* (Hildesheim, 1947)，以及他的文集 *Abendland und Byzanz* (Darmstadt, 1958)，*Konstantinopel und der Okzident* (Darmstadt, 1966)，*Ost-Rom und der Westen* (Darmstadt, 1983)。关于利奥三世的出身，参见 H. G. Beck, "Die Herkunft des Papstes Leo III," *FMSt* 3 (1969): 131–37。

关于《查理之书》作者身份的争论，甚嚣尘上超过四十年。不过盛行的观点认为此人是奥尔良的狄奥多尔夫，A. Freeman 第一个如是主张，而不是 L. Wallach 认为的阿尔昆。最近的观点，参见 D. A. Bullough, "Alcuin and the kingdom of heaven: liturgy, theology and the Carolingian age," *Carolingian Renewal: Sources and Heritage* (Manchester, 1991), 161–240 及其参考文献，n69。对该作的全面评价，参见 G. Arnaldi, "La questione dei *Libri Carolini*," *Culto Cristiano e politica imperiale carolingia* (Todi, 1979), 61–86。

伊琳娜女皇的生平是最近一篇论文的主题：J. A. Arvites, "Irene: Woman Emperor of Constantinople, Her Life and Times" (Ph.D., Michigan, Ann Arbo, 1985)。

799 年初针对教宗的罗马密谋的细节并不完全清晰，同时代的记录是矛盾的；参见 W. Mohr, "Karl der Grosse, Leo III. und der römische Aufstand von 799," *Archivum Latinitatis Medii Aevi* 30 (1960): 39–98。甚至利奥三世誓言的文本，及其实际法律意义都高度存疑。参见 H. Adelson e R. Baker, The Oath of Purgation of Pope Leo III in 800, *Traditio* (1952): 5–80；L. Wallach, "The genuine and the forged oath of Pope Leo III, *Traditio* 11 (1955): 37–63；M. Kerner, "Der Reinigungseid Leo III. von Dezember

800," *Zeitschrift des Aachener Geschichtsvereins*, 84–85 (1977–78): 131–60。

关于皇帝加冕礼，许多情况依旧不清晰，尤其是利奥教宗所使用皇冠的实际性质和意义，参见 E. H. Kantorowicz, *Laudes regiae: A Study in Liturgical Acclamations and Mediaeval Ruler Worship*, 2a ed. (Berkeley, 1958) 存在部分偏见的解释；P. Classen, "Karl der Grosse, das Papsttum und Byzanz," *KdG*, vol. 1; K. J. Benz, " 'Cum ab oratione surgeret' : Überlegungen zur Kaiserkrönung Karls des Grossen," *DA* 31 (1975): 337–69；最近的有 C. Brühl, "Kronen-und Krönungsbrauch im Frühen und Hohen Mittelalter," *HZ* 234 (1982): 1–31，其中审视了加冕本身的概念。

关于虔诚者路易的加冕，参见 W. Wendling, "Die Erhebung Ludwigs des Frommen zum Mitkaiser im Jahre 813 und ihre Bedeutung für die Verfassungsgeschichte des Frankenreiches," *FMSt* 19 (1985): 201–38。

关于查理大帝正式所承的头衔，及其意识形态意义，参见 P. Classen, "Romanum gubernans imperium: Zur Vorgeschichte der Kaisertitulatur Karls des Grossen," *DA* 9 (1951): 103–21；H. Wolfram, "Lateinische Herrschertitel im neunten und zehnten Jahrhundert," in H. Wolfram ed., *Intitulatio* (Wien, 1973), 2: 19–178。对皇冠、权杖、皇座以及其他帝国权力的实体象征的总体考察，参见 P. E. Schramm, *Herrschaftszeichen und Staatssymbolik* (Stuttgart, 1954–56) 以及同一作者的论文，收于 *Kaiser, Könige und Päpste* (Stuttgart, 1968)。

同样需要注意的是，史书关注的重点直到 20 世纪 60 年代还集中于肖像学、建筑学、权力象征等在通行政策和宣传方面的意义，更近时期的撰史实践，已与之有别。注意 Analdi 可爱的嘲弄之语（见 "Il papato e l'ideologia," 365）："所有围绕权杖、对君主的赞美、金球、宝座和皇冠的强烈骚动，似乎并未有助于改变我们对中世纪早期政治观念史的认识。"或是 D. A. Bullough, "*Imagines regum* and the early medieval West," in *Carolingian Renewal*, 39–96 更为存疑的观点，其中他挑战了亚琛的礼拜堂是受君士坦丁堡金躺椅大厅启发而建的观点，Bullough 同样对比了对狄奥多里克雕塑的占有和对大象的占有（或者，就此而言，如同对劳斯莱斯的占有）。

关于在基督教传统中教会与帝国之间关系的问题，基本的著作是 G. Tabacco, *La relazione fra i concetti di potere temporale e di potere spiri-*

tuale nella tradizione Cristiana fino al secolo XIV (Torino, 1950)。关于法兰克国王以及后来的皇帝作为基督教世界暨教会之领袖的角色，参见 E. Ewig, "Zum christlichen Königsgedanken im Frühmittelalter," *Das Königtum*, ed. T. Mayer (Konstanz, 1956), 7–73；H. H. Anton, *Fürstenspiegel und Herrscherethos in der Karolingerzeit* (Bonn, 1968)；以及 H. Fuhrmann, "Das Papsttum und das kirchliche Leben im Frankenreich,"Settimane28 (1981): 419–56。关于卡特伍尔夫，参见最近的论文 M. E. Moore, "La monarchie carolingienne et les anciens modèles irlandais," *Annales ÉSC* 51 (1996): 307–24。关于哈里发与耶路撒冷宗主教的关系，参见 F. W. Buckler, *Harun u'l-Rashid and Charles the Great* (Bari, 1963)；以及 M. Borgolte, *Die Gesandtenaustausch der Karolinger mit den Abbasiden und mit den Patriarchen von Jerusalem* (Munich, 1976)。

第5章　查理大帝与欧洲

试图出于民族主义的原因利用查理大帝，这已经由 K. F. Werner, *Karl der Grosse oder Charlemagne?* (Munich, 1995)；R. Morrissey, *L'Empereur à la barbe fleurie: Charlemagne dans la mythologie et l'histoire de France* (Paris, 1997)；M. Kerner, *Karl der Grosse: Entschleiderung eines Mythos* (Köln, 2000) 等做出分析。最为激烈的篇章无疑是 20 世纪 30 年代德国青年史学家之间发生的冲突，他们敌视查理大帝，因为他被当作萨克森人的屠杀者，更传统的民族主义史学家将他视为典型的日耳曼人物。后者的观点当前更为盛行。参见多名作者的论文集 *Karl der Grosse oder Charlemagne? Acht Antworten deutscher Geschichtsforscher* (Berlin, 1935) 以及 W. Lammers ed., *Die Eingliederung der Sachsen in das Frankenreich* (Darmstadt, 1970)；最近的评论，A. Barbero, "Interpretazioni di Carlo Magno nella crisi della democrazia tedesca," *Il Mulino* 51(2002): 23–32。

关于法兰克王国集体想象中的法兰克人与罗马人之间的关系，参见 E. Ewig, "Volkstum und Volksbewusstsein im Frankenreich des 7. Jahrhunderts," *Settimane* 5 (1958): 587–648；将相互矛盾的含义归咎于如"高卢"和"日耳曼"这样的名称，参见 E. Ewig, "Beobachtungen zur politisch-geographischen Terminologie des fränkischen Grossreiches und der Teilreiche des 9. Jahrhunderts," in *Spiegel der Geschichte: Festgabe M. Braubach* (Münster, 1964), 99–140。两篇论文都重新发表于他的 *Spätan-*

tikes und fränkisches Gallien (München, 1976)。

这里有一份关于罗马语言与条顿语并列的扩展参考文献，尤其侧重语言学方面。有用的总结见于 W. D. Heim, *Romanen und Germanen in Charlemagnes Reich* (München, 1984)。现在广泛接受的是，语言身份并不与民族身份恰好吻合。参见 R. Wenskus, "Die Deutschen Stämme im Reiche Karls des Grossen," *KdG*, 1: 178–219, 更近的论作有：H. Thomas, "Der Ursprung des Wortes Theodiscus," *HZ* 247 (1988): 295–333；H. Thomas, "Frenkisk: Zur Geschichte von theodiscus und teutonicus im Frankenreich des 9. Jahrhunderts," in R. Schieffer ed., *Beiträge zur Geschichte des Regnum Francorum* (Sigmaringen, 1990), 67–95。一个特别好的例子是伦巴第人，他们说一种罗曼语，因此他们在语言上与条顿民族相区分：参见 A. Castagnetti, '*Teutisci*' *nella* '*Langobardia*' *carolingia* (Verona, 1995)。其历史后果由 C. Brühl, *Deutschland-Frankreich: Die Geburt zweier Völker* (Köln, 1990) 考察，但是，其中没有充分强调日耳曼人与罗马人之间共有的敌对感，其基础更多的是被侵略的记忆，而不是语言上的区别。

尽管显而易见，但此问题中微妙的细节值得多次提及，入侵时代种族上的区分并没有持续到这个时代。在整个西部，吞并融合的进程既没有急剧发展，也没有彻底完成，鉴于法兰克人或伦巴第人这样的称呼，其意指居住在国境内的所有自由民，根据我们的估计，他们大多数出身罗马。所有这些问题，参见 S. Gasparri, *Prima delle nazioni: popoli etnie e regni fra antichità e mediaevo* (Rome, 1997), 161–229。但我们不要忘记，尽管我们多少清楚这些种族形成和融合的进程，但当时的人对此是一无所知的。因此，一些声称是法兰克人或伦巴第人的人，他们乐于深信自己是这些入侵者的后代。因此这些种族划分在当时人的想象中有所不同，而我们已经不再接受（在与克雷莫纳的利乌特普兰德有关的例子中，我的解释与 Gasparri 之间产生了一些分歧）。

关于皮朗命题的问题，有浩繁的参考文献。为了了解这一点，一个上佳的起点是 G. Petralia, "A proposito dell'immortalità di Maometto e Carlomagno (o di Costantino)," *Storica* 1 (1995); 38–87。所有争论的起点是 H. Pirenne, *Mahomet et Charlemagne* (Brussels, 1937)。一个有用的再版中有关于这一主题的许多批判性切入思考，见 A. F. Havighurst ed., *The Pirenne Thesis: Analysis, Criticism and Revision* (Boston, 1976)。关于皮朗命题最重要的修订本已经出版，使用了考古资料：R. Hodges and D.

Whitehouse, *Mohammed, Charlemagne and the Origins of Europe: Archaeology and the Pirenne Thesis* (London, 1983)，其中展现了从公元3世纪至6世纪，早在阿拉伯人入侵之前，西部罗马帝国经济漫长而痛苦的运行，以及查理的统治恰好伴随着朝向欧洲北部的长距离贸易的复兴。

关于从古代向中世纪的转变，特别振奋人心的是C. Wickham 的论文集 *Land & Power: Studies in Italian and European Social History, 400–1200* (London, 1994)。

激进罗马主义学派的立场，可参见J. Durliat, *Les Finances publiques de Dioclétien aux carolingiens* (284–889) (Sigmaringen, 1990)。在他的前言中，K. F. Werner 恰切地赞美此书摧毁了中世纪是日耳曼本质的观念。对J. Durliat 的立场以及其他的激进罗马主义者，比如E. Magnou-Nortier 的主要批判，可以见C. Wickham, " La chute de Rome n'aura lieu," *MÂ* 99 (1993): 107–26。

G. Bois 的 立 场 展 现 在 *La Mutation de L'an mil* (Paris, 1989) 中。*Médiévales* 21 (1991) 的一期刊物全面讨论了这一问题。

"欧洲"观念的演化，在查理大帝的时代既标志着法兰克帝国也标志着西部基督教世界，参见J. Fischer, *Oriens — Occidens — Europa: Begriff und Gedanke Europa in der späten Antike und im frühen Mittelalter* (Wiesbaden, 1957)。

第6章　个人及其家庭

同时代对查理大帝外貌的描写和记录，参见P. E. Schramm, "Karl der Grosse im Lichte seiner Siegel und Bullen sowie der Bild-und Wortzeugnisse über sein Aussehen, " *KdG*, 1: 15–23；D. A. Bullough, "*Imagines regum* and the early medieval West," Carolingian *Renewal: Sources and Heritage* (Manchester, 1991), 39–96。关于查理大帝的人格与心态，参见H. von Fichtenau, *The Carolingian Empire* (1949; Toronto, 1979)，以及P. E. Schramm, "Karl der Grosse: Denkart und Grundauffassungen；Die von ihm Bewirkte *Correctio* ('Renaissance')," HZ 198 (1964): 306–45。关 于 拉 丁 语 的 发音，见R. McKitterick, *The Carolingians and the Written Word* (Cambridge, 1989), 7–22；R. McKittterick, "Latin and Romance: an historian's perspective," in *Latin and the Romance Languages in the Early Middle Ages*, ed. R. Wright (London, 1991), 130–45。

关于服饰、家具与膳食参见P. Riché, *La Vie quotidienne dans l'empire Carolingien* (Paris, 1973)，还有展览目录的阐释和评论 *Un Village au temps de Charlemagne: moines et paysans de l'abbaye de St-Denis du VIIe siècle à l'an mil* (Paris，1988)。

关于宫廷诗歌，参见A. Ebenbauer, *Carmen historicum: Untersuchungen zur historischen Dichtung im Karolingischen Europa* (Wien, 1978)；P. Godman, *Poets and Emperors: Frankish Politics and Carolingian Poetry* (Oxford, 1987)；M. Garrison, "The emergence of Carolingian Latin literature and the court of Charlemagne," *Carolingian Culture: Emulation and Innovation*, ed. R. McKitterick (Cambridge, 1994), 111–40；以及作品选集：F. Stella, *La poesia carolingia* (Firenze, 1995)。

婚姻史是近几十年最高产的历史主题之一。作为概观，参见论文集 *Il matrimonio nella società altomedievale* (Spoleto, 1977)，尤其是P. Toubert, "La théorie du marriage chez les moralists carolingiens," 233–82；另见同一作者近期的修正文"L'institution du mariage chrétien, de l'Antiquité tardive à l'an Mil," Settimane 45 (1998): 503–49。关于法兰克人的婚姻及其政治运用，基本的著作是R. Le Jan, *Famille et pouvoir dans le monde franc* (Paris, 1995)，不过该作有时不加批判地支持德国个人研究（personenforschung）的系统化理论，有些问题。同样参见S. Fonay Wemple, *Women in Frankish Society: Marriage and the Cloister 500 to 900* (Philadelphia, 1981)，更近的是I. Réal, *Vies de saint, vie de famille: representation et système de la parenté dans le royaume mérovingien* (481–751) (Turnhout, 2001)。

关于查理时代的父子关系，参见R. Schieffer, Väter und Söhne im Karolingerhause," in *Beiträge zur Geschichte des Regnum Francorum*, ed. R. Schieffer (Sigmaringen, 1990), 149–64。关于皇帝宫廷中妻妾尤其是女儿们的角色，参见J. L. Nelson, "Women at the Court of Charlemagne: A Case of Monstruous Regiment?" *Medieval Queenship*, ed. J. C. Parsons (New York, 1993), 43–61。

现存的关于查理妻妾与子女传记资料，可以见K. F. Werner, "Die Nachkommen Karls des Grossen bis um das Jahr 1000," in *KdG*, 4: 403–82；更简略的是J. L. Nelson, "La famille de Charlemagne," *Byzantion* 61 (1991): 194–212。对法斯特拉达形象的澄清之尝试，参见J. L. Nelson,

"The siting of the council at Frankfort: some reflections on family and politics," in *Das Frankfurter Konzil von 794: Kristallistallisationspunkt karolingischer Kultur*, ed. R. Berndt (Frankfurt am Main, 1997), 149–65。关于希尔德嘉德，参见 K. Schreiner, "Hildegardis regina: Wirklichkeit und Legende einer karolingischen Herrscherin," *Archiv für Kulturges-chichte* 57 (1975): 1–70，主要关注于后来文学中的王后形象，同样对研讨有所贡献的是 *Autour d'Hildegarde*, ed. P. Riché et al (Paris 1987)。意大利国王丕平已经被 E. Manacorda, *Ricerche sugli inizii della dominazione dei Carolingi in Italia* (Roma, 1968) 详细分析。关于换名问题，参见 G. Thoma, *Namensänderungen in Herrscherfamilien der mittelalterlichen Europa* (München, 1985), 77–83，其中她提出这是教宗的压力而造成的。关于公元 778 年出生的双胞胎克洛维和克洛泰尔的姓名选择，参见 J. Jarnut, "Chlodwig und Chlothar: Anmerkungen zu den Namen zweier Söhne Karls der Grossen," *Francia* 12 (1984): 645–51，其中提出了他们选择这两个墨洛温名字特别而偶然的原因。关于驼背丕平和梅斯主教的论断，参见 W. Goffart, "Paul the Deacon's *Gesta episcoporum Mettensium* and the early design of Charlemagne's succession," *Traditio* 42 (1986): 59–93。

关于教宗作为皇帝之子的教父，参见 A. Angenendt, *Kaiserherrschaft und Königstaufe* (Berlin, 1984)。

第7章　帝国的管理：制度

关于法兰克王国和后来加洛林帝国的制度，首先要参阅 F.-L. Ganshof, Les traits généraux du système d'institutions de la monarchie de la monarchie franque," *Settimane* 9 (1962): 91–127；以及 "Charlemagne et les institutions de la monarchie franque," in *KdG*, 1: 349–93；更新颖且不那么严格的描述，参见 J. L. Nelson, "Literacy in Carolingian Government," in *The Uses of Literacy in the Early Medieval Europe*, ed. R. McKitterick (Cambridge, 1990), 258–96。在准备此书过程中，我未能查阅 M. Innes 令人兴奋的新作 *State and Society in the Early Middle Ages: The Middle Rhine Valley 400–1000* (Cambridge, 2000)。

关于皇权的性质存在广泛的争论；参见 J. L. Nelson 收集的参考文献 "Kingship and Empire in the Carolingian World," in *Carolingian Cul-*

ture: Emulation and Innovation, ed. R. McKitterick (Cambridge, 1994), 52–87。基本的研究是 E. Ewig, Zum christlichen Königsgedanken im Frühmittelalter, *Das Königtum*, ed. T. Meyer (Konstanz, 1956), 7–73；以及 H. H. Anton, *Fürstenspiegel und Herrscherethos in der Karolingerzeit* (Bonn, 1968)，其中主要探究宗教维度；而 H. W. Goetz, "Regnum: zum politischen Denken der Karolingerzeit," *Savigny* (Germ.) 104 (1987): 110–89 考察了政权和领土方面。关于涂油礼及其结果，参见 A. Angenendt, "Rex et sacerdos: Zur Genese der Königssalbung," in *Tradition als historische Kraft*, ed. N. Kamp e J. Wollasch (Berlin, 1982), 100–18。

关于效忠誓言，最近的分析是 M. Becher, *Eid und Herrschaft: Herrscherethos bei Karl dem Grossen* (Sigmaringen, 1993)，其超越了之前 F.-L. Ganshof, "Charlemagne et le serment," *Mélanges L. Halphen* (Paris, 1951), 259–70 的概论，不过我无法信服他的提议，即将 25 号法令的时间回推到 789 年（而不是 Ganshof 所提议的 793 年），而将之与哈德拉德的密谋联系起来，而不是"驼背丕平"。如此一来，传统中认为不同的两次集体誓言就视为同一次。关于监禁在修道院是作为对叛乱的惩罚，参见 M. De Jong, "What was public about public penance? *Paenitentia publica* and justice in the Carolingian world," *Settimane* 44 (1997): 863–902。关于查理禁止的誓言关联，参见 O. G. Oexle, *Francia* 10 (1982): 1–19。

关于集会起源的争论，及其日期的推移，相关的参考文献可以见 B. S. Bachrach, "Was the Marchfield part of the Frankish Constitution?," *Medieval Studies* 36 (1974): 178–85（我在第 11 章的注释中讨论了他的结论）。集会后续的演变，参见 J. T. Rosenthal, "The Public Assembly in the Time of Louis the Poius," *Traditio* 20 (1964): 25–40。一个广泛流行的德国史学观点，受到神话的误导，即贵族血统者有资格参与行使权力，该观点误解了权贵集会所要表达的集体认可的含义，以及他们和君王之间的总体关系。这种误解最典型的是 K. Brunner, *Oppositionelle Gruppen im Karolingerreich* (Wien, 1979) 以及 J. Hannig, *Consensus fidelium: Frühfeudale Interpretationen des Verhältnisses von Königtum und Adel am Beispiel des Frankenreiches* (Stuttgart, 1982)。

关于亚琛作为首都的问题，参见 E. Ewig, "Résidence et capitale pendant le haut moyen âge," *RH* 230 (1963): 25–72；C. Brühl, "Remarques sur les notions de 'capitale' et de 'résidence' pendant le haut moyen âge,"

Journal des savants (1967): 193–215；尤其是L. Falkenstein 的重要文章 "Charlemagne et Aix-la-Chapelle," *Byzantion* 61 (1991): 231–89。

关于查理大帝的住所和旅行更为概略的著作，参见A. Gauert, "Zum Itinerar Karls des Grossen," *KdG*, 1: 307–21；C. Brühl, *Fodrum, Gistum, Servitium Regis* (Köln, 1968)；还有最近的R.-H. Bautier, "Le poids de la Neustrie ou de la France du nord-ouest dans la monarchie carolingienne d'après les diplômes de la chancellerie royale (751–840)," in *La Neustrie*, ed. H. Atsma (Sigmaringen, 1989), 535–63。关于宫殿的体系，参见J. Barbier, "*Le système palatial franc*," *BEC* 148 (1990): 245–99。

关于帕拉丁伯爵，参见H. E. Meyer, "Die Pfalzgrafen der Merowinger und Karolinger," *Savigny* (Germ.) 42 (1921): 380–463。

关于礼拜堂的基本著作是J. Fleckenstein, *Die hofkapelle der Deutschen Könige* (Stuttgart, 1959)。关于文书部，见R. H. Bautier, "La chancellerie et les actes royaux dans les royaumes carolingiens," *BEC* 142 (1984): 5–80；以及D. A. Bullough, "Aula Renovate: the court before the Aachen Palace," *Carolingian Renewal: Sources and Heritage* (Manchester, 1991), 123–60。

关于伯爵职位的起源，参见D. Claude, "Untersuchungen zum frühfränkischen Comitat," *Savigny* (Germ.) 81 (1964): 1–79；E. Ewig, Die stellung Ribuariens in der Verfassungsgeschichte des Merowingerreichs," *Vorträge der Gesellschaft für Rheinische Geschichtskunde* 18 (1969): 1–29，该文重新发表在他的 *Spätantikes und fränkischen Gallien* (Munich, 1976) 中。关于术语，参见J. Prinz, "Pagus und Comitatus in den Urkunden der Karolinger," *Archiv für Urkundenforschung* 17 (1941): 329–58；W. Metz, "Bemerkungen über Provinz und Gau in der karolingischen Verfassungs-und Geistesgeschichte," *Savigny* (Germ.) 73 (1956): 361–72。

不同省份郡体系的介绍，参见S. Krüger, *Studien zur sächsischen Grafschaftsverfassung im 9. Fahrhundert* (Göttingen, 1950)；O. Clavadetscher, "Die Einführung der Grafschaftsverfassung in Rätien und die Klageschriften Bischof Viktors III. von Chur," *Savigny* (Kan.) 39 (1953): 46–111；E. Ewig, "L'Aquitaine et les pays rhénans au haut moyen âge," *Cahiers de civilisation médiévale* 1 (1958): 37–54；P. Delogu, "L'istituzione comitale nell'Italia carolingia," *BISIMeAM* 79 (1968): 53–114（比较上文，有关第

2 章的参考文献中的观察评论）；U. Nonn, *Pagus und comitatus in Nied-erlothringen: Untersuchungen zur politischen Raumgliederung im früheren Mittelalter* (Bonn, 1983)；M. Borgolte, *Geschichte der Grafschaften Ale-manniens in fränkischer Zeit* (*Sigmaringen*, 1984)；F. Cagol, *'Gaue,' pagi e comitati nella Baviera agilolfingia e carolingia* (Verona, 1997)。

随着这些研究而来，在一些德国史学家中存在着一种倾向，否认存在系统的郡组织，而假定存在多种类别的"郡县"（Grafschaften）。但同样存在反对且有说服力的论证，见 H. K. Schulze, *Die Grafschaftsver-fassung der Karolinger in den Gebieten östlich des Rheins* (Berlin, 1973)；H. K. Schulze, "Grundproblem der Grafschaftsverfassung: Kritische Bemerkun-gen zu einer Neuerscheinung," *Zeitschrift für württembergische Landesges-chichte* 44 (1985): 265–82；H. K. Schulze, "Die Grafschaftsorganisation als Element der frühmittelalterlichen Staatlichkeit," in *Jahrbuch für Geschichte des Feudalismus* 14 (1990): 29–46。

对郡数量的估算各有不同；F.-L. Ganshof, "Charlemagne et les insti-tutions" 中估计，除了意大利王国，约有 400 个郡；K. F. Werner, "Heere-sorganisation und Kriegsführung im deutschen Königreich des 10. Und 11. Jahrhunderts," *Settimane* 15 (1968): 819 中认为至少有 500 个，随后在 "Missus-marchio-comes," in *Histoire compare de l'administration* (Munich, 1980), 191 中将其推至 600 或 700 个，但在最近的 *Naissance de la noblesse* (Paris, 1998), 130 中他将自己的估算降至 300 处帕古斯领地（pagus）以及"大约 200 位或 250 位伯爵"。

关于伯爵的社会来源，参见 R. Le Jan, "Prosopographica neustrica: les agents du roi en Neustrie de 639 à 840," in *La Neustrie* 231–69；R. Le Jan, *Famille et pouvoir dans le monde franc* (Paris, 1995) 强调了一小群大家族对统治权的继承；但与之对比是 D. A. Bullough, "*Leo qui apud Hlotharium magni loci habebatur* et le gouvernement du Regnum Italiae à l'époque car-olingienne," *MÂ* 67 (1961): 221–45 更为微妙的结论；以及 D. A. Bullough, "'Europae Pater': Charlemagne and his achievement in the light of recent scholarship," *EHR* 85(1970): 59–105。

森特纳（centena），或者说"百户"（hundred），在德国"新学说"（neue Lehre）中被视为一群安居在王室土地上的王室自由民（königs-frei），这很可能是郡的一种普遍地理细分单位：参见最近的 M. Schaab,

"Die Zent in Franken von der Karolingerzeit bis ins 19.Jahrhundert," in *Histoire comparée de l'administration* 345–62。在 H.-J. Krüger, "Untersuchungen zum Amt des 'centenarius' — Schultheiss," *Savigny* (Germ.) 87 (1970): 1–31 以及 88 (1971): 29–109 中，有全面的文献分析。

关于帝国的其他内部划分，参见 E. Ewig, "Descriptio Franciae," *KdG*, vol. 1，该文再版于他的 *Spätantikes und fränkischen Gallien* (München, 1976), 274–322。K. F. Werner 对所谓公爵领或"公国"（regna）分析，还是要小心对待，最起码要考虑到查理的时代，例如 K. F. Werner, "La genèse des duchés en France et en Allemagne," *Settimane* 28 (1981): 175–207。

关于"巡按钦差"或王室使节，参见 W. A. Eckhardt, "Die Capitularia missorum specialia von 802," *DA* 12 (1956): 498–516；Werner, "Missus-marchio-comes," 191–240。而 802 年改革细致的背景化研究，参见 J. Hannig, "Pauperiores vassi de infra palatio? Zur Entstehung der karolingischen Königsbotenorganisation," *Mitteilungen des Instituts für Österreichische Geschichtsforschung* 91 (1983): 309–74；J. Hannig, "Zentrale Kontrolle und Regionale Machtbalance: Beobachtungen zum System der karolingischen Königsboten am Beispiel des Mittelrheingebietes," *Archiv für Kulturgeschichte* 66 (1984): 146。

关于在政府管理中使用书面文字，除了 F.-L. Ganshof 的古老文章 "Charlemagne et l'usage de l'écrit en matière administrative," *MÂ* 57 (1951): 1–25，参见 R. McKitterick 的基础研究 *The Carolingians and the Written Word* (Cambridge, 1989)；J. L. Nelson, "Literacy in Carolingian Government," in R. McKitterick, ed. *The Use of Literacy in the Early Medieval Europe* (Cambridge, 1990), 258–96；以及最近的 *Schriftkultur und Reichsverwaltung unter den Karolingern*, ed. R. Schieffer (Münster, 1996)。

关于加洛林帝国中君主与主教之间的合作，尤其是其间所生的矛盾，比我在此书中所能总结的要复杂得多，参见 G. Tabacco, "L'ambiguitá delle istituzioni nell'Europa costruita dai Franchi," *RSI* 87 (1975)，该文再版于他的 *Sperimentazioni del potere nell'alto medioevo* (Torino, 1993), 45–94；意大利的特别状况，参见 G. Tabacco, "Il volto ecclesiastico del potere in età carolingia," in *Storia d'Italia Emaudi, Annali 9: la Chiesa e il potere politico* (Torino, 1986)，同样再版于 *Sperimentazioni*, 165–208。

介绍加洛林时代教会组织的教科书，参见 J. Imbert, *Les Temps caro-lingiens* (741–891): *l'église; les institutions* (Paris, 1994)，其参考文献有些过时。

关于消除主教政体，将其主教整合进王国的行政，参见 R. Kaiser, *Bischofsherrschaft zwischen Königtum und Fürstenmacht* (Bonn, 1981); R. Kaiser, "Royauté et pouvoir episcopal an nord de la Gaule (VIIe–IXe) siècles," in *La Neustrie* 143–60。关于高阶教士在行政中的作用，更为专业的论述参见 Werner, "Missus-marchio-comes," 191–240。关于他们的军事职责，参见 F. Prinz, *Klerus und Krieg im früheren Mittelalter* (Stutt-gart, 1971); J. Nelson, The Church's military service in the ninth century: a contemporary comparative view? in *Politics and Ritual in Early Medieval Europe* (London, 1986), 117–32。关于王室土地的收益分配给主教，见 R. Kaiser, "Teloneum episcopi: du tonlieu royal au tonlieu episcopal dans les civitates de la Gaule (VIe–XIIe siècle)," in *Histoire comparée de l'adminis-tration* (München, 1980), 469–85。

关于将修道院推荐（commendatio）给君主，参见 J. Semmler, "Tradi-tio und Königsschutz," *Savigny* (Kan.) 45 (1959): 1–33。

第 8 章　帝国的管理：资源

关于王室庄园或王田，基本的著作依旧是 J. W. Thompson, *The Disso-lution of the Carolingian Fisc in the Ninth Century* (Berkeley, 1935)（尽管下文有所保留），同样还有 W. Metz, *Das Karolingische Reichsgut*, (Berlin 1960), 其修订见 W. Metz, "Zum Stand der Erforschung des karolingischen Reichsgutes," *HJ* 78 (1959), 1–37, W. Metz, *Zur Erforschung des karo-lingischen Reichsgutes* (Darmstadt, 1971); 同样参见 J. Barbier, "Aspects du fisc en Neustrie (VIe–Xe siècles)," in *La Neustrie*, ed. H. Atsma (Sigmar-ingen, 1989), 129–42。这一理论最早由 J. W. Thompson 提出，即对王室地产的管理在虔诚者路易之后衰落，其原因是不负责任地买卖资产，这一观点受到了 J. Martindale, "The Kingdom of Aquitaine and the Dissolution of the Carolingian Fisc," *Francia* 11 (1983): 131–91 的挑战。

关于《庄园敕令》的基本参考资料，可以参见 B. Fois Ennas, *Il Ca-pitulare de villis* (Milano, 1981)。

关于维持君主供给的体系以及教会的义务，尤其是与招待相关的义务，参见C. Brühl, *Fodrum, Gistum, Servitium Regis* (Köln, 1968)。关于修道院的捐赠和对政府的各种贡赋，参见J. Semmler, "Traditio und Königsschutz," *Savigny* (Kan.) 45 (1959): 1–33；J.-P. Devroey, "Problèmes de critique autour du polyptyque de l'abbaye de St-Germain-des-Prés," in *La Neustrie*, 441–65；J. Durliat, "Le polyptyque d'Irminon et l'impôt sur l'armée," *BEC* 141 (1983): 183–208。

关于服务于君主的修道院的任务分配，以及世俗修道院院长的问题，参见F. J. Felten, *Äbte und Laienäbte im Frankenreich: Studien zum Verhältnis von Staat und Kirche im früheren Mittelalter* (Stuttgart, 1980)。关于使用教会资产来恩惠伯爵们，参见当地的研究：O. Clavadetscher, "Die Einführung der Grafschaftsverfassung in Rätien und die Klageschriften Bischof Viktors III. von Chur," *Savigny* (Kan.) 39 (1953): 46–111。

关于豁免权，见F.-L. Ganshof, L'immunité dans la monarchie franque, *Les liens de vassalité et les immunités*, Recueils de la société Jean Bodin no.1 (Bruxelles, 1958), 171–216；E. Magnou-Nortier, "Étude sur le privilege d'immunité," *Revue Mabillon* 60 (1984): 465–512；B. H. Rosenwein, *Negotiating Space: Power, Restraint and Privileges of Immunity in Early Medieval Europe* (Ithaca, N.Y., 1999)。阿尔昆与狄奥多尔夫之间的冲突在法律上的微妙之处，见L. Wallach, *Alcuin and Charlemagne: Studies in Carolingian History and Literature* (Ithaca, N.Y., 1959), 97–140 的分析。

关于教会的拥护者，参见J. Riedmann, "Vescovi e avvocati," *I poteri temporali dei vescovi in Italia e Germania nel medioevo*, ed. C. G. Mor e H. Schmidinger (Bologna, 1979), 35–76。

关于那些持有与教会有关系的"王谕请求"契约，而占有教会土地者，其承担的义务，参见G. Constable, "Nona et decima: An aspect of Carolingian economy," *Speculum* 35 (1960): 224–50。

关于劳役的义务，参见H. Dannenbauer, "Paraveredus-Pferd," *Savigny* (Germ.) 71 (1954): 55–73；C. Brühl, "Das fränkische Fodrum," *Savigny* (Germ.) 76 (1959): 53–81。

关于财产税的遗留，以及"森苏斯"的财政性质的理论，由J. Durliat 和E. Magnou-Nortier 提出，其方法十分刻意，难以令人信服。参见更近的著作E. Magnou-Nortier, "La gestion publique en Neustrie: les moyens et les hommes (VIIe–IXe siècle)," in *La Neustrie* 271–320 以及J. Durliat, *Les*

Finances publique de Dioclétien aux carolingiens (284–889) (Sigmaringen, 1990)。Metz 在 *Das Karolingische Reichsgut* (Berlin, 1960) 中的论证——"森苏斯"只是农民和王室土地上各种持有请求契约者所支付的不同名目的租金——依旧有效。同样参见 E. Müller-Mertens, *Karl der grosse, Ludwig der Fromme und die Freien: Wer waren die 'liberi homines' der karolingischen Kapitularien?* (Berlin, 1963),74–78，以及 J. Schmitt, *Untersuchungen zu den Liberi Homines der Karolingerzeit* (Frankfurt am Main, 1977),110–36。

关于通行费，参见 F.-L. Ganshof, "À propos de tonlieux à l'époque carolingienne," *Settimane* 6 (1959): 485–508；其他关于交通的税收，参见 F.-L. Ganshof, "À propos des droits sur la circulation au sein de la monarchie franque," *Studi storici in onore di O. Bertolini* (Pisa, 1972), 1: 361–77。

第9章 帝国的管理：司法体系

自从接受了让法学家来研究法律史问题，近期法律史得到极大复兴，采用人类学的视角，有助于我们对之有了更深的了解。在更近的研究中，我们可以加上 F.-L. Ganshof 的经典文章 "Charlemagne et l'administration de la justice dans la monarchie franque," *KdG*, 1: 394–419。关于加洛林司法体系的性质和效用的不同定位，参见 J. L. Nelson, "Dispute settlement in Carolingian West Francia," in *The Settlement of Disputes in Early Medieval Europe*, ed. W. Davies e P. Fouracre (Cambridge, 1986), 45–64；P. Fouracre, "Carolingian justice: the rhetoric of improvement and contexts of abuse," *Settimane* 42 (1995): 771–803；R. McKitterick, "Perceptions of justice in western Europe in the ninth and tenth centuries," *Settimane* 44(1997): 1075–1102. 作为总结，参见 R. Le Jan, "Justice royale et pratiques sociales dans le royaume franc au IXe siècle," *Settimane* 44 (1997): 47–85。

关于帕拉丁伯爵的职务，参见 H. E. Meyer, "Die Pfalzgrafen der Merowinger und Karolinger," *Savigny* (Germ.) 42 (1921): 380–463。

关于法律程序，尤其在意大利，参见 C. Wickham, "Land Disputes and their Social Framework in Lombard-Carolingian Italy," in *Land & Power: Studies in Italian and European Social History, 400–1200* (London, 1994), 229–56。关于意大利王国司法管理的特性，更为概括的著作，参见 P. Delogu, "L'istituzione comitale nell'Italia carolingia," *BISIMeAM* 79 (1968):

53–114（与第 2 章参考文献注释中提到的 Fumagalli 与 Castagnetti 的著作对比），尤其是 F. Bougard, *La justice dans le royaume d'Italie: de la fin du VIIIe siècle* (Roma, 1995)；F. Baugard, "La justice dans le royaume d'Italie aux IXe–Xe siècle," *Settimane* 44 (1997): 133–76。

关于"证据调查"，L. Wallach 提出了经典的分析，见其作 *Alcuin and Charlemagne: Studies in Carolingian History and Literature* (Ithaca, N.Y.,1959), 117ff。D. A. Bullough 证明了证据调查源自伦巴第，与 Ganshof, " 'Europae Pater' : Charlemagne and his achievement in the light of recent scholarship," *EHR* 85(1970): 92–96 存在争论。

法律的人格问题，本质上和罗马人与日耳曼人之间的融合相关；一个基于最近研究的存疑的观点，参见 P. Amory, "The meaning and purpose of Ethnic Terminology in the Burgundian Laws," *Early Medieval Europe* 2 (1993): 1–28 以及 S. Gasparri, *Prima delle nazioni: popoli, etnie e regni fra antichità e medioevo* (Roma, 1997)。

关于后加洛林时代司法系统的私有化，参见 G. Duby 开创性的著作 "Recherches sur l'evolution des institutions judiciaires pendant le Xe et le XIe siècle dans le sud de la Bourgogne," *MÂ* 52 (1946): 149–94 以及 53 (1947): 15–38。另一部颇具洞察的作品是 C. Wickham, *Legge, pratiche e conflitti:tribunal e risoluzione delle dispute nella Toscana del XII secolo* (Roma, 2000)。

第 10 章　知识工程

关于加洛林文艺复兴，存在大量的文献；在近半个世纪我们已经发展出了一幅逐渐明晰的图景，即查理的改革本质上是宗教性质的。我们放弃了早先强调的文学复兴，以及对古典时代的重新发现。为了领会这一转变，我们可以将 P. Lehmann, "Das Problem der Karolingischen Renaissance," *Settimane* 1 (1954): 309–58 的传统观点，与最近的文章做比较：J. J. Contreni, "The Carolingian Renaissance," in *Renaissances before the Renaissance*, ed. W. Treadgold (Stanford, 1984), 59–74 以及 G. Brown, "Introduction: the Carolingian Renaissance," *Carolingian Culture: Emulation and Innovation*, ed. R. McKitterick (Cambridge, 1994) ,1–51。

同样值得注意的是这一倾向：认为卡洛曼和丕平最早自承天命来提升教会道德并改革教仪，随后查理接手这一事业，大规模推行。参见 J.

Hubert, "Les prémisses de la Renaissance carolingienne au temps de Pépin III," *Francia* 2 (1974) : 49–58；以及 P. Riché, "Le renouveau culturel à la cour de Pépin III," *Francia* 2 (1974) : 59–70；还有 C. Vogel 提及的下文教仪改革的各种论文。

关于王室学者的参考文献浩如烟海，尤其是关于阿尔昆的。作为入门，参见 D. A. Bullough, "Aula Renovata: the court before the Aachen Palace," in *Carolingian Renewal: Sources and Heritage* (Manchester, 1991), 123–60 以及 J. Fleckenstein, "Alcuin im Kreis der Hofgelehrten Karls des Grossen," in *Science in Western and Eastern Civilization in Carolingian Times*, ed. P. L. Butzer e D. Lohrmann (Basel, 1993), 3–21。近期的一篇文章总结了这一主题：C. Leonardi, "Alcuino e la Scuola palatina: le ambizioni di una cultura unitaria," *Settimane* 28 (1981): 459–96。最有趣的方面，包括阿尔昆对查理在意识形态上的支持，以及政治事务上的协助，参见 L. Wallach, *Alcuin and Charlemagne: Studies in Carolingian History and Literature* (Ithaca, N.Y., 1959)；I. Deug-Su, *Cultura e ideologia nella prima età carolingia* (Roma, 1984)；以及 D. A. Bullough, "Alcuin and the kingdom of heaven: liturgy, theology and the Carolingian age," in *Carolingian Renewal*, 161–240。关于助祭保罗，参见一篇最近振奋人心的论文：G. Gandino, "La dialettica tra il passato e il presente nelle opera di Paolo Diacono, in *Paolo Diacono e il Friuli altomedievale (secc. VI–X)* (Spoleto, 2001), 67–97。

作于查理宫廷中的拉丁文诗歌，其高度的文学价值很大程度上并不是基于对古代晚期传统的直接延续模仿，这个问题 F. Stella, *La poesia carolingia* (Firenze, 1995) 已经论证，书中包含一部优秀的文本选集。关于宫廷中科学的、百科式的文化，参见之前提及的 Butzer 和 Lohrmann 编订的论文集 *Science in Western and Eastern Civilization in Carolingian Times*。关于学校和教学，见 F. Brunhölzl, "Der Bildungsauftrag der Hofschule," in *KdG*, 2:28–41 以及 P. Riché, "*Les Écoles et l'enseignement dans l'Occident chrétien de la fin du Ve au milieu du XIe siècle* (Paris, 1979)。

关于查理改革的启发性影响，参见 P. E. Schramm, "Karl der Grosse: Denkart und Grundauffassungen；Die von ihm bewirkte *Correctio* ('Renaissance')," *HZ* 198 (1964): 306–45。

关于教会改革，参见 R. McKitterick, *The Frankish Church and the*

Carolingian Reforms (789–895) (London, 1977)；尤其是关于在811年采取的举措，参见F.-L. Ganshof, "Note sur les *Capitula de causis cum episcopis et abbatibus tractandis* de 811, *Studia Gratiana* 13 (1967): 3–25。关于《狄奥尼修-哈德良教令集》，参见H. Mordek, "Dionysio-Hadriana und Vetus Gallica—historisch geordnetes und systematisches Kirchenrecht am Hofe Karls des Grossen," *Savigny* (Kan.) 55 (1969): 39–63。关于查理召集的宗教会议，参见W. Hartmann, *Die Synoden der Karolingerzeit im Frankenreich und Italien* (Paderborn, 1989)。关于修道院改革，参见J. Semmler, "Karl der Grosse und das fränkische Mönchtum, in *KdG*, 2: 255–89；J. Semmler, "Mönche und Kanoniker im Frankenreichs Pippins III. und Karls des Grossen," in *Untersuchungen zu Kloster und Stift* (Göttingen, 1980), 78–111；R. Grégoire, "Benedetto di Aniane nella riforma monastic carolingia," *Studi medievali* 26 (1985): 573–610。

关于教仪改革，参见C. Vogel, "La réforme liturgique sous Charlemagne," in *KdG*, 2: 217–32；C. Vogel, "Les motifs de la romanisation du culte sous Pépin le Bref et Charlemagne," in *Culto Cristiano e politica imperial carolingia* (Todi, 1979), 15–41。关于修订圣经，参见B. Fischer, "Bibeltext und Bibelreform unter Karl dem Grossen," in *KdG*, 2: 156–216；更专门的关于狄奥多尔夫文本，参见E. Dahlhaus-Berg, *Nova antiquitas et antiqua novitas: Typologische Exegese und isidorianisches Geschichtsbild bei Theodulf von Orléans* (Köln, 1975)；关于阿尔昆的文本，参见D. Ganz, "Mass production of early medieval manuscripts: the Carolingian Bibles from Tours," in *The Early Medieval Bible*, ed. R. Gameson (Cambridge, 1994), 53–62 以及R. McKitterick, "Carolingian Bible Production: The Tours Anomaly," *The Early Medieval Bible*, 63–77（较之先前的解释，有一种弱化其支配权的趋势）。

关于书籍的生产及其花费，参见R. McKitterick, *The Carolingians and the Written Word* (Cambridge, 1989)；R. McKitterick, "Script and book production," in *Carolingian Culture*, 221–47；还有同一作者的另一些文章收录于*Book, Scribes and learning in the Frankish Kingdoms, 6th–9th Centuries* (London, 1994) 和 *The Frankish Kings and Culture in the Early Middle Ages* (London, 1995)。对查理时代抄写员活动的探索，参见B. Bischoff, "Panorama der Handschriftenüberlieferung aus der Zeit Karls des Grossen," in *KdG*, 2: 233–54。关于查理大帝的图书馆，参见 B. Bischoff, "Die Hof-bibliothek Karls des Grossen," in *KdG*, 2: 42–62。

加洛林小写字体的问题，比之前认为的更为复杂；参见 A. Pratesi, "Le ambizioni di una cultura unitaria: la riforma della scrittura," *Settimane* 28 (1981): 507–23 以 及 A. Bartoli Langeli, "Scritture e libri da Alcuino a Gutenberg," *Storia d'Europa Einaudi* vol. 3: *Il Medioevo*, ed. G. Ortalli (To-rino, 1994), 935–83。

关于拉丁语改革，参见 J. Fontaine, "De la pluralité à l'unite dans le latin carolingien?" *Settimane* 28 (1981): 765–805；关于将查理时代的拉丁语视为一门会话语言而不是学术语言，更为整体的论述，参见 McKitter-ick, *The Carolingians and the Written Word* 令人振奋的反思。

关于查理对神学的介入，概述参见 H. Nagel, *Karl der Grosse und die theologischen Herausforderungen seiner Zeit: Zur Wechselwirkung zwischen Theologie und Politik im Zeitalter des grossen Frankenherrschers* (Freiburg, 1998)。关于嗣子说的争论，参见 W. Heil, "Der Adoptianismus, Alkuin und Spanien," in *KdG*, 2:95–155, 以及更近期的 J. C. Cavadini, *The Last Christology of the West: Adoptionism in Spain and Gaul, 785–820* (Philadel-phia, 1993)。关于与拜占庭人的神学冲突以及法兰克福会议，参见论文集 *794—Karl der Grosse in Frankfurt am Main: Ein König bei der Arbeit*, ed. J. Fried (Sigmaringen, 1994) 以及 *Das Frankfurter Konzil von 794: Kristallisa-tionspunkt karolingischer Kultur*, ed. R. Berndt (Frankfurt am Main, 1997)。关于"和子说"问题，参见 M. Borgolte, "Papst Leo III., Karl der Grosse und der Filioque-Streit von Jerusalem," *Byzantina* 10 (1980) : 401–27。

就其自身而言，卜尼法斯的传教工作不属于这份参考文献；其与查理统治相关的历史意义的反思，参见 G. Arnaldi, "Bonifacio e Carlomag-no," *Settimane* 20 (1973) : 17–39。关于萨克森人皈依，参见论文集 *Die Eingliederung der Sachsen in das Frankenreich*, ed. W. Lammers (Darm-stadt, 1970) 以及 H. Beumann, "Die Hagiographie 'bewältigt': Unterwerfung und Christianisierung der Sachsen durch Karl den Grossen," *Settimane* 29 (1982): 129–68。关于阿瓦尔人和斯拉夫人的皈依，参见 H. Wolfram, *Conversio Bagoariorum et Carantanorum: Das Weissbuch der Salzburger Kirche über die erfolgreiche Mission in Karantanien und Pannonien* (Wien, 1979)。萨尔茨堡和汉堡大主教区的奠基与传教工作之间的联系，参见

B. Wavra, *Salzburg und Hamburg: Erzbistumsgründung und Missionspolitik in karolingischer Zeit* (Berlin, 1991)。关于传教的组织工作以及与之相关的教会地理重组，参见H. Büttner, "Mission und Kirchen-Organisation des Frankenreiches bis zum Tode Karls des Grossen," in *KdG*, 1:454–87，此问题应该由*Kirchengeschichte als Missionsgeschichte, 2/1: Die Kirche des früheren Mittelalters*, ed. K. Schäferdiek (München, 1978) 中所辑论文，以及 A. Angenendt, *Kaiserherrschaft und Königstaufe* (Berlin, 1984) 所列的参考文献，加以修正。

关于与迷信的斗争，参见H. Mordek e M. Glatthaar, "Von Wahrsagerinnen und Zauberern: Ein Beitrag zur Religionspolitik Karls des Grossen," *Archiv für Kulturgeschichte* 75 (1993)：33–64。

第11章　法兰克人的军事机制

关于加洛林军事组织的一般研究现在相当过时了。参见J. F. Verbruggen, "L'armée et la stratégie de Charlemagne," in *KdG*, 1: 420–36；F.-L.Ganshof, "Charlemagne's Army, *Frankish Institutions under Charlemagne* (Providence, R.I., 1968)，59–68；F.-L.Ganshof, "L'armée sous les carolingiens, *Settimane* 15 (1968)：109–30。

对此的修正，出现在20 世纪70 年代Bernard S. Bachrach 的研究中，始于*Merovingian Military Organization*, 481–751 (Minneapolis, 1972)，其中倾向于将传统上认为是加洛林时代的革新提前到墨洛温时代，既包括骑兵的角色，也包括利用武装封臣。这一点，即便在精神上没有，在逻辑上也与他的另一论文有些相反："Charlemagne's cavalry: myth and reality," *Military Affairs* 47 (1983)：1–20。此文倾向于减弱这些因素在加洛林时代的重要性。关于这些和其他问题的一个振奋人心的反思，是A. Settia, "La fortezza e il cavaliere: tecniche militari in Occidente," *Settimane* 45 (1998)：555–80。此书最初版本的发表先于B. S. Bachrach, *Early Carolingian Warfare: Prelude to Empire* (Philadelphia, 2001)。

关于入侵时代法兰克人的军事组织，参见H. Elton, *Warfare in Roman Europe, A.D. 350–425* (Oxford, 1996), 45–88；关于武器，参见主要基于考古发现的著作P. Perin&L.-C. Feffer, *Les Francs* (Paris, 1987), 2: 83–124；关于书面史料的分析，参见B. S. Bachrach, "Procopius, Agathias and the Frankish military," *Speculum* 45 (1970): 435–41。

里普阿利安法所规定的军事花费，应该被解释为纯象征性的规定，因为鉴于不同的通货价值，其他的史料可能反映出其需求过剩，其例证参见J. Durliat, "Le polyptyque d'Irminon et I'impôt sur l'armée," *BEC* 141 (1983) :183–209 的计算。

S. Coupland, "Carolingian arms and armour in the ninth century," *Viator* 51 (1990): 29–50 在加洛林王朝的军备问题上，做出了主要而全面的贡献（其中有关于铠甲的非常规理论）。

年度集会的变动与放牧军马的需求相关，这一观点已经受到许多学者的挑战，他们提出，Campus Martii 这一术语从古代起就已使用，其所指并不是3月（Marzo），而是战神马尔斯（Marte）。因此很久后在《王室年鉴》中所记载的变动，实际并没有发生。参见L. Levillain, "Campus Martius," *BEC* 197 (1947–48): 62–68；D. A. Bullough, *EHR* 85 (1970): 85–86；还有最近的B. S. Bachrach, "Was the Marchfield part of the Frankish Constitution?" *Mediaeval Studies* 36 (1974): 178–85。但是，这一反对意见没有考虑到一个事实，那就是最早在596年国王希尔德贝特二世时，年度集会就被称作 "Kalendas Martias" 而不是 "Campus Martii"（*CRF*, n7）。此外在卡洛曼（*CRF*, n11）和丕平（*CRF*, n12）治下时，集会是在古历3月第一天召集，伦巴第国王则是在3月1日召集，这能在利乌特普兰德、阿斯图尔夫和拉奇斯（Rachis）的法律中见到，法律通常也在那一天公布（*Le leggi dei Longobardi*, ed. C. Azzara e S. Gasparri [Milano, 1992]），阿勒曼尼人中也有同样的情况（*Leges Alamannorum*, ed. K. A. Eckhardt [Hannover, 1966]; vol. 7 in *MGH*, *Leges Nationum Germanicarum*, 80 e n）。因此在证据面前，用马尔斯替代3月的观点似乎难以立足。

关于马镫，参见L. White, Jr., *Medieval Technology and Social Change* (London, 1962)。对怀特观点的批判，参见P. H. Sawyer e R. Hilton, "Technical Determinism: the Stirrup and the Plough," *Past & Present* 24 (1963): 90–100；B. S. Bachrach, "Charles Martel, mounted shock-combat, the stirrup, and feudalism," *Studies in Medieval and Renaissance History* 7 (1970): 45–75。

加洛林的肖像学史料，系统地描绘了马镫的使用，这些材料来自9世纪晚期，例如圣加尔的圣咏集。但是热隆（Gellone）的圣礼书与特里尔的《启示录》，都是在查理在世时加饰插图，还有年代为820—830年的斯图加特圣咏集和830年左右的乌特勒支圣咏集，其中都描绘了没有马镫的骑兵，甚至身披重甲时也是如此。描绘有马镫的骑兵，身处那些仍旧没有使用马镫的人群，这类手稿最古老的是瓦朗谢讷（Valenciennes）的《启示录》，其年代依旧存在争议（中世纪初期或九世纪中期？），并且由于其源出西班牙，所以其表现的是皮革和木材制成的阿拉伯马镫，而不是最终进入欧洲的金属马镫。关于这些小型人像的复制品和细节，很多内容能在这一节提到的参考文献中发现，尤其是D. Nicolle, *The Age of Charlemagne* (London, 1984)。

　　需要注意的是，将加洛林时代肖像描绘作为武器装备研究史料，其可靠性在今天比在过去得到了更广泛的接受；参见B. S. Bachrach, "A Picture of Avar–Frankish Warfare from a Carolingian Psalter of the Early Ninth Century in the Light of the Strategicon," *Archivum Eurasiae Medii* Aevi 4 (1986): 5–27, 还有之前提到的S. Coupland, "Carolingian arms and armour in the ninth century," 但是他在铠甲的问题上挑战了肖像研究的可靠性。

　　一些论证可解释加洛林时代骑兵越来越重要，对有关论证的全面讨论，参见F. Cardini, *Alle radici della cavalleria medieval* (Firenze, 1981), 256–91。关于查理大帝死后不久，骑兵在法兰克军队和社会中的重要性，参见J. L. Nelson, "Ninth-century knighthood: the evidence of Nithard," in *The Frankish World* (London, 1996), 75–87。

　　关于意大利和其他地区的自由民及其军事义务，参见G. Tabacco, "I liberi del re nell'Italia carolingia e postcarolingia," *Settimane* 13 (1966)；S. Gasparri, "Strutture militari e legami di dipendenza in Italia in età longobarda e carolingia," *RSI* 98 (1986): 664–726。关于征兵时实际适用的军事义务范围和选拔标准的问题，尽管很重要，但难以解决，参见对此振奋人心但无定论的反思：T. Reuter, "The end of Carolingian military expansion," in *Charlemagne's Heir: New Perspectives on the Reign of Louis the Pious*, ed. P. Godman e R. Collins (Oxford, 1990), 391–405。

　　关于将封臣纳入军队，参见J. Fleckenstein, "Adel und Kriegertum und ihre Wandlungen im Karolingerrich," *Settimane* 28 (1981): 67–94（但是他夸大了加洛林军队自身参与恩庇结构的程度）。关于教士的军事义务，参见F. Prinz, *Klerus und Krieg im Früheren Mittelalter* (Stuttgart, 1971)；J. L. Nelson, "The church's military service in the ninth century: a contemporary comparative view?" in *Politics and Ritual in Early Medieval Europe* (London, 1986), 117–32。

对军队规模的计算，参见 K. F. Werner, "Heeresorganisation und Kriegsführung im deutschen Königreich des 10. Und 11. Jahrhunderts," *Settimane* 15 (1968): 816–22。

关于后勤，参见 B. S. Bachrach, "Animals and walfare in early medieval Europe," *Settimane* 33 (1985): 707–51。

试图基于偶发的军事状况而对查理的军事法令进行分析，尤其是关于比利牛斯山前线，已经产生了非常有趣但时常存在争议的结果；参见 B. S. Bachrach, "Military organization in Aquitaine under the early Carolingians," *Speculum* 49 (1974): 1–33。在阿奎丹的作战提供了加洛林围城战的典型案例：G. Fournier, "Les campagnes de Pépin le Bref en Auvergne et la question des fortifications rurales au VIIIe siècle," *Francia* 2 (1974): 123–35。

第 12 章 一种新的经济

皮朗最初在 *L'Histoire économique et sociale du moyen âge* (Paris, 1933) 中阐释了加洛林经济的理论，I. E. Clegg 将其译为 *Economic and Social History of Medieval Europe* (London, 1936)；之后其遗作 *Mahomet et Charlemagne* (Brussels, 1937) 阐释更充分，B. Miall 将其译为 *Mohammed and Charlemagne* (London, 1939)。最近试图重拾这一悲观解释的是 R. Fossier, "Les tendances de l'économie: stagnation ou croissance?" *Settimane* 28 (1981): 261–74（但也同样参见随后的热烈讨论，275–90）。

扭转这一趋势的第一个标志，与农业相关，参见 R. Delatouche, "Regards sur l'agriculture aux temps carolingiens," *Journal des savants* 12 (1977): 73–100。对当前各解释的一个总结，其中对待贸易问题的新态度同样很重要，参见 J.-P. Devroey, "Reflexions sur l'économie des premiers temps carolingiens (768–877): grands domains et action politique entre Seine et Rhin," *Francia* 13 (1985): 475–88；A. Verhulst, "Marchés, marchands et commerce au haut moyen âge dans l'historiographie récente," *Settimane* 40 (1993): 23–43；G. Petralia, "A proposito dell'immortalità di Maometto e Carlomagno (o di Costantino)," *Storica* 1 (1995): 38–87。

对加洛林王朝、英格兰和斯堪的纳维亚半岛之间贸易的重新评估，遵循 R. Hodges, *Dark Age Economics: The Origins of Towns and Trade,*

A.D. 600–1000 (London, 1982) 所阐发的模式；同样参见 R. Hodges e D. Whitehouse, *Mohammed, Charlemagne and the Origins of Europe: Archaeology and the Pirenne Thesis* (London, 1983) 以及 J.-P. Devroey, "Courants et réseaux d'échange dans l'économie franque entre Loire et Rhin," *Settimane* 40 (1993): 327–89。由于我 1999 年已经完成此书的初版，所以我没能参考一些重要的新作：*The Long Eighth Century: Production, Distribution and Demand*, ed. I. L. Hansen e C. Wickhan (Leiden, 2000)，以及 M. McCormick, *Origins of the European: Communications and Commerce, A.D. 300–900* (Cambridge, 2002)，不过它们很符合一般的倾向，即对加洛林经济的活力做出大量充实的重新评估。

关于弗里西亚市场，参见 S. Lebecq, *Marchands et navigateurs frisons du haut moyen âge* (Lille, 1983)；S. Lebecq, "Dans l'Europe du nord aux VIIe–IXe siècles: commerce frison ou commerce franco-frison?" *Annales ÉSC* 41 (1986): 361–77；S. Lebecq, "La Neustrie et la mer," in *La Neustrie*, ed. H. Atsma (Sigmaringen, 1989), 405–40。这些研究论证了弗里西亚贸易完全整合进帝国经济中的想法，似乎遭到了 S. Lebecq, "Francs contre frisons (VIe–VIIIe siècle)," in *La Guerre et la paix au moyen âge* (Paris, 1978), 53–71 的反驳。

关于市场和商人，更概括的研究参见 M. Rouche, "Marchés et marchands en Gaule du Ve au Xe siècle," *Settimane* 40 (1993): 395–434；还有已出版的专著和论文，见 *Untersuchungen zu Handel und Verkehr der vor- und frühgeschichtlichen Zeit in Mittel- und Nordeuropa*，自 1985 年起在哥廷根出版，尤其是 P. Johanek, *Der fränkische Handel der Karolingerzeit im Spiegel der Schriftquellen* (Göttingen, 1987), 4: 7–68。

甚至对庄园体系的描述也倾向于更加强调贸易的作用，一劳永逸地驱除了庄园模式必然意味着封闭经济的观点。除了 Devroey, "Courants et réseaux d'échange," 尤其参见 P. Toubert, "Le strutture produttive nell'alto medioevo: le grandi proprietà e l'economia curtense," in *La Storia*: *Il medioevo*, ed. N. Tranfaglia e M. Firpo, 2a ed. (Milano, 1993), 51–90；P. Toubert, "La part du grand domaine dans le décollage économique de l'Occident (VIIIe–Xe siècles)," in *La croissance agricole du haut moyen âge: chronologie, modalités, géographie* (Auch, 1990)，该文再版于 P. Toubert, *Dalla terra ai castelli: paesaggio, agricoltura e poteri nell'Italia medievale* (Torino, 1995)。

德国的史学研究，尽管更为谨慎，但还是对他们所称的"封建庄园制"（Grundherrschaft）做了大量研究；作为总结和参考文献，参见L. Kuchenbuch, "Die Klostergrundherrschaft im Frühmittelalter," in *Herrschaft und Kirche*, ed. F. Prinz (Stuttgart 1988), 297–343；专门的研究，尤为值得一提的是对一些主要修道院土地管理的考察：L. Kuchenbuch, *Bäuerliche Gesellschaft und Klosterherrschaft im 9. Jahrhundert: Studien zur Sozialstruktur der Familia der Abtei Prüm* (Wiesbaden, 1978) 以及U. Weidinger, *Untersuchungen zur Wirtschaftsstruktur des Klosters Fulda in der Karolingerzeit* (Stuttgart, 1991)；还有论文集*Strukturen der Grundherrschaft im frühen Mittelalter*, ed. W. Rösener (Göttingen, 1989)。

庄园制传统观念的瓦解，这种观念被一种更为灵活且分化的方法所取代，主要反映了涉及地中海区域以及修道院经济活力的研究的发展。关于第一点，参见P. Toubert, "L'Italie rurale aux VIIe–IXe siècles: essai de typologie domaniale," *Settimane* 20 (1973): 95–132；P. Toubert, "Il Sistema curtense: la produzione e lo scambio interno in Italia nei secoli VIII, IX e X," in *Storia d'Italia, Annali* 6 (Torino, 1983), 3–63；V. Fumagalli, *Terra e società nell'Italia padana: I secoli IX e X* (Torino, 1976)；B. Andreolli e M. Montanari, *L'azienda curtense in Italia* (Bologna, 1983)。关于第二点，参见J.-P. Devroey, "Les services de transport à l'abbaye de Prüm au IXe siècle," *Revue du Nord* 61 (1979): 543–69；J.-P. Devroey, "Un monastère dans l'économie d'échanges: les services de transport à l'abbaye St-Germain-des-Prés au IXe siècle," *Annales ÉSC* (1984): 570–89；J.-P. Devroey, " 'Ad utilitatem monasterii' : mobiles et préoccupations de gestion dans l'économie monastique du monde franc (VIIIe–IXe s.)," *Revue bénédictine* 103 (1993): 224–40。

关于"田庄"和"份地"的完全不同的解释，由"财政主义"或"激进的罗马主义"学派提出。参见J. Durliat, "Du caput antique au manse medieval," *Pallas* 29 (1982): 67–77；J. Durliat, *Les Finances publiques de Dioclétien aux carolingiens* (284–889) (Sigmaringen, 1990)；E. Magnou-Nortier, "La gestion publique en Neustrie: les moyens et les hommes (VIIe–IXe siècle)," in *La Neustrie*, 271–320；E. Magnou-Nortier, "Le grand domaine: des maîtres, des doctrines, des questions," *Francia* 15 (1987): 659–700；但同样参见J.-P. Devroey, "Polyptyques et fiscalité à l'époque carolingienne:

une nouvelle approche?" *RBPH* 63 (1985): 783–94 以 及C. Wickham, "La chute de Rome n'aura pas lieu," *MÂ* 99 (1993): 107–26 的 批 判。尽 管 很 难同意其前提，不过一些关于"份地"的重要观点能够在J. Durliat, "Le manse dans le polyptyque d'Irminon: nouvel essai d'histoire quantitative," in *La Neustrie*, 467–504 中找到。关于"空缺份地"，参见J.-P. Devroey, "Mansi absi: indices de crise ou de croissance de l'économie rurale du haut moyen âge?" *MÂ* 82 (1976): 421–52。

关于加洛林王朝农业现存最为重要的史料，近郊圣日尔曼的多联画屏， 参 见D. Hägermann, *Das Polyptychon von Saint-Germain-des-Prés: Studienausgabe* (Köln, 1993) 的新版以及K. Elmhäuser e A. Hedwig, *Studien zum Polyptychon von Saint-Germain-des-Prés* (Köln, 1993) 的相关研究。

关于粮食耕作，J.-P. Devroey, "La céréaliculture dans le monde franc," *Settimane* 37 (1990): 221–53 说明了一种非同寻常的文化和政治关联，从那些只流于表面的技术性质的争论中可以推断出这一关联。关于产量问题，此作也同样做出了重大贡献。关于这一点，普遍产量与种子比是2或3比1的传统解释已经受到了各方的挑战，多位学者推测有效的产量是5比1甚至7比1。例证参见J. Durliat, " 'De conlaboratu' : faux rendements et vraie comptabilité publique à l'époque carolingienne," *Revue historique de droit français et étranger* 56 (1978): 445–57。

关于中世纪早期经济中开垦新土地以及森林的作用，存在大量的参考文献；一个绝佳的起点是C. Wickham, "European forests in the early Middle Ages: landscape and land clearance," *Settimane* 36 (1989): 479–548。

加洛林经济的总体乐观的观点架构，产生于今天学者们普遍一致的看法，其中同样包括重估水力磨坊的传播，先前大家认为这是下一个千年的发展成果。参见D. Lohrmann, "Le moulin à eau dans le cadre de l'économie rurale de la Neustrie," in *La Neustrie*, 367–404。

对经济复苏有贡献的因素中，比较明显的一个因素是有益的气候时期，其时间可以确定为8世纪的后半叶起，持续到13世纪。参见M. Pinna, Il clima nell'alto medioevo. Conoscenze attuali e prospettive di ricerca," *Settimane* 37 (1990): 431–51。

关于度量衡改革，J.-P. Devroey, "Units of Measurement in the Early Medieval Economy: The Example of Carolingian Food Rations," *French History* 1 (1987): 68–92。关于货币改革，参见经典作品P. Grierson,

"Money and Coinage under Charlemagne," in *KdG*, 1: 501–36, 还 有 S. Suchodolski, "La moneta," in *Storia d'Europa*, 3: *Il Medioevo*, ed. di G. Ortalli (Torino 1994), 847–94 更近的总结。对查理铸币的货币学分析，参见 J. Lafaurie, "Les monnaies imperials de Charlemagne," *Comptes-rendus de l'Académie des Inscriptions et Belles-Lettres* (1978): 154–80。关于饥荒救济，参见 A. Verhulst, "Karolingische Agrarpolitik. Das Capitulare de villis und die Hungersnöte von 792/3 und 805/6," *Zeitschrift für Agrargeschichte und Agrarsoziologie* 13 (1965): 175–89 以及 K. O. Scherner, " 'Ut propriam familiam untriat' : Zur Frage der sozialen Sicherung in der karolingischen Grundherrschaft," *Savigny* (Germ.) 111 (1994): 330–62。

1981—1987 年间，在维勒耶-勒-塞克的考古发掘，成为 *Un Village au temps de Charlemagne: moines et paysans de l'abbaye de St-Denis du VIIe siècle à l'an mil* (Paris, 1988) 的主题，这是同名展览的编目。另外一个结果并无本质不同的农业模型，由 W. Groenman-van Waateringe e L. H. van Wijngarden-Bakker, *Farm Life in a Carolingian Village* (Assen-Maastricht, 1987) 所讨论。

20 世纪 80 年代早期对多屏联画的研究，深化了我们对农民的人口学和家庭结构的研究：参见 P. Toubert, "Le moment carolingien (VIIIe-Xe siècles)," in *Histoire de la famille,* ed. C. Klapisch-Zuber e F. Zonabend (Paris, 1987), 1: 333–59。

关于定居点的形式，参见 F. Schwind, "Beobachtungen zur inneren Struktur des Dorfes in karolingischer Zeit," in *Das Dorf der Eisernzeit und des frühen Mittelalters* (Göttingen, 1977), 444–93，以及其他同卷的论文。

第13章 恩庇与奴役

这一章呈现的一些观点在 A. Barbero, Liberti, raccomandati, vassalli: le clientele nell'età di Carlo Magno," *Storica* 14 (1999): 7–60 中有所发展和详述。

中世纪贵族的历史修撰如此浩繁，不可能举出一个样本。参见 *K. F. Werner, Naissance de la noblesse* (Paris, 1998) 长达 42 页的参考文献，但这并不是概论的著作，而是高度偏向贵族起源于罗马帝国公共官职的理论。一份同样广泛的参考文献可参见 R. Le Jan, *Famille et pouvoir dans le monde franc* (Paris, 1995)，其中分析了中世纪早期贵族典型的更广泛的亲属群体。

总体而言，这一领域被德国史学所支配，其人物肖像学研究和关于"部落贵族"（Stammesadel）和"帝国贵族"的争论，参见各种意义上的批判性回顾：H. K. Schulze, "Reichsaristokratie, Stammesadel und fränkische Freiheit," *HZ* 227 (1978): 353–73，对盛行观点的可靠表达，参见 K. F. Werner, "Bedeutende Adelsfamilien im Reich Karls der Grossen," in *KdG*, 1: 83–142，以及 H. W. Goetz, "Nobilis. Der Adel im Selbstverständnis der karolinger Zeit," *Vierteljahrschrift für Sozial- und Wirtschaftsgeschichte* 70 (1983): 153–91。尽管严格的法律视角已经成为过去，但很多此类史学研究都受制于日耳曼社会中贵族血统的支配权理论（Herrschaftstheorie），并且极其依赖"人物研究"（Personenforschung）与"姓名研究"（Namenforschung）的技术。但是，一些当地的研究不带偏见地阐明了社会组织的方式：例如，参见 R. Sprandel, "Grundherrlicher Adel, rechtsständische Freiheit und Königszins," *DA* 19 (1963): 1–29。

关于"帝国贵族制"的重要研究，及其在一个区域的运作方式，除了偶尔有争议性的讨论，参见 W. Störmer, *Früher Adel: Studien zur politischen Führungsschicht im fränkisch-deutschen Reich vom 8. Bis 11. Fh.* (Stuttgart, 1973)；R. Wenskus, *Sächsischer Stammesadel und fränkischer Reichsadel* (Göttingen, 1976)；P. Geary, *Aristocracy in Provence: The Rhône Basin at the Dawn of the Carolingian Age* (Stuttgart, 1985)。

土地所有权在保证日耳曼贵族阶层亲属群延续上决定性的重要意义，总体上被德国史学所低估，这一点已经在一部基础著作中表现出来：G. Tabacco, La connessione fra potere e possesso nel regno franco e nel regno longobardo," *Settimane* 20 (1973): 133–68。

关于加洛林社会中的恩庇，没有令人满意的参考文献。Mitteis 与 Ganshof 的经典著作，更多专注于封臣，由于过度拘泥法律方法而显得陈词滥调（H. Mitteis, *Lehnrecht und Staatsgewalt* [Weimar 1933]; F.-L. Ganshof, "L'origine des rapports féodo-vassalique: les rapports féodo-vassaliques dans la monarchie franque au nord des Alpes à l'époque carolingienne," *Settimane* 1 [1954]: 27–69; F.-L. Ganshof, *Qu'est-ce que la féodalité?* 5a ed. [Paris, 1982]; F.-L. Ganshof, "Das Lehnwesen im fränkischen Reich. Lehnwesen und Reichsgewalt in karolingischer Zeit," in *Studien zum mittelalterlichen Lehnwesen* [Konstanz, 1960]），同时 S. Reynolds 具有煽动性

的著作 *Fiefs and Vassals* (Oxford, 1994) 过于专注经济问题，而不是恩庇关系。然后更好的是一部老但振奋人心的著作 C. Odegaard, *Vassi and fideles in the Carolingian Empire* (Cambridge, Mass., 1945)，还有遗作 W. Kienast, *Die Fränkische Vasallität: Von den Hausmeiern bis zu Ludwig den Kind und Karl dem Einfältigen* (Frankfurt am Main, 1990)。同样参见最近的新路向：B. Kasten, Aspekte des Lehnwesens in Einhards Briefen," in *Einhard: Studien zu Leben und Werk*, ed. H. Schefers (Darmstadt, 1997), 247–267；B. Kasten, "Beneficium zwischen Landleihe und Lehen——eine alte Frage, neu gestellt," in *Mönchtum-Kirche-Herrschaft 750–1000* (Sigmaringen, 1998), 243–60。

关于奴隶的地位，以及自由民沦为农奴，参见系统化的论证，包括 F. Panero 最近提供的史学论证 *Schiavi servi e villani nell'Italia medieval* (Torino, 1999)，尽管标题如此，但同样对法兰克地区有效。我的一些保留意见已经在回顾中论证，发表于 *Storica* 12 (1998 [*sic*] ma 1999): 133–41。更多专注于加洛林时代的研究，参见 H.-W. Goetz, "Serfdom and the beginning of a 'seigneurial system' in the Carolingian period: a survey of the evidence," *Early Medieval Europe* 2 (1993): 29–51。关于小土地持有者的奴隶，参见 G. Bois, *La Mutation de l'an mil* (Paris, 1989)。对自由民臣服于大地产主权力的机制分析，参见 S. Epperlein, *Herrschaft und Volk im karolingischen Imperium* (Berlin, 1969) 以及 B. Andreolli e M. Montanari, *L'azienda curtense in Italia* (Bologna, 1983)。有必要记住广泛存在的乡村奴隶转化为隶农的现象，中世纪史学家倾向于认为这一现象发生在中世纪早期，古典史学家认为发生在古代晚期：参见 C. Wickham, "Marx, Sherlock Holmes, and late Roman commerce," in *Land & Power: Studies in Italian and European Social History*, 400–1200 (London, 1994), 77–98，以及 D. Vera, "Le forme del lavoro rurale: aspetti della trasformazione dell'Europa rurale fra tarda antichità e alto medioevo," *Settimane* 45 (1999) : 293–338。关于宗教影响下奴隶生活条件的提高，参见 H. Hoffmann, "Kirche und Sklaverei im frühen Mittelalter," *DA* 42 (1986): 1–24。关于获释奴隶的命运，参见 M. Bloch, *Mélanges historiques* (Paris, 1963) 的研究，这依旧是基本著作；同样参见 H. Grieser, *Sklaverei im spätantiken und frühmittelalterlichen Gallien* (5.–7. Jh) (Stuttgart, 1997)。

关于"贫民"的概念，参见 K. Bosl, "Potens und Pauper," in *Fest-*

schrift O. Brunner (Göttingen, 1963), 60–87。然而Bosl坚持有限的自由概念，即"王室自由"（Königsfreientheorie），这在德国史学所谓的"新学说"中成了统治性的理论。H. K. Schulze, Rodungsfreiheit und Königsfreiheit: Zu Genese und Kritik neuerer Verfassungsrechtlicher Theorien," *HZ* 219 (1974): 529–50 以 及H. K. Schulze, "Reichsaristokratie, Stammesadel und fränkische Freiheit," *HZ* 227 (1978): 353–73 的批判性观点，为处理这一学说设立了一个合适的起点。更一般来说，"王室自由"理论已经被E. Müller-Mertens, *Karl der Grosse, Ludwig der Fromme und die Freien: Wer waren die liberi homines der karolingischen Kapitularien?* (Berlin, 1963)；G. Tabacco, "I liberi del re nell'Italia carolingia e postcarolingia," *Settimane* 13 (1966)；H. Krause, "Die liberi der Lex Baiuvariorum," in *Festschrift Max Spindler* (München, 1969), 41–73；J. Schmitt, *Untersuchungen zu den Liberi Homines der Karolingerzeit* (Frankfurt am Main, 1977) 彻底反驳。这些文本，尤其是施密特的，是审视查理和虔诚者路易所实施的保护自由民政策的基础论著。同样参见J. Devisse, 'Pauperes' et 'paupertas' dans le monde carolingien: ce qu'en dit Hincmar de Reims," *Revue du Nord* 48 (1966): 273–87；E. Magnou-Nortier, "Les *pagenses*, notables et fermiers du fisc durant le haut moyen âge," *RBPH* 65 (1987): 237–56。

第14章　老年与死亡

对查理大帝统治最后几年的悲观阐释，由F.-L. Ganshof, "L'échec de Charlemagne," *Comptes-rendus de l'Académie des inscriptions et belles-lettres* (1947): 248–54；F.-L. Ganshof, "La fin du regne de Charlemagne: une décomposition," *Zeitschrift für Schweizerische Geschichte* 28 (1948): 533–52 提出。最近的研究，同样参见R.-H. Bautier, "Le poids de la Neustrie ou de la France du nord-ouest dans la monarchie carolingienne d'après les diplômes de la chancellerie royale (751–840)," in *La Neustrie*, ed. H. Atsma (Sigmaringen, 1989), 548–49。

关于他统治的最后几年提升道德的立法，参见H. Mordek and G. Schmitz, "Neue Kapitularien und Kapitulariensammlungen," *DA* 43 (1987): 361–439；以及W. Hartmann, *Die Synoden der Karolingerzeit im Frankenreich und Italien* (Paderborn, 1989), 128–40。

关于查理扩张政策的终结，基本的著作是T. Reuter, The End of Carolingian Military Expansion," in *Charlemagne's Heir: New Perspectives on the Reign of Louis the Pious* (Oxford, 1990), 391–405。关于对丹麦人的作战，参见H. Jankuhn, "Karl der Grosse und der Norden," in *KdG*, 1: 699–707。

史学家与公元806年的《分国诏书》以及813年虔诚者路易的加冕问题进行长期的斗争，尤其是在《分国诏书》中没有提及任何皇帝的头衔。经典的分析是W. Schlesinger, "Kaisertum und Reichsteilung. Zur Divisio Regnorum von 806," in *Forschungen zu Staat und Verfassung: Festgabe F. Hartung* (Berlin, 1958), 9–51。关于更近时期阐释的讨论，参见H. H. Anton, "Beobachtungen zum Fränkisch-Byzantinischen Verhältnis im Karolingischer Zeit," in *Beiträge zur Geschichte des Regnum Francorum*, ed. R. Schieffer (Sigmaringen, 1990), 77–119。同样参见D. Hägermann, " 'Quae ad profectum et utilitatem pertinent' : Normen und maximen zur Innen- und Aussenpolitik in der *Divisio Regnorum* von 806," in *Peasants and Townsmen in Medieval Europe*, ed. J.-M. Duvosquel e E. Thoen (Ghent, 1995), 605–17。

关于将法兰克王国留给合法长子查理，以及确定将意大利和阿奎丹王国分给丕平和路易，专门研究参见P. Classen, "Karl der Grosse und die Thronfolge im Frankenreich," in *Festschrift H. Heimpel* (Göttingen, 1972), 3: 109–34。Classen 提出主要的继承权问题，源于小查理与真正的长子驼背丕平之间的遗产划分；不过参见W. Goffart, "Paul the Deacon's Gesta episcoporum Mettensium and the early design of Charlemagne's succession, *Traditio* 42 (1986): 59–93。同样赞同Classen 的是E. Ewig, "Überlegungen zu den merowingischen und karolingischen Teilungen," *Settimane* 28 (1981): 225–53 以及H. Beumann, "Unitas Ecclesiae—Unitas Imperii—Unitas Regni: Von der imperialen Reichseinheitsidee zur Einheit der Regna," *Settimane* 28 (1981): 531–71。传统的立场，认为806年的分国本质上是对法兰克法律中平等主义规则的屈服，并且临时撤开了皇帝之名（nomen imperatoris），这显然与817年虔诚者路易的《帝国诏令》（*Ordinatio imperii*）不一致，这一观点已经在D. Hägermann, "Reichseinheit und Reichsteilung: Bemerkungen zur Divisio regnorum von 806 und zur Ordinatio imperii von 817," *HF* 95 (1975): 278–307 中重提。

关于813年加冕仪式的罗马-拜占庭源流及其含义，参见P. Delogu, "Consors regni: un problema carolingio," *BISIMeAM* 76 (1964): 47–98 以及

W. Wendling, "Die Erhebung Ludwigs des Frommen zum Mitkaiser im Jahre 813 und ihre Bedeutung für die Verfassungsgeschichte des Frankenreiches," *FMSt* 19 (1985): 201–38。

有一段时间，历史学家在重新考量虔诚者路易的历史地位；参见 P. Godman e R. Collins ed., Charlemagne's Heir: New Perspectives on the Reign of Louis the Pious (814–840) (Oxford, 1990) 以及 E. Boshof, *Ludwig der Fromme* (Darmstadt, 1996)。

关于查理大帝的遗嘱，参见 M. Innes, "Charlemagne's will: piety, politics and the imperial succession," *EHR* 112 (1997): 833–55。关于葬礼，参见 A. Dierkens, "Autour de la tombe de Charlemagne: considerations sur les sépultures des souverains carolingiens et des membres de leur famille," *Byzantion* 61 (1991): 156–81。

关于头衔"Magnus"与名字"Karolus"相连是否是他同时代人的一种习惯，存在长期的争议。盛行的观点以及其他观点，在 K. F. Werner, *Karl der Grosse oder Charlemagne?* (München, 1995), 32–34 中有表述，其中认为将头衔与他的名字相连，只在他死后很久，大概 9 世纪时才发生，并且在像艾因哈德《查理大帝传》这样的作品里，头衔也只是添加在后来的手抄本中；"伟大的皇帝查理"（Karolus, magnus imperator）这一形式，出现在他的墓碑和其他地方，但这只是草案，并不是钦定之名。我们并不挑战这一解释，可能会注意到这一草案在查理的生平中成了一种标准，其范围令人吃惊：高度官方的史料，例如《王室年鉴》，通常称呼他为"伟大的国王查理"（Carolus magnus rex，参见 769 年、772 年、781 年和 784 年）。甚至更有意思的是，查理依旧在世的时候，与意大利国王丕平以及后来的伯纳德相关的意大利官署就已采用了这一用法：参见 C. Manaresi, *I placiti del 'Regnum Italiae,'* Fonti per la storia d'Italia no. 54 (Roma, 1955), vol. 1, nos. 13 (801) e 16 (803): *Pipinus magnus rex*; e no. 26 (813): *Bernardi magni regis*。同样的头衔在同时代的 *Ritmo veronese* (*Versus de Verona: Versus de Mediolano civitate*, ed. G. B. Pighi [Bologna, 1960]) 中也用于丕平（*magnus...rex Pipinus piissimus*）。因此对"magnus"头衔的广泛使用，被认为是查理时代的典型，并且因此可能是随后盛行的"Karolus Magnus"这一形式的先驱。

出版后记

2020年1月，英国正式脱欧，四年纠葛落下大幕。世人的目光重新投向几十年风风雨雨的"共同体"欧洲。

遥想公元5世纪，环地中海的罗马帝国分崩离析。三百多年后，一位法兰克国王前往罗马，加冕为罗马人的皇帝，地中海以北，巍然矗立一个新帝国。

他就是本书的主角查理大帝，奠定现代欧洲之基的"欧洲之父"。

关于查理大帝的著作，国内并不多见。《查理大帝传》是古人所作，《穆罕默德与查理曼》其实是社会经济史。而巴尔贝罗的这本《查理大帝》，是历史学家所作的传记。作者凭严肃的考古和文献材料告诉我们，查理身高一米九，不留须，嗜烤肉，高大威严的法兰克帝王形象，让人印象深刻。

在书中，查理是一个精力充沛、既暴烈又深沉的帝王，吃肉打猎，勤奋好学。他的五位妻子先后去世，他养育几个儿子，最后只剩幼子。难得的是，巴尔贝罗的细腻文笔外还有开阔的视野，通过查理的生平，他描绘了时人的家庭、生活习惯和基督教信仰。通过查理征战扩张、建立帝国的经历，巴尔贝罗也展现了教宗、拜占庭和西部欧洲的关系，分析了武器装备、兵员组织、军事战术、政府机构、王室地产的情况。他分析了封建制度的发展，奴隶和农民的生存境况。还有查理热衷的文教事业，加洛林的文艺之光。

本书可谓严谨传记和帝国整体史的结合，颇有年鉴学派之风。相信读者从这本著作中能认识不一样的查理大帝，感受他的帝国之风貌。

服务热线：133-6631-2326　188-1142-1266

服务信箱：reader@hinabook.com

后浪出版公司

2021 年 5 月

© 民主与建设出版社，2023

图书在版编目（CIP）数据

查理大帝 / (意) 亚历桑德罗·巴尔贝罗
(Alessandro Barbero) 著；赵象察译. -- 北京：民主
与建设出版社，2021.5（2023.10重印）
　书名原文：Carlo Magno. Un padre dell' Europa
　ISBN 978-7-5139-3429-9

　Ⅰ.①查… Ⅱ.①亚… ②赵… Ⅲ.①查理大帝
(Charles the Great, Charlemagne 742-814)—传记 Ⅳ.
①K835.607=314

　中国版本图书馆CIP数据核字(2021)第048940号

Carlo Magno. Un padre dell' Europa by Alessandro Barbero
Copyright © 2004, Gius. Laterza & Figli
This edition arranged with Edizioni Laterza
Through Big Apple Agency, Inc., Labuan, Malaysia.
Simplified Chinese edition copyright © 2021 Ginkgo (Beijing) Book Co., Ltd.
All rights reserved.
本书中文简体版权归属于银杏树下（北京）图书有限责任公司。

版权登记号：01-2023-1628
地图审图号：GS（2020）7216

查理大帝
CHALIDADI

著　者	［意］亚历桑德罗·巴尔贝罗		译　者	赵象察
出版统筹	吴兴元		责任编辑	王　颂
特约编辑	曹　磊		封面设计	徐睿绅
营销推广	ONEBOOK		装帧制造	墨白空间

出版发行　民主与建设出版社有限责任公司
电　　话　（010）59417747　59419778
社　　址　北京市海淀区西三环中路 10 号望海楼 E 座 7 层
邮　　编　100142
印　　刷　北京盛通印刷股份有限公司
版　　次　2021 年 5 月第 1 版
印　　次　2023 年 10 月第 3 次印刷
开　　本　889 毫米 × 1194 毫米　1/32
印　　张　13.25
字　　数　296 千字
书　　号　ISBN 978-7-5139-3429-9
定　　价　84.00 元

注：如有印、装质量问题，请与出版社联系。